XVIII

COMENTÁRIOS AO CÓDIGO DE PROCESSO CIVIL

DA EXPROPRIAÇÃO DE BENS
ATÉ DA EXTINÇÃO DO PROCESSO DE EXECUÇÃO

MAURÍCIO GIANNICO

Doutor e Mestre em Direito Processual Civil pela Faculdade de Direito da PUC-SP. Bacharel em Direito pela Faculdade de Direito da PUC-SP. Membro do Instituto Brasileiro de Direito Processual (IBDP). Advogado em São Paulo. Autor de diversos livros sobre o processo civil, entre os quais: *Expropriação executiva; A evolução do processo civil brasileiro,* vols. I e II (coautor e coordenador); *As novas reformas do CPC e de outras normas processuais* (coautor e coordenador); *A preclusão no direito processual civil brasileiro*, todos publicados pela Editora Saraiva.

COORDENADORES

JOSÉ ROBERTO F. GOUVÊA

LUIS GUILHERME A. BONDIOLI

JOÃO FRANCISCO N. DA FONSECA

XVIII

COMENTÁRIOS AO CÓDIGO DE PROCESSO CIVIL

ARTS. 876 A 925

2018

saraiva jur

ISBN 978-85-53600-36-6

DADOS INTERNACIONAIS DE CATALOGAÇÃO NA PUBLICAÇÃO (CIP)
ANGÉLICA ILACQUA CRB-8/7057

Giannico, Maurício

Comentários ao código de processo civil : volume XVIII : arts. 876 a 925 : da expropriação de bens até da extinção do processo de execução / Maurício Giannico ; coordenação de José Roberto Ferreira Gouvêa, Luis Guilherme Aidar Bondioli, João Francisco Naves da Fonseca. – São Paulo : Saraiva Educação, 2018.

1. Processo civil 2. Processo civil - Leis e legislação - Brasil I. Título II. Gouvêa, José Roberto Ferreira III. Fonseca, João Francisco Naves da.

18-0636 CDU 347.9(81)(094.4)

Índice para catálogo sistemático:

1. Processo civil – Leis e legislação – Brasil 347.9(81)(094.4)

SOMOS EDUCAÇÃO | saraiva jur

Av. das Nações Unidas, 7.221, 1º andar, Setor B
Pinheiros – São Paulo – SP – CEP 05425-902

SAC
0800-0117875
De 2ª a 6ª, das 8h às 18h
www.editorasaraiva.com.br/contato

Diretoria executiva	Flávia Alves Bravin
Diretoria editorial	Renata Pascual Müller
Gerência editorial	Roberto Navarro
Consultoria acadêmica	Murilo Angeli Dias dos Santos
Edição	Eveline Gonçalves Denardi (coord.) Deborah Caetano de Freitas Viadana
Produção editorial	Ana Cristina Garcia (coord.) Luciana Cordeiro Shirakawa Rosana Peroni Fazolari
Arte e digital	Mônica Landi (coord.) Claudirene de Moura Santos Silva Fernanda Matajs Guilherme H. M. Salvador Tiago Dela Rosa Verônica Pivisan Reis
Planejamento e processos	Clarissa Boraschi Maria (coord.) Juliana Bojczuk Fermino Kelli Priscila Pinto Marília Cordeiro Fernando Penteado Mônica Gonçalves Dias Tatiana dos Santos Romão
Novos projetos	Fernando Alves
Diagramação e revisão	Know-How Editorial
Capa	Aero Comunicação / Danilo Zanott
Produção gráfica	Marli Rampim Sergio Luiz Pereira Lopes
Impressão e acabamento	Edições Loyola

Data de fechamento da edição: 22-6-2018

Dúvidas? Acesse www.editorasaraiva.com.br/direito

CL 605091 CAE 627700

APRESENTAÇÃO

Nossa relação com a Editora Saraiva tornou-se conhecida em 1995, com a publicação da 26ª edição do *Código de Processo Civil e legislação processual em vigor* e da 14ª edição do *Código Civil e legislação civil em vigor*, ainda de autoria exclusiva de Theotonio Negrão, mas já com a colaboração do primeiro subscritor desta apresentação, revelada na nota daquelas edições. Atualmente, mais de 20 anos depois, essas obras estão na 47ª edição e na 34ª edição, respectivamente, o que é motivo de imensa alegria e satisfação para nós.

Outro momento marcante desta relação se deu em 2005, por ocasião do lançamento da Coleção Theotonio Negrão, destinada à publicação de dissertações de mestrado e teses de doutorado aprovadas nas melhores instituições de ensino jurídico do País, sob a coordenação do primeiro subscritor desta apresentação e com a participação, na condição de autores, dos outros dois subscritores.

Pouco depois de 2005, em nossas constantes conversas com a Editora Saraiva, surgiu a ideia de mais um projeto conjunto, qual seja, a edição de *Comentários ao Código de Processo Civil*, compostos por volumes a serem escritos individualmente por estudiosos do direito processual civil brasileiro. A inspiração óbvia para essa iniciativa era a paradigmática coleção coordenada pelo Mestre José Carlos Barbosa Moreira em outra casa editorial. Quando esse projeto não passava ainda de uma simples conversa, a constituição de uma comissão de juristas para a elaboração de um anteprojeto de Código de Processo Civil em 2009 nos causou sensações mistas. De um lado, esse anteprojeto nos colocava em compasso de espera e adiava a concretização de tal ideia. De outro lado, referido anteprojeto nos deixava a certeza de que, um dia, o mencionado intento ganharia concretude e proporções maiores do que as imaginadas originalmente.

Entre 2009 e 2015, acompanhamos com atenção o processo legislativo que passou pela elaboração dos projetos de lei n. 166/2010 e 8.046/2010 e culminou com a publicação da Lei n. 13.105, de 16 de março de 2015, que trouxe para o Brasil um novo Código de Processo Civil. Nesse ínterim, nosso mais recente projeto conjunto com a Editora Saraiva foi tomando corpo. Conseguimos reunir um selecionado time de doutores, livres-docentes e professores das mais renomadas faculdades de direito do País, que se integrou ao nosso projeto e foi determinante para que ele se tornasse realidade. A todos os integrantes desse time, ficam aqui os nossos mais sinceros agradecimentos!

Com a chegada do ano de 2016, o Código de Processo Civil entrou em vigor, um ano após a sua publicação e já alterado pela Lei n. 13.256, de 4 de fevereiro de 2016. Foi o período de maior reflexão e estudo na história processual recente do País. E é um extrato dessa reflexão e desse estudo que pretendemos ver presente nesta coleção de *Comentários ao Código de Processo Civil*, elaborada em 23 volumes, que, esperamos, contribuam para a boa compreensão e aplicação da lei processual mais importante do Brasil.

São Paulo, julho de 2016.

José Roberto Ferreira Gouvêa
Luis Guilherme Aidar Bondioli
João Francisco Naves da Fonseca

SUMÁRIO

Subseção II

Da Alienação

Seção V

Da Satisfação do Crédito

CAPÍTULO V
DA EXECUÇÃO CONTRA A FAZENDA PÚBLICA

CAPÍTULO VI
DA EXECUÇÃO DE ALIMENTOS

Título IV
DA SUSPENSÃO E DA EXTINÇÃO DO PROCESSO DE EXECUÇÃO

CAPÍTULO I
DA SUSPENSÃO DO PROCESSO DE EXECUÇÃO

CAPÍTULO II
DA EXTINÇÃO DO PROCESSO DE EXECUÇÃO

Seção IV
Da Expropriação de Bens

Subseção I
Da Adjudicação

Art. 876. É lícito ao exequente, oferecendo preço não inferior ao da avaliação, requerer que lhe sejam adjudicados os bens penhorados.

§ 1º Requerida a adjudicação, o executado será intimado do pedido:

I – pelo Diário da Justiça, na pessoa de seu advogado constituído nos autos;

II – por carta com aviso de recebimento, quando representado pela Defensoria Pública ou quando não tiver procurador constituído nos autos;

III – por meio eletrônico, quando, sendo o caso do § 1º do art. 246, não tiver procurador constituído nos autos.

§ 2º Considera-se realizada a intimação quando o executado houver mudado de endereço sem prévia comunicação ao juízo, observado o disposto no art. 274, parágrafo único.

§ 3º Se o executado, citado por edital, não tiver procurador constituído nos autos, é dispensável a intimação prevista no § 1º.

§ 4º Se o valor do crédito for:

I – inferior ao dos bens, o requerente da adjudicação depositará de imediato a diferença, que ficará à disposição do executado;

II – superior ao dos bens, a execução prosseguirá pelo saldo remanescente.

§ 5º Idêntico direito pode ser exercido por aqueles indicados no art. 889, incisos II a VIII, pelos credores concorrentes que hajam penhorado o mesmo bem, pelo cônjuge, pelo companheiro, pelos descendentes ou pelos ascendentes do executado.

§ 6º Se houver mais de um pretendente, proceder-se-á a licitação entre eles, tendo preferência, em caso de igualdade de oferta, o cônjuge, o companheiro, o descendente ou o ascendente, nessa ordem.

§ 7º No caso de penhora de quota social ou de ação de sociedade anônima fechada realizada em favor de exequente alheio à sociedade, esta será intimada, ficando responsável por informar aos sócios a ocorrência da penhora, assegurando-se a estes a preferência.

CPC de 1973 – art. 685-A

1. As técnicas executivas e sua adequação às modalidades de tutela executiva buscadas

A depender do tipo de tutela executiva veiculada em juízo, a lei institui mecanismos específicos, concebidos e (ao menos *em tese*) amoldados às características e peculiaridades da pretensão buscada, de modo a proporcionar a maior eficiência possível no intuito de satisfazer os direitos do credor. O sistema processual prevê a atuação de diferentes ferramentas conforme a modalidade de tutela executiva a ser buscada – o pagamento de um crédito pecuniário, um fazer, um não fazer, a entrega de coisa certa ou incerta etc.

Para a execução de obrigações de fazer ou não fazer, por exemplo, a lei assegura ao credor a utilização de técnicas coercitivas da vontade do devedor, em especial, por meio das *astreintes* (técnica de execução indireta).[1] Essas técnicas coercitivas também podem ser utilizadas com o escopo de dar guarida às tutelas executivas voltadas à entrega de coisas, sem olvidar, conforme a necessidade e a conveniência a serem aferidas no caso concreto, da possibilidade de se substituir essas técnicas de execução indireta por técnicas de execução direta, *v.g.*, desapossando o bem por meio da expedição de mandado de busca e apreensão ou de imissão na posse (CPC, art. 806, § 2º).

No que tange à denominada *tutela pecuniária*, que aqui nos interessa, tanto por força de opções políticas do legislador como também devido à (evidente) necessidade de amoldar os mecanismos executivos a esse tipo de tutela, são utilizadas *técnicas diferenciadas*, dependendo da natureza do crédito e também da pessoa do devedor acionado judicialmente.

Tratando-se da tutela pecuniária de obrigações *alimentares*, a lei prevê técnicas específicas, tais quais a ameaça de prisão do devedor (CF, art. 5º, inc. LXVII; CPC, art. 528, § 3º, § 1º; Lei n. 5.478/68, art. 19), o desconto em folha de pagamento (CPC, art. 529, *caput*), o desconto de rendas periódicas (Lei n. 5.478/68, art. 17) e a constituição de capital (CPC, art. 533), além dos próprios mecanismos de execução por expropriação, caso essas técnicas específicas não se mostrem suficientes para ensejar a entrega da tutela ao credor.[2]

No caso de execuções propostas em face de pessoas jurídicas de direito público, diante dos cuidados especiais com a *res publica* e do papel fundamental que esses entes têm em nosso ordenamento jurídico, a obtenção da tutela pecuniária não se faz por meio de nenhum desses mecanismos (expropriação, prisão, desconto em folha etc.), mas sim através de dotação orçamentária – a denominada execução pela via do precatório (CF, art. 100, *caput* e §§ 1º a 6º; CPC, arts. 535, § 3º, inc. I e 910, § 1º). Neste último caso, pois, vê-se que a

---

1 Evidentemente, contudo, a imposição de multa diária é apenas uma das várias formas (ou técnicas) para atuação das tutelas de obrigações de fazer ou não fazer, salientando-se que, como define a própria lei, outros tantos meios executivos igualmente podem ser utilizados com vistas à satisfação dessa modalidade de tutela (CPC, art. 536).

2 Cf. Luiz Guilherme Marinoni e Sérgio Cruz Arenhart, *Curso de processo civil: execução*, São Paulo: RT, 2007, v. 3, p. 65 e 234.

diferenciação se dá não propriamente em função da natureza do crédito perseguido, mas sim em função da *qualificação jurídica da pessoa do devedor*.

Com essas brevíssimas ponderações iniciais, já é possível antever que o grande segredo para o êxito na satisfação das diversas tutelas jurisdicionais executivas – segredo esse fácil de pronunciar, mas sabidamente difícil de se alcançar, na prática – consiste em equalizar e adaptar as técnicas executivas aos específicos escopos de cada uma das diferentes pretensões veiculadas em juízo.[3] Trata-se, acima de tudo, de se aplicar ao âmbito executivo as tão consagradas premissas da *tutela jurisdicional diferenciada*.[4]

Quanto melhor adaptada e amoldada a técnica executiva ao tipo de tutela buscada, maior será a chance de satisfação do direito do credor. É por isso que, em última instância, para serem realmente frutíferas as discussões sobre a eficácia e a efetividade do processo de execução, devem elas ter como ponto de partida essa premissa de que, por força de circunstâncias várias, as técnicas executivas previstas na lei e postas à disposição do credor nem sempre estão devidamente *adaptadas* ao tipo de tutela executiva pretendida.

2. Atividades executivas coercitivas e sub-rogatórias. Sua integração ao conceito de execução

Em qualquer das modalidades de execução e sejam quais forem as técnicas executivas a serem empregadas, a atividade jurisdicional a ser exercida caracteriza-se por uma atividade material, fisicamente concreta, destinada à efetivação prática da sanção, entregando ao credor, no plano fático, o bem jurídico que uma sentença ou um título executivo extrajudicial lhe atribuiu.[5]

---

3 Maurício Giannico, *Expropriação executiva*, São Paulo: Saraiva, 2012, p. 25.

4 *Vide*, por todos, Donaldo Armelin, "Tutela jurisdicional diferenciada", *Revista de Processo*, v. 65, 1992, p. 45 e s. A propósito do tema, como já salientamos em outro estudo, apesar de o jurista não estar se referindo especificamente à prestação jurisdicional executiva nesse estudo, as inteligentes premissas ali constantes têm, sem qualquer dúvida, validade para o toda a sistemática processual civil (Maurício Giannico, "Arrematação: aspectos polêmicos e uma análise crítica do instituto", *Revista de Processo*, v. 104, out.-dez. 2001, p. 65-66).

5 Na conceituação proposta por Luigi Paolo Comoglio, Corrado Ferri e Michele Taruffo, a expressão *execução forçada* teria dois distintos significados: "il primo riguarda il raggiungimento di una certa attività e di uno scopo che consiste nella realizzazione forzata, coattiva, del diritto e quindi della prestazione dovuta che il debitore non ha spontaneamente eseguito (o in altra equivalente); il secondo tende a rappresentare il complesso delle attività processuali preordinate al conseguimento di quel fine e quindi il processo esecutivo vero e proprio. Se la funzione dell'esecuzione forzata, nel quadro dell'ordinamento giuridico, è dunque quella di dare attuazione concreta a diritti nella loro specifica identità, non si può certamente distinguere a seconda della loro natura e quindi, sotto questo profilo, la situazio-

Como já observado, esse bem jurídico pode ser desde uma soma em dinheiro, um bem móvel ou imóvel, uma obrigação assumida por uma parte etc.

Como já pudemos expor em outro estudo, executar não é simplesmente aplicar a sanção *sem ou contra* a vontade do devedor. Há ou pode haver, por certo, atividade executiva impulsionada pura e simplesmente por técnicas indiretas, de coerção ou estímulo do devedor, as quais, como bem se sabe, apoiam-se em sua efetiva colaboração. Negar essa assertiva seria retirar o caráter eminentemente executivo, por exemplo, dos inúmeros procedimentos destinados a obter a entrega de coisa certa ou incerta ou à efetivação de obrigações de fazer ou não fazer – que, como é notório, concretizam-se, em boa parte dos casos, pelo uso de técnicas coativas indiretas.

Execução e sub-rogação, portanto, não são premissas necessariamente indissociáveis, naturalmente não estando a execução adstrita exclusivamente à efetivação de medidas sub-rogatórias. É perfeitamente possível que haja execução com a efetiva colaboração do executado, tendo caráter igualmente executivo o ato de transferência ou entrega do bem da vida ao credor, quando tal ato for obtido por meio de atividades meramente coercitivas (e não sub-rogatórias).[6]

3. A expropriação como técnica executiva sub-rogatória. Conceito de expropriação

A doutrina diferencia os *meios executivos coercitivos* dos denominados *meios executivos sub-rogatórios*, assim o fazendo notoriamente em razão do tipo de invasão praticada pelo Estado-juiz contra a esfera jurídica do devedor – pressão indireta sobre sua vontade, no primeiro caso, ou atividade substitutiva de sua vontade, no segundo.

---

ne giuridica che sorge dal rapporto obbligatorio (diritto di credito, personale), se insoddisfatta, ha esigenza di 'venire eseguita' allo stesso modo di quella propria del diritto reale" (*Lezione sul processo civile*, 3ª ed., Bologna: Il Mulino, 2005, v. II, p. 273-274). E, como afirma TEORI ALBINO ZAVASCKI, "a execução forçada é (...) ato de Estado, submetido ao poder de seu *imperium* monopolizado" (*Processo de execução:* parte geral, 3ª ed., São Paulo: RT, 2004, p. 68).

6 Os tradicionais meios executivos de expropriação – adjudicação, arrematação etc. – obviamente não são os únicos presentes em nosso sistema processual. A nosso ver e como já exposto em outros estudos de nossa autoria, inegavelmente também há, por exemplo, típica atividade executiva na satisfação de obrigações de entregar coisa, independentemente da técnica executiva utilizada pelo Estado-juiz a requerimento do credor (busca e apreensão, multa diária etc.). Nos inúmeros casos em que a satisfação do direito estampado no título executivo ocorre como resultado da atuação de técnicas meramente coercitivas, estar-se-á igualmente diante de *atividade tipicamente executiva.*

Executar obviamente não é apenas postular em juízo o recebimento de *quantia certa em pecúnia*. É muito mais do que isso, considerando que evidentemente também há notória atividade executiva nas pretensões, levadas a juízo, de receber coisas certas ou incertas, na exigência do cumprimento de obrigações contratuais de fazer, não fazer, de entregar, de dar etc.

Expropriar é despojar, desapossar, retirar alguém da posse e da propriedade de um determinado bem. Na seara do processo, a expropriação é atividade eminentemente sub-rogatória, sendo evidente manifestação da jurisdição.[7] Por meio dela, de modo imperativo e sem o concurso da vontade do expropriado, o Estado-juiz afeta e depois *transfere* a propriedade e a posse de bens pertencentes ao devedor (ou a entes responsáveis pela execução), entregando-os ao credor ou a terceiros que tenham a intenção de adquiri-los.[8] Seu objetivo primordial é proporcionar satisfação ao credor de quantia pecuniária na execução forçada, seja mediante o recebimento, por este, do produto final dessa expropriação (dinheiro), seja ainda mediante a aceitação do próprio bem expropriado como pagamento, em uma espécie de dação forçada em pagamento (*rectius*, adjudicação).

Falar em execução por expropriação, em uma primeira análise, é referir-se a uma *técnica executiva*,[9] baseada na sub-rogação, voltada à satisfação de tutelas pecuniárias. A expropriação consiste na própria *sanção* representada pela execução forçada.[10] Por meio dela, como salientado acima, os direitos de pos-

---

7 MAURÍCIO GIANNICO, *Expropriação executiva*, São Paulo: Saraiva, 2012, p. 114.

8 Eis a conceituação trazida por COMOGLIO, FERRI e TARUFFO: "l'espropriazione forzata è quel procedimento esecutivo con il quale si soddifano crediti aventi ad oggetto somme di denaro e con il quale quindi viene sottratta in modo coattivo al debitore la disponibilità giuridica di determinati beni, trasformandoli, sempre coattivamente, in denaro, attraverso un vendita forzata (salvo il caso dell'assegnazione diretta del bene al creditore). Il ricavato viene distribuito tra i creditori che hanno dato originariamente impulso al procedimento o sono successivamente intervenuti" (*Lezione sul processo civile*, cit., v. II, p. 327). Veja-se ainda a definição de CRISANTO MANDRIOLI: "l'espropriazione forzata è appunto (...) quel tipo di procedimento esecutivo che consiste nel sottrarre coattivamente al debitore determinati beni appartenenti al patrimonio di quest'ulimo e nel trasformarli, pure coattivamente, in denaro, per destinarli alla soddisfazione del creditore, in attuazione della loro funzione di garanzia generica dei crediti" (*Corso di diritto processuale civile*, 5ª ed., Torino: Giappichelli, 2006, v. III, p. 45).

9 Tanto é assim que COMOGLIO, FERRI e TARUFFO referem-se a "l'espropriazione forzata come tecnica di tutela del credito" (*Corso di diritto processuale civile*, cit., p. 327).

10 A palavra *sanção* é aqui usada na acepção trazida por LIEBMAN, que assim prescreve: "reservamos o têrmo sanção, em sentido técnico e estrito, às medidas estabelecidas pelo direito como consequência da inobservância de um imperativo, cuja atuação se realiza sem a colaboração da atividade voluntária do inadimplente" (*Processo de execução*, 2ª ed., São Paulo: Saraiva, 1963, p. 2-4).

se e propriedade do bem penhorado são extirpados de seu anterior proprietário e transferidos coercitivamente ao credor ou a terceiros.

A expropriação é, em verdade, nada mais do que uma *técnica*, dentre tantas outras previstas em nossa legislação processual, a serviço da satisfação da tutela jurisdicional executiva. Não é a única e, na realidade, ela sequer tem aplicação a todas as modalidades de execução.

A expropriação é uma técnica sub-rogatória voltada especificamente para as *execuções de tutela pecuniária*.

A execução por quantia certa se coloca como um sistema de *dupla expropriação*[11] (tanto que na Itália, como disse Dinamarco, ela se denomina *esecuzione per espropriazione*): expropria-se o bem penhorado mediante sua transferência coativa ao adquirente e depois se expropria o produto dessa primeira expropriação mediante a transferência do dinheiro ao credor.[12-13]

4. Expropriação executiva e suas modalidades

Ainda sob a égide do Código de Processo Civil de 1973, antes das alterações promovidas pela Lei n. 11.382/2006, o legislador elegera como principal e obrigatório método expropriatório a denominada arrematação, a ser empreendida por meio de hastas públicas. Apenas se infrutífera essa providência é que seria possível a adjudicação do bem ou a utilização de outras técnicas expropriatórias.

Mas, após mais de três décadas de vigência do Código de 1973, percebeu-se que a sistemática da arrematação era extremamente complexa e burocrática, com inúmeros incidentes, formalidades, recursos etc., o que a tornava um mecanismo pouquíssimo eficaz para a obtenção da tutela executiva pecuniária.

Com a Lei n. 11.382/2006, o legislador felizmente alterou essa ordem, dispondo que a expropriação consistirá, nessa ordem, (I) na adjudicação em

11 Cf. Edoardo Garbagnati, *Il concorso di creditori nel processo di espropriazione*, n. 3, esp. p. 13, citado por Cândido Rangel Dinamarco, *Execução civil*, 3ª ed., São Paulo: Malheiros, 1993, p. 333.

12 Cândido Rangel Dinamarco, *Execução civil*, 3ª ed., cit., p. 333.

13 É evidente, porém, que, quando a penhora recair sobre dinheiro, não haverá uma dupla expropriação porquanto desnecessária a etapa de conversão do bem penhorado em pecúnia. Nessa hipótese em que a penhora recair diretamente sobre quantias pecuniárias, trazendo à baila as lições oriundas da doutrina processual espanhola, seu ulterior levantamento, mediante autorização judicial, retrata hipótese de autêntica *adjudicação*, visto que o próprio bem penhorado é transferido para o domínio do credor (Juan Montero Aroca, Juan Luis Gómez Colomer, Alberto Montón Redondo e Silvia Barona Vilar, *Derecho jurisdiccional*, 16ª ed., Valencia: Tirant lo Blanch, 2008, v. II, p. 645).

favor do exequente ou outros de seus legitimados, (II) na alienação por iniciativa particular, (III) na alienação em hasta pública e (IV) no usufruto do bem móvel ou imóvel.

O novo Código de Processo Civil manteve essa mesma premissa, elegendo a adjudicação como método expropriatório preferencial à disposição do credor.

5. A *sofrível* técnica do Código em matéria de expropriação

Seria imensamente desejável que, antes de tratar propriamente das espécies expropriativas, tivesse o legislador redigido, na Seção IV ("Da expropriação de bens") do Capítulo IV do Livro II do atual Código de Processo Civil, as normas e diretrizes comuns a todas as modalidades de expropriação.

Lamentavelmente, porém, essa Seção IV veio "vazia" de dispositivos legais, seguindo-se imediatamente a ela, sem nenhum dispositivo legal a separar uma coisa da outra, a Subseção I ("Da adjudicação") – como se a adjudicação e a alienação judicial (prevista na Subseção II, a qual compreende a arrematação e a antes denominada *alienação por iniciativa particular*) nada tivessem em comum e não fossem espécies do mesmo gênero "expropriação".

Esse *enorme desleixo técnico* gerará grandes confusões interpretativas, mormente sabendo-se que, por incrível que pareça, toda a disciplina normativa da adjudicação encontra-se absolutamente "espremida" em três singelos dispositivos legais: arts. 876, 877 e 878 do Código de Processo Civil.

6. Adjudicação

Adjudicar é atribuir, outorgar, conferir, transferir ou confiar a alguém a propriedade de algum bem. Em processo civil, é o ato pelo qual o juiz, mediante requerimento, outorga ao exequente ou a algum dos demais legitimados pela lei processual (CPC, art. 876, § 5º) a propriedade de um bem previamente afetado para fins executivos, em troca de seu valor pecuniário ou de crédito equivalente.[14]

A adjudicação forçada é definida por ANDREA PROTO PISANI como um ato de *transferência coativa*, por meio do qual o Estado, no desempenho da atividade jurisdicional, atribui o bem penhorado a um credor (ou a um terceiro), tomando-se por base um determinado valor.[15]

A adjudicação é ato eminentemente judicial – e não um ato da parte, como se costuma pensar. Isso porque, apesar de depender de requerimento do

14 MAURÍCIO GIANNICO, *Expropriação executiva*, cit., p. 171.

15 ANDREA PROTO PISANI, *Lezioni di diritto processuale civile*, 4ª ed., Napoli: Jovene, 2002, p. 743.

interessado, ela somente se concretiza por meio da prolação de uma decisão judicial efetivamente deferindo o pleito adjudicatório.

Ou seja, à parte caberá formular o requerimento revelando sua intenção de adquirir o bem penhorado, mas a adjudicação propriamente dita somente ocorrerá após a respectiva chancela judicial, sabendo-se que a expropriação do bem é ato que emana do poder do Estado, outorgado ao juiz, na qualidade de agente da jurisdição.

Tal como a arrematação e a alienação judicial, também a adjudicação é espécie do gênero *expropriação executiva*, sendo essa sua natureza jurídica.[16] Trata-se, portanto, de ato estatal de império, pelo qual o bem penhorado na execução forçada é extirpado da esfera patrimonial do devedor expropriado, sendo transferido coativamente ao credor (ou a outro legitimado), em sistemática análoga àquela verificada nas dações em pagamento;[17] essa transferência pode ainda ser feita em prol de determinados terceiros legitimados, mediante o pagamento de soma em dinheiro equivalente ao valor da avaliação do bem expropriado.

7. Adjudicação por valor não inferior ao da avaliação

Após realizada a penhora e a avaliação do bem constrito na execução, dispõe o *caput* do art. 876 que poderá o exequente, desde que assim o requerer, adjudicar o bem. Para tanto, deverá oferecer preço não inferior ao da avaliação: "é lícito ao exequente, *oferecendo preço não inferior ao da avaliação*, requerer que lhe sejam adjudicados os bens penhorados" (CPC, art. 876, *caput*).

O atual Código, portanto, manteve a premissa vigente no Código de 1973, de que a adjudicação não poderá ser feita por valor inferior ao da avaliação.

Vindo a ser realizada por valor inferior ao da avaliação, a adjudicação será considerada nula.

---

16 Na pertinente observação de Leonardo Greco, "tal como a arrematação, a adjudicação também é um ato executório de caráter expropriatório, através do qual o bem penhorado é retirado compulsoriamente do patrimônio do devedor e incorporado ao do credor que previamente anuiu com a sua vontade, manifestando a aceitação de satisfazer o seu crédito através do recebimento de coisa diversa da que lhe era devida" (*O processo de execução*, Rio de Janeiro: Renovar, 2001, v. 2, p. 406).

17 Obviamente, porém, de dação em pagamento não se trata. Como escreveu José Frederico Marques, "identificam alguns a adjudicação à *datio in solutum*, o que é errôneo, uma vez que a transferência coacta que se opera no aludido ato processual de execução não conta com o assentimento e concordância do executado, e é, por outra parte, atuação do *imperium* do Estado, através da jurisdição" (*Instituições de direito processual civil*, 3ª ed., Rio de Janeiro: Forense, 1971, v. V, p. 170).

8. Legitimidade para adjudicar. Ampliação do rol de legitimados

Na redação originária do Código de Processo Civil de 1973, a prerrogativa de adjudicar pertencia exclusivamente ao exequente, aos credores concorrentes (que penhoraram o mesmo bem) e *hipotecários* (*rectius*, credores com garantia real – CPC-1973, art. 714, § 1º, revogado pela Lei n. 11.382/2006).

Com o advento da Lei n. 11.382/2006, o diploma processual de 1973 passou a prever que, além dessas pessoas, a adjudicação poderia ser exercida também pelo *cônjuge*, pelos *descendentes* e *ascendentes* do executado (CPC-1973, art. 685-A, § 2º) – além dos *sócios* da sociedade que tiver suas quotas penhoradas na execução (CPC-1973, art. 685-A, § 4º).

E, atualmente, o Código de Processo Civil de 2015 alargou ainda mais a legitimidade para adjudicar.

Consoante os §§ 5º e 7º do art. 876 (em referência ao art. 889, incs. II a VIII do novo Código), eis o atual rol de legitimados a adjudicar:

(a) os credores concorrentes que hajam penhorado o mesmo bem, o cônjuge, o companheiro, os descendentes e ascendentes do executado (CPC, art. 876, § 5º);

(b) o coproprietário de bem indivisível, quando penhorada uma fração ideal (CPC, art. 889, inc. II);

(c) o titular de usufruto, uso, habitação, enfiteuse, direito de superfície, concessão de uso especial para fins de moradia ou concessão de direito real de uso, quando a penhora recair sobre bem gravado com tais direitos reais (CPC, art. 889, inc. III),

(d) o proprietário do terreno submetido ao regime de direito de superfície, enfiteuse, concessão de uso especial para fins de moradia ou concessão de direito real de uso, quando a penhora recair sobre tais direitos reais (CPC, art. 889, inc. IV);

(e) o credor pignoratício, hipotecário, anticrético, fiduciário ou com penhora anteriormente averbada, quando a penhora recair sobre bens com tais gravames (CPC, art. 889, inc. V);

(f) o promissário comprador e o promitente vendedor, quando a penhora recair sobre bem objeto da respectiva promessa de compra e venda, desde que seu compromisso esteja registrado na matrícula (CPC, art. 889, incs. VI e VII);

(g) a União, Estados e Municípios, quando se tratar de alienação de bem tombado (CPC, art. 889, inc. VIII);

(h) os sócios de sociedade por quotas e os acionistas de sociedade anônima fechada, quando a penhora recair sobre quota social ou ação, respectivamente (CPC, art. 876, § 7º);

Primeiramente, o novo Código passou a se referir explicitamente ao companheiro ou companheira, embora, a nosso ver, essa inclusão já fosse obrigatória sob a égide da legislação antiga, ante a equiparação legal e constitucional entre o cônjuge e o companheiro (CPC, art. 876, § 5º).

Em relação aos denominados *credores concorrentes*, devem esses ser entendidos como os credores quirografários que obtiveram a penhora do mesmo bem, móvel ou imóvel, em outro processo de execução.

Por outro lado, como a lei fala simplesmente em "ascendentes" e "descendentes", não restringindo o grau desse parentesco, há de se entender que não apenas pais e filhos do executado (ou do responsável) estão legitimados a adjudicar, mas que esse direito é também extensível a avós, bisavós etc., assim como a netos, bisnetos e assim por diante. Afinal, segundo consagrado princípio de hermenêutica, não seria legítimo ao intérprete restringir conceito que a própria lei não restringiu – *ubi lex non distinguit nec nos distinguere debemus.*[18]

A legitimidade para adjudicar deve ser conferida não apenas ao cônjuge, descendentes e ascendentes *do executado*, mas também àqueles ligados ao *responsável* pela execução, quando seu patrimônio vier a ser afetado. Consoante será melhor abordado logo adiante, a pessoa ou ente responsável que tem seu patrimônio penhorado na execução deixa a condição de terceiro, passando a ser *parte* na ação executiva. Assim, por exemplo, decretada eventual fraude à execução e penhorado bem pertencente a terceiro, terão seus ascendentes, descendentes e seu cônjuge *plena legitimidade para adjudicar.* Diga-se o mesmo em relação ao sucessor a título singular, ao terceiro adquirente do bem alienado em fraude etc.

É evidente, contudo, que essa legitimidade estará restrita especificamente à adjudicação dos bens pertencentes *ao seu próprio parente ou cônjuge*, inexistindo possibilidade de adjudicarem outros bens, de propriedade de outros executados e/ou responsáveis. Idêntica restrição, por óbvio, vale para os parentes e cônjuge do executado, que evidentemente não poderão adjudicar bens pertencentes a outros responsáveis ou coexecutados.

Quanto aos sócios ou acionistas (CPC, art. 876, § 7º), como se depreende da própria leitura do texto legal, sua legitimação para adjudicar existe apenas nas execuções promovidas *por pessoas alheias à sociedade*; se a execução tiver sido ajuizada por um de seus sócios ou acionistas, os demais não terão legitimidade para adjudicar, tampouco direito de preferência na aquisição das respectivas quotas ou ações.

---

18 Cf. Emilio Betti, *Interpretazione della legge e degli atti giuridici*, Milano: Giuffrè, 1971, p. 278.

Isso se dá porque a preferência instituída pelo legislador nesses casos tem por intenção zelar para que as quotas ou ações permaneçam nas mãos de entes ou pessoas que já façam parte da sociedade, evitando-se, na medida do possível, que estranhos adentrem o quadro social. E esse risco sabidamente é mitigado nas hipóteses em que a execução é promovida por seus próprios sócios ou acionistas, os quais têm, além da ciência instantânea e do controle dos atos executivos, participação ativa na execução, o que lhes rende uma chance significativa de adquirir, eles mesmos, tais quotas ou ações no bojo do processo executivo.

9. Efeitos jurídicos da adjudicação pelo exequente ou por terceiros não credores

A adjudicação feita em prol do próprio exequente ou de outros credores conduz a resultados práticos e jurídicos diferentes daquela porventura operada em favor de terceiros não credores. Tanto em uma como noutra hipótese ela naturalmente não deixa de ser uma *expropriação*, mas, conforme consignaremos adiante, essa circunstância influi nos passos subsequentes da execução, modificando-se o procedimento conforme a pessoa – credor ou terceiros – que venha a adjudicar o bem na execução. Diferentes também serão os contornos jurídicos da adjudicação, conforme o indivíduo que vier a exercer tal prerrogativa.

Apenas a adjudicação feita em prol dos credores é que terá efetivas semelhanças com o instituto de direito privado da *datio in solutum*. E, ainda assim, tais semelhanças somente existirão se o credor adjudicatário tiver a preferência em relação aos demais para o levantamento do direito obtido por força dessa expropriação. Se não tiver preferência, ele é obrigado a depositar em juízo o valor oferecido pela adjudicação, o que afasta a dinâmica de compensação entre a dívida perseguida pelo credor e o bem objeto da expropriação.

Quando a adjudicação é deferida em prol dos demais legitimados (não credores), igualmente não há qualquer compensação – até porque naturalmente, nessas situações, nada há para compensar. Também em tais circunstâncias, a adjudicação se processa mediante contraprestação em dinheiro, em sistemática muito semelhante, estruturalmente, àquela vista na arrematação e na alienação por iniciativa particular.

10. Requisitos para adjudicar

O *caput* do art. 876 do Código de Processo Civil sujeita a adjudicação à observância de dois requisitos: (i) a existência de requerimento expresso por parte do exequente ou dos demais legitimados – não sendo lícito ao juiz obrigá-los, caso não queiram, a receber o bem penhorado como pagamento – e (ii) o oferecimento de valor não inferior à avaliação.[19]

Devendo a tutela executiva amoldar-se à vontade e às escolhas feitas pelo credor, não poderá a adjudicação ser determinada de ofício pelo juiz. Deverá esta, necessariamente, ser precedida de *requerimento expresso* por parte do credor ou dos demais legitimados. Sem que haja manifestação explícita de um deles, presume-se não haver interesse em adjudicar o bem penhorado; jamais o contrário: *aliud pro alio invito creditori solvi non potest*, ou seja, o credor não pode ser obrigado a receber prestação diversa da que consta do título.[20]

A lei brasileira impõe ainda um segundo requisito para que seja deferida a adjudicação: deve esta ser feita obrigatoriamente por valor igual ou superior ao da avaliação homologada judicialmente. Diferentemente do que ocorre com a arrematação, onde se permite, na segunda hasta pública, que o bem seja expropriado por qualquer valor – desde que não vil (CPC, art. 891) –, a adjudicação somente será deferida se ofertado preço equivalente ao seu efetivo valor de avaliação.[21]

Há, porém, duas exceções a essa regra.

Em primeiro lugar, nas execuções fiscais promovidas pelo Instituto Nacional da Seguridade Social – INSS, dispõe o art. 98, § 7º, da Lei n. 8.212, de 24 de julho de 1991, que, após realizada a praça ou o leilão do bem penhorado, restando infrutíferas duas tentativas, "(...) o INSS poderá adjudicar o bem por cinquenta por cento do valor da avaliação". Confirmando tal possibilidade, o Superior Tribunal de Justiça assim já se pronunciou: "havendo norma expressa autorizando o INSS a adjudicar o bem penhorado por metade do valor da avaliação, e existindo interesse da autarquia na adjudicação, esta sempre será pela metade do valor da avaliação, nos exatos termos do artigo 98, § 7º, da Lei n. 8.212/91 (...)".[22]

Igual prerrogativa foi também concedida à União Federal nas execuções fiscais da dívida ativa por ela promovidas, em razão da introdução do § 11 no

---

19 Cf. Humberto Theodoro Júnior, em lição relativa ao Código anterior, mas plenamente aplicável ao Código atual (*A Reforma da execução do título extrajudicial*, Rio de Janeiro: Forense, 2007, n. 48.1, p. 117-118).

20 Leonardo Greco, *O processo de execução*, cit., v. 2, p. 410.

21 Em situação excepcional, contudo, o Superior Tribunal de Justiça já autorizou a adjudicação por valor inferior ao da avaliação: "após oito praças frustradas, é possível a adjudicação de imóvel por valor inferior ao da avaliação, em homenagem à efetividade e dignidade da Justiça. Se, após oito tentativas o imóvel não atingiu o valor de avaliação, é porque tal estimativa é exagerada" (STJ, 3ª T., REsp 435.120-SP, rel. Min. Humberto Gomes de Barros, j. 07.03.2006, não conheceram, m.v., DJU 12.03.2007, p. 217).

22 STJ, 2ª T., REsp 1.013.256-AC, rel. Min. Humberto Martins, j. 18.11.2008, deram provimento, v.u., DJe 12.12.2008.

art. 98 da Lei n. 8.212, de 24 de julho de 1991,[23] com redação introduzida pela Lei n. 10.522/2002.

Além disso, nas execuções hipotecárias vinculadas ao Sistema Financeiro da Habitação, enuncia o art. 7º da Lei n. 5.741, de 1º de dezembro de 1971, que, "não havendo licitante na praça pública, o Juiz adjudicará, dentro de quarenta e oito horas, ao exequente o imóvel hipotecado, ficando exonerado o executado da obrigação de pagar o restante da dívida". A adjudicação, nesse caso, far-se-á pelo *valor do saldo devedor*, e não pelo valor da avaliação do imóvel penhorado. Interpretando tal norma, aliás, o Superior Tribunal de Justiça ratificou o entendimento de que se trata de norma de direito material, a qual garante ao mutuário a extinção da dívida nos casos de adjudicação do imóvel pelo exequente, não sendo possível a este último pleitear em juízo a cobrança de qualquer saldo devedor.[24] Mas, se o valor do imóvel for superior ao montante da dívida, naturalmente deverá o credor depositar em juízo tal diferença, disponibilizando-a em favor do executado.

Na vigência do Código de Processo Civil de 1973, antes do advento da Lei n. 11.382/2006, um terceiro requisito era necessário para o deferimento da adjudicação. Excetuadas as previsões constantes do art. 24, inc. I, da Lei n. 6.830/80 e do art. 53, § 2º, da Lei n. 9.099/95, antes de ser possível a adjudicação, era obrigatório que previamente tivesse sido realizada uma hasta pública dos bens penhorados. Somente se infrutíferos dois leilões ou duas praças é que o Código de Processo Civil autorizava os legitimados a adjudicá-los (CPC, art. 714, *caput*, com a redação anterior à Lei n. 11.382/2006).

À luz da redação dada ao art. 685-A do Código de 1973 pela Lei n. 11.382/2006 e agora, de forma reafirmada pelo art. 876 do Código atual, tal providência não mais é necessária, sendo atualmente admissível o deferimento da adjudicação independentemente de prévia hasta pública da coisa penhorada.

---

23 "§ 11. O disposto neste artigo aplica-se às execuções fiscais da Dívida Ativa da União."

24 "(...) 2 – Deve prevalecer entendimento de que, no âmbito do SFH, independentemente do procedimento de execução adotado (questão de natureza processual), o art. 7º da Lei 5.741/71, norma de direito material, confere expressamente a extinção da obrigação do devedor nos casos de adjudicação do imóvel pelo exequente, não havendo que se falar, nestes casos, em posterior cobrança de saldo remanescente. 3 – Precedentes: REsp n. 605357/MG, Rel. Min. Teori Albino Zavascki, DJ 02/05/2005 e REsp n. 605.456/MG, Rel. Min. Eliana Calmon, 2ª Turma, DJ de 19/09/2005. 4 – Recurso especial não provido" (STJ, 1ª T., REsp 542.459-PR, rel. Min. José Delgado, j. 12.09.2006, negaram provimento, v.u., DJU 02.10.2006, p. 227).

11. Intimação do executado acerca do pleito de adjudicação. Necessidade de intimação do terceiro responsável quando a adjudicação almejar bem de sua titularidade

Por razões inerentes ao contraditório e à ampla defesa, o § 1º do art. 876 corretamente prevê que, havendo requerimento por parte do exequente para adjudicar o bem penhorado, deverá haver intimação do executado acerca dessa manifestação.

Mas a lei poderia ter sido igualmente explícita em determinar também a intimação do terceiro responsável, nos casos em que a penhora recair sobre bem deste, e não do próprio devedor. Essa hipótese é bastante comum, por exemplo, nos casos de atribuição de responsabilidade patrimonial a terceiros não incluídos originariamente na relação jurídica processual executiva (*v.g.*, decretação de fraude à execução, desconsideração da personalidade jurídica etc.).

Já pudemos sustentar em mais de um escrito doutrinário que, recaindo a penhora sobre bem de terceiro, ao seu titular necessariamente deverão ser outorgados todos os direitos e prerrogativas que a lei deferir ao próprio executado originário.[25] Trata-se de uma consequência inafastável da aplicação da regra constitucional do *due process of law*. Daí nosso entendimento, interpretando o § 1º do art. 876, de que a intimação do terceiro responsável é obrigatória nesses casos, sob pena de nulidade, ainda que o legislador não a tenha mencionado explicitamente.

A alusão da lei somente à intimação do executado deve ser entendida como a enunciação da regra geral pelo legislador, a qual naturalmente nos remete à tradicional relação exequente-executado. No entanto, a falta de uma referência explícita a essa hipótese menos ordinária de constrição de bens de terceiro não permite a dispensa da intimação prévia deste último, sob pena de se incorrer em uma interpretação notoriamente inconstitucional da norma em comento, por grave ofensa aos princípios do contraditório, da ampla defesa e do *due process of law*.

Consoante o escólio de Couture, a lei nasce como ato de autoridade e vive como norma, pressupondo-se uma vontade ativa e consciente.[26] Nesse sentido, sopesadas as denominadas *deficiências dos léxicos legais*,[27] infelizmente tão comuns, não parece haver dúvidas de que, no caso concreto, a inegável intenção do legislador foi privilegiar o contraditório em prol daquele que está

---

25 Maurício Giannico, *Expropriação executiva*, cit., p. 87-88; Maurício Giannico, *As novas reformas do CPC e de outras normas processuais*, São Paulo: Saraiva, 2008, p. 111.

26 Eduardo J. Couture, *Interpretação das leis processuais*, 4ª ed., 3ª tir., trad. Gilda Maciel Corrêa Meyer Russomano, Rio de Janeiro: Forense, 2001, p. 43.

27 Eduardo J. Couture, *Interpretação das leis processuais*, cit., p. 41-42.

prestes a ver um bem de sua titularidade usurpado de sua esfera patrimonial – seja ele o executado ou o terceiro responsável. *Ubi eadem legis ratio, ibi eadem legis dispositio.*

Quando o bem constrito pertencer a terceiro responsável, a falta de sua intimação antes da análise do requerimento de adjudicação é causa de sua *nulidade absoluta*. Do mesmo modo e pelas mesmas razões, a falta de intimação prévia do executado, nos casos em que o bem penhorado for de sua titularidade, igualmente torna a adjudicação nula de pleno direito.

12. Forma de intimação do executado ou do responsável

O executado ou responsável executivo será intimado do requerimento de adjudicação das seguintes maneiras:

(a) por meio do Diário de Justiça, na pessoa de seu advogado constituído nos autos (CPC, art. 876, § 1º, inc. I);

(b) pessoalmente, por carta com aviso de recebimento, quando representado pela Defensoria Pública ou quando não tiver procurador constituído nos autos (CPC, art. 876, § 1º, inc. II), desde que, neste último caso, não tenha sido citado por edital; se tiver sido citado por edital e não tiver advogado constituído, fica expressamente *dispensada* tal intimação, conforme o teor do § 3º do art. 876;

(c) por meio eletrônico, por meio do cadastro instituído pelo § 1º do art. 246 do Código, somente quando não tiver procurador constituído nos autos (CPC, art. 876, § 1º, inc. III); se tiver advogado constituído, a intimação será feita por meio do Diário de Justiça, nos termos do já mencionado inc. I do § 1º do art. 876.

Consoante dispõe o § 2º do art. 876, aplica-se a tais intimações o disposto no parágrafo único do art. 274, segundo o qual são presumidas "válidas as comunicações e intimações dirigidas ao endereço residencial ou profissional declinado na inicial, contestação ou embargos, cumprindo às partes atualizar o respectivo endereço sempre que houver modificação temporária ou definitiva".

Como já afirmado acima, uma novidade trazida pelo Código atual é a *dispensa* de intimação do executado quando este tiver sido citado por edital e não tiver constituído procurador nos autos (CPC, art. 876, § 3º). É uma novidade interessante e bem-vinda, pois, além das dificuldades práticas de renovar, nesses casos, uma cientificação por edital – igualmente inócua –, pressupõe-se que, não tendo o executado manifestado até então qualquer irresignação quanto ao trâmite da execução, igualmente não deverá se opor à adjudicação do bem penhorado.

13. Intimação dos credores concorrentes e com garantia real. Intimação dos entes mencionados no art. 889

Ainda tratando das intimações que devem anteceder a adjudicação, o legislador se descuidou gravemente, esquecendo-se de determinar, de modo explícito, que, diante de eventual requerimento do exequente (ou demais legitimados) para adjudicar o bem, seja feita também a intimação dos credores concorrentes com penhora averbada e dos credores com garantia real.

O curioso é que, na parte do Código que trata da alienação judicial, a intimação desses entes – credores concorrentes com penhora anteriormente averbada, credores com garantia real e outros – tem uma previsão expressa no art. 889. Do mesmo modo, o art. 804 enuncia que "a alienação de bem gravado por penhor, hipoteca ou anticrese será ineficaz em relação ao credor pignoratício, hipotecário ou anticrético não intimado".

Embora os arts. 804 e 889 façam referência às intimações que devem anteceder a "alienação", não vemos como encampar a premissa de que tal procedimento seja necessário apenas para os procedimentos de alienação em hasta pública e por iniciativa particular – supostamente não sendo aplicável às hipóteses de adjudicação. A nosso ver, inexiste razão para distinguir essas duas situações, pois em ambas o bem penhorado está *igualmente prestes a sofrer uma expropriação executiva.*

Segundo consagrado princípio de hermenêutica, deve haver igualdade de soluções para situações equivalentes. Também aqui, pois, há de se aplicar a analogia consagrada pela máxima jurídica romana *ubi eadem ratio, ibi eadem legis dispositio.*

Não há, portanto, qualquer motivo para cientificar tais credores no caso de hasta pública, mas não o fazê-lo no caso de adjudicação.

A nosso ver, essa intimação dos credores concorrentes com penhora averbada e dos credores com garantia real é absolutamente fundamental e imprescindível também na hipótese de requerimento de adjudicação. Isso porque, como já falado alhures, o exequente somente terá direito de adjudicar o bem sem depositar o dinheiro da avaliação quando não houver outro ou outros credores com direito de preferência em relação ao seu próprio crédito.

Assim, conquanto não expressamente ditada pela lei atual, entendemos que tal providência continua necessária sob a égide do Código de 2015. Sem isso, a adjudicação restará permeada de uma *perniciosa e gravíssima insegurança jurídica*, potencializando-se o risco de seu eventual e futuro desfazimento por ofensa aos direitos de preferência detidos por credores concorrentes e com garantia real.

Afinal, se o exequente adjudicar o bem sem que tenha preferência em relação a outros credores com penhora já feita ou a credores hipotecários, essa adjudicação poderá ser desfeita no futuro, com um grande retrocesso à marcha do próprio processo de execução, em evidente prejuízo às partes e à jurisdição.

A corroborar esse entendimento, basta verificar que o próprio Código expressamente autoriza a oposição de embargos de terceiro por parte do "credor com garantia real para obstar expropriação judicial do objeto de direito real de garantia, caso não tenha sido intimado, nos termos legais dos atos expropriatórios respectivos" (CPC, art. 674, § 2º, inc. IV).

Ora, se a falta de intimação desses credores expressamente gera a nulidade do ato de expropriação, parece-nos ilógico e indevidamente literal o entendimento de que, ainda assim, a lei processual a dispensaria. Daí nossa conclusão de que as intimações previstas no art. 889 também se aplicam ao instituto da adjudicação, assim como a ineficácia ditada pelo art. 804 do Código de Processo Civil, na hipótese de falta dessas mesmas intimações. E tudo isso, naturalmente, sob pena de nulidade do ato expropriatório.

14. Procedimento que antecede a adjudicação. Concurso de pretendentes e licitação. Empate e direitos de preferência

Homologada a avaliação e independentemente de prévia realização de hasta pública, permite a lei que os legitimados manifestem seu interesse em adjudicar o bem penhorado (CPC, art. 875).

A lei corretamente fala em *oferecimento* do preço – e não em *depósito* (CPC, art. 876, *caput*). Afinal, em primeiro lugar, desde que o exequente dê lance igual ou inferior ao montante executado e não haja concorrência de outros credores com preferência na obtenção do produto dessa expropriação, ficará ele *dispensado* de depositar o valor de sua oferta.[28-29]

Na verdade, em um primeiro momento, independentemente da situação do candidato à adjudicação, o depósito do lance realmente *não* deve ser feito,

---

28 A esse respeito, assim dispõe o § 4º, incs. I e II, do art. do art. 876: "se o valor do crédito for: I – inferior ao dos bens, o requerente da adjudicação depositará de imediato a diferença, que ficará à disposição do executado; II – superior ao dos bens, a execução prosseguirá pelo saldo remanescente".

29 Pertinente, nesse sentido, a lição de HUMBERTO THEODORO JÚNIOR, aplicável ao Código atual: "em outros casos, o adjudicatário terá de efetuar o depósito integral do preço da adjudicação. É o caso em que concorre com outros credores com a penhora anterior à sua ou com preferência legal sobre o bem adjudicado. Nesse tipo de concurso (art. 711), o exequente só tem direito de levantar o produto da alienação judicial se houver sobra depois de satisfeitos os credores preferenciais. Daí por que, ao requerer a adjudicação, tem de depositar integralmente o valor de avaliação do bem penhorado; para evitar que se frustre o direito de preferência do credor hipotecário ou pignoratício, ou titular de outros privilégios legais" (*A Reforma da execução do título extrajudicial*, cit., p. 118-119).

bastando que os interessados manifestem seu desejo de adjudicar a coisa, informando o valor de suas respectivas propostas. A lei não é clara, mas, na fase preliminar, é suficiente que os entes legitimados simplesmente (a) *indiquem seu interesse em adjudicar* o bem constrito na execução e (b) explicitem o valor efetivamente oferecido por ele (entendendo-se, em caso de omissão, que será o próprio valor da avaliação judicial).

O depósito da quantia ofertada deverá ocorrer apenas após a apreciação, pelo juiz, de todas as ofertas porventura feitas, instaurando, se o caso, a licitação a que alude o § 6º do art. 876 do Código de Processo Civil.

Feitas as intimações exigidas pela lei (v. item 11, *retro*) e sobrevindo apenas um interessado, o procedimento se torna muito simples, bastando que o juiz, após certificar-se da legitimação processual do ofertante e verificar se o valor da proposta é igual ou superior ao da avaliação (CPC, art. 876, *caput*), defira a adjudicação, estipulando prazo para o depósito em juízo do montante por ele oferecido. Como dito acima, quando o próprio exequente for o candidato único à adjudicação e sendo seu crédito igual ou superior ao valor de avaliação do bem, sequer será necessário qualquer depósito, operando-se a subtração automática de uma soma pela outra.

Em quaisquer dessas situações, realizado o depósito ou quando este for dispensado, será lavrado auto de adjudicação, o qual, uma vez assinado pelo juiz, tornará perfeita e acabada a expropriação (CPC, art. 877, § 1º). Ato contínuo, haverá a expedição de carta de adjudicação, de mandado de imissão na posse (quando se tratar de bem imóvel), ou ainda de ordem de entrega ao adjudicatário, quando se tratar de bem móvel (CPC, art. 877, § 1º, incs. I e II).

Havendo, porém, pluralidade de interessados, será então necessária a implementação de certame (CPC, art. 876, § 6º).

Em outro estudo sobre o tema, chegamos a sustentar que, nas hipóteses de multiplicidade de propostas, sendo uma delas superior às demais, desnecessária seria a instauração de licitação, deferindo-se a adjudicação, sem maiores delongas, ao proponente que tiver oferecido o maior lance.[30]

No entanto, por meio de novas reflexões sobre a questão, cremos que a melhor solução, até mesmo com vistas a tornar menos gravosa a situação do executado (CPC, art. 805), seria que, independentemente dos valores inicialmente oferecidos pelos legitimados (iguais ou diversos), o juiz ordene a realização da licitação a que se refere o § 6º do art. 876 sempre houver mais de um interessado na adjudicação.

---

30 Maurício Giannico, *Expropriação executiva*, cit., p. 186.

Com essa solução, aumenta exponencialmente a chance de a adjudicação ocorrer por um valor mais elevado e, portanto, mais benéfico ao executado. Além disso, a instauração de certame nessas situações contempla de modo mais completo e adequado o predicado constitucional da isonomia. Explica-se.

Como a lei não fixa prazo determinado para o legitimado requerer a adjudicação, na prática, essa prerrogativa tende a ocorrer em momentos distintos. Seria anti-isonômico, nesse sentido, permitir que alguns dos legitimados a adjudicar tivessem a vantagem de saber, de antemão, se outros indivíduos também desejam utilizar-se dessa prerrogativa, conhecendo, antes de formularem suas próprias propostas, o valor ofertado pelos demais.

Tratando desse incidente, assevera ARAKEN DE ASSIS que "a lei administra o remédio da licitação para resolver o impasse. Nada menciona quanto à expedição de editais. Basta, pois, a intimação dos pretendentes para reformularem suas propostas, admitido o lanço por escrito, vencendo aquele que apresentar preço mais vantajoso".[31] LEONARDO GRECO sugere um procedimento alternativo, a nosso ver igualmente eficaz, pelo qual se convocaria audiência, instando os proponentes a disputar a aquisição do bem, facultando-lhes o oferecimento sucessivo de quantias mais elevadas.[32] A proposta mais alta será homologada pelo juiz, deferindo a adjudicação ao respectivo proponente.

Se, após a adoção de qualquer um desses métodos, ainda assim persistir o empate, este então será resolvido por meio da análise dos respectivos direitos de preferência entre os entes que requereram a adjudicação. A esse respeito, prevê o § 6º, *in fine,* do art. 876 do Código de Processo Civil, como critério de desempate, a seguinte ordem: dar-se-á preferência, sucessivamente, ao cônjuge, ao companheiro, aos descendentes e aos ascendentes do devedor – ou do responsável expropriado, como convém acrescentar. Apenas no que tange à expropriação de quotas de empresa ou ações de sociedade anônima fechada, por força do § 7º do art. 876, prevalecerá a preferência dos

---

31 *Manual da execução*, 10ª ed., São Paulo: RT, 2006, n. 330.2, p. 765. Tal comentário, apesar de dirigido ao antigo art. 714, tem plena aplicação à nova sistemática. Ainda quanto a essa licitação, transcreve-se o inteligente comentário de DANIEL AMORIM ASSUMPÇÃO NEVES: "é evidente que a utilização do termo 'licitação' pelo art. 685-A, § 3º, do CPC, não tem qualquer pretensão de que se estabeleça uma genuína licitação, com todos os rigores formais que a circundam. Bastará um procedimento extremamente simples, abrindo-se um prazo para os sujeitos legitimados a adjudicar protocolem petições informando sua oferta, o que já será suficiente para o juiz decidir qual desses sujeitos adjudicará o bem penhorado. A apresentação das propostas na mesma data evitaria qualquer espécie de má-fé de um dos interessados, porque nenhum deles teria acesso ao pedido dos demais antes do encerramento do prazo" (*Reforma do CPC 2*, São Paulo: RT, 2007, v. 2, p. 370).

32 LEONARDO GRECO, *O processo de execução*, cit., p. 418.

demais sócios ou acionistas em detrimento dessas pessoas mencionadas no § 6º desse dispositivo.

Aliás, é de se consignar que a preferência referida pela lei se dá apenas *em caso de igualdade de ofertas* formuladas para fins de adjudicação. Ou seja, tal preferência vale exclusivamente como *critério de desempate* entre duas ou mais propostas idênticas, prevalecendo, para as demais situações, o critério do melhor lance ofertado (cf. CPC, art. 876, § 6º, o qual expressamente se refere à "igualdade de oferta").

15. Preferência na adjudicação x preferência no recebimento do dinheiro

A preferência na adjudicação não se confunde com a preferência para o levantamento do dinheiro depositado. Na primeira situação, o que impera é a regra do *maior preço*, juntamente com a sistemática de desempate há pouco referida. Já na segunda situação, que tem como pressuposto a existência de concorrência entre credores, imperará a regra da *constrição mais antiga* (CPC, art. 908, § 2º), observados os "títulos legais de preferência" (CC, art. 958),[33] consoante veremos com maiores detalhes em item específico deste estudo (cf. item 106, *infra*).

Deferida a adjudicação, deverá o adquirente depositar em juízo o respectivo valor, dentro do prazo assinalado pelo juiz. Não efetuado o depósito, o juiz tornará sem efeito a decisão que houver deferido a adjudicação, condenando o requerente por litigância de má-fé (CPC, arts. 79, 80 e 81), salvo se este comprovar que deixou de efetuar o depósito por justo motivo.[34]

Como já dito acima, se o adjudicatário for o próprio exequente ou um dos credores concorrentes ou com garantia real sobre a coisa penhorada, em

---

33 Segundo Araken de Assis, "a teor do art. 958 do CC-02, o 'título legal' que permite ao credor passar à frente da penhora (art. 612) deriva do direito real de garantia. Credor garantido por hipoteca, penhor ou anticrese sempre receberá seu crédito antes do primeiro credor penhorante, titular de dívida 'pessoal de qualquer espécie', diz o art. 961, 1ª parte, do CC-02" (*Manual da execução*, 10ª ed., cit., n. 325.2.1, p. 751). Diz ainda o qualificado jurista que "o exame dos privilégios e das prelações do direito material conduz à firme conclusão de que a 'revolução' operada pelo art. 612, instituindo preferência em razão da penhora, somente se aplica aos credores da classe quirografária, derrogando, parcialmente, o art. 958 do CC-02 – os credores privilegiados sujeitam-se, nada obstante, a rateio: o art. 962 do CC-02 – e o princípio do *par conditio creditorum* nesta classe" (*Manual da execução*, 10ª ed., cit., n. 352.2.2, p. 754).

34 Entende Araken de Assis, entretanto, que não obrigatoriamente o inadimplemento gerará a dissolução da alienação judicial, sendo esta, nos termos do art. 475 do Código Civil de 2002, uma faculdade da pessoa lesada por tal circunstância (*Manual da execução*, 12ª ed., cit., p. 783).

princípio não será necessário o depósito da quantia oferecida, desde que seu respectivo crédito seja igual ou superior ao valor da alienação judicial. Sendo inferior, nos termos do § 4º, inc. I, do art. 876 do Código de Processo Civil, deverá depositar apenas a diferença, a qual pertencerá ao executado, salvo se houver outros credores disputando esse saldo. Se, porém, o crédito exequendo for superior ao valor do bem adjudicado, a execução prosseguirá em seus ulteriores termos (CPC, art. 876, § 4º, inc. II).

Em verdade, porém, em quaisquer dessas hipóteses, a dispensa de efetuar o depósito somente será cabível *se o adjudicatário tiver preferência em detrimento dos demais credores no que tange ao produto da adjudicação*. Havendo outro credor hipotecário, pignoratício ou concorrente com preferência no recebimento de seu crédito, deverá então o credor adjudicatário depositar a integralidade do valor ofertado pelo bem.[35]

Isso significa que o credor interessado deverá prudentemente avaliar seu direito de preferência antes de requerer a adjudicação. Afinal, vindo a adjudicar o bem sem que tenha preferência sobre todos os demais credores no recebimento do produto da alienação judicial, não poderá ele descontar seu crédito em troca do bem penhorado. Sem tal preferência, seu papel será o equivalente, *v.g.*, ao de qualquer outro terceiro participante de uma hasta pública, trocando seu dinheiro – *e não seu crédito* – pela coisa apreendida.

16. A ordem de preferências para o levantamento do produto da adjudicação

A ordem de preferências para o levantamento do dinheiro obtido por força da expropriação forçada do bem penhorado é a mesma tanto nos casos de adjudicação, de arrematação e de alienação por iniciativa particular. Tendo em vista a disciplina jurídica comum entre todos esses métodos expropriatórios, trataremos de tal tema em nossos comentários ao art. 908 do Código de Processo Civil (v. itens 100 a 108).

Contudo, sendo a adjudicação *forma executiva híbrida*,[36] cumulando a um só tempo atividades de expropriação liquidativa e de satisfação, nem sempre sua concretização gerará a necessidade de adentrar a denominada fase satisfativa da execução. Inexistindo outros credores com penhora sobre o bem ou com direito de preferência, e quando a adjudicação for deferida em prol do próprio exequente, implicitamente este estará consentindo em receber, em vez de soma em dinheiro a que faz jus, um ou mais bens previamente afetados para fins executivos em troca de seu respectivo valor pecuniário – em sistemática de muitos

35 LEONARDO GRECO, *O processo de execução*, cit., v. 2, p. 418.

36 HUMBERTO THEODORO JÚNIOR, *Processo de execução e cumprimento de sentença*, 26ª ed., São Paulo: Leud, 2009, p. 374.

modos semelhante à *datio in solutum*, como já se viu. Em tais hipóteses, a própria adjudicação produz, por si própria, o efeito de quitação da dívida exequenda.

Art. 877. Transcorrido o prazo de 5 (cinco) dias, contado da última intimação, e decididas eventuais questões, o juiz ordenará a lavratura do auto de adjudicação.

§ 1º Considera-se perfeita e acabada a adjudicação com a lavratura e a assinatura do auto pelo juiz, pelo adjudicatário, pelo escrivão ou chefe de secretaria, e, se estiver presente, pelo executado, expedindo-se:

I – a carta de adjudicação e o mandado de imissão na posse, quando se tratar de bem imóvel;

II – a ordem de entrega ao adjudicatário, quando se tratar de bem móvel.

§ 2º A carta de adjudicação conterá a descrição do imóvel, com remissão à sua matrícula e aos seus registros, a cópia do auto de adjudicação e a prova de quitação do imposto de transmissão.

§ 3º No caso de penhora de bem hipotecado, o executado poderá remi-lo até a assinatura do auto de adjudicação, oferecendo preço igual ao da avaliação, se não tiver havido licitantes, ou ao do maior lance oferecido.

§ 4º Na hipótese de falência ou de insolvência do devedor hipotecário, o direito de remição previsto no § 3º será deferido à massa ou aos credores em concurso, não podendo o exequente recusar o preço da avaliação do imóvel.

CPC de 1973 – arts. 685-A e 685-B

17. Auto de adjudicação, carta de adjudicação, mandado de imissão na posse, ordem de entrega e seus efeitos

Efetuado o depósito do valor da adjudicação – como visto, nos casos em que tal providência se mostre necessária (v. item 14, *retro*) –, será então lavrado o respectivo auto de adjudicação. Conforme dispõe o § 1º do art. 877 do Código de Processo Civil, "considera-se perfeita e acabada a adjudicação com a lavratura e a assinatura do auto pelo juiz, pelo adjudicatário, pelo escrivão ou chefe de secretaria, e, se estiver presente, pelo executado (...)".

Já decidiu o Superior Tribunal de Justiça, a propósito, que "é inadmissível a alteração do valor de adjudicação do bem após a assinatura do respectivo auto, ainda que a pretexto de atualização monetária, uma vez que o CPC a considera como ato de aperfeiçoamento da medida expropriatória".[37]

A assinatura do auto *pelo executado* é uma providência completamente desnecessária e sem sentido, haja vista que a adjudicação se aperfeiçoa sabida-

37 STJ, 1ª T., REsp 735.380-RS, rel. Min. Teori Albino Zavascki, j. 26.05.2009, deram provimento, v.u., DJe 03.06.2009.

mente sem o concurso de sua vontade.[38] Aqui, mais uma vez o legislador repete fórmulas do passado (v. CPC-1973, art. 685-B), sem a preocupação de refletir sobre o efetivo conteúdo de suas palavras.

Nesse ponto, ao menos a lei não condiciona a validade do auto a tal assinatura, cuja aposição, como se vê a partir da leitura do § 1º do art. 877, dar-se-á somente se presente o executado. Aliás, mesmo diante de sua presença, entendemos ser dispensável tal assinatura, não se verificando qualquer consequência caso, por exemplo, este se recuse a assinar o auto. Se a execução é atividade que se realiza predominantemente sem o concurso da vontade do devedor,[39] seria absolutamente ilógico e contrário ao sistema processual que sua recusa em assinar o auto de adjudicação pudesse atrapalhar ou inviabilizar o ato de expropriação.

A adjudicação é deferida mediante decisão interlocutória, atacável por meio de agravo de instrumento (CPC, art. 1.015, parágrafo único).[40]

A equívoca menção trazida pela redação original do § 2º do art. 715 do Código de 1973, aludindo a uma suposta (e inexistente) "sentença de adjudicação", felizmente veio a ser extirpada pela Lei n. 11.382/2006, a qual alterou o texto desse dispositivo. E o Código atual igualmente não incorreu nessa grave impropriedade. Afinal, de sentença não se trata, sendo absolutamente descabido que a insurgência recursal contra essa decisão se dê por meio de apelação.[41]

O auto de adjudicação constitui, no dizer de HUMBERTO THEODORO JÚNIOR, o título material da alienação realizada em juízo.[42] Nele deverá estar identificado, com precisão, o objeto e o valor pelo qual se deu a expropriação, sendo este lavrado pelo escrivão do respectivo Cartório judicial onde estiver se processando a execução.

---

38 Cf. ARAKEN DE ASSIS, *Manual da execução*, 12ª ed., cit., p. 795.

39 Embora, como já ressalvado alhures, entendamos que a execução também possa ser realizada com a efetiva colaboração do devedor, mediante atos de coerção e estímulo de sua vontade (v. item 1, *retro*).

40 Como corretamente observa HUMBERTO THEODORO JÚNIOR, "o agravo retido é totalmente inadequado à espécie, como, aliás, ocorre com a impugnação incidente de todos os atos executivos" (*Processo de execução e cumprimento de sentença*, 26ª ed., cit., p. 339).

41 Ainda sob a égide Código de Processo Civil anterior, tratando da adjudicação, dizia JOSÉ FREDERICO MARQUES: "(...) o *nomen juris* de sentença é impróprio. A adjudicação resulta de ato jurisdicional, diverso, porém, da sentença, uma vez que nêle tão só se contém a consubstanciação de ordem executória destinada a operar a transferência coacta de bens do executado. O exame dos pressupostos da adjudicação não confere a qualidade de sentença a êsse ato judiciário" (*Instituições de direito processual civil*, 3ª ed., Rio de Janeiro: Forense, 1971, v. V, p. 173).

42 HUMBERTO THEODORO JÚNIOR, *Processo de execução e cumprimento de sentença*, 26ª ed., cit., p. 339.

A adjudicação produz efeitos quase idênticos aos da arrematação, tendo em vista sua idêntica natureza, de atos de expropriação forçada.[43]

Em primeiro lugar, tem a adjudicação o efeito programado de transferir o domínio da coisa ao adjudicatário. Diante do sistema normativo brasileiro, contudo, quando se tratar de bem imóvel, a efetiva transferência da propriedade do bem adjudicado ocorre somente com o registro da respectiva carta de adjudicação perante o registro imobiliário (CC, art. 1.245, *caput* e § 1º).

Sobre essa questão, como lembram THEOTONIO NEGRÃO, JOSÉ ROBERTO FERREIRA GOUVÊA, LUIS GUILHERME AIDAR BONDIOLI e JOÃO FRANCISCO NAVES DA FONSECA, já se pronunciou o Superior Tribunal de Justiça no sentido de que, vindo a ocorrer duas expropriações simultâneas do bem em dois processos de execução distintos, para fins de consolidação da propriedade, há de prevalecer a carta de adjudicação ou de arrematação registrada em primeiro lugar: "a carta de arrematação é o título de domínio, mas este só se transfere com o registro daquela no Cartório de Registro de Imóveis".[44]

Tratando-se de bem móvel, a transferência de domínio ocorrerá mediante sua tradição (CC, art. 1.267, *caput*), a ser alcançada por meio da expedição de ordem ou mandado de entrega pelo juízo da execução (CPC, art. 877, § 1º, inc. II).

O Código atual corretamente passou ainda a prever, de forma explícita, a expedição de mandado de imissão na posse para os casos de adjudicação de bens imóveis. A providência é saudável e correta, pois, além dos efeitos inerentes à transferência da propriedade do bem, quase sempre há a necessidade de desocupação forçada do imóvel expropriado.

Com tal inovação põe-se, em definitivo, uma pá de cal sobre as estéreis e antigas discussões acerca da necessidade – a nosso ver, completamente ilógica mesmo sob a égide do Código de 1973 – de recorrer a uma medida judicial autônoma, seja reivindicatória ou possessória, para que o adjudicatário viesse a ingressar na posse do bem imóvel expropriado.[45]

Por razões de economia processual e de lógica na interpretação do texto normativo, já no passado sustentávamos a desnecessidade da propositura de

---

43 Cf. LEONARDO GRECO, *O processo de execução*, cit., v. 2, p. 414.

44 STJ, 2ª Seção, CC 105.386, Min. SIDNEI BENETI, j. 08.09.2010, DJ 15.09.2010, in THEOTONIO NEGRÃO, JOSÉ ROBERTO FERREIRA GOUVÊA, LUIS GUILHERME AIDAR BONDIOLI e JOÃO FRANCISCO NAVES DA FONSECA, *Código Civil e legislação civil em vigor*, 33ª ed., São Paulo: Saraiva, 2014, comentário ao art. 1.245, nota 1c, p. 481.

45 Sobre tal discussão, com referência às diferentes opiniões da doutrina, ver MAURÍCIO GIANNICO, "Arrematação: aspectos polêmicos e uma visão crítica do instituto", *Revista de Processo*, v. 104, São Paulo: RT, out./dez. 2001, p. 59.

qualquer medida judicial autônoma pelo adquirente – seja qual for a forma de expropriação do bem penhorado – com o intuito de obter sua posse.

Em se tratando de bem imóvel, basta que o adjudicatário requeira, ao próprio juízo onde se deu a expropriação executiva, a expedição de mandado de imissão na posse.[46] Tratando-se de bem móvel, expedir-se-á um mandado de entrega – do qual falamos acima –, o qual já conterá, intrinsecamente, uma ordem de imissão do bem na posse em prol de seu adquirente, sendo desnecessária a expedição de um mandado autônomo para esse fim.[47]

A adjudicação também transfere para o preço os vínculos da penhora efetivada na própria execução e nas demais, oriundas de outros processos executivos. Ou seja, as constrições sub-rogam-se no respectivo preço despendido por força da adjudicação (*pretium succedit in locum rei*).[48] A título exemplificativo, a Fazenda Pública sub-roga-se no preço obtido pela alienação judicial dos bens do devedor (CTN, art. 10, parágrafo único), naturalmente ficando liberada a coisa expropriada das penhoras até então porventura existentes.

Assevera ainda LEONARDO GRECO que a adjudicação torna o adquirente devedor do respectivo preço (ou da diferença entre o preço e o crédito por ele detido), caso este não tenha sido depositado de imediato.[49] Na verdade, porém, em nossa visão, essa situação de dívida persiste apenas até o fim do prazo estabelecido pelo juiz para o depósito desse montante. Isso porque, como explicitado no item 15, *retro*, não pago o valor da adjudicação dentro desse prazo, a decisão que a tiver deferido se tornará sem efeito.

A adjudicação exclui a responsabilidade do executado pelos vícios da coisa, ressalvadas hipóteses muito específicas.[50]

---

46 Nesse sentido, ver CASSIO SCARPINELLA BUENO, *Curso sistematizado de direito processual civil*, 2ª ed., São Paulo: Saraiva, 2009, v. 3, p. 290.

47 MAURÍCIO GIANNICO, *Expropriação executiva*, cit., p. 196.

48 Cf. ARAKEN DE ASSIS, *Manual da execução*, 12ª ed., cit., p. 782.

49 Cf. LEONARDO GRECO, *O processo de execução*, v. 2, cit., p. 414.

50 Como alude HUMBERTO THEODORO JÚNIOR, o Código Civil de 1916 tinha uma norma expressa excluindo a ação redibitória e a ação de abatimento no preço por defeitos ocultos da coisa adquirida em hasta pública (CC-1916, art. 1.106), e, apesar de o novo Código Civil não ter reproduzido tal regra, a premissa continua plenamente vigente (HUMBERTO THEODORO JÚNIOR, *Processo de execução e cumprimento da sentença*, 26ª ed., São Paulo: Leud, 2009, p. 368). A nosso ver, todavia, essa premissa, em princípio correta, não pode ser aceita de modo absoluto, ao menos no que tange aos defeitos visíveis (aparentes) da coisa penhorada. Apesar de realmente não ser possível aplicar às expropriações a disciplina de direito material relativa aos vícios redibitórios (CC, arts. 441 a 446), em alguns casos, quando o vício for aparente e essa condição não restar consignada, p. ex., no edital de hasta pública ou no laudo de avaliação do bem penhorado, terá o adquirente direito de indenização, podendo inclusive pleitear o desfazimento do ato expropriatório por nulidade do procedi-

Ademais, consoante já destacado, tem ela o efeito de extinguir o penhor, a hipoteca – desde que previamente notificados os respectivos credores da alienação judicial (CC, art. 1.501; CPC, art. 804) – e outros eventuais gravames que incidam sobre o bem penhorado, tais como outras penhoras, privilégios especiais e preferências legais.[51]

Além disso, a adjudicação transfere o direito de posse do bem ao adjudicatário, obrigando o depositário judicial a dela se desfazer. A prerrogativa, já acima mencionada, de o adjudicatário ver expedido em seu favor um mandado de imissão na posse é prova irrefutável disso (CPC, art. 877, § 1º, inc. I).

Após a expedição do auto de adjudicação, será então expedida a respectiva carta de adjudicação. Determina o § 2º do art. 877 que tal carta conterá a descrição do imóvel, com remissão à sua matrícula e aos seus registros, uma cópia do auto de adjudicação e a prova de quitação do imposto de transmissão.

Em consonância com o disposto no art. 35, inc. I, do Código Tributário Nacional, a menção trazida na parte final desse dispositivo, quanto à quitação dos impostos de transmissão, indica, aliás, ser do adquirente a responsabilidade por seu pagamento.[52]

Ainda quanto à prova de quitação dos impostos de transmissão, correta é a observação de Sérgio Shimura, para quem se mostra *desarrazoada* tal exigência, já que "é no Registro de Imóveis que deve ser verificado e exigido o recolhimento do tributo, e não quando da expedição da carta de adjudicação ou arrematação". Afinal, complementa o jurista, o fato gerador desse tributo "é a efetiva transmissão do imóvel, que ocorre somente quando do registro no Cartório Imobiliário".[53] *Manifestamente impossível*, pois, que para a extração da carta de adjudicação se exija a comprovação de um pagamento que somente

---

mento pré-expropriatório. Sendo o edital ou o laudo de avaliação do bem penhorado omissos ou defeituosos na correta descrição do bem constrito, parece lógico e razoável que o arrematante não seja prejudicado pelas irregularidades ali porventura existentes, sabendo-se, em especial, que ele não tem condições sequer de averiguá-las ou contestá-las, visto que, na imensa maioria das vezes, não lhe é dado o direito de inspecionar o bem antes de sua alienação judicial. A nosso ver, comprovada eventual falha ou omissão do edital ou do laudo de avaliação – em linhas gerais, como dito, no que se refere a vícios aparentes da coisa, posto que os vícios ocultos, por definição legal, são aqueles que não podem ser percebidos *ictu oculi* –, responderá o exequente por elas e, solidariamente, o Estado (cf. Maurício Giannico, *Expropriação executiva*, cit., 163-164).

51 Cf. Leonardo Greco, *O processo de execução*, v. 2, cit., p. 415.

52 Consoante a jurisprudência do Superior Tribunal de Justiça, o cálculo desse tributo "há de ser feito com base no valor alcançado pelos bens na arrematação, e não pelo valor da avaliação judicial" (STJ, 1ª T., REsp 2.525-PR, rel. Min. Armando Rolemberg, deram provimento, v.u., DJU 25.06.1990, p. 6027).

53 Cf. Sérgio Shimura, "Expropriação na execução por quantia certa", cit., p. 481.

poderá ser feito *após* a apresentação dessa mesma carta perante o Registro Imobiliário.

Perdeu, assim, o legislador a chance de corrigir essa ilógica disposição da lei processual, presente também no parágrafo único do art. 685-B do Código de Processo Civil de 1973.

A carta de adjudicação, observa HUMBERTO THEODORO JÚNIOR, será o título utilizável para o registro da propriedade em nome do adjudicatário no Registro de Imóveis; funciona, pois, "como o instrumento ou título formal para acesso ao registro competente, onde de fato se dará a transferência da propriedade".[54]

É de se mencionar, de outra monta, que a eficácia da adjudicação – assim como da arrematação e também da alienação – não está condicionada à improcedência dos embargos do devedor.[55] Mesmo em caso de procedência dos embargos à execução ou da ação impugnativa autônoma prevista no § 4º do art. 903, *a alienação judicial não será desfeita* (CPC, art. 903, *caput*; CPC-1973, art. 694, *caput*), assegurando a lei o direito de reparação do prejudicado pelos prejuízos sofridos (CPC, art. 903, *in fine*).

Por força do disposto no art. 513 do Código de Processo Civil,[56] essa opção legislativa de não desfazer o ato de expropriação é igualmente aplicável às impugnações executivas previstas nos arts. 520, § 1º, e 525, oferecidas no bojo das execuções de título judicial – referidas no Código como "cumprimento provisório" ou "definitivo" da sentença que reconhece a exigibilidade de obrigação de pagar quantia certa.

Por fim, aplicam-se ao procedimento de adjudicação, por analogia, as demais disposições do art. 903 do Código de Processo Civil, relativas às hipóteses de invalidação, ineficácia e resolução do ato de expropriação (art. 903, §§ 1º, 2º e 3º), à possibilidade de manejo de ação impugnativa autônoma contra tal ato (§ 4º), à desistência da adjudicação (§ 5º, *caput* e incs. I, II e III), assim como à condenação por ato atentatório à dignidade da justiça (§ 6º). Para melhor elucidação dessas iniciativas e respectivos procedimentos e características, remetemos o leitor aos nossos comentários ao art. 903 do Código (itens 84 a 90, *infra*).

---

54 HUMBERTO THEODORO JÚNIOR, *Processo de execução e cumprimento de sentença*, 26ª ed., cit., p. 340.

55 Cf. SÉRGIO SHIMURA, "Expropriação na execução por quantia certa", in Cassio Scarpinella Bueno e Teresa Arruda Alvim Wambier (coord.), *Aspectos polêmicos da nova execução*, São Paulo: RT, 2008, v. 4, p. 478.

56 "Art. 513. O cumprimento da sentença será feito segundo as regras deste Título, observando-se, no que couber e conforme a natureza da obrigação, o disposto no Livro II da Parte Especial deste Código."

18. Remição do bem

O direito de *remir* o bem penhorado havia sido extirpado do Código de Processo Civil de 1973 pela Lei n. 11.382/2006, a qual promoveu a revogação de seus arts. 787, 788, 789 e 790, desfazendo-se, com isso, uma tradição legislativa que remonta às Ordenações Filipinas (Livro IV, Título 13, § 7º). O legislador extirpou a remição do Código anterior e, em substituição a isso, ampliou as hipóteses de legitimação para a adjudicação, também instituída pela citada Lei n. 11.382/2006.[57]

Aparentemente, porém, o legislador se arrependeu disso, ao menos em parte. O Código atual volta a autorizar que *o próprio executado* postule a remição do bem penhorado até antes da assinatura do auto de adjudicação, *desde que se trate de bem hipotecado* (CPC, art. 877, § 3º). Não será possível a remição do bem penhorado em outras situações, isto é, quando não se tratar de bem gravado com hipoteca.

Em igual sentido, embora se referindo à *arrematação*, explicita o *caput* do art. 902 do Código de Processo Civil que, "no caso de leilão de bem hipotecado, o executado poderá remi-lo até a assinatura do auto de arrematação, oferecendo preço igual ao do maior lance oferecido". Em caso de falência ou insolvência do devedor hipotecário, dispõe ainda o parágrafo único desse dispositivo que "(...) o direito de remição previsto no *caput* defere-se à massa ou aos credores em concurso, não podendo o exequente recusar o preço da avaliação do imóvel".

Em verdade, essas previsões legais apenas reafirmam, ainda que de forma incompleta, a antiga regra prevista no art. 1.482 do Código Civil (*revogada a partir da edição da Lei n. 13.105/2016, a qual instituiu o Código de Processo Civil*), a qual afirmava que, "realizada a praça, o executado poderá, até a assinatura

---

57 Conforme escrevemos quando do advento dessa alteração, "o desaparecimento do direito de remir o bem (...) não provocará grandes saudades. Isso porque os escopos protegidos por tal instituto permanecerão salvaguardados pela lei nova – inclusive com a vantagem da simplificação do procedimento. Se a ideia da remição era essencialmente permitir a exclusão do bem do vínculo executivo, mantendo-o nas mãos da família do executado – seja por questões de afeição, de conveniência etc. – essa possibilidade continuará subsistindo com a outorga, aos antigos remidores, de legitimação para adjudicar" (MAURÍCIO GIANNICO, *As novas reformas do CPC e de outras normas processuais*, São Paulo: Saraiva, 2009, p. 154). Escrevemos ainda em outro estudo de nossa autoria que "a única *capitis deminutio* ao direito dos antigos legitimados à remição exsurge do fato de que, na sistemática anterior, a propriedade do bem lhes era praticamente garantida por força do mero exercício dessa prerrogativa, com o correspondente depósito do valor da arrematação (excetuada, naturalmente, a hipótese de haver mais de um remidor, caso em que se impunha a observância da ordem prevista no art. 789 – revogado pela reforma)" (MAURÍCIO GIANNICO, *Expropriação executiva*, cit., p. 179-180).

do auto de arrematação ou até que seja publicada a sentença da adjudicação, remir o imóvel hipotecado, oferecendo preço igual ao da avaliação, se não tiver havido licitantes, ou ao do maior lance oferecido".[58]

Diz-se de forma *incompleta* porque a parte final do art. 1.482 do Código Civil, *embora atualmente revogado*, enunciava ainda que esse direito de remição também caberia "(...) ao cônjuge, aos descendentes ou ascendentes do executado".

Ainda sobre a remição, a Lei n. 13.105/2016 também *revogou* o art. 1.483 do Código Civil, cujo parágrafo único trazia hipótese extraordinária de legitimação para adjudicar. No caso de falência ou insolvência, tal dispositivo legal autorizava o credor hipotecário a requerer, para o recebimento de seu crédito, "a adjudicação do imóvel avaliado em quantia inferior àquele, desde que dê quitação pela sua totalidade".

Outra hipótese de remição não prevista no Código de Processo Civil, *mas ainda vigente*, está no art. 1.505 do Código Civil: nas execuções que recaírem sobre estradas de ferro dadas em hipoteca, haverá a intimação da União ou do Estado, no prazo de quinze dias anteriores à hasta pública, para, querendo, remir o bem a ser expropriado.

Para exercer o direito de remir o bem constrito, consoante a dicção do § 3º do art. 877, deverá o executado oferecer *preço igual ao da avaliação*, se não tiver havido licitantes (hipótese de haver um único interessado na adjudicação), ou ao do *maior lance oferecido* (hipótese de haver mais de um interessado na adjudicação).

Dispõe ainda o § 4º do art. 877 do Código de Processo Civil que, havendo a falência ou a insolvência do devedor hipotecário, o direito de remição acima mencionado será deferido à massa ou aos credores em concurso, não podendo o exequente recusar o preço da avaliação do imóvel.

Esta última parte do dispositivo apenas corrobora a conclusão de que a remição do bem era e continua sendo um *direito subjetivo* do executado,[59] devendo obrigatoriamente ser deferido pelo juiz sempre que seus requisitos estiverem preenchidos. A preferência conferida pela remição sobrepõe-se aos direitos do próprio expropriante,[60] não havendo, pois, margem para discricionariedade por parte do magistrado na apreciação desse pleito.

---

58 Sobre o assunto, ver o interessante artigo de Fredie Didier Júnior, "Direito de adjudicar e direito de remir: confronto do art. 685-A, § 2º, Código de Processo Civil, com o art. 1.482 do Código Civil", *Revista de Processo*, v. 146, São Paulo: abr. 2007.

59 Araken de Assis, *Manual do processo de execução*, 5ª ed., São Paulo: RT, 1998, n. 468, p. 1081.

60 Cf. Maurício Giannico, *Expropriação executiva*, cit., p. 180.

Particularmente, éramos favoráveis à extinção do direito de remir, porque na maior parte das vezes tal instituto era usado como um ilegítimo trunfo por parte do executado. Sob a égide do Código de 1973, antes do advento da Lei n. 11.382/2006 (a qual extirpou do Código a previsão de remição do bem penhorado), era comum o devedor aguardar o longo desenvolvimento dos atos processuais executivos até a efetiva expropriação do bem e, no último momento, após frustradas todas as suas intervenções – legítimas ou ilegítimas –, utilizar-se então dessa ferramenta. Essa conveniente "válvula de escape" estimulava atitudes desleais e tentativas de duvidosa legitimidade para barrar a execução, as quais certamente não seriam usadas sem a existência desse anteparo legal.

A Lei n. 13.105/2015 *revogou* uma última hipótese de remição prevista na legislação esparsa, qual seja, aquela prevista no art. 22, §§ 4º a 6º, do Decreto-lei n. 25, de 30 de novembro de 1937, a qual conferia legitimidade à União, aos Estados e aos Municípios para remir o bem, quando a penhora houver incidido sobre bens tombados.[61] Sob essa mesma lógica de substituição já antes aqui mencionada, nasceu com o Código atual, em contrapartida, o direito de esses entes adjudicarem o bem tombado (CPC, art. 876, c/c art. 889, inc. VIII).

---

61 "Art. 22. Em face da alienação onerosa de bens tombados, pertencentes a pessôas naturais ou a pessôas jurídicas de direito privado, a União, os Estados e os municípios terão, nesta ordem, o direito de preferência. § 1º Tal alienação não será permitida, sem que prèviamente sejam os bens oferecidos, pelo mesmo preço, à União, bem como ao Estado e ao município em que se encontrarem. O proprietário deverá notificar os titulares do direito de preferência a usá-lo, dentro de trinta dias, sob pena de perdê-lo. § 2º É nula alienação realizada com violação do disposto no parágrafo anterior, ficando qualquer dos titulares do direito de preferência habilitado a sequestrar a coisa e a impôr a multa de vinte por cento do seu valor ao transmitente e ao adquirente, que serão por ela solidariamente responsáveis. A nulidade será pronunciada, na forma da lei, pelo juiz que conceder o sequestro, o qual só será levantado depois de paga a multa e se qualquer dos titulares do direito de preferência não tiver adquirido a coisa no prazo de trinta dias. § 3º O direito de preferência não inibe o proprietário de gravar livremente a coisa tombada, de penhor, anticrese ou hipoteca. § 4º Nenhuma venda judicial de bens tombados se poderá realizar sem que, prèviamente, os titulares do direito de preferência sejam disso notificados judicialmente, não podendo os editais de praça ser expedidos, sob pena de nulidade, antes de feita a notificação. § 5º Aos titulares do direito de preferência assistirá o direito de remissão, se dela não lançarem mão, até a assinatura do auto de arrematação ou até a sentença de adjudicação, as pessôas que, na forma da lei, tiverem a faculdade de remir. § 6º O direito de remissão por parte da União, bem como do Estado e do município em que os bens se encontrarem, poderá ser exercido, dentro de cinco dias a partir da assinatura do auto do arrematação ou da sentença de adjudicação, não se podendo extrair a carta, enquanto não se esgotar êste prazo, salvo se o arrematante ou o adjudicante for qualquer dos titulares do direito de preferência."

Por fim, não se deve confundir essa remição, relativa ao bem penhorado com a *remição da execução como um todo*, esta última a possibilitar ao executado, em qualquer momento anterior à expropriação, remir a execução, pagando ou consignando perante o juízo da execução a importância atualizada da dívida, acrescida de juros, custas e honorários advocatícios (CPC, art. 826).[62]

Art. 878. Frustradas as tentativas de alienação do bem, será reaberta oportunidade para requerimento de adjudicação, caso em que também se poderá pleitear a realização de nova avaliação.

CPC de 1973 – sem dispositivo correspondente

19. Possibilidade de adjudicar o bem antes ou após outras tentativas frustradas de expropriação. Inexistência de preclusão

Embora se trate de norma até intuitiva, é louvável que o legislador tenha deixado explícito, no art. 878, que a adjudicação também pode ser requerida após eventual tentativa frustrada de levar o bem à hasta pública. Inexiste qualquer preclusão temporal pelo não exercício dessa prerrogativa antes de eventuais outras tentativas de expropriação do bem penhorado.

Enquanto o crédito exequendo não tiver ainda sido satisfeito, todas as medidas executivas previstas na lei processual que visem a proporcionar a satisfação do exequente permanecem irrestritamente autorizadas, o que naturalmente inclui a prerrogativa de vir a ser requerida, a qualquer tempo, a adjudicação do bem constrito – seja antes, seja depois de outras iniciativas frustradas de expropriação.

Há sempre que se lembrar que a atividade executiva é desenvolvida em favor do exequente, respeitando-se suas escolhas. Não se pode, por exemplo, obrigá-lo a adjudicar um bem. Em se tratando de execução pecuniária, exsurge até mesmo implícita sua liberdade de não aceitar prestação diversa daquela que lhe é devida. Lembre-se de que com a adjudicação há uma renúncia implícita à obtenção do verdadeiro bem da vida objeto da execução – que é a pecúnia. Com ela, em vez do dinheiro, exerce-se uma opção de satisfação da dívida por meio do recebimento de outro bem no seu lugar.[63]

---

62 A redação do art. 651 do Código de 1973 foi repetida, quase em sua íntegra, pelo art. 826 do Código atual.

63 Na conceituação trazida por LIEBMAN, a adjudicação consiste na transferência da propriedade do bem, pertencente ao executado, ao próprio exequente, consentindo este último em receber como pagamento coisa que não seja dinheiro, em substituição à prestação que originalmente lhe era devida (ENRICO TULLIO LIEBMAN, *Processo de execução*, 2ª ed., São Paulo: Saraiva, 1963, p. 101). Complementa o professor italiano afirmando que, nela, "o ato de desapropriação tem a eficácia de satisfazer

Diante da possibilidade de o credor, num primeiro momento, efetivar a expropriação liquidativa do bem penhorado e receber dinheiro, é natural que venha ele a dar preferência a tal cenário, em detrimento de ser pago por meio indireto, através do recebimento da própria *res* constrita. No entanto, sabendo-se que a prática forense muitas vezes reserva surpresas e frustrações ao exequente, é não menos natural que, vindo a fracassar a empreitada de transformar o bem em dinheiro, venha ele ulteriormente a mudar de ideia, conformando-se com a satisfação indireta de seu crédito.

Não há nem poderia haver, nessa dinâmica, qualquer preclusão, sob pena inclusive de a execução se desviar da promessa constitucional de acesso à justiça.

No que diz respeito à realização de nova avaliação da *res* constrita, em sua literalidade, o ora analisado art. 878 dispõe que, "frustradas as tentativas de alienação do bem, será reaberta oportunidade para requerimento de adjudicação, caso em que também se poderá pleitear a realização de nova avaliação".

Uma leitura precipitada do dispositivo poderia dar ao intérprete a sensação de que o mero requerimento de adjudicação, quando feito após eventuais outras tentativas fracassadas de sua expropriação, autorizaria, por si só, as partes à realização de nova avaliação.

Tal assertiva, no entanto, parece-nos claramente incorreta.

É natural que, a depender do lapso temporal decorrido entre a avaliação do bem constrito e as subsequentes tentativas de sua expropriação, o valor inicialmente atribuído à coisa penhorada venha a se mostrar defasado para mais ou para menos. Não é por outra razão que o inc. II do art. 873 do Código autoriza uma nova avaliação quando, após a primeira, verificar-se que "houve majoração ou diminuição no valor do bem".

Nesse sentido, há de se entender a parte final do art. 878 como mera alusão e consequente confirmação dessa regra geral prevista no art. 873, inc. II, do Código de Processo Civil, segundo a qual uma nova avaliação poderá ser feita quando a primeira não mais espelhar o valor real de mercado do bem penhorado.

---

o direito do exequente, realizando ao mesmo tempo o meio e o fim da execução" (ENRICO TULLIO LIEBMAN, *Processo de execução*, 2ª ed., cit., p. 101). Por essa razão, aliás, entende o jurista que a adjudicação inclusive se equipararia, *mutatis mutandis*, ao instituto da *datio in solutum* – embora, naturalmente, a adjudicação tenha natureza de direito público; e não privado. Nesse sentido, conforme a lição de DINAMARCO, a dação em pagamento, instituto de direito eminentemente privado, não se confunde com a adjudicação, visto que esta "resulta de um ato imperativo do juiz e não de um negócio entre as partes" (CÂNDIDO RANGEL DINAMARCO, *Instituições de direito processual civil*, 3ª ed., São Paulo: Saraiva, 2009, v. IV, p. 642).

Assim, é de se concluir que o art. 878 do Código não criou uma hipótese adicional autorizadora de nova avaliação nas execuções pecuniárias.

À luz do quanto disposto no art. 873, uma segunda avaliação do bem penhorado será deferida somente quando, nas situações elencadas em seus três incisos, "I – qualquer das partes arguir, fundamentadamente, a ocorrência de erro na avaliação ou dolo do avaliador; II – se verificar, posteriormente à avaliação, que houve majoração ou diminuição no valor do bem; III – o juiz tiver fundada dúvida sobre o valor atribuído ao bem na primeira avaliação".[64]

Subseção II
Da Alienação

Art. 879. A alienação far-se-á:

I – por iniciativa particular;

II – em leilão judicial eletrônico ou presencial.

CPC de 1973 – arts. 685-C, caput, *e 686,* caput

20. Expropriação, adjudicação, alienação judicial e suas modalidades

De forma pouco científica, o Código de 2015 reestruturou a disciplina da *expropriação* (gênero), dividindo-a em apenas duas espécies ou modalidades expropriatórias: *adjudicação* e *alienação judicial*. Dentro da espécie alienação judicial, elencou suas subespécies, a *alienação por iniciativa particular* e o *leilão judicial* – este último subdividido ainda em *eletrônico* ou *presencial*:

64 Conforme a expressa determinação constante do parágrafo único do art. 873, à nova avaliação serão ainda aplicadas as diretrizes constantes do art. 480 do Código de Processo Civil: "Art. 480. O juiz determinará, de ofício ou a requerimento da parte, a realização de nova perícia quando a matéria não estiver suficientemente esclarecida. § 1º A segunda perícia tem por objeto os mesmos fatos sobre os quais recaiu a primeira e destina-se a corrigir eventual omissão ou inexatidão dos resultados a que esta conduziu. § 2º A segunda perícia rege-se pelas disposições estabelecidas para a primeira. § 3º A segunda perícia não substitui a primeira, cabendo ao juiz apreciar o valor de uma e de outra".

À luz da ciência processual e da legislação brasileira, tradicionalmente a expropriação foi sempre concebida como gênero de *três* diferentes espécies: a arrematação, a adjudicação e a alienação por iniciativa particular. Trata-se de classificação alinhada com a nomenclatura técnica do direito processual civil e amplamente referendada pela melhor doutrina.

Do ponto de vista da técnica legislativa, como já pudemos comentar alhures, o Código pecou gravemente ao não trazer uma parte introdutória ditando regras gerais comuns a todas as modalidades de expropriação executiva. As diferentes espécies expropriatórias sabidamente têm inúmeras semelhanças e trato idêntico em relação a múltiplos temas (natureza jurídica, efeitos, intimações prévias, formas de desfazimento etc.).

Ao não proceder dessa forma, o legislador do Código de 2015 criou grandes embaraços à interpretação da lei, forçando o exegeta a recorrer a indesejáveis, porém necessárias, analogias. Afinal, como já exemplificado ao longo deste trabalho, em relação a algumas matérias, este simplesmente se esqueceu de repetir, ao tratar das diferentes modalidades de expropriação, as fórmulas e preceitos que sabidamente lhes são comuns. E para piorar, quanto a determinados tópicos, chegou até mesmo ao cúmulo de instituir premissas aparentemente antagônicas.

A expressão "alienação judicial", comumente utilizada pelos textos doutrinários como mero sinônimo de expropriação, infelizmente se tornou, sem a menor necessidade, uma categoria autônoma, contraposta à adjudicação. Mas a adjudicação também é, em síntese e por excelência, uma *autêntica alienação judicial*, já que, tanto nela como nas demais modalidades expropriatórias (leilão e alienação por iniciativa particular), trata-se de manifestação da jurisdição estatal, verdadeiro ato de império, pelo qual o Estado-juiz transfere, sem o concurso da vontade do devedor, um bem de seu patrimônio para o credor (ou para terceiros).

Esse nuclear elemento, representativo da essência de toda e qualquer alienação judicial, naturalmente está presente em todas as modalidades expropriatórias – e não apenas naquelas ora cunhadas pelo Código como as "subespécies" leilão e alienação por iniciativa particular. Daí que, *data maxima venia*, nenhuma razão jurídica justifica esse incongruente e inútil invencionismo.

Ao segmentar e referendar na lei processual essa nova categoria de "alienação judicial", o legislador acabou por criar, pois, uma *casca vazia e indefinível*, que não representa qualquer conceito jurídico concreto, tampouco espelha qualquer instituto verdadeiramente autônomo. *O inferno está cheio de boas intenções.*

Art. 880. Não efetivada a adjudicação, o exequente poderá requerer a alienação por sua própria iniciativa ou por intermédio de corretor ou leiloeiro público credenciado perante o órgão judiciário.

§ 1º O juiz fixará o prazo em que a alienação deve ser efetivada, a forma de publicidade, o preço mínimo, as condições de pagamento, as garantias e, se for o caso, a comissão de corretagem.

§ 2º A alienação será formalizada por termo nos autos, com a assinatura do juiz, do exequente, do adquirente e, se estiver presente, do executado, expedindo-se:

I – a carta de alienação e o mandado de imissão na posse, quando se tratar de bem imóvel;

II – a ordem de entrega ao adquirente, quando se tratar de bem móvel.

§ 3º Os tribunais poderão editar disposições complementares sobre o procedimento da alienação prevista neste artigo, admitindo, quando for o caso, o concurso de meios eletrônicos, e dispor sobre o credenciamento dos corretores e leiloeiros públicos, os quais deverão estar em exercício profissional por não menos que 3 (três) anos.

§ 4º Nas localidades em que não houver corretor ou leiloeiro público credenciado nos termos do § 3º, a indicação será de livre escolha do exequente.

CPC de 1973 – art. 685-C

21. Alienação por iniciativa particular

A denominada alienação por iniciativa particular, atualmente disciplinada pelo art. 880 do Código de Processo Civil, tem raízes no Código de 1939 (art. 973 e seguintes),[65] o qual aludia a uma figura de certa forma semelhante, denominada *venda por iniciativa particular.*

Discorrendo sobre tal instituto à luz do Código de 1939, ensinou LIEBMAN que o juiz poderia autorizar a venda por iniciativa particular quando esta se mostrasse oportuna, fazendo-o mediante "requerimento de qualquer interessado e ouvido o devedor (art. 973)". Assinalava o mestre italiano que, em tal caso, a venda seria "um contrato e a pessoa a quem é confiada a realiza, usan-

65 Eis o teor do dispositivo: "Art. 973. A requerimento de qualquer interessado e ouvido o devedor, o juiz poderá marcar prazo para que a venda se realize por iniciativa particular, se não lhe parecer oportuno que se efetue em hasta pública. § 1º A venda por iniciativa particular será confiada a institutos autorizados em lei, ou a leiloeiro público, escolhido pelos interessados, ou, à falta, nomeado *ad hoc* pelo juiz. § 2º No mesmo despacho, que será notificado ao devedor, o juiz determinará a forma de publicidade da venda, afixando-se, em qualquer caso, à porta do edifício onde tiver séde o juízo, editais com a indicação da pessoa encarregada da venda, das coisas que lhe constituam objeto e do lugar, dia e hora em que serão atendidos os pretendentes. § 3º O encarregado da venda providenciará para que as coisas possam ser examinadas pelos pretendentes. § 4º Sobre o preço oferecido o juiz mandará ouvir, dentro em quarenta e oito (48) horas, o devedor e o credor, que poderão impugná-lo, se não fôr pelo menos igual ao da avaliação".

do a faculdade de disposição do executado, de que o juiz o desapropriou, transmitindo-a a essa pessoa".[66-67]

No Código de 1973, por força do advento da Lei n. 11.382/2006, a alienação por iniciativa particular passou a ser a segunda opção de expropriação preferida pelo legislador, ocupando, topologicamente, a Subseção VI-B, Seção I, Capítulo IV, Título II, Livro II, do Código de Processo Civil. Caso não exercida a prerrogativa de adjudicação do bem, poder-se-ia solicitar a realização da denominada *alienação por iniciativa particular* (CPC-1973, art. 685-C), providência essa a ser empreendida pelo próprio exequente ou por corretor credenciado perante a autoridade judiciária.

O Código de Processo Civil de 2015 manteve essa mesma fórmula, ao afirmar, no *caput* do art. 880, que, "não efetivada a adjudicação, o exequente poderá requerer a alienação por sua própria iniciativa (...)", indicando sua preferência pela adjudicação, seguida por esse método expropriatório.

22. Características da alienação por iniciativa particular

O *caput* do art. 880 do Código de Processo Civil prevê a possibilidade de o credor requerer sejam alienados os bens penhorados, *por si próprio* ou *por intermédio de corretor ou leiloeiro público* credenciado junto às autoridades judiciárias,[68] quando não realizada a adjudicação dos bens penhorados.[69]

Ao dizer expressamente que o credor "poderá requerer" tal modalidade de expropriação (CPC, art. 880), fica claro que a alienação por iniciativa par-

66 *Processo de execução*, 2ª ed., cit., p. 109-110.

67 Mas, como bem enunciaram Luiz Rodrigues Wambier, Teresa Arruda Alvim Wambier e José Miguel Garcia Medina ao comentar o novo art. 685-C, a atual alienação por iniciativa particular difere parcialmente daquela prevista pelo Código de 1939: "o art. 685-C autoriza que a alienação se dê a requerimento do exequente, 'por sua própria iniciativa ou por intermédio de corretor credenciado perante a autoridade judiciária' (art. 685-C, *caput*). O art. 973 do CPC/1939 estabelecia que a alienação seria 'confiada a institutos autorizados em lei, ou a leiloeiro público, escolhido pelos interessados, ou, à falta, nomeado *ad hoc* pelo juiz' (...)" (*Breves comentários à nova sistemática processual civil*, São Paulo: RT, 2007, v. 3, p. 155-156).

68 Ricardo de Barros Leonel assevera que, somente nos casos em que a alienação for deferida para venda diretamente ao credor é que se pode tipicamente falar em venda particular. Caso a venda se concretize com o intermédio de um corretor credenciado junto ao Poder Judiciário, haverá um misto de venda particular e pública (*Reformas recentes do processo civil:* comentário sistemático, São Paulo: Método, 2007, p. 92).

69 Humberto Theodoro Júnior afirma que, para se poder cogitar da alienação por iniciativa particular, é necessário não ter ocorrido a adjudicação, pelo exequente ou pelos outros legitimados previstos no art. 685-A, §§ 2º e 4º, do Código de Processo Civil (*Processo de execução e cumprimento de sentença*, 25ª ed., São Paulo: Leud, 2008, p. 335).

ticular somente poderá ser implementada por meio de *requerimento por parte do credor*, o qual naturalmente tem a prerrogativa de escolher, dentre os diversos meios de execução presentes em nossa legislação, qual a melhor forma de solver seu crédito. Não se admite que o próprio executado, ao argumento de ser o meio menos gravoso a si, requeira seja o bem alienado mediante tal método expropriatório.[70-71]

Do mesmo modo, não poderá a alienação por iniciativa particular ser determinada de ofício pelo juízo da execução. Como já asseverado anteriormente, a tutela executiva deverá amoldar-se à vontade e às escolhas feitas pelo credor, devendo a utilização desse método necessariamente ser precedida de requerimento expresso por parte do credor ou dos demais legitimados. Sem

70 Nesse sentido, ANTONIO RIGOLIN, LUIZ DELLORE e ROMEU BICALHO entendem que a deflagração do procedimento de alienação por iniciativa do particular depende de requerimento por parte do credor (*Nova execução de títulos extrajudiciais:* análise prática das novas alterações introduzidas pela Lei 11.382/2006, São Paulo: Método, 2007, p. 97). No mesmo sentido, ver HUMBERTO THEODORO JÚNIOR, *A reforma da execução do título extrajudicial*, cit., p. 127. É o mesmo o entendimento de ARAKEN DE ASSIS, que também não admite a atuação *ex officio* do órgão judiciário (*Manual da execução*, cit., p. 731). Em igual sentido: LESLIE SHÉRIDA FERRAZ, "Da alienação por iniciativa particular", in *Execução extrajudicial:* modificações da Lei 11.382/2006, coord. Susana Henriques da Costa, São Paulo: Quartier Latin, 2007, p. 332. Em sentido contrário, RITA QUARTIERI admite a possibilidade de o devedor requerer seja a expropriação promovida por tal método, ainda que o respectivo encargo seja do credor (*Comentários à execução civil:* título judicial e extrajudicial (artigo por artigo), São Paulo: Saraiva, 2008, p. 311). *Data venia*, não compactuamos com tal entendimento. Não nos parece admissível permitir que o devedor escolha a forma pela qual seu bem será alienado A execução, ainda que ordenada pelo princípio da menor onerosidade ao devedor (CPC, art. 620), naturalmente deve ser perfilhada pela maior eficiência e no interesse do credor (CPC, art. 612). Dessa forma, como o maior interessado no recebimento de seu crédito é o credor, nada mais natural deixe ao seu talante a forma como pretende receber o montante exequendo. Por fim, não se pode perder de vista que, caso quisesse incluir o devedor entre os legitimados a requerer a alienação por iniciativa particular, o legislador, a exemplo do que fez no art. 52, inc. VII, da Lei n. 9.099/95, o teria feito de forma expressa, contemplando este entre tais legitimados.

71 JOSÉ MIGUEL GARCIA MEDINA também contempla a possibilidade de o devedor requerer a alienação por iniciativa particular, mas condiciona a alienação à interveniência de corretor credenciado perante a autoridade judiciária (*Execução*, São Paulo: RT, 2008, p. 184). Ousamos, porém, discordar dessa opinião. Primeiramente porque ao credor, como já dissemos, deve ser dada a faculdade de adotar o meio executório que melhor satisfaça seus interesses. Ora, se o credor, que é o maior interessado na satisfação do crédito, não requereu a alienação por iniciativa particular, deve ser respeitado seu intento no que se refere às outras formas de satisfação. Ademais, não se pode esquecer de que também deverá ser paga a comissão do corretor, o que tornará mais custoso tal meio expropriatório.

que haja manifestação explícita do exequente no sentido de promover a alienação particular do bem penhorado na execução, presume-se não haver interesse em tal instrumento.

Mas obviamente nada impede, por evidente *ausência de preclusão*, que seja formulado pedido de alienação por iniciativa particular após a realização de hasta pública infrutífera.[72] Sem que tenha sido concretizada a adjudicação ou a alienação por iniciativa particular e realizada sem sucesso a hasta pública do bem penhorado, poderá o credor reiterar a tentativa de alienação privada. Utilizados, sem êxito, tais métodos de expropriação, obviamente não há qualquer óbice em empreender nova tentativa de alienar o bem por meio dessa ferramenta executiva.[73]

Lamentavelmente o Código de Processo Civil de 2015 manteve muito curta e enxuta a disciplina normativa da alienação particular. A doutrina já havia criticado bastante tal circunstância na reforma de 2006, e essa crítica também vale para o novo diploma processual. O legislador poderia ter disciplinado com um pouco mais de detalhes o procedimento a ser seguido, os prazos e as prerrogativas das partes e do próprio corretor, mas isso infelizmente acabou não ocorrendo.

Sem uma orientação normativa, novamente o encargo de prever as regras para essa alienação foi deixado sob a responsabilidade dos magistrados. Na prática, isso tende a gerar uma indesejável heterogeneidade de regras, conforme o caso e a visão de cada juiz ou Tribunal. Regras claras e menos lacunas legislativas certamente gerariam maior uniformidade e maior segurança jurídica para o jurisdicionado.

23. Procedimento da alienação particular

Para que seja deferida a alienação por iniciativa particular, o credor deverá peticionar nos autos da execução, manifestando este seu propósito, in-

72 Eduardo Talamini entende que, ainda que iniciados os trabalhos de preparação para a hasta pública, após a observância da sequência do art. 647 do CPC, pode-se deferir a alienação por iniciativa particular, bastando ao credor arcar com os custos dos atos já praticados ("Alienação por iniciativa particular", in *Aspectos polêmicos da nova execução*, São Paulo: RT, 2008, v. IV, p. 142).

73 Segue aresto com tal posição: "Processual civil – Requerimento de alienação por iniciativa particular depois de frustrada a hasta pública – Preclusão – Inocorrência. Os procedimentos expropriatórios previstos nos arts. 685-A a 686 do CPC não são excludentes uns dos outros. Não há que se falar em preclusão no caso de realização de hasta pública frustrada e requerimento de alienação por iniciativa particular. Depois da avaliação e antes da arrematação, é lícito ao credor promover qualquer das formas de expropriação do patrimônio do devedor" (TJMG, 12ª Câm. Cível, Ag. Inst. 1.0433.01.021948-6/001, rel. Des. Nilo Lacerda, DOE 13.07.2009).

formando ainda, conforme o momento processual, seu desinteresse na adjudicação do bem penhorado. Em tal petição, é conveniente que, de antemão, o exequente esclareça se pretende, ele próprio, tomar a iniciativa de efetivar a alienação, ou se prefere deixar tal encargo para um corretor ou leiloeiro público.

Pretendendo utilizar-se de corretor, o *caput* do art. 880 do Código de Processo Civil impõe que este esteja credenciado junto à autoridade judiciária.[74-75]

A única exigência feita pela lei processual é o exercício da profissão por, no mínimo, três anos – prazo esse que encurtou no atual Código, em detrimento dos cinco anos até então exigidos pelo Código anterior (CPC-1973, art. 685-C, § 3º). Não se exige inscrição no órgão de classe, podendo o profissional habilitar-se desde que prove a prática do exercício laboral pelo período indicado. Sabendo-se que a lei processual expressamente admite que o próprio exequente tome para si esse encargo – sem que este tenha obrigatoriamente como profissão a corretagem de bens –, é intuitivo entender que também o terceiro escolhido para tal *munus* possa igualmente não ser um profissional inscrito no órgão de classe.

A corroborar tal assertiva, note-se que o § 4º do art. 880 inclusive enuncia que, "nas localidades em que não houver corretor ou leiloeiro público credenciado nos termos do § 3º, a indicação será de livre escolha do exequente" – claramente dando a entender que essa escolha poderá compreender qualquer profissional, com ou sem inscrição em órgão de classe.

Esse credenciamento do corretor confere-lhe a qualidade de auxiliar da Justiça,[76] a ele sendo impostas, em razão disso, todas as prerrogativas e deveres inerentes aos agentes que exercem função pública, inclusive a extensão da imputação criminal, nos moldes do art. 327 do Código Penal.

Nesse diapasão, aliás, pontua-se aqui a responsabilidade objetiva estatal por atos desses agentes que venham a resultar em prejuízo às partes interessa-

---

74 Caso o bem esteja situado em Comarca diversa, pontifica a jurisprudência que deverá estar também credenciado o corretor perante a Comarca deprecada (TJSP, 2ª Câm. D. Privado, Ag. Inst. 6302304300, rel. Des. José Carlos Ferreira Alves, registro em 01.07.2009).

75 Leslie Shérida Ferraz aponta as vantagens de deixar a venda a um corretor credenciado: (i) o corretor possui conhecimentos técnicos e carteira de clientes que facilitam o ato, (ii) a comissão será fixada em percentual sobre a venda, estimulando-o, consequentemente, a conseguir um melhor preço pelo bem e (iii) a comissão correrá às expensas do adquirente ("Da alienação por iniciativa particular", in *Execução extrajudicial:* modificações da Lei 11.382/2006, coord. Susana Henriques da Costa, São Paulo: Quartier Latin, 2007, p. 333).

76 Cf. Eduardo Talamini, "Alienação por iniciativa particular", cit., p. 145.

das, consoante a regra do art. 37, § 6º, da Constituição Federal, possibilitado, é claro, o direito de regresso pelo ente público.[77]

Aduz o § 3º do art. 880 que os tribunais poderão editar disposições complementares relativas ao credenciamento dos corretores ou leiloeiros públicos. Ou seja, caberá a cada tribunal da federação criar suas próprias normas relativas ao cadastramento, credenciamento e consequente autorização para que os interessados venham a exercer tal função.

A alienação por iniciativa particular será deferida por meio de decisão interlocutória (CPC, art. 203, § 2º), contra a qual será cabível agravo de instrumento (CPC, art. 1.015, parágrafo único).

Não há discricionariedade do juiz para deferir ou não a alienação particular. Presentes os requisitos legais, deverá ela ser implementada.[78]

Na decisão que deferir a alienação por iniciativa particular, conforme dispõe o § 1º do art. 880 do Código de Processo Civil, "o juiz fixará o prazo em que a alienação deve ser efetivada, a forma de publicidade, o preço mínimo, as condições de pagamento, as garantias e, se for o caso, a comissão de corretagem". O dispositivo em questão é basicamente uma repetição do § 1º do art. 685-C do Código de 1973, de modo que as opiniões doutrinárias abaixo colacionadas, muitas delas escritas à luz do diploma processual anterior, continuam plenamente válidas e vigentes sob o prisma do Código atual.

Optando-se pelo uso de corretor, deverá ser fixada judicialmente sua comissão. Tal despesa passará a integrar o *quantum* executivo, constituindo, pois, encargo a ser desembolsado pelo executado.[79] Eduardo Talamini enfatiza que, nos casos em que o corretor necessitar de alguma soma antecipada, ou na hipótese de ser adotado algum meio de publicidade que dependa de pagamento imediato, as respectivas despesas *recairão sobre o executado*.[80]

Em nosso entender, realmente tais despesas deverão ser arcadas pelo executado; no entanto, deverão elas ser *antecipadas* pelo exequente, passando então a integrar o *quantum* exequendo (CPC, art. 82, § 1º, aplicado analogicamente ao processo ou fase de execução).

Na hipótese de o próprio credor tomar para si a tarefa de realizar o procedimento de alienação particular do bem, o Juízo fixará as providências cabíveis para o ato, em especial a forma de sua divulgação (CPC, art. 880, § 1º). Respeitadas as determinações judiciais referentes à publicidade, nada impede

77 Nesse sentido, ver Ricardo de Barros Leonel, *Reformas recentes do processo civil:* comentário sistemático, São Paulo: Método, 2007, p. 92.
78 Eduardo Talamini, "Alienação por iniciativa particular", cit., p. 143.
79 Eduardo Talamini, "Alienação por iniciativa particular", cit., p. 144.
80 Eduardo Talamini, "Alienação por iniciativa particular", cit., p. 144.

que sejam utilizadas outras formas, além daquelas impostas, visando a dar ainda maior divulgação ao ato. Porém, não se pode olvidar que o credor, com tal intuito, não deverá onerar em demasia a situação do devedor, adotando meios publicitários desnecessários ou exageradamente custosos. Deverá haver parcimônia e, principalmente, critério e coerência do magistrado que irá deferir tais medidas, lembrando-se de que despesas não autorizadas pelo juízo da execução correrão por conta do próprio exequente.

Entende HUMBERTO THEODORO JÚNIOR que o credor poderá servir-se de corretor particular de sua confiança, não credenciado perante a autoridade judiciária para auxiliá-lo nos trabalhos de divulgação e alienação da coisa.[81] Nesses casos, afirma o jurista que a comissão não ficará a cargo do devedor: como o credor quis servir-se de corretor particular, e não daqueles credenciados, a consequência dessa sua escolha implicaria sua responsabilidade de arcar com as respectivas despesas daí advindas.[82]

Ousamos, porém, discordar dessa opinião. Em nosso entender, a redação do *caput* do art. 880 parece ter sido peremptória em relação à necessidade de credenciamento perante a autoridade judiciária, não havendo, a nosso ver, margem para a interpretação proposta pelo grande processualista mineiro. Parece reforçar esse nosso entendimento, como já dito acima, o fato de o corretor investir-se da qualidade de *auxiliar da Justiça*, sujeitando-se às prerrogativas e aos deveres inerentes a tal função pública. Assim, além de tudo, é razoável e prudente que o Poder Judiciário exerça um controle mais apurado sobre os profissionais que irão desempenhar esse relevante *munus* público.

Sejam quais forem os meios para empreender a tarefa de alienar o bem por iniciativa particular, tratando-se de um autêntico certame, sempre que houver mais de um pretendente, será declarado vencedor *aquele que ofertar a melhor proposta*. Encontrado o vencedor da disputa, incumbirá a este depositar o valor oferecido pelo bem em juízo, em prazo a ser estipulado pelo leiloeiro ou corretor – salvo, é claro, se tal prazo já tiver sido previamente estipulado pelo juiz da execução.[83]

---

81 Cf. HUMBERTO THEODORO JÚNIOR, *Processo de execução e cumprimento de sentença*, 25ª ed., cit., p. 336.

82 HUMBERTO THEODORO JÚNIOR, *Processo de execução e cumprimento de sentença*, 25ª ed., cit., p. 336.

83 ANTONIO RIGOLIN, LUIZ DELLORE e ROMEU BICALHO assim sintetizam o procedimento: "neste caso, o exequente, no mercado, da forma que melhor lhe aprouver (boca a boca, anúncio em jornal, rádio ou internet, corretor), busca um comprador para o bem penhorado. Encontrado, esse comprador depositará a quantia em juízo, passando a ser o proprietário do bem, após algumas formalidades. O valor não poderá inferior ao da avaliação" (*Nova execução de títulos extrajudiciais:* análise prática das novas alterações introduzidas pela Lei 11.382/2006, São Paulo: Método, 2007, p. 96).

Pensamos que, como mentor do procedimento de alienação particular, o credor poderá recusar propostas feitas pela coisa, ainda que por valor maior ao da avaliação, quando esta for considerada insatisfatória ou insuficiente, quando, por exemplo, o responsável pela expropriação enxergar a possibilidade de obter um valor ainda melhor com o próprio ofertante ou com eventuais outros pretendentes. Com efeito, na hipótese de o próprio credor ter tomado a iniciativa de alienar o bem, este assumiu todos os encargos e responsabilidades por tal ato. Mas, em contrapartida, contraiu também um maior poder para vetar proposta que julgue inconveniente, ou quando avistar a possibilidade de melhorá-la. Portanto, mesmo que o lanço seja equivalente ao valor da avaliação, ou até maior, o credor, ainda assim, poderá recusar a venda.

No entanto, é evidente que, se o juiz ou o próprio alienante do bem já tiver previamente estipulado regras para a alienação particular, estas necessariamente deverão ser observadas. Além disso, obviamente não poderá haver potestatividade por parte do ente encarregado da expropriação, de modo que as ofertas porventura feitas não poderão ser recusadas por mero capricho ou sem uma justificativa plausível.

Já quando a alienação for feita por corretor ou leiloeiro credenciados, pensamos que o credor não poderá se opor às propostas recebidas pelo profissional nomeado, cabendo a este último conduzir e presidir o procedimento da expropriação forçada da forma que este entender mais conveniente – desde que, por óbvio, sejam respeitadas as regras fixadas pelo juiz da execução. Assim, atingido o valor mínimo fixado pelo juiz (CPC, art. 880, § 1º), terá o corretor plena liberdade de aceitar a respectiva proposta, independentemente da anuência do exequente.[84]

Como sustentamos mais de uma vez neste estudo, o credor sabidamente tem direito de fazer as escolhas que melhor lhe convierem para a satisfação de seu crédito. Tem ele próprio, nesse sentido, a opção de conduzir o procedimento de alienação por iniciativa particular. Porém, recusando-se a assumir tal encargo, naturalmente deverá submeter-se às decisões emanadas por aquele que aceitou realizar tal tarefa.

Assim, a recusa do credor em tomar a frente de tal procedimento naturalmente implica a aceitação implícita das escolhas feitas pelo ente que vier a ser nomeado, desde que lícitas e não colidentes com as diretrizes traçadas pela lei e pelo juiz da execução.

---

84 No mesmo sentido, afirma Araken de Assis que, com ou sem a concordância das partes, ao juiz é lícito acolher a proposta e consumar a alienação (*Manual da execução*, cit., p. 732).

24. Prazo

Deverá o magistrado fixar o prazo para que ocorra a alienação privada, já que o procedimento não deve perdurar por tempo indefinido. Sabendo-se que a intenção do legislador foi abreviar o tempo do processo, nada mais natural que seja designado um prazo para que se concretize tal providência, ainda que eventual alienação ocorrida após seu término reúna plenas condições de igualmente produzir seus regulares efeitos.[85]

Esse lapso temporal, que dependerá do alvedrio do magistrado, deverá ser fixado tomando-se em consideração as peculiaridades do local onde tramita o processo (costumes, acesso aos meios de comunicação etc.).[86] Nada impede, por outro lado, que o magistrado conceda prazo suplementar para que nova tentativa de alienação particular seja realizada.[87]

25. Valor mínimo para alienação do bem

À luz do Código de Processo Civil de 1973, sustentamos que a alienação por iniciativa particular não se daria por valor inferior ao da avaliação (CPC-1973, arts. 680 e 685-C, § 1º), sob pena de nulidade.[88-89] Como o 1º do art.

---

85 EDUARDO TALAMINI descreve como válida a alienação por iniciativa particular, ainda quando o negócio tenha sido entabulado após o prazo concedido pelo juiz, instando a este verificar se houve prejuízo ao executado ou para a efetividade do processo ("Alienação por iniciativa particular", cit., p. 144).

86 FERNANDO DA FONSECA GAJARDONI sugere um prazo entre trinta e sessenta dias ("Reflexões sobre o novo regime de expropriação de bens introduzido pela Lei n. 11.382/2006", in *Execução extrajudicial:* modificações da Lei 11.382/2006, coord. Susana Henriques da Costa, São Paulo: Quartier Latin, 2007, p. 276). ANTONIO RIGOLIN, LUIZ DELLORE e ROMEU BICALHO asseveram que competirá ao juiz fixar tal prazo, levando em consideração o valor e a espécie do bem, e, também, o dinamismo da região. Também sustentam os autores nada impedir sejam concedidas dilações de prazo; porém, caso o juiz entenda haver benefício do credor com a demora, ou que o tempo fluído seja excessivo, poderá dar por encerrado o procedimento de alienação por iniciativa particular (*Nova execução de títulos extrajudiciais:* análise prática das novas alterações introduzidas pela Lei 11.382/2006, cit., p. 96-97).

87 Também no sentido da possibilidade concessão de prazo suplementar: CASSIO SCARPINELLA BUENO, *Curso sistematizado de direito processual civil*, 2ª ed., São Paulo: Saraiva, 2009, v. 3, p. 189; LESLIE SHÉRIDA FERRAZ, "Da alienação por iniciativa particular", cit., p. 334.

88 MAURÍCIO GIANNICO, *As novas reformas do CPC e de outras normas processuais*, coord. Mauricio Giannico e Vítor José de Mello Monteiro, São Paulo: Saraiva, 2009, n. 12.1.2, p. 160.

89 Nesse sentido, *vide* também: ARAKEN DE ASSIS, *Manual da execução*, cit., p. 733; CASSIO SCARPINELLA BUENO, *Curso sistematizado de direito processual civil*, v. 3, cit., n. 3.1, p. 292; LUIZ GUILHERME MARINONI e SÉRGIO CRUZ ARENHART, *Curso de direito processual civil*, v. 3, São Paulo: RT, 2007, n. 5.4, p. 318; EDUARDO DE AVELAR LAMY, "Considerações sobre a fase de expropriação", in *Execução civil e cumprimento*

685-C do diploma processual anterior fazia expressa alusão ao art. 680 do Código de Processo Civil – o qual trata exatamente da avaliação do bem penhorado –, admitir a alienação particular por valor inferior àquele obtido na avaliação judicial da coisa constrita seria contrariar a explícita intenção do legislador.[90]

Em outro estudo sobre o tema, chegamos inclusive a afirmar que, "*de lege ferenda*, poder-se-ia até sustentar que *seria mais conveniente* que o legislador tivesse autorizado a alienação particular por valor inferior ao da avaliação. Contudo, o fato é que tal possibilidade não foi por ele deferida, não sendo admissível que se interprete *contra legem* o sentido do texto normativo".[91]

Tal assertiva, porém, parece não mais valer a partir do Código de 2015. Isso porque, embora o legislador tenha praticamente repetido, no § 1º do art. 880, o texto do antigo § 1º do art. 685 do Código de 1973, ele extirpou dessa norma qualquer referência aos dispositivos que tratam da avaliação, ao falar do "preço mínimo" da alienação por iniciativa particular.[92] Ao excluir tal

---

de sentença, coord. Gilberto Gomes Bruschi e Sérgio Shimura, São Paulo: Método, 2007, v. 2, n. 4, p. 91. Em sentido contrário, entendendo que, desde que não se oferte preço vil, poderá a alienação privada ser feita por valor inferior ao da avaliação, ver: Daniel Amorim Assumpção Neves, *Reforma do CPC*, São Paulo: RT, 2007, v. 2, p. 385-386; Fernando Gajardoni, "Reflexões sobre o regime de expropriação de bens", in *Execução civil e cumprimento de sentença*, coord. Gilberto Gomes Bruschi e Sérgio Shimura, São Paulo: Método, 2007, v. 2, p. 191.

90 Acerca da questão, eis a correta observação de Eduardo Talamini: "para ser autorizado valor menor do que o da avaliação a lei precisaria ter feito referência não a tal dispositivo [CPC, art. 680], mas ao art. 692, que, tratando de hasta pública, permite a expropriação do bem por valor menor do que o da avaliação, desde que não seja preço vil. Esse limite pode vir a prejudicar a flexibilidade e maior espontaneidade econômica que se pretende conferir à alienação por iniciativa privada. Mas, além de explicitamente imposto pela lei, ele se destina a conferir segurança e idoneidade à modalidade expropriatória em questão. Em certa medida, é a contrapartida da inocorrência de um certame licitatório" ("Alienação por iniciativa particular como meio expropriatório executivo (CPC, art. 685-C, acrescido pela Lei 11.382/2006)", in *Aspectos polêmicos da nova execução*, coord. Cassio Scarpinella Bueno e Teresa Arruda Alvim Wambier, São Paulo: RT, 2009, v. 4, p. 146).

91 Maurício Giannico, *Expropriação executiva*, cit., p. 213. Assim complementamos nosso pensamento: "boa ou ruim, a lei é clara e não deixa margens à discussão. Interpretá-la de modo diferente seria contrariar seu espírito e sua evidente intenção. Aliás, a própria adjudicação tem os mesmos limites, havendo, assim, igualdade de soluções para situações equivalentes (*ubi eadem ratio, ibi eadem legis dispositio*)" (*Expropriação executiva*, cit., p. 213).

92 Para maior clareza e facilidade de entendimento, reproduzimos a seguir a redação do § 1º do art. 685-C do Código de 1973 e do § 1º do art. 880 do Código de 2015. Art. 685-C, § 1º: "O juiz fixará o prazo em que a alienação deve ser efetivada, a

referência, pronunciou, ainda que implicitamente, sua opção por não mais atribuir à alienação por iniciativa particular a obrigatoriedade de respeitar o valor mínimo de avaliação.

Assim, sob a égide do Código de 2015, ressalvada a impossibilidade de a alienação por iniciativa particular ser feita por preço vil (CPC, art. 891), o leiloeiro, o corretor ou o exequente *terão liberdade para efetivar tal expropriação por valor inferior ao da avaliação judicial* do bem penhorado, sem que isso macule ou inquine tal ato de qualquer nulidade.

26. Participação do credor na alienação por iniciativa particular

Não vemos óbices quanto à possibilidade de o próprio credor participar da alienação por iniciativa particular (obviamente quando esta for dirigida por corretor credenciado), em igualdade de condições com eventuais terceiros licitantes, podendo amealhar o bem com a utilização de seu próprio crédito ou, havendo outros credores com privilégios ou preferências superiores às dele, por meio do oferecimento de pecúnia.

À luz do Código de 1973, embora entendêssemos ser igualmente possível tal participação,[93] era bastante restrita a utilidade prática de tal expediente. Afinal, diante da obrigatoriedade de se adquirir a *res* penhorada por valor igual ou superior ao da avaliação, bastava o credor, em princípio, recorrer à adjudicação, não havendo grandes vantagens pecuniárias em recorrer à alienação por iniciativa particular. Contudo, liberada agora a possibilidade de se apropriar do bem por montante inferior ao da avaliação, o exequente passa a ter uma opção economicamente vantajosa ao lançar-se nessa tentativa.

27. Uso de meios eletrônicos

Diz o § 3º do art. 880 que os tribunais poderão editar disposições complementares sobre o procedimento da alienação por iniciativa particular, autorizando-se, inclusive, a utilização de meios eletrônicos para tanto. Caberá ainda a eles dispor sobre o credenciamento dos corretores, os quais deverão estar em exercício profissional por, no mínimo, três anos.

Assim, mediante requerimento do exequente, também a alienação privada poderá ser realizada por meio da rede mundial de computadores, com uso

---

forma de publicidade, o preço mínimo (art. 680), as condições de pagamento e as garantias, bem como, se for o caso, a comissão de corretagem". Art. 880, § 1º: "O juiz fixará o prazo em que a alienação deve ser efetivada, a forma de publicidade, o preço mínimo, as condições de pagamento, as garantias e, se for o caso, a comissão de corretagem".

93 Cf. MAURÍCIO GIANNICO, *Expropriação executiva*, cit., p. 213.

de páginas virtuais criadas pelos tribunais ou por entidades públicas ou privadas em convênios com eles firmados.[94]

Essa autorização legal, contudo, obviamente não permite que os Tribunais extrapolem e muito menos contrariem as disposições contidas no Código de Processo Civil, haja vista a evidente superioridade hierárquica dessa lei federal em detrimento de eventuais provimentos normativos por eles produzidos.[95]

Tais provimentos, portanto, evidentemente deverão limitar-se a traçar diretrizes básicas para a alienação por iniciativa particular, mas naturalmente não poderão, por exemplo, imiscuir-se em temas como valores mínimos de propostas, parcelamento do preço em prestações, dispensa ou substituição de determinado tipo de publicidade etc. – temas esses já expressamente disciplinados pelo Código de Processo Civil.

28. Termo e carta de alienação particular

O § 2º do art. 880 do Código de Processo Civil prevê que a alienação será formalizada por termo nos autos, o qual será assinado pelo juiz, pelo exequente, pelo adquirente e pelo executado, caso presente – não sendo obrigatória, todavia, a assinatura por este último.[96] A justificativa para isso reside no fato de que, caso fosse deixada a validade e/ou eficácia do ato condicionada à assinatura do devedor, este poderia simplesmente recusar-se a apor sua assinatura, impedindo a concretização da expropriação e atrapalhando o trâmite do processo, assim como o pagamento do credor.

Em consonância com o quanto afirmado no item 17 em relação à adjudicação, também aqui a assinatura do termo de alienação particular pelo executado é uma providência desnecessária e sem sentido, haja vista que a expropriação se aperfeiçoa sem o concurso de sua vontade. Felizmente a lei não

---

94 Cf. Maurício Giannico, "Breves comentários sobre a Lei n. 11.382/06", in *Temas atuais da execução civil:* Estudos em homenagem ao Professor Donaldo Armelin, São Paulo: Saraiva, 2007, p. 545.

95 Sobre a questão da regulamentação do art. 685-C, afirmou Eduardo Talamini: "na regulamentação que vierem a editar, os tribunais terão de cuidar para não desnaturar o dinamismo e flexibilidade que se pretendeu conferir à alienação por iniciativa particular. Todo e qualquer regramento que vá nessa indevida direção será invalido por exorbitar os limites postos pela lei a ser regulamentada" ("Alienação por iniciativa particular como meio expropriatório executivo (CPC, art. 685-C, acrescido pela Lei 11.382/2006)", in *Aspectos polêmicos da nova execução*, coord. Cassio Scarpinella Bueno e Teresa Arruda Alvim Wambier, São Paulo: RT, 2009, v. 4, p. 152).

96 Cassio Scarpinella Bueno leciona que, até a lavratura do termo nos autos, o executado poderá remir a execução, sob a égide do art. 651 do Código de Processo Civil (*Curso sistematizado de direito processual civil*, cit., v. 3, p. 190). Também com esse entendimento, ver Eduardo Talamini, "Alienação por iniciativa particular", cit., p. 51.

condiciona a validade do termo a tal assinatura, cuja aposição, como se vê a partir da leitura do citado § 2º do art. 880, dar-se-á somente se presente o executado. A bem da verdade, mesmo diante de sua presença, mostra-se *dispensável sua assinatura*, não se verificando qualquer vício quanto à validade e à eficácia do ato, caso este se recuse a assinar tal termo.

Quando a alienação tiver sido concluída por intermédio de corretor ou leiloeiro e devidamente chancelada pelo juízo da execução, entendemos que o credor não poderá se recusar a assinar tal termo. Se o fizer, poderá o magistrado suprir a falta de sua assinatura, substituindo-a por uma decisão judicial que justifique a legalidade da expropriação e a inconsistência da oposição manifestada pelo exequente.

No termo de alienação por iniciativa particular deverá estar identificado, com precisão, o objeto e o valor pelo qual se deu a expropriação, sendo este lavrado pelo escrivão do respectivo Cartório judicial onde estiver se processando a execução (ou a carta precatória destinada à expropriação da *res* penhorada).

Na dicção do art. 903, *caput,* do Código de Processo Civil, a assinatura do termo de alienação particular torna a respectiva expropriação "perfeita, acabada e irretratável, ainda que venham a ser julgados procedentes os embargos do executado ou a ação autônoma" mencionada no § 3º de tal dispositivo legal, assegurando-se, porém, o direito de reparação pelos prejuízos sofridos.

Assinado o termo de alienação, haverá a expedição de carta de alienação e mandado de imissão na posse, quando se tratar de bem imóvel (art. 880, § 2º, inc. I), e ordem de entrega ao adquirente, quando se tratar de bem móvel (art. 880, § 2º, inc. II), em sistemática idêntica àquela prevista no art. 877, § 1º, incs. I e II, para as hipóteses de adjudicação – conforme já comentado no item 17, *retro.*

Por fim, não se deve olvidar a regra contida no art. 889 do Código de Processo Civil, que dispõe acerca da necessidade de intimação do devedor, através de seu procurador ou pessoalmente (se não tiver defensor constituído), dos credores com garantia real ou com penhora anteriormente averbada e demais pessoas ali elencadas, com antecedência mínima de cinco dias, acerca da realização da alienação, sob pena de nulidade do ato (cf. nossos comentários ao art. 889 – itens 50 a 53, *infra*). As intimações previstas no art. 889 são obrigatórias não apenas nos casos de leilão judicial, mas igualmente nas alienações por iniciativa particular.

29. Efeitos da alienação por iniciativa particular

A alienação privada produz efeitos quase idênticos aos da arrematação e da adjudicação, tendo em vista sua idêntica natureza, de atos de expropriação forçada.[97]

---

97 Cf. LEONARDO GRECO, *O processo de execução*, v. 2, cit., p. 414.

Assinado o termo assinalado pelo § 2º do art. 880, a alienação por iniciativa particular terá os seguintes efeitos:

(a) transfere para o preço os vínculos da penhora efetivada na própria execução e nas demais, oriundas de outros processos executivos;

(b) tem o efeito programado de transferir o domínio da coisa ao adquirente, observando-se, porém, o registro da respectiva carta, quando se tratar de bem imóvel, ou a tradição, quando se tratar de bem móvel (CC, art. 1.226),[98] com a respectiva expedição de mandado de entrega pelo juízo da execução (CPC, art. 880, § 2º, inc. II);

(c) exclui a responsabilidade do executado pelos vícios da coisa, ressalvadas as hipóteses muito específicas;[99]

(d) transfere ao adquirente o direito aos frutos pendentes, com a obrigação de indenizar as despesas havidas com eles;[100]

(e) tem o efeito de extinguir o penhor, a hipoteca e a anticrese – desde que previamente notificados os respectivos credores da alienação judicial (CC, art. 1.501; CPC, art. 804, *caput*) – e outros eventuais gravames que incidam sobre o bem penhorado, tais como outras penhoras, privilégios especiais e preferências legais; e

(f) transfere a posse do bem ao adjudicatário, obrigando o depositário judicial a dela se desfazer.

---

98 Contudo, havendo necessidade de regularização formal da transferência de domínio (como no caso da transferência de veículos), a expedição da carta de alienação também será necessária.

99 Fazendo referências quanto escrevemos em relação aos efeitos da adjudicação, repetimos que, apesar de não ser integralmente aplicável às expropriações a disciplina de direito material relativa aos vícios redibitórios (CC, arts. 441 a 446), em alguns casos, quando o vício for aparente e essa condição não restar consignada, p. ex., no edital de hasta pública ou no laudo de avaliação do bem penhorado, terá o adquirente direito de indenização, podendo inclusive pleitear o desfazimento do ato expropriatório por nulidade do procedimento pré-expropriatório. Sendo o edital ou o laudo de avaliação do bem penhorado omissos ou defeituosos na correta descrição do bem constrito, parece lógico e razoável que o arrematante não seja prejudicado pelas irregularidades ali porventura existentes, sabendo-se, em especial, que ele não tem condições sequer de averiguá-las ou contestá-las, visto que, na imensa maioria das vezes, não lhe é dado o direito de inspecionar o bem antes de sua alienação judicial. A nosso ver, comprovada eventual falha ou omissão do edital ou do laudo de avaliação – em linhas gerais, como dito, no que se refere a vícios aparentes da coisa, posto que os vícios ocultos, por definição legal, são aqueles que não podem ser percebidos *ictu oculi* –, responderá o exequente por elas e, solidariamente, o Estado (cf. Maurício Giannico, *Expropriação executiva*, cit., 163-164).

100 Humberto Theodoro Júnior, *Processo de execução e cumprimento de sentença*, 26ª ed., cit., p. 366.

30. Forma de pagamento

No que se refere à forma de pagamento para a expropriação do bem, aplica-se à disciplina da alienação por iniciativa particular o disposto no art. 895 do Código de Processo Civil. Assim, o terceiro adquirente poderá pagar a quantia de imediato ou, antecipando ao menos vinte e cinco por cento do total à vista, poderá parcelar o saldo de seu lance em até trinta meses (CPC, art. 895, § 1º), mediante caução.[101] Nesse caso, a respectiva proposta será juntada aos autos, devendo conter a indicação do modo e prazo para pagamento, assim como o indexador de correção monetária e as condições de pagamento do saldo (CPC, art. 895, § 2º).

Ainda sob a égide do Código de 1973, alguns autores defendiam que, na hipótese de a alienação ocorrer mediante o pagamento em prestações, e o adquirente não quitar as parcelas no tempo e modo oportunos, ainda assim estará concretizada a expropriação, restando ao credor a execução do saldo remanescente, com base no art. 475-J do diploma legal anterior, em face do adquirente.[102]

Refletindo sobre tal questão, manifestamos opinião contrária a tal ideia, afirmando que, se assim ocorresse, apenas o credor sofreria com atos desse jaez, o que poderia ensejar atos maliciosos e de má-fé, tanto por parte de devedores inescrupulosos como também de terceiros.[103] Como então dissemos, diante de tal inadimplemento, caberia "ao exequente fazer a escolha entre executar o saldo inadimplido em face do adquirente – mantendo-se intacta a alienação – ou requerer seu desfazimento".[104]

Nesse sentido e como se verá com maiores detalhes em nossos comentários ao art. 895, o legislador pacificou a questão, expressamente aduzindo, no § 5º desse dispositivo, que "o inadimplemento autoriza o exequente a pedir a resolução" da expropriação ou promover, em face do adquirente, "a execução do valor devido".

31. Expropriação antecipada do bem penhorado

Os bens penhorados poderão ser alienados antecipadamente, desde que sujeitos a depreciação, aplicando-se, também à alienação por iniciativa parti-

---

101 EDUARDO TALAMINI rechaça, com razão, a possibilidade de ser aceito outro bem para pagamento do lanço, já que o objetivo da modalidade expropriatória é arrecadar dinheiro ("Alienação por iniciativa particular", cit., p. 148).

102 Nesse sentido, ver JACQUELINE MIELKE SILVA, JOSÉ TADEU NEVES XAVIER e JÂNIA MARIA LOPES SALDANHA, *A nova execução de títulos executivos extrajudiciais:* as alterações da Lei 11.382/2006, Porto Alegre: Verbo Jurídico, 2007, p. 191-192.

103 MAURÍCIO GIANNICO, *Expropriação executiva*, cit., p. 219.

104 ARAKEN DE ASSIS entende que se deve deixar a opção ao credor: desistir do negócio ou optar por realizar o preço (*Manual da execução*, cit., p. 734).

cular, o disposto no art. 852 do Código de Processo Civil. Nesses casos, em vista dos princípios do interesse do credor e da menor onerosidade ao devedor, a depreciação do bem poderá tornar-se nociva a ambos, credor e devedor, nada impedindo sua alienação antecipada.[105] Muitas vezes esta pode ser, inclusive, a única forma de se garantir a satisfação do débito.

32. A alienação particular nas diversas modalidades de execução pecuniária

A alienação por iniciativa particular, por expressa determinação legal, não poderá ser adotada em sede de execução fiscal (Lei n. 6.830/80, art. 23). É certo que o art. 1º da citada Lei de Execução Fiscal prevê a aplicação subsidiária das regras do Código de Processo Civil quando omissa aquela; contudo, não se pode olvidar que a lei especial trouxe disposição expressa em sentido contrário, vedando a adoção desse meio executório.[106]

No processo do trabalho também não é possível a adoção da alienação por iniciativa particular nos moldes em que delineado o instituto pelo art. 880

105 Nesse sentido: "Agravo de instrumento. Admissibilidade. Alienação antecipada de bem penhorado. Possibilidade. Regular o agravo, pois suprimida a obrigatoriedade do § 1º do art. 525 do CPC, acerca da obrigatoriedade da juntada da certidão de intimação da respectiva decisão guerreada, ante a manifesta tempestividade do instrumento. Suposta depreciação do bem e despesas geradas com a sua guarda e conservação não se constituem em justificativas admissíveis, isoladamente, para autorizar a permanência dos bens a serem alienados, com a agravante, porquanto ao produto não recair questionamento em relação a sua dispendiosidade com conservação, mas sim à possível perda de seu valor se não vendido em momento oportuno. A venda antecipada de produto penhorado sujeito à depreciação deve ser procedida por leilão se não anuída por qualquer um dos litigantes a possibilidade da alienação por iniciativa particular. Impertinente a prévia avaliação do produto porquanto se referir a bem com preço estipulado pela cotação oficial do dia. Impossível afigurar-se excesso de penhora sem ao menos se ter por certo o valor da saca do arroz, pois correspondente ao dia em que deverá ocorrer sua alienação. Agravo parcialmente provido" (TJRS, 5ª Câm. Cível, Ag. Inst. 70007956113, rel. Des. Antônio Vinícius Amaro da Silveira, j. 18.03.2004, deram parcial provimento, v.u.).

106 Com essa posição, diz Leonardo José Carneiro da Cunha: "a venda de bens penhorados é, na execução fiscal, feita por leilão público. Diante da especificidade da regra contida no art. 23 da Lei n. 6830/1980, não é possível haver outra forma de alienação que não seja por hasta pública. Isto está a demonstrar, portanto, que não se aplica à execução fiscal a alienação por iniciativa particular, que passou a ser possível na execução civil" ("A Lei n. 11.382/2006 e seus reflexos na execução fiscal", *Revista Dialética de Direito Processual*, São Paulo, 2007, v. 49, p. 103-104). Outrossim, prossegue o autor afirmando que, em vista do expresso impedimento legal, bem como da ausência de maiores detalhes, não se viabiliza a alienação por iniciativa particular na execução fiscal ("A Lei n. 11.382/2006 e seus reflexos na execução fiscal", cit., p. 103-104).

do Código de Processo Civil. Mas, em sistemática de certa forma análoga e similar, o § 3º do art. 888 da Consolidação das Leis do Trabalho dispõe que, "não havendo licitante" na hasta pública realizada "e não requerendo o exequente a adjudicação dos bens penhorados, poderão os mesmos ser vendidos por leiloeiro nomeado pelo Juiz ou Presidente". Assim, ainda que haja a possibilidade de nomeação de profissional privado para realizar a alienação do bem penhorado na execução trabalhista, em contraposição ao disposto no art. 880 do Código de Processo Civil, tal nomeação não poderá ser feita pelo próprio exequente, igualmente sendo vedado que este exerça tal encargo.

Não será possível a utilização da alienação particular em processos de execução universal. Na execução contra devedor insolvente, o art. 773 do Código de Processo Civil de 1973 (ainda em vigor por força do art. 1.052 do Código de 2015)[107] traça regra explícita acerca da alienação obrigatória através de leilão ou praça. Já no processo de falência, a Lei n. 11.101/2005, em seu art. 142, prevê o leilão feito por lances orais ou propostas fechadas ou pregão. Tais regras, por incompatíveis, afastam a aceitação da alienação por iniciativa particular.

Por outro lado, a alienação por iniciativa particular obviamente será de possível manejo nas hipóteses de cumprimento de sentença (títulos executivos judiciais), diante do que dispõe o art. 771 do Código de Processo Civil, bem como nas execuções de alimentos.[108] Nestas últimas, a alienação por iniciativa particular poderá ser adotada diante da expressa submissão, referendada pelo art. 528, § 8º, do Código de Processo Civil, às regras da execução por quantia certa contra devedor solvente.

Art. 881. A alienação far-se-á em leilão judicial se não efetivada a adjudicação ou a alienação por iniciativa particular.

§ 1º O leilão do bem penhorado será realizado por leiloeiro público.

§ 2º Ressalvados os casos de alienação a cargo de corretores de bolsa de valores, todos os demais bens serão alienados em leilão público.

CPC de 1973 – arts. 686, 689-A e 704

33. Preferência legal pela adjudicação ou pela alienação por iniciativa particular, em detrimento da arrematação

Ainda sob a égide do Código de Processo Civil de 1973, a Lei n. 11.382/2006 alterou o *caput* do art. 686, o qual passou a dispor que o edital de

107 "Art. 1.052. Até a edição de lei específica, as execuções contra devedor insolvente, em curso ou que venham a ser propostas, permanecem reguladas pelo Livro II, Título IV, da Lei n. 5.869, de 11 de janeiro de 1973."

108 Nesse sentido, ver EDUARDO TALAMINI, "Alienação por iniciativa particular", cit., p. 156.

hasta pública será expedido quando "não requerida a adjudicação e não realizada a alienação particular do bem penhorado".

Consoante escrevemos à época, pareceu-nos clara, a partir dessa alteração, a ideia de *subsidiariedade* dessa providência (expedição do edital): a realização de praça ou leilão deveria ocorrer *apenas se* o credor não adjudicar o bem nem optar pela alienação por iniciativa particular.[109]

Assim, a hasta pública, até então método expropriatório a ser inicial e obrigatoriamente adotado – sem a possibilidade de ser dispensado –, passou a ser uma técnica subsidiária, inferindo-se haver uma ordem de preferência diversa, instituída pelo legislador, entre os meios executivos: primeiramente será oportunizada a adjudicação do bem; somente caso não haja interesse do credor ou dos terceiros legitimados nessa providência se abrirá espaço para a alienação por iniciativa particular ou a *hasta pública* (agora denominada pelo legislador de *leilão público*).[110]

O Código de Processo Civil de 2015 preservou essa ideia. E andou bem o legislador nesse passo. A hasta pública, como é hialino da prática forense, é procedimento custoso e demorado, que sobrecarrega os servidores públicos e atrasa a prestação jurisdicional. Dessa forma, com a eleição da adjudicação e da alienação por iniciativa particular como *métodos preferenciais*, poder-se-á obter algum ganho de tempo, acelerando a entrega da prestação jurisdicional executiva.[111]

Pelos contornos da sistemática executiva vigente até 2006, as numerosas (e muitas vezes desnecessárias) formalidades legais previstas para o procedimento pré-expropriatório, somadas aos inúmeros expedientes à disposição do executado, quase que impossibilitavam um desfecho adequado e compatível com a pretensão executiva. Tudo isso colidindo frontalmente com a sábia e

109 Também, obviamente, quando a alienação por iniciativa particular for tentada, mas restar infrutífera.

110 Confira-se o seguinte aresto: "Agravo de instrumento – Alienação por iniciativa particular – Possibilidade – Não havendo interesse por nenhum dos legitimados em adjudicar os bens, pode-se requerer seja a expropriação realizada por meio de Alienação por Iniciativa Particular. Essa modalidade tem preferência em relação à alienação em hasta pública, constituindo, então, a segunda classe de técnicas expropriatórias" (TJMG, 9ª Câm. Cível, Ag. Inst. 1.0024.01.085232-5/001, rel. Des. Osmando Almeida, DOE 26.10.2007).

111 Eduardo Talamini lembra que não deve ser deferida a alienação por iniciativa particular, enquanto pendentes embargos de devedor a que foi atribuído efeito suspensivo; porém, nada impede a adoção do procedimento não estando suspensa a execução, uma vez que também é possível, em tais casos, a adjudicação ("Alienação por iniciativa particular", in *Aspectos polêmicos da nova execução*, São Paulo: RT, 2008, v. IV, p. 141).

imortal lição de FRANCESCO CARNELUTTI, pela qual *o tempo é um inimigo contra o qual o juiz luta sem tréguas.*[112]

O *caput* art. 686 do Código de 1973 fazia referência meramente implícita à arrematação: enunciava tal dispositivo que, caso não requerida a adjudicação e não realizada a alienação particular do bem penhorado, haveria a *expedição do edital de hasta pública*, sem explicitamente mencionar o respectivo instituto processual. A redação do *caput* do art. 881 do Código de 2015 aprimorou a técnica legislativa, passando a tratar explicitamente de ambas as modalidades de alienação consagradas como preferenciais pelo legislador pátrio: a adjudicação e a alienação por iniciativa particular.

34. A terminologia do Código de 2015. Hasta pública, praça e leilão

Rompendo com longa tradição, o legislador extirpou do Código de 2015 a utilização dos termos "hasta pública" e "praça". Não se encontra qualquer menção a esses dois termos no diploma processual atual.

Na terminologia dos Códigos de 1939 e de 1973, denominava-se *hasta pública* o procedimento destinado a estabelecer um concurso de pretendentes ao bem constrito no bojo do processo de execução, com a expropriação do bem móvel ou imóvel após a escolha da melhor proposta entre aquelas formuladas pelos interessados.

Por sua vez, *praça* e *leilão* são espécies do gênero *hasta pública*. O primeiro termo é utilizado para designar a hasta pública de bens imóveis e o segundo, de bens móveis.[113]

O Código de 2015 acabou com a distinção legal entre as espécies *praça* e *leilão*, passando a utilizar a expressão "leilão judicial" ou simplesmente "leilão"

---

112 Cf. FRANCESCO CARNELUTTI, *Diritto e processo*, Napoli: Morano, 1958, p. 354, *verbis*: "il valore, che il tempo ha nel processo, è immenso e, in gran parte, sconosciuto. Non sarebbe azzardato paragonare il tempo a un nemico, contro il quale il giudice lotta senza posa".

113 No Código de 1939, os arts. 298, inc. XVI, *b*, 637, 704, *caput* e § 2º, 972, § 1º, 974, parágrafo único, e 978, *caput* e §§ 1º e 2º, 981, 986 e 1.030, § 2º, fazem referência cumulada e explícita à dicotomia entre praça e leilão – embora o art. 970, destoando da técnica por ele próprio adotada, refira-se à *praça de bens móveis*, ao enunciar que "o juiz poderá permitir que a praça de bens móveis se realize no lugar onde estiverem depositados". No Código de 1973, essas menções ocorrem nos arts. 686, inc. IV e § 2º, 687, §§ 1º e 3º (em sua redação original), 688, 689, 690, § 2º (em sua redação original), 690-A, parágrafo único, 691, 692, *caput*, 693 (em sua redação original), 695, §§ 1º e 3º (em sua redação original), 695, 697 (em sua redação original), 762, § 2º, 766, inc. IV, 773, 788, inc. I (em sua redação original), e 1.017, § 3º – notando-se que a redação original do art. 697 inclusive atrelou explicitamente o conceito de praça à expropriação de bens *imóvel*, ao afirmar que, "quando a penhora recair sobre imóvel, far-se-á a alienação em praça".

como sinônimo de "hasta pública", em alusão, pois, tanto à arrematação de bens móveis como também imóveis. Embora igualmente suprimida do texto legal a expressão "hasta pública", é evidente que sua utilização continua a ser plenamente aceita, já que há muito incorporada ao linguajar técnico da ciência processual.

A bem da verdade, especialmente à luz do Código de 1973, insignificantes eram as diferenças práticas entre praça e leilão,[114] parecendo-nos, pois, feliz a opção do legislador de unificar suas disciplinas jurídicas e, como se vê a partir do Código de 2015, fixar métodos idênticos e indistintos para a arrematação de bens móveis ou imóveis.

35. A figura do leiloeiro público

Optando o credor pela realização de leilão da *res* penhorada, o juiz nomeará leiloeiro público para empreender a tal modalidade de expropriação. Trata-se de auxiliar da justiça, o qual se sujeita às prerrogativas e deveres inerentes aos agentes que exercem função pública, inclusive a extensão da imputação criminal, nos moldes do art. 327 do Código Penal. Também aqui, a exemplo do quanto explicitado em relação ao art. 880, pontua-se a responsabilidade objetiva estatal por atos desses agentes que venham a resultar em prejuízo às partes interessadas, consoante a regra do art. 37, § 6º, da Constituição Federal, possibilitado, é claro, o direito de regresso pelo ente público.[115]

36. Alienação a cargo de corretores da bolsa de valores

Exceção à regra de nomeação de leiloeiro público existirá para o caso de alienação judicial de ações ou títulos negociáveis nas bolsas de valores, cujo ambiente específico exige a atuação de corretor credenciado a atuar no res-

---

114 À luz do Código de 1973, Cândido Rangel Dinamarco explicava que a separação trazida pela lei processual entre a praça e o leilão decorre de uma preocupação, ao menos teórica, de conferir aos bens considerados *de raiz* um tratamento mais zeloso, cercando sua respectiva hasta pública de maiores rigores e cuidados. Com grandes esforços, o exímio mestre distinguia, porém, apenas duas diferenças entre o procedimento legal da praça e do leilão. No que tange ao local de sua realização, a praça era feita no átrio do fórum e o leilão, onde quer que os bens se encontrassem ou no local designado pelo juiz (CPC-1973, arts. 686, § 2º, e 705, inc. II). No que concerne a seu realizador, na praça o pregão era feito pelo porteiro dos auditórios ou, em muitas comarcas, pelo próprio oficial de justiça; já o leilão era feito pelo leiloeiro público da escolha do exequente (CPC-1973, arts. 688, parágrafo único, 705 e 706) (Cândido Rangel Dinamarco, *Vocabulário do processo civil*, São Paulo: Malheiros, 2009, p. 157).

115 Nesse sentido, ver Ricardo de Barros Leonel, *Reformas recentes do processo civil:* comentário sistemático, cit., p. 92.

pectivo mercado de capitais onde se dá a negociação desses bens. Nessa hipótese, consoante dispõe o § 2º do art. 881, o juiz nomeará corretor habilitado a empreender tal tarefa, fixando-lhe remuneração compatível com o trabalho a ser desenvolvido.

Art. 882. Não sendo possível a sua realização por meio eletrônico, o leilão será presencial.

§ 1º A alienação judicial por meio eletrônico será realizada, observando-se as garantias processuais das partes, de acordo com regulamentação específica do Conselho Nacional de Justiça.

§ 2º A alienação judicial por meio eletrônico deverá atender aos requisitos de ampla publicidade, autenticidade e segurança, com observância das regras estabelecidas na legislação sobre certificação digital.

§ 3º O leilão presencial será realizado no local designado pelo juiz.

CPC de 1973 – arts. 689-A e 686, § 2º

37. A preferência do legislador pelo leilão eletrônico em detrimento do leilão presencial

Ao afirmar que, "não sendo possível a sua realização por meio eletrônico, o leilão será presencial", fica explícita a preferência do legislador pela utilização de ferramentas e plataformas virtuais para a tarefa de expropriação da *res* constrita.

O leilão virtual tem se mostrado um grande sucesso na praxe forense. A acentuada e claríssima tendência é a de que o Poder Judiciário amplie cada vez mais o uso dessa excelente ferramenta, que, além de sua praticidade, tem a aptidão de difundir de maneira muito mais eficiente a realização da alienação judicial, expandindo em muito a chance de êxito na expropriação da *res* constrita.

Como mera espécie do gênero *leilão*, os mesmos princípios norteadores da hasta pública presencial deverão ser observados em sua versão eletrônica, referindo-se o § 2º do art. 882 aos requisitos de ampla publicidade, autenticidade e segurança. Isso naturalmente não exclui a aplicação de outros princípios regentes da expropriação judicial, tais como os da legalidade, da eficiência, da economia processual e da efetividade, dentre outros.

Em verdade, sabendo-se que tanto o leilão presencial como o virtual são regidos por tais princípios, mais simples e correto que o legislador tivesse afirmado sua aplicação para ambas as espécies – e não apenas para a segunda delas, como constante do § 2º do art. 882.

Tratando-se de ato a ser praticado em ambiente eletrônico, de modo pertinente o § 2º do art. 882 remete ainda à observância das regras estabelecidas na legislação sobre certificação digital, com a obrigatória aplicação da disciplina constante da Lei n. 11.419/2006.

O § 1º do art. 882 se refere à regulamentação específica do Conselho Nacional de Justiça, a qual atualmente se encontra materializada pela Resolução n. 236, de 13 de julho de 2016, editada por tal órgão. Por força de sua técnica *sofrível*, tal norma foi objeto de inúmeras críticas expostas ao longo de nossos comentários aos arts. 883 e 884 do Código.

De todo modo, como bem ponderado por Luis Guilherme Aidar Bondioli, de maneira salutar o Código atual concentrou a regulamentação do leilão judicial eletrônico em um único órgão – Conselho Nacional de Justiça –, abandonando a ideia constante do Código de 1973 de uma regulamentação difusa, a cargo concomitantemente do Conselho da Justiça Federal e dos Tribunais de Justiça (CPC-1973, art. 689-A).

É bem verdade que alguns Tribunais de Justiça, como é o caso daquele pertencente ao Estado de São Paulo, mantêm ainda hoje normas em vigor ditando regras para a realização da hasta pública eletrônica (v. Provimento CSM n. 1.625/2009 do Tribunal de Justiça do Estado de São Paulo).

O leilão presencial será realizado no local designado pelo juiz (art. 882, § 3º), que poderá ser o átrio ou outro local específico do fórum, ou onde estiverem os bens, ou ainda qualquer outro que se mostre adequado para sediar a hasta pública – tal como a sede ou o local de trabalho do leiloeiro público (CPC, art. 884, inc. II).

Art. 883. Caberá ao juiz a designação do leiloeiro público, que poderá ser indicado pelo exequente.

CPC de 1973 – art. 706

38. Nomeação de leiloeiro público pelo juiz

Na modalidade expropriatória representada pelo *leilão judicial*, é do juiz a prerrogativa de nomear o leiloeiro público encarregado de empreender a alienação da *res* constrita.

O art. 883 permite que o exequente faça eventual *indicação* de nome de algum leiloeiro específico de sua preferência. Tal indicação, porém, deve ser aqui entendida como mera *sugestão* de preferência – naturalmente podendo o juiz acatá-la ou não, visto ser tal nomeação um ato tipicamente *discricionário* do magistrado.[116]

116 "O credor tem direito de indicar, mas não de ver nomeado o leiloeiro indicado, porquanto inexiste obrigação de homologação pelo juiz" (STJ, 2ª T., REsp 1.354.974,

O *caput* do art. 972 do Código de Processo Civil de 1939 autorizava que "as partes" escolhessem o leiloeiro público.[117] O Código de 1973, porém, suprimiu qualquer disposição semelhante a essa, prevendo seu art. 706 que o leiloeiro poderia ser "indicado" pelo exequente – cujo significado, a nosso ver e em interpretação já consagrada pelo Superior Tribunal de Justiça,[118] era o de que este último poderia *sugerir* um nome ao juiz, sem, contudo, que essa sugestão tolhesse seu poder de decidir de modo diverso, nomeando outro profissional que não aquele indicado pelo credor.

A nosso ver, essa opção legislativa constante do diploma processual anterior foi integralmente mantida pelo Código de Processo Civil de 2015.

No entender de ARAKEN DE ASSIS, vindo a ser feita uma indicação de leiloeiro público pelo exequente, em respeito ao princípio do contraditório, deverá o juiz intimá-lo a se manifestar antes de eventual nomeação.[119] A nosso ver, porém, conquanto tenha o executado a prerrogativa de impugnar a nomeação por meio da competente exceção de impedimento ou suspeição (CPC, arts. 144 e 145), tratando-se de ato discricionário do juiz, parece-nos *dispensável* essa prévia oitiva. Se o juiz não é obrigado a consultar previamente as partes quando faz uma nomeação direta, também não o é quando acata eventual indicação feita pelo exequente. Não obstante seja o contraditório um dos mais importantes princípios de nosso ordenamento jurídico, há de se interpretar essa exigência com parcimônia e moderação (*est modus in rebus*), sob pena de se deixar o já lento e complexo procedimento executivo à mercê de ilegítimos bombardeios por parte daqueles devedores que visam somente a atrapalhar o desenvolvimento da execução – p. ex., com a alegação de nulidades que, em verdade, inexistem.

A nomeação deverá recair sobre profissional legalmente habilitado a exercer a função de leiloeiro público e com experiência mínima de três anos na função (CPC, art. 880, § 3º), observados ainda os termos da Resolução n. 236, de 13 de julho de 2016, editada pelo Conselho Nacional de Justiça. Exceção a essa regra geral está no § 4º do art. 880, pelo qual, nas localizações onde não houver leiloeiros públicos credenciados perante a autoridade judicial, a indi-

---

j. 05.03.2013, rel. Min. HUMBERTO MARTINS, DJ 14.03.2013), in THEOTONIO NEGRÃO, JOSÉ ROBERTO FERREIRA GOUVÊA, LUIS GUILHERME AIDAR BONDIOLI e JOÃO FRANCISCO NAVES DA FONSECA, *Código Civil e legislação civil em vigor*, 33ª ed., São Paulo: Saraiva, 2016, comentário ao art. 883, nota 1, p. 792.

117 CPC-1939: "Art. 972. Se os bens não forem arrematados, serão vendidos em leilão público, por leiloeiro público, onde houver, à escolha das partes, ou pelo porteiro dos auditórios".

118 STJ, 2ª T., REsp 1.354.974-MG, j. 05.03.2013, rel. Min. Humberto Martins, DJ 14.03.2013.

119 ARAKEN DE ASSIS, *Manual da execução*, 18ª ed., São Paulo: RT, 2016, n. 358, p. 1113.

cação por parte do exequente (e, por consequência, também a nomeação por parte do juiz) poderá ser feita de forma livre, mitigando-se os requisitos previsto no § 3º do art. 880.

Fez aqui o legislador uma correta opção em prol daquilo que é *empiricamente possível*: embora a regra geral constante do § 3º do art. 880 deva ser respeitada, não se mostra admissível ou razoável que o regular prosseguimento da execução fique obstado pela *tacanha* circunstância de inexistir um profissional habilitado na localidade. Se o próprio Código de Processo Civil permite que excepcionalmente o oficial de justiça, mesmo sem necessariamente ter habilitação profissional específica, avalie os bens penhorados (CPC, art. 829, § 1º), igualmente há de ser possível, *ainda que também como exceção*, que o leilão judicial seja organizado e coordenado por uma pessoa sem a habilitação profissional exigida pela lei processual.

Art. 884. Incumbe ao leiloeiro público:

I – publicar o edital, anunciando a alienação;

II – realizar o leilão onde se encontrem os bens ou no lugar designado pelo juiz;

III – expor aos pretendentes os bens ou as amostras das mercadorias;

IV – receber e depositar, dentro de 1 (um) dia, à ordem do juiz, o produto da alienação;

V – prestar contas nos 2 (dois) dias subsequentes ao depósito.

Parágrafo único. O leiloeiro tem o direito de receber do arrematante a comissão estabelecida em lei ou arbitrada pelo juiz.

CPC de 1973 – art. 703

39. O leiloeiro público

A profissão de leiloeiro se encontra regulamentada pelo Decreto n. 21.981, de 19 de outubro de 1932, pela Lei n. 4.021, de 20 de dezembro de 1961 (concernente aos leiloeiros rurais), e ainda pela Instrução Normativa n. 113, de 28 de abril de 2010, do DNRC – Departamento Nacional de Registro do Comércio.

A habilitação do leiloeiro pressupõe a obtenção de matrícula perante as Juntas Comerciais, ficando o profissional apto a desenvolver essa função exclusivamente perante a unidade federativa de circunscrição da Junta Comercial onde se encontra efetivamente inscrito (cf. art. 1º do Decreto n. 21.981/32). Seu exercício é reservado a cidadãos brasileiros maiores de vinte e cinco anos de idade, no gozo de seus direitos civis e políticos, dentre outros pressupostos previstos no art. 2º do Decreto n. 21.981/32.[120]

120 Na dicção do art. 3º do Decreto n. 21.981/32, não poderão ser leiloeiros (a) aqueles que não podem exercer comércio, (b) os que tiverem sido destituídos anteriormente

O já comentado art. 880 do Código de Processo Civil impõe que o leiloeiro público seja credenciado perante o órgão judiciário onde exercerá sua função. E o § 3º desse dispositivo dispõe que os Tribunais poderão editar normas sobre o credenciamento dos leiloeiros públicos, os quais deverão estar em exercício profissional de não menos do que três anos.

Regulamentando essas disposições legais, o *caput* do art. 5º da Resolução n. 236/2016 do Conselho Nacional de Justiça estabelece a necessidade de o leiloeiro judicial celebrar um Termo de Credenciamento e Compromisso, contendo disposições semelhantes àquelas previstas no art. 884 do Código de Processo Civil, detalhando inclusive alguma dessas funções, consoante será melhor exposto nos itens 39 e 40, *infra,* deste estudo.

Para se credenciar perante as autoridades judiciárias, prescreve o art. 2º, § 1º, da Resolução n. 236/2016 do Conselho Nacional de Justiça que o leiloeiro público subscreva declaração de que (I) dispõe de imóvel próprio (ou por meio de contrato de locação) destinado à guarda e conservação dos bens removidos, contendo informações sobre a área e endereço completo atualizado, no qual será mantido atendimento ao público; (II) possui sistema informatizado para controle dos bens removidos, com fotos e especificações, para consulta *on line* pelo Tribunal, assim como de que dispõe de equipamentos de gravação ou filmagem do ato público de alienação judicial dos bens (ou ao menos contrato com terceiros prestadores desse serviço); (III) possui condições para ampla divulgação da alienação judicial, com a utilização de meios de comunicação, em especial por meio de jornais, rede mundial de computadores e material impresso de divulgação e (IV) não possui relação societária com outro leiloeiro público ou corretor credenciado.

Nos termos do *caput* do art. 19 do Decreto n. 21.981/32, com a redação dada pela Lei n. 11.138/2015, "compete aos leiloeiros, pessoal e privativamente, a venda em hasta pública ou público pregão, dentro de suas próprias casas ou fora delas, inclusive por meio da rede mundial de computadores, de tudo que, por autorização de seus donos (*sic*)[121] por alvará judicial, forem encarregados, tais como imóveis, móveis, mercadorias, utensílios, semoventes e mais efeitos, e a de bens móveis e imóveis pertencentes às massas falidas, liquidações judiciais, penhores de qualquer natureza, inclusive de joias e *warrants* de armazéns gerais, e o mais que a lei mande, com fé de oficiais públicos".

---

dessa profissão, salvo se por requerimento próprio, e (c) os falidos não reabilitados e os reabilitados, quando a falência tiver sido qualificada como culposa ou fraudulenta.

121 Houve uma notória falha de redação no dispositivo, sendo claro que a alienação poderá ser promovida pelo leiloeiro mediante "autorização de seus donos" *ou* "por alvará judicial"; faltou, porém, a menção à partícula conjuntiva "*ou*" no texto da norma em questão.

40. Funções do leiloeiro público

Em texto quase idêntico ao do art. 705 do Código de 1973, o art. 884 do Código atual traz o rol de funções do leiloeiro público, destacando, em especial, as tarefas de (I) publicar o edital, anunciando a alienação forçada, (II) realizar o leilão onde se encontrem os bens, ou no lugar designado pelo juiz, (III) expor aos pretendentes os bens ou as amostras das mercadorias, (IV) receber e depositar, dentro de um dia, à ordem do juiz, o produto da alienação e (V) prestar contas nos dois dias subsequentes ao depósito.

Em relação ao edital, destaca-se que sua *expedição* é feita pelo juízo da execução, cabendo ao escrivão a tarefa de redigi-lo.[122] Ao leiloeiro, portanto, cabe apenas a tarefa de *publicá-lo* e, em sentido mais amplo, o dever de divulgar adequadamente o ato expropriatório, cuja publicidade é sabidamente essencial para o sucesso do certame.

Nesse sentido, o art. 5º, inc. II, da Resolução n. 236/2016 do Conselho Nacional de Justiça explicitamente impõe ao leiloeiro que divulgue o edital de leilão de forma ampla ao público em geral, por meio de material impresso, mala direta, publicações em jornais e na rede mundial de computadores, inclusive com imagens dos bens, para melhor aferição de suas características e de seu estado de conservação.

O edital constitui a *sagrada tábua de regras* do certame expropriatório, cabendo ao leiloeiro respeitá-lo e cumprir fielmente suas disposições.

Para fins de publicidade, caberá ao leiloeiro observar as diretrizes constantes do art. 887 do Código de Processo Civil (v. item 48, *retro*).

Como visto acima, cabe ainda ao leiloeiro expor aos pretendentes os bens que serão objeto da expropriação. No caso de bens fungíveis em quantidades abundantes, quando houver dificuldade ou impossibilidade de acesso ao seu todo, deverá ele disponibilizar "amostras das mercadorias".

Sobre o dever de exposição dos bens aos interessados no certame, determina o inc. III do art. 5º da Resolução n. 236/2016 do Conselho Nacional de Justiça que o leiloeiro mantenha atendimento ao público em imóvel destinado aos bens removidos no horário ininterrupto das 8 às 18 horas, nos dias úteis, ou por meio de serviço de agendamento de visitas. Caberá a ele ainda responder todas as indagações formuladas pelo juízo da execução ou justificar, de imediato, eventual impossibilidade de respondê-las, comparecendo ainda, pessoalmente ou por meio de preposto para participar de reuniões convocadas pelos órgãos judiciais onde atuam (cf. incs. IV e IX da Resolução n. 236/2016).

---

122 Araken de Assis, *Manual da execução*, 18ª ed., São Paulo: RT, 2016, n. 359.1, p. 1114.

Eventual dano, avaria ou deterioração do bem deve ser imediatamente comunicado ao juízo (cf. art. 5º, inc. VIII, da Resolução n. 236/2016).

Quanto à realização do leilão, apegado à modalidade presencial de leilão, o inc. II do art. 884 repete a *desgastada fórmula* do Código anterior, segundo a qual o leilão será realizado "onde se encontrem os bens, ou no lugar designado pelo juiz". Tal premissa, embora ainda válida para os leilões meramente presenciais, perde qualquer sentido quando imputada aos leilões eletrônicos, que notoriamente se processam em ambiente virtual.

Sendo realizados em plataformas e sítios virtuais, em nosso entender os leilões eletrônicos podem ser organizados e realizados livremente por leiloeiros de fora da Comarca onde se encontram os bens penhorados.

Como desdobramento natural e intrínseco dessa disposição legal, o leiloeiro também tem a prerrogativa de remover temporariamente os bens do local onde se encontram, comunicando-se e interagindo com o depositário judicial a esse respeito. Afinal, o pressuposto para viabilizar o acesso da coisa penhorada aos interessados naturalmente é estar com ela disponível.

A esse respeito, a Resolução n. 236/2016 do Conselho Nacional de Justiça expressamente atribui ao leiloeiro judicial a prerrogativa e a obrigação de "remoção dos bens penhorados, arrestados ou sequestrados, em poder do executado ou de terceiro, para depósito sob sua responsabilidade (...)".

Por fim, nos termos do art. 884, inc. V, feito o depósito do lance vencedor, tem o leiloeiro a obrigação de comunicar tal fato ao juízo da execução no prazo de até dois dias após tal fato, de modo que possa a seguir ter início a denominada fase de expropriação *satisfativa*, mediante a atribuição, pelo juiz, do produto do leilão ao exequente ou a outro credor com privilégio ou preferência legal.

No que tange à obrigação de realizar o leilão, caberá ao leiloeiro organizar e conduzir seu trâmite, recebendo os lances e, ao final, declarando o vencedor. Nesse mister, também é tarefa do leiloeiro público barrar a aceitação dos lances que, em primeiro leilão, estejam abaixo do valor de avaliação do bem expropriado (CPC, art. 895, inc. I) ou que, em segundo leilão, configurem preço vil ou estejam abaixo do preço mínimo fixado pelo magistrado (CPC, arts. 891 e 895, inc. II).

41. A remuneração do leiloeiro público. Reembolso de despesas

Dispõe o parágrafo único do art. 884 que o leiloeiro receberá do arrematante a comissão estabelecida pelo juiz ou pela lei. Portanto, *quem paga essa remuneração é vencedor do certame expropriatório.*

Por seguir a lógica das corretagens e intermediações de negócio em geral, a remuneração ao leiloeiro será devida exclusivamente por força do sucesso da empreitada, o que ocorre, na seara judicial, com a efetiva assinatura do auto de arrematação. Havendo leilão, mas não havendo licitantes e/ou um arrematante, remuneração alguma será devida.

De modo curioso, porém, vindo a ser desfeita judicialmente a arrematação, o entendimento sedimentado do Superior Tribunal de Justiça é o de que a comissão do leiloeiro deve ser *devolvida*, com a respectiva correção monetária.[123] Em consonância com essa premissa, o § 1º do art. 7º da Resolução n. 236/2016 do Conselho Nacional de Justiça explicitamente afirma que "não será devida a comissão ao leiloeiro público na hipótese de desistência de que trata o art. 775 do Código de Processo Civil, de anulação da arrematação ou de resultado negativo da hasta pública".[124]

Esse entendimento destoa daquele em vigor para as corretagens e intermediações civis e comerciais em geral, nas quais "*a remuneração é devida ao corretor uma vez que tenha conseguido o resultado previsto no contrato de mediação, ou ainda que este não se efetive em virtude de arrependimento das partes*" (CC, art. 725). Nessas situações, segundo o Superior Tribunal de Justiça, havendo arrependimento após a celebração do negócio, seu desfazimento ou eventual inadim-

---

123 "Processual civil. Arrematação desfeita. Embargos à arrematação. Comissão do leiloeiro. Devolução. 1 – 'Desfeita a arrematação, a requerimento do arrematante, por força da oposição de embargos, nos termos do art. 694, § 1º, IV, do CPC, é devida a devolução da comissão do leiloeiro, corrigida monetariamente' (RMS 33.004/SC, Rel. Ministro Castro Meira, Segunda Turma, DJe 6/12/2012). 2 – Nos termos do art. 694, § 1º, IV, do CPC, a arrematação poderá ser tornada sem efeito por requerimento do arrematante, na hipótese de Embargos à Arrematação (art. 746, §§ 1º e 2º). Se o arrematante exerce essa faculdade, não há como reconhecer a existência de arrematação perfeita, acabada e irretratável. 3 – Uma vez frustrada a arrematação, a jurisprudência do STJ entende que o leiloeiro não faz jus à comissão. 4 – Agravo Regimental não provido" (STJ, 2ª T., AgRg no RMS 47.869-RS, j. 22.09.2015, rel. Min. Herman Benjamin, negaram provimento, v.u.).

Veja-se ainda: "Processual civil. Recurso ordinário em mandado de segurança. Desistência da arrematação em virtude da oposição de embargos. Devolução da comissão do leiloeiro. Cabimento. Precedentes. 1 – Desfeita a arrematação, a requerimento do arrematante, por força da oposição de embargos, nos termos do art. 694, § 1º, IV, do CPC, é devida a devolução da comissão do leiloeiro, corrigida monetariamente. 2 – Nos termos do que decidiu a Corte regional, o desfazimento da alienação, sem culpa do arrematante, não gera para o leiloeiro direito à comissão. Precedentes. 3 – Recurso ordinário não provido" (STJ, 2ª T., RMS 33.004-SC, j. 27.11.2012, rel. Min. Castro Meira, negaram provimento, v.u.).

124 Dispõe ainda o § 2º do art. 7º dessa resolução que, "anulada ou verificada a ineficácia da arrematação ou ocorrendo a desistência de que trata o art. 775 do Código de Processo Civil, o leiloeiro público e o corretor devolverão ao arrematante o valor recebido a título de comissão, corrigido pelos índices aplicáveis aos créditos respectivos".

plemento na relação de compra e venda, a comissão de corretagem ainda assim será devida nos negócios civis ou comerciais.[125]

Por outro lado, prescreve o § 3º do art. 7º da Resolução n. 236/2016 do Conselho Nacional de Justiça que, nas hipóteses de acordo ou remição do bem após a efetivação da arrematação, "o leiloeiro e o corretor público farão jus à comissão".

Ressalva-se inicialmente, porém, que, na ocorrência de acordo, este naturalmente não poderá dispor sobre a coisa expropriada sem a anuência ou a participação do arrematante. Assim, sem que ele participe do acordo, em verdade a comissão será devida por força da mera ocorrência de sucesso no leilão, e não propriamente em razão de eventual pacto superveniente entre exequente e executado.

De outra monta, no que tange à remição, como visto alhures, o Código atual voltou a autorizar que o próprio executado a postule *antes da assinatura do auto de adjudicação ou de arrematação*, exclusivamente no caso de bem hipotecado (CPC, arts. 877, § 3º, e 902).

Mostra-se obtusa, nesse sentido, a redação da § 3º do art. 7º da Resolução n. 236/2016, ao se referir ao direito à comissão pelo leiloeiro em caso de "remição após a realização da alienação". Isso porque, nos termos da lei, não é possível que o bem venha a ser remido *após* efetivada a alienação; somente antes.

Afinal, em primeiro lugar a arrematação somente é considerada realizada com a assinatura do auto de arrematação, momento em que esta se mostra pronta e acabada (CPC, arts. 877, § 1º, e 903, *caput*). E, em segundo lugar,

125 "Civil. Recurso especial. Corretagem. Comissão. Compra e venda de imóvel. Desistência do comprador após assinatura de promessa de compra e venda e pagamento de sinal. Comissão devida. 1 – Discute se se é devida a comissão de corretagem quando, após a assinatura da promessa de compra e venda e o pagamento de sinal, o negócio não se concretiza em razão do inadimplemento do comprador. 2 – No regime anterior ao do CC/02, a jurisprudência do STJ se consolidou em reputar de resultado a obrigação assumida pelos corretores, de modo que a não concretização do negócio jurídico iniciado com sua participação não lhe dá direito a remuneração. 3. Após o CC/02, a disposição contida em seu art. 725, segunda parte, dá novos contornos à discussão, visto que, nas hipóteses de arrependimento das partes, a comissão por corretagem permanece devida. 4 – Pelo novo regime, deve-se refletir sobre o que pode ser considerado resultado útil, a partir do trabalho de mediação do corretor. 5 – A assinatura da promessa de compra e venda e o pagamento do sinal demonstram que o resultado útil foi alcançado e, por conseguinte, apesar de ter o comprador desistido do negócio posteriormente, é devida a comissão por corretagem. 6 – Recurso especial não provido" (STJ, 3ª T., REsp 1.339.642-RJ, j. 12.03.2013, rel. Min. NANCY ANDRIGHI, negaram provimento, v.u.).

como visto logo acima, a remição do bem penhorado somente poderá ocorrer *antes* da assinatura do auto de arrematação e, portanto, *antes* de finalizada a arrematação.

Daí revelar-se imprópria a redação da resolução nesse ponto.

Quanto ao mérito da questão, a iniciativa do Conselho Nacional de Justiça se mostra igualmente inoportuna e imprópria, sendo notoriamente inadequado que mera *resolução* venha a criar obrigações de direito material em favor do leiloeiro público sem que haja uma lei prévia que as respalde.

No mais, considerando-se que o direito do leiloeiro à comissão nasce a partir da efetiva conclusão da arrematação – algo que, como visto, ocorre somente após a assinatura do auto de arrematação –, parece-nos incongruente entender devida a remuneração no caso de remição, já que esta somente poderá ocorrer *antes* da assinatura do auto e, portanto, *antes de finalizada a arrematação*. Essa, pois, é a nossa opinião: a comissão não é devida ao leiloeiro em caso de remição, pois a alienação não chega sequer a se consolidar nesses casos.

Aliás, esse inclusive parece ser o entendimento atual do Superior Tribunal de Justiça,[126] embora haja um julgado mais antigo dessa Corte entendendo ser

126 "Processual civil. Leiloeiro. Remição da execução pelo devedor antes de realizado o leilão público. Comissão não devida. 1 – Trata-se de recurso especial interposto contra acórdão proferido pelo Tribunal Regional Federal da 5ª Região que suspendeu a hasta pública, em virtude da remição da execução, mas manteve a execução, apenas no que se refere à comissão devida ao leiloeiro. 2 – A jurisprudência dessa Corte Superior é no sentido de que se a remição da execução pelo devedor ocorrer antes de realizado o leilão público não se há que falar em comissão ao leiloeiro, uma vez que inexiste o serviço prestado. Precedentes: REsp 788.528/SC, Rel. Ministro Paulo Furtado (Desembargador convocado do TJ/BA), Terceira Turma, julgado em 22/06/2010, DJe 01/07/2010; REsp 764636/RS, Rel. Ministro Massami Uyeda, Segunda Seção, julgado em 09/06/2010, DJe 21/06/2010; REsp 1050355/RS, Rel. Ministro Humberto Martins, Segunda Turma, julgado em 04/11/2008, DJe 21/11/2008; REsp 646.509/RJ, Rel. Min. Humberto Gomes de Barros, julgado em 20.9.2007, DJ 15.10.2007; RMS 13.130/SP, Rel. Min. Eliana Calmon, julgado em 24.9.2002, DJ 21.10.2002) 3 – Ressalta-se que o art. 40 do Decreto n. 21.981/32, regulador do exercício da atividade de leiloeiro, garante ao leiloeiro o direito de cobrar judicialmente 'as quantias que tiver desembolsado com anúncios, guarda e conservação do que lhe for entregue para vender, instruindo a ação com os documentos comprobatórios dos pagamentos que houver efetuado, por conta dos comitentes e podendo reter em seu poder algum objeto, que pertença ao devedor, até o seu efetivo embolso.' 4 – Na hipótese, considerando que a parcela remanescente da execução nem sequer é devida, impõe-se a sua extinção. 5 – Recurso especial provido" (STJ, 2ª T., REsp 1.250.360-PE, j. 02.08.2011, rel. Min. Mauro Campbell Marques, deram provimento, v.u.).

"Processual civil – Leiloeiro – Comissão – Leilão frustrado ante a ocorrência de remição da execução. 1 – A controvérsia cinge-se em saber se o leiloeiro faz jus à

devida a remuneração ao leiloeiro nessa situação de bem remido, ainda que transferindo a obrigação pelo respectivo pagamento àquele que postulou a remição.[127]

A par das intrincadas discussões acerca da vigência do Decreto n. 21.981/32, institui o parágrafo único de seu art. 24 que "os compradores pagarão obrigatoriamente cinco por cento sobre quaisquer bens arrematados". Escorando-se nessa premissa, o art. 7° da Resolução n. 236/2016 do Conselho Nacional de Justiça enuncia que a comissão a ser fixada pelo magistrado será de *no mínimo* cinco por cento sobre o valor da arrematação.

Como se vê, esses ou quaisquer outros percentuais que venham a ser estipulados pelo juízo da execução serão devidos *sobre o efetivo valor da arrematação*, e não sobre o valor da avaliação do bem penhorado.

Além dessa remuneração, terá o leiloeiro público o direito de ser ressarcido pelas despesas que venha a incorrer com anúncios e publicidade em geral do certame, com remoção, guarda e conservação dos bens, desde que devidamente comprovadas perante o juízo da execução (cf. art. 40 do Decreto n. 21.981/32). O executado é quem será responsável por esse ressarcimento (cf. art. 7°, § 7°, da Resolução n. 236/2016 do Conselho Nacional de Justiça).

A teor do § 1° do art. 901 do Código de Processo Civil, a ordem de entrega do bem móvel ou a carta de arrematação do bem imóvel somente será expedida após o pagamento da comissão do leiloeiro e das demais despesas da execução, inclusive aquelas incorridas por este último com a publicidade do leilão, com a guarda, remoção e conservação do bem.

---

comissão prevista no art. 705, IV do Código de Processo Civil, no caso de ocorrência da remição da execução antes da realização do leilão. 2 – Nestes casos, não se há que falar em remuneração do leiloeiro, porquanto inexistente o serviço prestado. O direito subjetivo à comissão exsurge quando efetivamente realizada a hasta ou leilão. 3 – O art. 40 do Decreto n. 21.981/32, regulador do exercício da atividade de leiloeiro, garante o ressarcimento da atividade desenvolvida, por meio do pagamento de quantias que o leiloeiro tiver desembolsado com anúncios, guarda e conservação do que lhe for entregue para vender, instruindo a ação com os documentos comprobatórios dos pagamentos que houver efetuado, por conta dos comitentes, e podendo reter em seu poder algum objeto que pertença ao devedor, até o seu efetivo reembolso. 4 – Precedentes: REsp 646.509/RJ, Rel. Min. Humberto Gomes de Barros, Terceira Turma, julgado em 20.9.2007, DJ 15.10.2007; RMS 13.130/SP, Rel. Min. Eliana Calmon, Segunda Turma, julgado em 24.9.2002, DJ 21.10.2002. 5 – Recurso especial improvido" (STJ, 2ª T., REsp n. 1.050.355, j. 04.11.2008, rel. Min. HUMBERTO MARTINS, negaram provimento, v.u.).

127 "Processo civil. Remição da execução. Remuneração do leiloeiro. O direito do leiloeiro à remuneração subsiste ainda que a arrematação fique prejudicada pela remição; os honorários, em tal hipótese, já não serão devidos pelo arrematante, mas por quem requereu a remição. Recurso especial conhecido e provido" (STJ, 3ª T., REsp 185.656, j. 20.9.01, rel. Min. ARI PARGENDLER, deram provimento, v.u.).

Nas hipóteses em que o valor da arrematação for superior ao crédito exequendo, tanto a remuneração do leiloeiro como o reembolso das despesas por ele efetuadas poderão ser diretamente deduzidas do produto da arrematação (cf. art. 40 do Decreto n. 21.981/32 e art. 7º, § 4º, da Resolução n. 236/2016).

Art. 885. O juiz da execução estabelecerá o preço mínimo, as condições de pagamento e as garantias que poderão ser prestadas pelo arrematante.

CPC de 1973 – sem dispositivo correspondente

42. O leilão judicial e suas regras

As regras do leilão devem ser claras, cabendo ao juiz enunciá-las de forma completa e induvidosa. Em meio às naturais incertezas infelizmente ainda presentes no ambiente dos leilões judiciais, deve o magistrado se esforçar para não deixar lacunas ou questões em aberto ao definir suas condições, de forma a mitigar a inafastável sensação de insegurança aos interessados, garantindo-se, com isso, maior adesão ao certame.

Atento à importância dessas definições, o art. 885 do Código de Processo Civil estatui que ao juiz caberá estabelecer (a) o preço mínimo do leilão, (b) suas condições de pagamento, assim como (c) as garantias que poderão ser prestadas pelo arrematante.

No que tange ao preço mínimo, como regra, no primeiro leilão, este será o valor da avaliação (CPC, art. 895, inc. I). No segundo leilão, contudo, poderá ser oferecido montante inferior a este, de ao menos cinquenta por cento do total da avaliação (preço não vil), salvo se o magistrado optar por fixar um valor mínimo diverso deste, caso em que prevalecerá este último (CPC, art. 891, parágrafo único).

Essa regra geral relativa ao segundo leilão não terá aplicação, todavia, nos casos de expropriação de bem indivisível que tiver coproprietário ou cônjuge não responsável pela execução, situação em que a alienação será feita por valor não inferior ao de sua quota-parte (CPC, art. 843, § 2º). Igualmente não se aplica ao leilão de bem imóvel pertencente a incapaz, cujo valor mínimo para fins de arrematação será o equivalente a oitenta por cento sobre o valor de avaliação (CPC, art. 896, *caput*).

Não há obrigação por parte do juiz de fixar o preço mínimo, tratando-se apenas de uma prerrogativa que poderá ou não ser exercida conforme as circunstâncias específicas de cada caso concreto. Entendendo o magistrado que o mínimo legal de cinquenta por cento sobre o valor de avaliação (CPC, art. 891, parágrafo único) atende às peculiaridades da execução em análise, naturalmente fica ele dispensado de estabelecer um preço mínimo, inexistindo aí qualquer irregularidade ou vício passível de tornar nulos os atos expropriatórios.

Quanto às condições de pagamento e respectivas garantias, em princípio o pagamento deverá ser feito à vista (CPC, art. 892, *caput*), sendo facultado ao arrematante, porém, nos termos do § 1º do art. 895 do Código de Processo Civil, efetuá-lo de modo parcelado em até trinta meses, desde que oferecido, à vista, um percentual mínimo de vinte e cinco por cento do total. Nesta última hipótese, o pretendente à arrematação deverá ainda oferecer caução idônea, quando se tratar de bens móveis, e hipoteca do próprio bem, quando se tratar de imóveis.

Embora não explicitamente referido no art. 885, caberá ainda ao magistrado, ao estabelecer as condições do leilão judicial, fixar a remuneração devida ao leiloeiro em caso de êxito na alienação, nos termos dos arts. 883 e 884, parágrafo único, do Código de Processo Civil.

Art. 886. O leilão será precedido de publicação de edital, que conterá:

I – a descrição do bem penhorado, com suas características, e, tratando-se de imóvel, sua situação e suas divisas, com remissão à matrícula e aos registros;

II – o valor pelo qual o bem foi avaliado, o preço mínimo pelo qual poderá ser alienado, as condições de pagamento e, se for o caso, a comissão do leiloeiro designado;

III – o lugar onde estiverem os móveis, os veículos e os semoventes e, tratando-se de créditos ou direitos, a identificação dos autos do processo em que foram penhorados;

IV – o sítio, na rede mundial de computadores, e o período em que se realizará o leilão, salvo se este se der de modo presencial, hipótese em que serão indicados o local, o dia e a hora de sua realização;

V – a indicação de local, dia e hora de segundo leilão presencial, para a hipótese de não haver interessado no primeiro;

VI – menção da existência de ônus, recurso ou processo pendente sobre os bens a serem leiloados.

Parágrafo único. No caso de títulos da dívida pública e de títulos negociados em bolsa, constará do edital o valor da última cotação.

CPC de 1973 – art. 686

43. O edital de leilão

Como alertado em passagens anteriores deste estudo, a implementação da fase preparatória da arrematação ocorrerá apenas se frustradas (ou não postuladas) a adjudicação e a alienação por iniciativa particular (CPC, art. 881).

Nessa situação, o ora comentado art. 886 do Código de Processo Civil determina que seja expedido edital de leilão, ato que dá início ao procedimento pré-expropriatório.

O edital de arrematação, na qualidade de *instrumento público de oferta*, incumbe-se do anúncio da alienação coativa e da veiculação daquilo que ARAKEN DE ASSIS chama de "regulamento interno" da hasta pública.[128] O descumprimento dos requisitos legais acima reproduzidos enseja a desconstituição da hasta pública, ressalvados os casos em que os eventuais vícios não tenham trazido efetivo prejuízo às partes e aos interessados (*pas de nullité sans grief*).

Consoante o art. 886, o edital conterá (I) a descrição do bem a ser expropriado, com suas caraterísticas, e, tratando-se de imóvel, trará sua situação e divisas, assim como menção aos respectivos registros e matrícula; (II) o valor da avaliação judicial do bem, o preço mínimo para sua expropriação, as condições de pagamento e a comissão devida ao leiloeiro público, se designado (CPC, art. 885); (III) o lugar onde estiver os bens móveis, veículos e semoventes e, no caso de créditos ou direitos, a identificação do processo onde foram penhorados; (IV) o sítio na rede mundial de computadores e o período de realização do leilão virtual, ou, tratando-se de leilão presencial, o local, dia e hora de sua realização; (V) para o caso de leilão presencial, a indicação do local, dia e hora da realização do segundo; (VI) menção à existência de ônus, recurso ou processo pendente sobre os bens a serem leiloados.

Para o caso de expropriação de títulos negociados em bolsa ou de títulos da dívida pública, o parágrafo único do art. 886 dispõe que o edital conterá ainda menção ao valor da última cotação disponível.

Desapareceu de nosso ordenamento jurídico a previsão constante do § 3º do art. 686 do Código de Processo Civil anterior, de dispensa da publicação dos editais nas hipóteses em que os bens penhorados tinham valor de avaliação não superior a sessenta salários mínimos. Assim, será sempre obrigatória a expedição e a publicação do edital, como pressuposto de validade da futura expropriação. E, como já dito alhures, o juiz determinará a expedição do edital, o qual será elaborado pelo escrivão e apenas publicado pelo leiloeiro – embora não seja incomum que o próprio leiloeiro venha a redigi-lo, o que constitui simples irregularidade que não inquina a futura expropriação de qualquer nulidade.[129]

Como se vê, é obrigatório que o edital contenha uma descrição precisa do bem a ser alienado em hasta pública (CPC, art. 886, inc. I), devendo este apontar inclusive eventuais imperfeições e defeitos da coisa apreendida, além

128 ARAKEN DE ASSIS, *Manual da execução*, 12ª ed., cit., p. 592.
129 Cf. ARAKEN DE ASSIS, *Manual da execução*, 18ª ed., cit., p. 1123.

de seu estado geral de conservação. Sabendo-se que o procedimento expropriatório consiste em uma autêntica licitação, os direitos dos participantes da hasta pública devem ser respeitados, naturalmente não podendo estes ser responsabilizados por omissões ou informações equivocadas constantes do edital.

Sendo o edital omisso ou defeituoso na correta descrição do bem constrito, parece lógico e razoável que o arrematante não seja prejudicado pelas irregularidades ali porventura existentes, salvo, naturalmente, se estas forem visíveis ou averiguáveis a partir de uma verificação *in loco* da coisa penhorada – direito agora expressamente assegurado, no Código de Processo Civil, aos interessados (CPC, art. 884, inc. III).[130]

Consoante comentamos em obra de nossa autoria denominada *Expropriação executiva*, escrita à luz do Código de 1973, diferentemente de alguns ordenamentos jurídicos estrangeiros,[131] o sistema processual brasileiro não contemplava a possibilidade de os licitantes vistoriarem a coisa penhorada antes de sua alienação forçada.[132] Ali dissemos ainda que, "*de lege ferenda*, seria extremamente conveniente e oportuna a adoção de norma autorizando tal vistoria, algo que, até mesmo por uma questão de bom senso, mostra-se útil e proveitosa no intuito de evitar boa parte dos problemas advindos dessa temática".[133]

Felizmente o legislador atentou para tal relevante questão, passando a atribuir ao leiloeiro, a partir do Código de 2015, a tarefa de disponibilizar o bem para averiguações por eventuais interessados em participar da licitação expropriatória (CPC, art. 884, inc. III).

Ainda quanto à descrição do bem penhorado a ser feita no edital, deve ainda constar a menção a eventuais frutos pendentes.[134]

Quanto à descrição da localização do bem, esta se dá para que os interessados possam vistoriá-lo ou visitá-lo (v. CPC, art. 884, inc. III), de modo a complementar a percepção sobre o efetivo ânimo para proferir lances durante o leilão. Por outro lado, a menção aos dados processuais de onde restou penhorado crédito ou direito pertencente ao devedor, evidencia a intenção da lei em permitir que os interessados consultem os respectivos processos, compreendendo qual sua origem e avaliando eventuais riscos ou empecilhos em sua aquisição forçada.

---

130 Ver ainda art. 5º, inc. III, da Resolução n. 236/2016 do Conselho Nacional de Justiça.

131 É o caso, por exemplo, do ordenamento jurídico argentino, que prevê que no próprio edital de hasta pública seja indicado o local onde os bens penhorados podem ser vistoriados (CPN, art. 566).

132 Maurício Giannico, *Expropriação executiva*, cit., p. 163-164.

133 Maurício Giannico, *Expropriação executiva*, cit., p. 164.

134 Cf. Araken de Assis, *Manual da execução*, 18ª ed., cit., p. 1118.

As informações relativas ao sítio de realização do leilão virtual e ao período de realização obviamente são imprescindíveis para que os licitantes efetuem seus respectivos cadastros e se habilitem a participar do certame. O sítio de realização do leilão, contudo, não se confunde com aquele ou aqueles onde deve ser publicado o edital para fins de sua divulgação, embora eles possam até coincidir.[135]

No que se refere à menção aos ônus, recursos ou causas pendentes sobre os bens a serem expropriados, falaremos a seguir acerca desse requisito, exaltando, de imediato, a conveniência de se ter uma informação completa no edital, que revele não apenas a existência de ações autônomas e embargos à execução, mas também ações rescisórias, agravos, impugnações executivas e apelações cuja procedência tenha o condão de desconstituir o título executivo ou alterar, de qualquer modo, o espectro da execução ou a validade dos atos executivos.[136]

Sobre tal tema, o entendimento do Superior Tribunal de Justiça é no sentido de que, havendo vício ou omissão relevante no edital acerca de eventuais pendências ou ônus que recaiam sobre o bem expropriado, a legitimidade para postular a desconstituição da arrematação é *exclusiva do arrematante*, não sendo o executado legitimado para reclamar.[137]

44. Menção, no edital, aos ônus, recursos ou causas pendentes sobre os bens a serem expropriados. Título da aquisição (originária ou derivada) e purgação dos direitos de garantia

A aquisição do bem penhorado por força de expropriação é considerada feita a título *derivado*, embora, como se verá, o direito brasileiro contemple a regra de purgação dos direitos de garantia que recaiam sobre o bem expropriado.[138]

---

135 Cf. Araken de Assis, *Manual da execução*, 18ª ed., cit., p. 1120.

136 Cf. Araken de Assis, *Manual da execução*, 18ª ed., cit., p. 1122.

137 "A finalidade da menção, no edital, da existência de outras penhoras, de qualquer ônus ou de recursos pendentes de julgamento é resguardar os direitos de eventuais terceiros arrematantes de boa-fé, que necessitem saber acerca de sua existência. Por essa razão, o destinatário do art. 686, V, do CPC é o potencial arrematante dos bens praceados e, como consequência, somente ele tem legitimidade para pleitear a anulação da arrematação, invocando a omissão do edital, conquanto demonstre o prejuízo advindo da realização da praça. Precedentes" (STJ, 3ª T., REsp 981.669-TO, j. 12.08.2010, rel. Min. Nancy Andrighi, DJ 23.08.2010, negaram provimento, v.u.).

138 A jurisprudência do Superior Tribunal de Justiça, contudo, refere-se à arrematação como modo *originário* de aquisição da propriedade: "a arrematação em hasta pública extingue o ônus do imóvel arrematado, que passa ao arrematante livre e desem-

Tendo em vista a máxima de que não se pode transferir além daquilo que se tem (*nemo plus iuris in alios transferre potest quam ipse haberet*), também o Estado, ao implementar a transferência coativa de um ou mais bens do devedor, à falta de lei assim dispondo, não detém a prerrogativa de excluir os ônus porventura incidentes sobre ele.[139]

Salvo as exceções das quais falaremos a seguir, a coisa expropriada é transferida ao seu adquirente sem prejudicar eventuais direitos de terceiro; estes poderão ser exercidos em face da coisa, independentemente de ela já estar integrada ao patrimônio do adquirente judicial. Tanto é assim que, vindo a coisa a ser reivindicada por outrem, é concedido ao adquirente o direito de ser indenizado pela evicção, nos termos do art. 447 do Código Civil. Diga-se o mesmo em relação a outros ônus, como servidões de passagem, enfiteuse etc., os quais se mantêm intactos com o advento da alienação forçada.[140]

Também já entendeu o Superior Tribunal de Justiça que a expropriação do imóvel gravado com usufruto vitalício não põe fim a esse vínculo[141] – salvo, por óbvio, se tal gravame tiver sido instituído em fraude à execução.

Mas, como mencionado acima, a expropriação forçada do bem penhorado torna sem efeito as demais garantias a ele atreladas.

Dispõe o art. 1.499, inc. VI, do Código Civil, a esse respeito, que a hipoteca se extingue "pela arrematação ou adjudicação" – naturalmente se devendo interpretar as palavras da lei em seu sentido *lato*, de modo a também compreender no espectro desse dispositivo as expropriações efetivadas, *v.g.*, por meio de alienação por iniciativa particular. Do mesmo modo, enuncia o art. 1.436, inc. V, do Código Civil que o penhor igualmente se extingue por força da expropriação judicial do bem.

---

baraçado de tributo ou responsabilidade, sendo, portanto, considerada aquisição originária, de modo que os débitos tributários anteriores à arrematação sub rogam -se no preço da hasta. Precedentes: REsp 1.188.655/RS, Rel. Min. Luiz Fux, Primeira Turma, DJe 8.6.2010; AgRg no Ag 1.225.813/SP, Rel. Min. Eliana Calmon, Segunda Turma, DJe 8.4.2010; REsp 909.254/DF, Rel. Min. Mauro Campbell Marques, Segunda Turma, DJe 21.11.2008" (STJ, 2ª T., REsp 1.179.056-MG, j. 07.10.2010, rel. Min. HUMBERTO MARTINS, DJ 21.10.2010, deram provimento, v.u.).

139 Cf. ARAKEN DE ASSIS, *Manual da execução*, 12ª ed., cit., p. 771.

140 Cf. ARAKEN DE ASSIS, *Manual da execução*, 12ª ed., cit., p. 771.

141 "A nua propriedade pode ser objeto de penhora e alienação em hasta pública, ficando ressalvado o direito real de usufruto, inclusive após a arrematação ou a adjudicação, até que haja sua extinção" (STJ, 3ª T., REsp 925.687-DF, rel. Min. NANCY ANDRIGHI, j. 09.08.2007, não conheceram, v.u., DJU 17.09.2007, p. 275). Em sede doutrinária, também é essa a opinião de HUMBERTO THEODORO JÚNIOR, *Processo de execução e cumprimento de sentença*, 26ª ed., São Paulo: Leud, 2009, p. 366.

Alienada judicialmente a coisa, os direitos de garantia sobre ela incidentes passam a recair sobre o produto dessa mesma alienação, havendo uma sub-rogação em relação ao dinheiro arrecadado na execução. Aos credores com garantia real sobre o bem expropriado caberá exigir, em conformidade com suas respectivas preferências, o recebimento de seus créditos no próprio bojo da execução, instaurando-se, conforme o caso, o concurso de credores previsto nos arts. 908 e 909 do Código de Processo Civil.

Como decorrência da extinção de tais garantias reais, com vistas a equilibrar a situação dos credores com direito de preferência, o art. 333, incs. I e II, do Código Civil assiste a eles o direito de cobrar *antecipadamente* a dívida (I) caso venha a ser instaurado concurso de credores em execução ou em processo falimentar ou (II) se os bens hipotecados ou empenhados vierem a ser penhorados em execução por outro credor.

O vencimento antecipado das dívidas é uma cominação legal de importância vital para que tais garantias reais não sejam simplesmente esvaziadas em razão da alienação judicial do bem em outras eventuais execuções. Se assim não fosse, sempre que expropriação viesse a ocorrer antes de configurada a inadimplência do devedor perante os credores preferenciais, de nada serviria a garantia real a eles outorgada, já que tal garantia restaria extinta antes mesmo de viável a ação executiva (CC, art. 1.499, inc. VI). A cominação legal prevista no art. 333, incs. I e II, do Código Civil, portanto, permite que os credores com garantia real possam participar do concurso especial de preferências, recebendo seu crédito com a prioridade que a própria lei lhes concede.

A extinção das garantias não ocorrerá, todavia, se o credor com garantia real não tiver sido intimado previamente da realização da hasta pública ou das demais formas de expropriação forçada.[142] À falta dessa intimação, permanecerá válido e vigente o direito de sequela do credor com garantia real, podendo este reivindicar a coisa em pagamento de seu crédito contra aquele que o adquiriu judicialmente.[143] É isso o que prescreve o art. 1.501 do atual Código

---

142 "Execução. Arrematação. Ato perfeito e acabado. Intimação do credor hipotecário que permanece silente. Extinção da hipoteca. Sendo válida e eficaz a arrematação, com a intimação prévia do credor hipotecário, que, contra esse ato não se insurgiu oportunamente, é de considerar-se extinta a hipoteca nos termos do disposto no art. 849, VII, do Código Civil [equivalente ao art. 1.499, inc. VI, do Código Civil de 2002]. Recurso especial não conhecido" (STJ, 4ª T., REsp 110.093-MG, rel. Min. Barros Monteiro, j. 04.02.2003, não conheceram, v.u., DJU 07.04.2003, p. 288).

143 Assim já afirmou o Superior Tribunal de Justiça: "a arrematação que extingue a hipoteca é aquela promovida pelo credor hipotecário; bem como na hipótese de sua anuência, ou pela inércia no exercício de prelação, quando intimado da realização da praça ou leilão" (STJ, 3ª T., REsp 303.325-SP, rel. Min. Nancy Andrighi, j. 26.10.2004, deram provimento, v.u., DJU 06.12.2004, p. 283).

Civil: "não extinguirá a hipoteca, devidamente registrada, a arrematação ou adjudicação, sem que tenham sido notificados judicialmente os respectivos credores hipotecários, que não forem de qualquer modo partes na execução".

A respeito do tema, o antigo art. 826 do Código Civil de 1916 enunciava *não ser válida* a alienação judicial feita sem a prévia cientificação dos credores hipotecários.[144] O Código Civil anterior não fazia menção à sobrevivência da hipoteca na falta de sua intimação, de modo que aos credores nada restava a fazer a não ser pleitear a desconstituição da expropriação, algo que, a par de legítimo, obviamente trazia enormes e desnecessários prejuízos à execução e aos direitos do terceiro adquirente, além de insegurança a todos os potenciais licitantes.

O mencionado art. 1.501 do novo Código, nesse sentido, traz uma alternativa muito menos traumática ao bom desfecho da execução, a qual se mostra, por outro lado, igualmente eficaz perante o credor não cientificado. A ele ainda é permitido pleitear a desconstituição da transferência coativa (CPC, arts. 804 e 889, inc. V), mas lhe é facultado simplesmente não interferir nesse ato, podendo, no momento oportuno, *se e quando necessário*, perseguir o bem com base no direito de sequela a ele assegurado. Reforça essa possibilidade o já mencionado art. 804 do Código de Processo Civil, o qual enuncia que "a alienação de bem gravado por penhor, hipoteca ou anticrese será ineficaz em relação ao credor pignoratício, hipotecário ou anticrético não intimado".

Sobre tal questão, pontua ARAKEN DE ASSIS a irrelevância de eventual omissão, no edital, de direitos reais de garantia e da multiplicidade de penhoras (CPC, art. 797, parágrafo único) que recaiam sobre a *res* a ser expropriada. Isso porque, segundo o jurista, consoante disposição do art. 889, inc. V, do Código de Processo Civil, "hão de ser intimados previamente os respectivos titulares, entendendo-se ineficaz a alienação sem essa providência (art. 804). Por conseguinte, subentende-se que semelhante questão haja sido resolvida previamente, atendendo-se os créditos no futuro concurso especial".[145]

45. Vícios do edital de leilão. Não cumprimento dos requisitos do art. 886 e suas consequências

Afastando o caráter negocial da expropriação forçada, a jurisprudência do Superior Tribunal de Justiça assentou a premissa de que o adquirente

144 Também dispõe, de modo similar, o vigente art. 698 do Código de Processo Civil, que "não se efetuará a adjudicação ou alienação do bem do executado sem que da execução seja cientificado, por qualquer modo idôneo e com pelo menos 10 (dez) dias de antecedência, o senhorio direto, o credor com garantia real ou com penhora anteriormente averbada, que não seja de qualquer modo parte na execução".

145 Cf. ARAKEN DE ASSIS, *Manual da execução*, 18ª ed., cit., p. 1121.

do bem penhorado em execução não faz jus à proteção legal relativa aos vícios que este apresentar.[146] Como alude Humberto Theodoro Júnior, o Código Civil de 1916 tinha uma norma expressa excluindo a ação redibitória e a ação de abatimento no preço por defeitos ocultos da coisa adquirida em hasta pública (CC-1916, art. 1.106), e, apesar de o novo Código Civil não ter reproduzido tal regra, a premissa continua plenamente vigente.[147]

Sob a égide do Código de 1973, havíamos aderido apenas parcialmente a esse entendimento, ponderando que essa premissa, em princípio correta, não poderia ser aceita de modo absoluto, ao menos no que tange aos defeitos visíveis (aparentes) da coisa penhorada.[148] Dissemos, nessa ocasião, que, apesar de realmente não ser possível aplicar, às expropriações, a disciplina de direito material relativa aos vícios redibitórios (CC, arts. 441 a 446), em alguns casos, quando o vício fosse aparente e essa condição não estivesse consignada, p. ex., no edital de hasta pública, teria o adquirente direito de indenização, podendo inclusive pleitear o desfazimento do ato expropriatório por nulidade do procedimento pré-expropriatório.[149]

Todavia, à luz do Código de 2015, diante da positivação do direito de os interessados vistoriarem a coisa penhorada (CPC, art. 884, inc. III), entendemos que o cenário jurídico mudou. Tratando-se de defeitos visíveis e aparentes da coisa, a partir de agora o arrematante não mais poderá oferecer a defesa de que não teve acesso ao bem; se o arrematou sem uma prévia vistoria, atualmente passa a fazê-lo por sua conta e risco, não mais podendo responsabilizar quem quer que seja por sua omissão.

Já entendeu o Superior Tribunal de Justiça que a falta de publicação do edital em jornal de circulação local, ou ao menos no órgão oficial, constitui vício insanável, justificador da decretação de nulidade da hasta pública: "a ausência de publicação do edital em jornal de circulação local ou, ao menos, no órgão oficial configurou manifesto prejuízo ao espólio e aos credores, por

146 "A natureza da arrematação, assentada pela doutrina e pela jurisprudência, afasta a natureza negocial da compra e venda, por isso que o adquirente de bem em hasta pública não tem a garantia dos vícios redibitórios" (STJ, 1ª T., REsp 625.322-SP, j. 11.05.2004, rel. Min. Luiz Fux, negaram provimento, v.u., DJU 14.06.2004, p. 184). Em sentido contrário, entendendo que a expropriação tem caráter negocial em relação ao adquirente, Araken de Assis entende serem aplicáveis a ele as regras de direito privado (CC, art. 441, *caput*) relativas aos vícios ocultos e aparentes da coisa alienada judicialmente (*Manual da execução*, 12ª ed., cit., p. 773).

147 Humberto Theodoro Júnior, *Processo de execução e cumprimento da sentença*, 26ª ed., São Paulo: Leud, 2009, p. 368.

148 Maurício Giannico, *Expropriação executiva*, cit., p. 162-163.

149 Maurício Giannico, *Expropriação executiva*, cit., p. 163.

ausência de publicidade do ato, impedindo a concorrência para a aquisição do bem e a fiscalização dos atos de expropriação".[150]

Em outro julgado, porém, lastreando-se no princípio da instrumentalidade das formas, o Superior Tribunal de Justiça considerou válida a hasta pública realizada sem a prévia publicação do edital, em virtude do pleno êxito do certame, ao qual compareceram vários interessados e o bem imóvel objeto da expropriação foi alienado por preço inclusive superior ao de avaliação.[151] Tal julgado chega inclusive a afirmar que a jurisprudência dessa Corte "tem entendido que a declaração da nulidade dos atos processuais depende da demonstração da existência de prejuízo à parte interessada".[152]

A ausência de menção a ônus existente sobre o bem imóvel expropriado (CPC, art. 886, inc. VI) também já foi considerada causa de nulidade da hasta pública pelo Superior Tribunal de Justiça.[153]

Adotando-se essa correta premissa instrumentalista como uma saudável regra geral, entendemos que a ausência das informações consignadas nos diversos incisos do art. 886 do Código de Processo Civil terá a aptidão de gerar a nulidade dos atos expropriatórios, mas desde que a omissão venha a causar efetivo prejuízo à parte. Caso contrário, há de prevalecer a máxima segundo a qual *pas de nullité sans grief*.

46. Responsabilidade por vícios ou defeitos do edital

Consoante o firme entendimento do Tribunal de Justiça de São Paulo, "o leiloeiro, na mera condição de mandatário, não responde pelos *vícios* dos bens arrematados, conforme previsto no artigo 40 do Decreto n. 21.981/32".[154]

---

150 STJ, 4ª T., REsp 1.564.711-RS, j. 12.04.2016, rel. Min. MARIA ISABEL GALLOTTI, deram provimento, v.u.

151 "(...) à luz do princípio da instrumentalidade das formas, não se revela razoável o desfazimento da arrematação sob a invocação de que não houve publicação do edital da arrematação, uma vez que a fixação na sede do juízo foi apta o bastante para não frustrar a competitividade da venda" (STJ, 2ª T., AgRg no REsp 1.282.195-RS, j. 10.02.2015, rel. Min. HUMBERTO MARTINS, negaram provimento, v.u.).

152 Reafirmando essa premissa, *vide* ainda: "Esta Corte Superior tem iterativamente assentado que a decretação de nulidade de atos processuais depende de efetiva demonstração de prejuízo da parte interessada, por prevalência do princípio da instrumentalidade das formas (*pas de nulitté sans grief*), o que não foi demonstrado no caso" (STJ, 4ª T., REsp 1.197.824-TJ, rel. Min. MARCO BUZZI, DJ 28.10.2016, negaram provimento, v.u.).

153 STJ, 3ª T., REsp 981.669-TO, j. 12.08.2010, rel. Min. NANCY ANDRIGHI, DJ 23.08.2010, negaram provimento, v.u.

154 TJ-SP, 35ª Câm. D. Privado, Apel. 1006858-79.2014.8.26.0506, j. 01.11.2016, rel. Des. ARTUR MARQUES, negaram provimento, v.u.

Porém, em nosso entender, constatado prejuízo ao arrematante por força de vício ou defeito do edital, exsurge responsabilidade do Estado, a qual é objetiva e advém do próprio caráter público da expropriação judicial, feita sob o manto da jurisdição. Considerando-se que o juiz, na qualidade de *agente público*, é responsável por determinar os atos executivos (CPC, art. 782), caberá ao Estado, por consequência, o dever de indenizar os prejuízos causados aos terceiros de boa-fé nessas situações.

47. Menção no edital às obrigações *propter rem* ou *ob rem*. Ausência de menção

Dispõe o art. 1.345 do Código Civil que "o adquirente de unidade responde pelos débitos do alienante, em relação ao condomínio, inclusive multas e juros". Trata-se de hipótese de *obligatio propter rem* ou *ob rem*,[155] pela qual os encargos e dívidas oriundas de determinado bem são exigíveis de seu proprietário, independentemente de terem sido contraídas antes ou depois de sua aquisição.[156]

Também constituem obrigações *propter rem* as dívidas contraídas por força da incidência do Imposto Predial Territorial Urbano – IPTU, assim como aquelas decorrentes de foro, laudêmio, dentre outras.[157]

Em princípio, as obrigações acima mencionadas subsistem também nos casos de alienação forçada do bem em execução. Desde que haja menção, no edital de hasta pública, à existência de dívidas condominiais ou de outras de natureza *propter rem*, o arrematante será responsável por sua quitação, mesmo

---

155 Na lição de Orosimbo Nonato, "a *obligatio propter rem* incide (...) em determinada pessoa, por fôrça de um direito real a que se avincula, estrita e inseparàvelmente" (*Curso de obrigações*, Rio de Janeiro: Forense, 1959, v. I, p. 48).

156 Sobre o tema, eis o pronunciamento do Superior Tribunal de Justiça: "as cotas condominiais não constituem dívidas do proprietário-condômino, mas, sim, encargos da própria coisa havida em copropriedade, pois a sua natureza obrigacional é *propter rem*, pelo que acompanham a coisa, seja quem for o seu dono. Precedentes" (STJ, 3ª T., REsp 709.497-SP, j. 25.09.2006, rel. Min. Nancy Andrighi, deram provimento, v.u., DJU 09.10.2006, p. 287). No mesmo sentido, afirmou também a 4ª Turma dessa Corte: "na linha da orientação adotada por esta Corte, o adquirente, em arrematação, responde pelos encargos condominiais incidentes sobre o imóvel arrematado, ainda que anteriores à arrematação, tendo em vista a natureza *propter rem* das cotas condominiais" (STJ, 4ª T., REsp 572.767-SC, j. 19.04.2005, rel. Min. Jorge Scartezzini, não conheceram, v.u., DJU 16.05.2005, p. 354). No mesmo sentido: STJ, 3ª T, REsp 1.656.252-SP, j. 21.07.2017, rel. Min. Nancy Andrighi; STJ, 3ª T, EAREsp 936.344-SP, j. 26.06.2017, rel. Min. Moura Ribeiro; STJ, 4ª T, REsp 1.635.412-SP, j. 08.06.2017, rel. Min. Raul Araújo; STJ, 3ª T, AREsp 897.175-RJ, j. 07.06.2017, rel. Min. Marco Aurélio Bellizze; STJ, 4ª T, AREsp 361.826-RJ, j. 02.06.2017, rel. Min. Maria Isabel Gallotti; STJ, 4ª T, AREsp 1.071.279-SP, j. 26.05.2017, rel. Min. Luis Felipe Salomão.

157 Cf. Arnoldo Wald, *Direito das obrigações*, 15ª ed., São Paulo: Malheiros, 2001, p. 70.

sendo estas pretéritas em relação ao momento de alienação da coisa.[158] Ressalva-se, contudo, o direito de regresso contra o proprietário anterior, titular do bem no momento em que tenha ocorrido seu fato gerador.[159]

Aplicando o entendimento firmado pelo Superior Tribunal de Justiça, os Tribunais vêm determinando (a) a *extinção da execução* em face dos antigos proprietários, cabendo ao condomínio-credor mover uma *nova ação de cobrança* contra o arrematante do imóvel, respeitado o prazo prescricional,[160-161-162-163-164]

---

158 "Locação. Execução. Hasta pública. Arrematação. Imóvel com débitos relativos ao IPTU. Menção expressa no edital de praça e no auto de arrematação. Responsabilidade do arrematante. 1 – O Superior Tribunal de Justiça possui entendimento no sentido de que o arrematante recebe o imóvel livre de quaisquer ônus, porquanto, havendo alienação em hasta pública, transfere-se ao credor o saldo após dedução dos impostos, no limite da arrematação. 2 – No caso de expressa menção da existência de ônus sobre o bem levado à venda pública, em estrita observância ao disposto no artigo 686, inciso V, da Lei Adjetiva Civil, caberá ao arrematante a responsabilidade pela quitação dos impostos devidos. Precedentes. 3 – Recurso especial improvido" (STJ, 5ª T., REsp 799.666-RJ, j. 18.08.2009, rel. Min. Jorge Mussi, negaram provimento, v.u., DJe 14.09.2009).

159 Em sede doutrinária, eis a sempre precisa observação de Caio Mário da Silva Pereira, discorrendo sobre o art. 4º, parágrafo único, da Lei do Condomínio e Incorporações: "com efeito, estabelece o art. 4º, § único da Lei do Condomínio e Incorporações que o adquirente responde pelos débitos da unidade adquirida. O objetivo da norma é defender o condomínio contra a alegação de que o novo proprietário não poderia responder pelo encargos correspondentes a tempo anterior a seu ingresso na comunidade. Tal propósito não pode, entretanto, ser levado ao extremo de exonerar o alienante. Assim é que o adquirente for chamado a liquidar o débito, fica sub-rogado no direito respectivo, cabendo o ressarcimento por via da ação *de in rem verso*" (*Condomínio e incorporações*, 3ª ed., Rio de Janeiro: Forense, 1976, p. 189). No mesmo sentido, também Paulo Eduardo Fucci, *Condomínio, Estatuto da Cidade e o Novo Código Civil*, São Paulo: Juarez de Oliveira, 2003, p. 86. Em sede jurisprudencial, assim afirmou o Superior Tribunal de Justiça: "o entendimento firmado pelas Turmas integrantes da 2ª Seção do STJ é no sentido de que a dívida condominial constitui obrigação *propter rem*, de sorte que, aderindo ao imóvel, passa à responsabilidade do novo adquirente, ainda que se cuide de cotas anteriores à transferência do domínio, ressalvado o seu direito de regresso contra o antigo proprietário" (STJ, 4ª T., REsp 659.584-SP, j. 04.04.2006, rel. Min. Aldir Passarinho Jr., não conheceram, v.u., DJU 22.05.2006, p. 205).

160 TJSP, 35ª Câm., Ag. Inst. 2038032-50.2017.8.26.0000, j. 10.07.2017, rel. Des. Morais Pucci.

161 STJ, 2ª Seção, AgRg nos EREsp 835.221-RS, j. 23.02.2011, rel. Min. Sidnei Beneti.

162 TJSP, 32ª Câm., Ag. Inst. 2127478-35.2015.8.26.0000, j. 19.11.2015, rel. Des. Luis Fernando Nishi.

163 TJSP, 30ª Câm., Apel. 0048975-19.2001.8.26.0002, j. 21.10.2015, rel. Des. Andrade Neto.

164 TJSP, 30ª Câm., Ag. Inst. 2157818-59.2015.8.26.0000, j. 07.10.2015, rel. Des. Maria Lúcia Pizzotti.

ou (b) a *simples substituição* do polo passivo dos antigos proprietários pelo arrematante, continuando a execução contra o novo proprietário.[165-166-167-168-169]

No entanto, ainda consoante a jurisprudência do Superior Tribunal de Justiça, não tendo havido menção, no edital da hasta pública, à existência de débitos condominiais ou outras obrigações *propter rem*, estas não poderão ser imputadas ao adquirente, devendo, em tais casos, ser reservada parte do produto obtido por meio da expropriação forçada para fins de sua quitação.[170]

Tem aplicação, para tal situação, o *princípio da fidelidade e da primazia do edital de leilão*, de modo que os participantes da hasta pública não poderão ser surpreendidos ou responsabilizados por obrigações que ali não estejam descritas: "a responsabilização do arrematante por eventuais encargos expressamente afastados no edital de praça é incompatível com os princípios da segurança jurídica e da proteção da confiança".[171]

Art. 887. O leiloeiro público designado adotará providências para a ampla divulgação da alienação.

§ 1º A publicação do edital deverá ocorrer pelo menos 5 (cinco) dias antes da data marcada para o leilão.

§ 2º O edital será publicado na rede mundial de computadores, em sítio designado pelo juízo da execução, e conterá descrição detalhada e, sempre que possível,

---

165 TJSP 34ª Câm., Ag. Inst. 2216738-89.2016.8.26.0000, j. 10.02.2017, rel. Des. Gomes Varjão.

166 TJSP, 26ª Câm., Ag. Inst. 2156811-95.2016.8.26.0000, j. 24.11.2016, rel. Des. Renato Sartorelli.

167 TJSP, 33ª Câm. Direito Privado, Ag. Inst. 2198197-08.2016.8.26.0000, j. 06.02.2017, rel. Des. Luiz Eurico.

168 TJSP, 32ª Câm., Ag. Inst. 0032286-17.2012.8.26.0000, j. 21.06.2012, rel. Des. Francisco Occhiuto Júnior.

169 TJSP, 33ª Câm., Ag. Inst. 2033296-23.2016.8.26.0000, j. 12.09.2016, rel. Des. Eros Piceli.

170 "As dívidas condominiais anteriores à alienação judicial – não havendo ressalvas no edital de praça – serão quitadas com o valor obtido com a alienação judicial do imóvel, podendo o arrematante pedir a reserva de parte desse valor para o pagamento das referidas dívidas" (STJ, 3ª T., REsp 1.092.605-SP, j. 28.06.2011, rel. Min. Nancy Andrighi, deram provimento, v.u.).

"A responsabilidade pelo pagamento de débitos condominiais e tributários existentes sobre imóvel arrematado, mas que não foram mencionados no edital de praça, não pode ser atribuída ao arrematante (...)"; "(...) se débito condominial não foi mencionado no edital de praça pode ser feita a reserva de parte do produto da arrematação para a quitação do mesmo" (STJ, 3ª T., REsp 540.025-RJ, j. 14.03.2006, rel. Min. Nancy Andrighi, não conheceram, v.u., DJU 30.06.2006, p. 214).

171 STJ, 4ª T., REsp 1.197.824-RJ, j. 18.10.2016, rel. Min. Marco Buzzi, negaram provimento, v.u.

ilustrada dos bens, informando expressamente se o leilão se realizará de forma eletrônica ou presencial.

§ 3º Não sendo possível a publicação na rede mundial de computadores ou considerando o juiz, em atenção às condições da sede do juízo, que esse modo de divulgação é insuficiente ou inadequado, o edital será afixado em local de costume e publicado, em resumo, pelo menos uma vez em jornal de ampla circulação local.

§ 4º Atendendo ao valor dos bens e às condições da sede do juízo, o juiz poderá alterar a forma e a frequência da publicidade na imprensa, mandar publicar o edital em local de ampla circulação de pessoas e divulgar avisos em emissora de rádio ou televisão local, bem como em sítios distintos do indicado no § 2º.

§ 5º Os editais de leilão de imóveis e de veículos automotores serão publicados pela imprensa ou por outros meios de divulgação, preferencialmente na seção ou no local reservados à publicidade dos respectivos negócios.

§ 6º O juiz poderá determinar a reunião de publicações em listas referentes a mais de uma execução.

CPC de 1973 – arts. 687 e 686, § 3º

48. A publicidade do leilão

A razão de ser da publicidade dos leilões é óbvia: mediante a ampla divulgação do procedimento licitatório, aumenta-se a chance de alienar o bem por um valor satisfatório. Afinal, quanto maior o número de pessoas cientes da hasta pública (licitantes potenciais), maior a possibilidade de ser bem-sucedida a expropriação.[172]

Sob a égide do Código de 1973, comentando os problemas atinentes à publicidade da hasta pública, pontuamos que, "(...) apesar dos esforços do legislador, a prática forense tem demonstrado a pouquíssima eficiência dessa técnica. No contexto da arrematação, o método de divulgação da hasta pública adotado pela lei constitui mais um tema de trato delicado, que há muito vem se mostrando ineficaz e quiçá inadequado às necessidades de uma tutela eficaz, justa e efetiva".[173]

O que se nota, nesse sentido, é que o legislador efetivamente se preocupou com essa questão no novel Código de Processo Civil, trazendo bem-vindas melhorias à sistemática até então vigente de publicação dos editais e, em especial, de divulgação dos leilões públicos. A partir do atual Código, felizmente temos um sistema menos engessado e mais moderno e inteligente de publici-

---

172 Maurício Giannico, *As novas reformas do CPC e de outras normas processuais*, cit., p. 168.

173 Maurício Giannico, "Arrematação...", cit., p. 41-42.

dade dos atos expropriatórios, com o uso regular e assíduo da rede mundial de computadores.

No tocante à publicidade da hasta pública, como já visto anteriormente, sob a regência do magistrado, o leiloeiro será o responsável maior pela difusão das respectivas informações (CPC, art. 884, inc. I), impondo a lei que a publicação do edital seja feita pelo menos cinco dias antes do leilão (CPC, art. 887, § 1º).

Tal prazo contar-se-á em dias úteis, observando-se o disposto nos arts. 219 e 224 do Código de Processo Civil.[174]

Tratando-se indistintamente de leilão presencial ou eletrônico, como regra o edital será publicado na rede mundial de computadores, em sítio eletrônico designado pelo juízo da execução (ou, inexistindo um comando judicial nesse sentido, em sítio a ser escolhido pelo leiloeiro), devendo ali ser prestadas as informações exigidas pelo art. 886 do Código de Processo Civil e, sempre que possível, com fotografias do bem. Deverá ainda haver ali a indicação acerca da modalidade do leilão a ser empreendido (presencial ou virtual).

Como exceção a essa regra geral, dispõe o § 3º do art. 887 do Código de Processo Civil que, não sendo possível a publicação na rede ou caso o juiz considere esse modo de divulgação insuficiente ou inadequado, então será o edital afixado em local de costume e publicado, em resumo, ao menos uma vez em jornal de grande circulação.[175] A lei nova praticamente repete, nesse ponto, a fórmula do antigo art. 687, *caput,* do Código de 1973.

Quando se tratar de leilão de bens imóveis ou de veículos automotores, dispõe o § 5º do art. 887 que a publicação do edital será feita preferencialmente na seção ou no local do sítio eletrônico ou do jornal reservados à publicidade dos respectivos negócios de vendas imobiliárias ou de veículos. Está aqui a lei a se referir à denominada "seção de classificados", presente em praticamente todos os jornais, embora atualmente em declínio em razão da presença cada vez mais marcante dos anúncios feitos em ambientes exclusivamente eletrônicos.[176]

Como já dito no item 48, *infra,* deste estudo, a publicação do edital é procedimento obrigatório em todos os leilões – não mais existindo a ressalva constante do Código de 1973 de dispensa de publicação quando o bem expropriado tiver valor de avaliação não superior a sessenta salários mínimos (CPC-1973, art. 686, § 3º). Conquanto sempre obrigatória a publicação do edital a partir de agora, variará apenas a necessidade de esta ser feita exclusivamente

174 Cf. ARAKEN DE ASSIS, *Manual da execução*, 18ª ed., cit., p. 1124.

175 Sobre esse ponto, esclarece ARAKEN DE ASSIS que o objetivo da norma é "(...) vetar, implicitamente, a inserção de anúncio em insignificante jornal alternativo (...)" (*Manual da execução*, 18ª ed., cit., p. 1124).

176 Cf. ARAKEN DE ASSIS, *Manual da execução*, 18ª ed., cit., p. 1125.

por meio de sítio eletrônico (CPC-2015, art. 887, § 2º), por meio de jornal de ampla circulação local (CPC-2015, art. 887, § 3º) ou ainda apenas pelo órgão de imprensa oficial, quando o exequente for beneficiário da gratuidade da justiça (CPC, art. 98, § 1º, inc. III).

Prescreve ainda o § 4º do art. 887 que, consoante as condições da sede do juízo e o valor do bem a ser leiloado, poderá o juiz "alterar a forma e a frequência de publicidade na imprensa, mandar publicar o edital em local de ampla circulação de pessoas e divulgar avisos em emissora de rádio ou televisão local", e ainda determinar a publicação do edital em sítios eletrônicos distintos daqueles previstos no § 2º desse mesmo dispositivo. O dispositivo em questão é uma repetição quase idêntica do antigo § 2º do art. 687 do Código de 1973.

A lógica do dispositivo em questão é clara: permitir que se alcance, com maior facilidade, o *público-alvo* de interessados em cada bem específico. Assim, tratando-se da alienação judicial de obra de arte, poderá o juiz, por exemplo, determinar a publicação do edital em revistas especializadas do setor ou ainda sua afixação em determinadas galerias de artes ou até mesmo em museus. Do mesmo modo, tratando-se de embarcação marítima, poderá ser determinada a divulgação do edital no clube náutico, nas marinas e nos píeres da cidade. Recaindo a expropriação sobre uma aeronave, poderá então o magistrado impor a divulgação do edital nos hangares do aeroporto local, no aeroclube etc.[177]

No que tange às condições da sede do juízo, preocupou-se o legislador, em especial, com as peculiaridades de determinadas Comarcas. Por exemplo, em cidades-satélite, poderá o magistrado determinar que a divulgação do edital também se dê na cidade vizinha de maior expressão. Em pequenas cidades, poderá ainda o juiz autorizar a divulgação pelo alto-falante da praça da igreja,[178] por meio de panfletos, ou através de outros métodos que se mostrem eficazes diante da cultura e dos específicos costumes locais.

Por fim, poderá ainda o juiz determinar a reunião, em uma única lista, da publicação de dois ou mais leilões oriundos de execuções distintas (CPC, art. 887, § 6º), o que naturalmente torna mais fácil uma visualização completa por parte dos potenciais interessados. Também aqui o dispositivo é uma repetição do quanto dispunha o § 4º do art. 687 do Código de Processo Civil anterior.

Art. 888. Não se realizando o leilão por qualquer motivo, o juiz mandará publicar a transferência, observando-se o disposto no art. 887.

Parágrafo único. O escrivão, o chefe de secretaria ou o leiloeiro que culposamente der causa à transferência responde pelas despesas da nova publicação,

177 Cf. ARAKEN DE ASSIS, *Manual da execução*, 18ª ed., cit., p. 1126.
178 Cf. ARAKEN DE ASSIS, *Manual da execução*, 18ª ed., cit., p. 1126.

podendo o juiz aplicar-lhe a pena de suspensão por 5 (cinco) dias a 3 (três) meses, em procedimento administrativo regular.

CPC de 1973 – art. 688

49. Transferência de data do leilão. Necessidade de republicação do edital

Vindo a ser obstada a realização do leilão por qualquer motivo, dispõe o *caput* do art. 888 do Código de Processo Civil que o magistrado designará novas datas para sua realização.

Equivocadamente, a lei antiga afirmava que a não realização da hasta pública "por motivo justo" daria ensejo à sua redesignação (CPC-1973, art. 688, *caput*), dando a falsa sensação ao exegeta de que, se o motivo do cancelamento fosse *injusto*, não haveria nova oportunidade para sua realização – algo que obviamente não se afigura correto.

Objetivamente, seja qual for a razão pela qual tenha sido frustrada a realização da hasta pública, será ela transferida. Como se verá, a diferença residirá apenas nas consequências a serem imputadas àquele que der causa injusta ao seu cancelamento. E por óbvio, havendo motivo justo, inexistirão sanções ou outras consequências a quem quer que seja.

Como exemplos de motivos "justos" para a transferência do leilão judicial estão as calamidades públicas em geral (enchentes, inundações etc.), a falta de energia elétrica no local, a indisposição ou hospitalização médica do leiloeiro, a decretação de feriado municipal, estadual ou federal fora do calendário,[179] dentre outros.

São exemplos de motivos aprioristicamente "injustos" para o adiamento do leilão a expedição extemporânea ou propositadamente equivocada do edital pelo escrivão (desde que comprovado dolo ou culpa), a ausência de sua publicação pelo leiloeiro dentro do prazo de cinco dias assinalado pelo art. 887, § 1º, do Código de Processo Civil, o conluio entre o leiloeiro e algum interessado com vistas a afastar outros concorrentes etc.

O dispositivo em comento tem aplicação majoritariamente direcionada para os leilões presenciais – mais suscetíveis a intempéries –, embora seja plenamente factível que o leilão virtual também tenha sua realização frustrada, por exemplo, em caso de pane ou ausência temporária de funcionamento do sítio eletrônico onde a expropriação estava programada para ocorrer.

Sabendo-se que o leilão virtual acontece durante determinado período de tempo, eventualidades como a decretação de feriado não previsto no calendário, e mesmo as catástrofes naturais, salvo se comprovado efetivo prejuízo

179 Cf. Araken de Assis, *Manual da execução*, 18ª ed., cit., p. 1127.

ao acesso dos interessados ao sítio onde se processam, tendem a não desnaturar a validade do ato expropriatório.

Nos casos de transferência do leilão, fazendo alusão à observância aos ditames do art. 887 do Código de Processo Civil, o *caput* do art. 888 impõe que se renovem os atos de divulgação do edital – sabendo-se que o edital evidentemente deverá ser adaptado às circunstâncias supervenientes, publicando-se uma *nova versão* de seu texto, contendo as novas datas do leilão público, eventuais novos horários etc.

Como regra, salvo decisão em contrário por parte do magistrado, deverão ser repetidas precisamente as mesmas providências de divulgação adotadas na tentativa original de efetivação do leilão judicial. Afinal, tratando-se de hasta pública do mesmo bem, penhorado nos autos da mesma execução, ordinariamente inexistirão razões para alteração no procedimento já previamente determinado pelo juiz.

O parágrafo único do art. 888 dispõe que, se o escrivão, o chefe da secretaria ou o leiloeiro "culposamente der causa" à transferência, responderá pelas despesas da nova publicação, podendo o juiz aplicar-lhes pena de suspensão por cinco dias a três meses, após a instauração de procedimento administrativo. Naturalmente se inclui também, no espectro da norma, a ocorrência de *dolo* do servidor ou do auxiliar da justiça.

Como não poderia deixar de ser, o acusado terá direito ao contraditório e o procedimento administrativo a ser instaurado contra ele contará com a observância de todas as demais garantias constitucionais aplicáveis à espécie (isonomia, ampla defesa etc.). No mais, tratando-se de procedimento de natureza sancionatória, vigorará ainda o princípio da presunção de inocência do acusado.

Provado eventual dolo, imprudência, negligência ou imperícia, tanto em sua modalidade omissiva como na comissiva, duas sanções serão aplicadas ao responsável: uma primeira, de caráter objetivo, consistente no custeio das novas despesas de publicação do edital, e uma segunda, de caráter subjetivo, consistente na suspensão de suas atividades por cinco dias a três meses, pena a ser dosada consoante a gravidade maior ou menor da falta cometida (CPC, art. 888, parágrafo único).

A depender ainda da gravidade da falta e conforme o tipo de conduta, poderá ainda o responsável responder civilmente pelos prejuízos causados e até mesmo criminalmente pelo ato.[180]

180 Em crime descrito como de "violência ou fraude em arrematação judicial", assim dispõe o art. 358 do Código Penal: "Art. 358. Impedir, perturbar ou fraudar arrematação judicial; afastar ou procurar afastar concorrente ou licitante, por meio de violência, grave ameaça ou oferecimento de vantagem. Pena – detenção, de dois meses ou um ano, ou multa, além da pena correspondente à violência".

Se o motivo injusto da não realização do leilão público for imputável ao executado, além de eventual responsabilização cível e criminal, ser-lhe-ão comináveis as penas por ato atentatório à dignidade de justiça (CPC, arts. 774, inc. II e parágrafo único). O art. 888 parece não ter aplicação ao executado,[181] visto que, *a priori*, as despesas havidas com a execução já são de sua responsabilidade (CPC, arts. 831 e 907), não fazendo sentido, por outro lado, impor-lhe a suspensão de suas atividades, visto que este, ao contrário dos entes mencionado no *caput* desse dispositivo, não tem funções de cunho público ou estatal na execução.

Art. 889. Serão cientificados da alienação judicial, com pelo menos 5 (cinco) dias de antecedência:

I – o executado, por meio de seu advogado ou, se não tiver procurador constituído nos autos, por carta registrada, mandado, edital ou outro meio idôneo;

II – o coproprietário de bem indivisível do qual tenha sido penhorada fração ideal;

III – o titular de usufruto, uso, habitação, enfiteuse, direito de superfície, concessão de uso especial para fins de moradia ou concessão de direito real de uso, quando a penhora recair sobre bem gravado com tais direitos reais;

IV – o proprietário do terreno submetido ao regime de direito de superfície, enfiteuse, concessão de uso especial para fins de moradia ou concessão de direito real de uso, quando a penhora recair sobre tais direitos reais;

V – o credor pignoratício, hipotecário, anticrético, fiduciário ou com penhora anteriormente averbada, quando a penhora recair sobre bens com tais gravames, caso não seja o credor, de qualquer modo, parte na execução;

VI – o promitente comprador, quando a penhora recair sobre bem em relação ao qual haja promessa de compra e venda registrada;

VII – o promitente vendedor, quando a penhora recair sobre direito aquisitivo derivado de promessa de compra e venda registrada;

VIII – a União, o Estado e o Município, no caso de alienação de bem tombado.

Parágrafo único. Se o executado for revel e não tiver advogado constituído, não constando dos autos seu endereço atual ou, ainda, não sendo ele encontrado no endereço constante do processo, a intimação considerar-se-á feita por meio do próprio edital de leilão.

CPC de 1973 – arts. 687, § 5º, e 698

---

181 No mesmo sentido, *vide* André Vasconcelos Roque, in *Código de Processo Civil anotado*, coord. José Rogério Cruz e Tucci, Manoel Caetano Ferreira Filho, Ricardo de Carvalho Aprigliano, Rogéria Fagundes Dotti e Sandro Gilbert Martins, São Paulo: AASP/OAB-PR, edição eletrônica, 2015, coment. ao art. 889, p. 1375.

50. Intimação do executado. Necessidade de intimação do responsável, do cônjuge, da companheira e dos demais executados?

É obrigatória a intimação do executado quanto à realização da hasta pública com ao menos cinco dias de antecedência, embora tal ato possa ser praticado, como regra, na pessoa de seu advogado (CPC, art. 889, inc. I).

À luz do Código de 1973, em entendimento a nosso ver plenamente aplicável ao Código atual, afirmou o Superior Tribunal de Justiça que a ausência de intimação pessoal do devedor e também de seu patrono gera vício de nulidade insanável, culminando com a decretação de nulidade da hasta pública: "(...) malgrado considerada perfeita, acabada e irretratável com a assinatura do auto pelo juiz, pelo escrivão, pelo arrematante e pelo porteiro ou leiloeiro, a arrematação, *in casu*, deverá ser desfeita, uma vez que presente vício de nulidade insanável: a ausência de cientificação do devedor".[182]

Não é necessária, porém, a intimação dos demais executados que não sejam proprietários do bem a ser expropriado. A intimação destina-se unicamente à cientificação daquele que está prestes a sofrer os efeitos do leilão judicial, dispensada a intimação dos demais executados.[183]

Conquanto a lei enuncie que *o executado* deverá ser intimado do leilão (CPC, art. 889, inc. I), em verdade, deve-se interpretar tal norma em sentido amplo, de modo que a intimação obrigatoriamente seja feita na pessoa do *responsável*. Se o bem a ser expropriado não pertencer ao executado, mas sim ao responsável, a ausência de sua intimação prévia igualmente é motivo de nulidade absoluta da hasta pública.

O Código de Processo Civil anterior referia-se à intimação do denominado *senhorio direto* (CPC-1973, arts. 698 e 619) – entendido como o titular do domínio do bem penhorado.[184] Por razões óbvias, ordinariamente o senhorio direto do bem penhorado será o próprio executado. Em alguns casos, contudo,

---

182 STJ, 2ª T., AgRg. nos Emb. Decl. no AREsp 479.566-SP, j. 16.09.2014, rel. Min. Herman Benjamin, negaram provimento, v.u.

183 "Execução por título extrajudicial. Arrematação. Intimação do devedor. Artigo 687, parágrafo 3º, do CPC. Penhorados bens da empresa devedora, e levados a leilão, deveria ser necessariamente intimada, conforme o artigo 687, parágrafo 3º, do CPC, apenas a proprietária dos bens. A intimação dos coexecutados, avalistas da cédula de crédito industrial, não se fazia imprescindível. Validade da arrematação realizada pelo expropriante, por comprovado que a executada proprietária tomou inequívoca ciência da data designada para o leilão. Recurso especial conhecido e provido, por maioria de votos" (STJ, 4ª T., REsp 10.938-PE, j. 19.05.1992, rel. Min. Athos Carneiro, DJ 19.05.1992, DJ 17.08.1992, deram provimento, m.v.).

184 Na definição dada por De Plácido e Silva, o senhorio exprime a qualidade e a condição de senhor, trazendo, concorrentemente, o conceito de domínio (*Vocabulário jurídico*, 27ª ed., Rio de Janeiro: Forense, 2007, p. 1276).

por força das regras de responsabilização sem dívida (*Schuld und Haftung*),[185] apesar de não estarem na condição de devedores, algumas pessoas (terceiros, na acepção processual do termo) podem ter bens próprios afetados na execução. É o que ocorre, por exemplo, nos casos de fraude à execução, de desconsideração da personalidade jurídica etc.

Nesse contexto, embora essa menção ao senhorio direto tenha sido suprimida no Código atual, a necessidade de intimação do proprietário do bem (seja ele executado ou mero responsável) continua imperiosa, decorrendo dos princípios do contraditório, da ampla defesa e da publicidade dos atos processuais.

Na realidade, em nosso sentir, em tais hipóteses, a importância da intimação é ainda maior, considerando-se que nem sempre os terceiros responsáveis pela execução têm condições imediatas de receber informações sobre o paradeiro e o trâmite do processo. Na prática forense, aliás, não são incomuns os casos em que o terceiro fica sabendo da constrição de seus bens apenas longuíssima data após sua efetivação.

De maneira contraditória, porém, a jurisprudência do Superior Tribunal de Justiça entende não ser necessária a cientificação do cônjuge quanto à realização da hasta pública – embora seja obrigatória sua intimação acerca da

185 Com base na doutrina clássica alemã (Alois Brinz), Cândido Rangel Dinamarco distingue as figuras do *devedor* e do *responsável*: "o tema da *responsabilidade patrimonial* associa-se intimamente ao dessas atividades realizadas pelo Estado-juiz no exercício da jurisdição, não se confundindo com a problemática jurídico-substancial da determinação da existência, inexistência, conteúdo ou objeto dos direitos e obrigações. Quais bens são suscetíveis de serem apreendidos, penhorados, alienados em hasta pública etc., independentemente da vontade do titular, com o objetivo de produzir o mesmo resultado que o cumprimento da obrigação teria produzido? Eis o núcleo da problemática inerente ao tema da responsabilidade patrimonial e a visão desta como uma dinâmica operacional referente à efetivação dos direitos por via executiva. Enquanto *a obrigação é estática* e por si própria não autoriza movimentos em favor da efetivação, a *responsabilidade é eminentemente dinâmica* e está presente na ordem jurídica como elemento para a operacionalização da tutela jurisdicional" (*Instituições de direito processual civil*, 3ª ed., cit., n. 1.523, v. IV, p. 353). Mais adiante complementa o jurista: "a existência de responsabilidade sem obrigação ou de obrigação sem responsabilidade é decorrência natural da nítida distinção entre esses conceitos e das funções diferentes que cada uma dessas categorias jurídicas desempenha na vida dos direitos. Ocorre o primeiro desses fenômenos sempre que os bens de uma pessoa estejam expostos a serem apanhados em uma execução por obrigação que não é de seu proprietário ou possuidor; tome-se por exemplo a hipoteca oferecida por um sujeito em garantia de débito alheio, sem ser ele próprio devedor nem fiador, porque ali o ofertante da garantia não figura como sujeito da relação jurídica de direito material, não passando pois de *mero responsável*" (*Instituições de direito processual civil*, 3ª ed., cit., n. 1.525, v. IV, p. 356-357).

penhora, quando se tratar de bem imóvel, salvo se o casamento tiver sido celebrado em regime de separação total de bens (CPC, art. 842). Eis, a propósito, o quanto já decidiu a 5ª Turma dessa Corte: "a intimação pessoal da realização da hasta pública é necessária apenas em relação ao devedor-executado, sendo desnecessária em relação ao seu cônjuge. Inteligência do § 5º do art. 687 do CPC. Precedente do STJ".[186]

Diz-se contraditória porque, nas hipóteses de casamento sob o regime de comunhão de bens, ordinariamente a quota-parte do cônjuge será responsável pela execução (CPC, art. 790, inc. IV), sendo este, por outro lado, titular desses respectivos direitos. Assim, na dupla qualidade de responsável pela execução e de titular do bem expropriado, a nosso ver a intimação prévia do cônjuge acerca da realização do leilão é providência indispensável. A mesma linha de raciocínio vale para o companheiro, igualmente quando sua meação responder pela dívida.

A intimação do executado, contudo, sabidamente não é a única a ser feita dentro do prazo legal mínimo de cinco dias da data de realização do leilão, como se verá logo adiante (v. item 51, *infra*). O prazo em questão, aliás, conta-se em dias úteis, nos termos dos arts. 219 e 224 do Código de Processo Civil. E a intimação feita sem a observância desse prazo mínimo ensejará a nulidade do ato expropriatório.[187]

51. Demais intimações que devem anteceder o leilão (CPC, art. 889, incs. II a VIII). Outras hipóteses não previstas no rol do art. 889

Além (I) do próprio executado, o art. 889 do Código de Processo Civil estabelece que o leilão do bem penhorado será precedido ainda da intimação (II) do coproprietário de bem indivisível do qual tenha sido penhorada fração ideal; (III) do titular de usufruto, uso, habitação, enfiteuse, direito de superfície, concessão de uso especial para fins de moradia ou concessão de direito real de uso, quando a penhora recair sobre bem gravado com tais direitos reais; (IV) do proprietário do terreno submetido ao regime de direito de superfície, enfiteuse, concessão de uso especial para fins de moradia ou concessão de direito real de uso, quando a penhora recair sobre tais direitos reais; (V) do

186 STJ, 5ª T., REsp 900.580-GO, rel. Min. ARNALDO ESTEVES LIMA, j. 10.02.2009, negaram provimento, v.u., DJe 30.03.2009.

187 Tendo o legislador expressamente optado por fixar um prazo mínimo para tal intimação, este naturalmente há de ser observado. Se a intenção fosse outra, teria ele simplesmente suprimido a menção ao prazo de cinco dias, de modo a exigir unicamente que a intimação fosse feita antes da hasta pública. Diante dessas considerações, em nosso entender inexiste espaço para digressões, cabendo ao exegeta respeitar a explícita opção feita pelo legislador, cujo desatendimento terá como consequência a nulidade do leilão.

credor pignoratício, hipotecário, anticrético, fiduciário ou com penhora anteriormente averbada, quando a penhora recair sobre bens com tais gravames, caso não seja o credor, de qualquer modo, parte na execução; (VI) do promitente comprador, quando a penhora recair sobre bem em relação ao qual haja promessa de compra e venda registrada; (VII) do promitente vendedor, quando a penhora recair sobre direito aquisitivo derivado de promessa de compra e venda registrada e (VIII) da União, do Estado e do Município, no caso de alienação de bem tombado.

Apesar do extenso rol, bem observa Araken de Assis que ainda assim ele se mostra *incompleto*, já que outras intimações, previstas em legislação esparsa, também são necessárias, conforme o caso.[188] Reputa-se essa circunstância a um provável deslize do legislador, que não perquiriu e aferiu adequadamente todas as intimações impostas pelo nosso ordenamento jurídico, deixando de proceder à sua desejável reunião nos incisos do art. 889 do Código de Processo Civil.[189]

Nesse contexto, necessária se faz a intimação da União ou do Estado nas execuções que recaírem sobre estradas de ferro dadas em hipoteca, para fins de remição, a ser feita no prazo de quinze dias anteriores à hasta pública (CC, art. 1.505) – prazo especial que prevalece sobre o prazo de cinco dias previsto para as intimações constantes do art. 889 do Código de Processo Civil.

Quanto à enfiteuse, explica Araken de Assis que o Código Civil de 2002 proibiu que novas viessem a ser instituídas (CC-2002, art. 2.038, *caput*), de modo que o regramento delas continua a ser feito pelo Código Civil de 1916. Nesse sentido, o art. 689 desse antigo diploma legal dispõe que, em caso de penhora de prédio emprazado, será cientificado o senhorio direto acerca da hasta pública, podendo exercer ali direito de preferência.[190-191]

Quanto à hipótese prevista no art. 889, inc. VIII, do Código de Processo Civil, diante da designação de leilão de bem tombado, deverá ser intimado o respectivo responsável pelo tombamento (União, Estado ou Município).

---

188 Cf. Araken de Assis, *Manual da execução*, 18ª ed., São Paulo: RT, 2016, p. 1132.

189 Novamente aqui tal lamentável fenômeno é atribuível, acima de tudo, à incompreensível pressa para finalizar o novo Código, sem um necessário amadurecimento dos conceitos e das ideias e sem uma igualmente necessária reflexão mais aprofundada sobre seus dispositivos.

190 Cf. Araken de Assis, *Manual da execução*, 18ª ed., cit., p. 1132.

191 CC-1916, art. 689: "Fazendo-se penhora, por dívidas do enfiteuta, sobre o prédio emprazado, será citado o senhorio direto, para assistir à praça, e terá preferência, quer no caso de arrematação, sobre os demais lançadores, em condições iguais, quer, em falta deles, no caso de adjudicação".

52. Forma das intimações

Como já mencionado alhures, embora obrigatória a intimação prévia do executado acerca da hasta pública, tal ato poderá ser praticado, como regra, na pessoa de seu advogado (CPC, art. 889, inc. I). Felizmente, ainda sob a égide do Código de 1973, a Lei n. 11.382/2006 revogou a exigência legal constante da antiga redação do § 5º do art. 687 daquele diploma,[192] de que este fosse pessoalmente intimado da alienação judicial, afastando-se, com isso, os inúmeros problemas advindos da *tradicional dificuldade* de encontrar o executado nas semanas que antecedem a hasta pública de seus bens.

Apenas será feita a intimação pessoal do executado – por carta registrada, mandado, edital ou por outro meio idôneo (CPC, art. 889, inc. I) – se este não tiver procurador constituído nos autos. Nesse sentido, interessante novidade vem prevista no parágrafo único do art. 889: o executado que não tenha procurador nos autos ou que seja "revel",[193] desde que não conste dos autos seu endereço atual ou não sendo ele encontrado no endereço ali constante, *será considerado intimado por meio da publicação do próprio edital de leilão.* Ou seja, ao fazer menção ao edital, em verdade o inc. I do art. 889 está a se referir não apenas ao genérico edital de intimação previsto no § 2º do art. 275 do Código de Processo Civil, mas também e mais propriamente ao edital *da própria hasta pública.*

Como se vê, dois são os requisitos para que a intimação do executado por meio do próprio edital seja válida: é preciso que (a) este não tenha procurador constituído nos autos e que (b.1) não conste dos autos referência ao seu endereço *ou,* (b.2) caso conste, que venha a ser feita ao menos uma tentativa no endereço ali especificado, a qual se revele infrutífera ou frustrada.

As demais intimações a que se refere o art. 889 (incs. II a VIII) também poderão ser feitas na pessoa dos próprios advogados dos entes ali elencados, desde que, é claro, estejam eles regularmente representados nos autos (CPC, art. 274, *caput*). Caso contrário, a intimação poderá ser feita "por carta registrada, mandado, edital ou outro meio idôneo", aplicando-se aos demais entes a fórmula constante do inc. I do art. 889.

A nosso ver, porém, não terá aplicação, para esses demais entes elencados nos diversos incisos do art. 889, a autorização constante do parágrafo único desse dispositivo, de que estes sejam intimados pelo próprio edital do leilão.

---

192 Eis a redação do § 5º do art. 687 do Código de Processo Civil de 1973: "o devedor será intimado pessoalmente, por mandado, ou carta com aviso de recepção, ou por outro meio idôneo, do dia, hora e local da alienação judicial" (cf. redação dada pela Lei n. 8.953, de 13 de dezembro de 1994).

193 Pontua-se aqui o grave deslize técnico do legislador: não há *revelia* no processo de execução.

Nesses casos, a intimação até poderá ser feita por edital, caso presentes os requisitos, mas com os predicados previstos no § 2º do art. 275 do Código de Processo Civil, e com aplicação analógica dos arts. 256, 257, 258 e 259 desse diploma normativo.

53. Consequências pela ausência de intimação acerca do leilão judicial

A ausência das intimações previstas no rol do art. 889 do Código de Processo Civil faz com que a arrematação seja *ineficaz* perante o ente não cientificado. Ao contrário do que se costuma dizer, essa ausência *não gera automaticamente a nulidade da praça ou do leilão.* Exemplificativamente, como já decidiu o Superior Tribunal de Justiça, "a arrematação levada a efeito sem intimação do credor hipotecário é inoperante relativamente a este, não obstante eficaz entre executado e arrematante".[194]

Consoante já explicitado no item 44, *retro*, no que tange aos credores com garantia real não intimados, a falta dessa intimação fará com que permaneça válido e vigente seu respectivo direito de sequela, podendo este reivindicar a coisa em pagamento de seu crédito contra aquele que a adquiriu judicialmente (CC, art. 1.501).[195]

O art. 826 do Código Civil de 1916 enunciava *não ser válida* a alienação judicial feita sem a prévia cientificação dos credores hipotecários. Não havia, nesse diploma legal, qualquer menção à sobrevivência da hipoteca na falta de sua intimação, de modo que aos credores nada restava a fazer a não ser pleitear a desconstituição da expropriação, algo que, a par de legítimo, obviamente trazia enormes e desnecessários prejuízos à execução e aos direitos do terceiro adquirente.

O art. 1.501 do Código Civil de 2002, nesse sentido, traz uma alternativa muito menos traumática ao bom desfecho da execução, a qual se mostra, por outro lado, igualmente eficaz perante o credor não cientificado. Eis o quanto enuncia tal dispositivo legal: "não extinguirá a hipoteca, devidamente registrada, a arrematação ou adjudicação, sem que tenham sido notificados judicialmente os respectivos credores hipotecários, que não forem de qualquer modo parte na execução".

Quando não previamente intimado acerca da realização do leilão, a ele, portanto, é assegurado o direito de não interferir nesse ato, podendo, no mo-

---

194 STJ, 4ª T., REsp 704.006-ES, rel. Min. Hélio Quaglia Barbosa, j. 13.02.2007, não conheceram, v.u., DJU 12.03.2007, p. 238.

195 Assim dispõe o art. 1.501 do atual Código Civil: "não extinguirá a hipoteca, devidamente registrada, a arrematação ou adjudicação, sem que tenham sido notificados judicialmente os respectivos credores hipotecários, que não forem de qualquer modo partes na execução".

mento oportuno, *se e quando necessário*, perseguir o bem com base no direito de sequela. Tal possibilidade vem ainda reforçada pelo art. 804 do Código de Processo Civil, o qual enuncia que "a alienação de bem gravado por penhor, hipoteca ou anticrese será *ineficaz* em relação ao credor pignoratício, hipotecário ou anticrético não intimado".

Art. 890. Pode oferecer lance quem estiver na livre administração de seus bens, com exceção:

I – dos tutores, dos curadores, dos testamenteiros, dos administradores ou dos liquidantes, quanto aos bens confiados à sua guarda e à sua responsabilidade;

II – dos mandatários, quanto aos bens de cuja administração ou alienação estejam encarregados;

III – do juiz, do membro do Ministério Público e da Defensoria Pública, do escrivão, do chefe de secretaria e dos demais servidores e auxiliares da justiça, em relação aos bens e direitos objeto de alienação na localidade onde servirem ou a que se estender a sua autoridade;

IV – dos servidores públicos em geral, quanto aos bens ou aos direitos da pessoa jurídica a que servirem ou que estejam sob sua administração direta ou indireta;

V – dos leiloeiros e seus prepostos, quanto aos bens de cuja venda estejam encarregados;

VI – dos advogados de qualquer das partes.

CPC de 1973 – art. 690, I a III e parágrafo único

54. Legitimidade para arrematar

Consoante enuncia o *caput* do art. 890 do Código de Processo Civil, "pode oferecer lance quem estiver na livre administração de seus bens". A falta de legitimidade pré-exclui a eficácia do próprio lance, de forma que aquele que não puder arrematar em hasta pública nela não poderá lançar.[196] E, se o fizer, naturalmente inválido será o respectivo lance.

Não estando na livre administração de seus bens, não poderão oferecer lances os menores (CC, arts. 3º e 4º, inc. I), os incapazes em geral (CC, arts. 3º e 4º), os interditados (CPC, arts. 747 e ss.), os insolventes civis (CC, art. 955) e os falidos, durante o período entre a decretação da falência e sua extinção (Lei n. 11.101/2005, arts. 102 e 103) ou, em caso de crime falimentar, durante o período de até cinco anos após a extinção da punibilidade (ou até a reabilitação penal), desde que consignada restrição na sentença condenatória (Lei n. 11.101/2005, art. 181, § 1º).

196 ARAKEN DE ASSIS, *Manual da execução*, 12ª ed., cit., p. 589.

Como bem observa Celso Neves, "a licitação é ato jurídico e, como tal, exige capacidade jurídica, bem como capacidade de exercício de direitos. A aptidão para ser titular de direitos não basta; é necessária a legitimação para o seu exercício, que tanto pode ser própria, como alheia ou cointegrada. Esse o sentido da referência à 'livre administração de seus bens', que não impede o menor, púbere ou impúbere, de licitar, desde que o faça ou assistido ou representado. O essencial é que a licitação se dê pelo legitimado, segundo as circunstâncias de cada caso".[197]

Contudo, nos termos dos incisos I a VI do art. 890, excetuam-se dessa regra geral (I) os tutores, os curadores, os testamenteiros, os administradores ou os liquidantes, quanto aos bens confiados à sua guarda e à sua responsabilidade; (II) os mandatários, quanto aos bens de cuja administração ou alienação estejam encarregados; (III) o juiz, o membro do Ministério Público e da Defensoria Pública, o escrivão, o chefe de secretaria e os demais servidores e auxiliares da justiça, em relação aos bens e direitos objeto de alienação na localidade onde servirem ou a que se estender a sua autoridade; (IV) os servidores públicos em geral, quanto aos bens ou aos direitos da pessoa jurídica a que servirem ou que estejam sob sua administração direta ou indireta; (V) os leiloeiros e seus prepostos, quanto aos bens de cuja venda estejam encarregados e (VI) os advogados de qualquer das partes.

Por sua vez, o art. 497 do Código Civil expressamente comina *de nulidade* o lance oferecido em hasta pública pelos entes impedidos. Tal dispositivo contém um rol similar ao do art. 890 do Código de Processo Civil, o qual, porém, fica integralmente absorvido pelo espectro desse último, mais completo inclusive do que aquele presente no diploma civil.[198]

Esses impedimentos legais visam a coibir o tráfico de influências ou a deturpação da verdadeira finalidade da arrematação. Seu escopo não traduz um fim em si próprio, mas representa instrumento processual voltado à satisfação do direito do credor ("meio idôneo para conseguir aquele fim"[199] – imer-

---

197 Celso Neves, *Comentários ao Código de Processo Civil*, 7ª ed., Rio de Janeiro: Forense, 1999, v. VII, p. 101.

198 CC, art. 497: "Sob pena de nulidade, não podem ser comprados, ainda que em hasta pública: I – pelos tutores, curadores, testamenteiros e administradores, os bens confiados à sua guarda ou administração; II – pelos servidores públicos, em geral, os bens ou direitos da pessoa jurídica a que servirem, ou que estejam sob sua administração direta ou indireta; III – pelos juízes, secretários de tribunais, arbitradores, peritos e outros serventuários ou auxiliares da justiça, os bens ou direitos sobre que se litigar em tribunal, juízo ou conselho, no lugar onde servirem, ou a que se estender a sua autoridade; IV – pelos leiloeiros e seus prepostos, os bens de cuja venda estejam encarregados. Parágrafo único. As proibições deste artigo estendem-se à cessão de crédito".

199 *Cfr.* Salvatore Pugliatti, *Esecuzione forzata*, p. 302, citado por Araken de Assis, *Manual da execução*, 12ª ed., cit., p. 571.

so, portanto, na ideia de instrumentalidade).[200] Assim, a atuação desses entes, por vezes voltada a interesses próprios (e portanto, alheios aos escopos da hasta pública), naturalmente pode vir a comprometer ou desconfigurar o fim da arrematação.

Trata-se de uma regra de moralização da expropriação, que acima de tudo visa a evitar *conflitos de interesses* entre aqueles que, em verdade, são responsáveis diretos ou indiretos por empreendê-la, fiscalizá-la ou presidi-la e, como tal, não podem nem devem agir com vistas a encampar interesses próprios – mas sim, sempre, com o escopo único de realizar suas atribuições funcionais.[201]

Note-se que o Código atual ampliou significativamente o rol de impedimentos, sendo novidades, inexistentes no Código de 1973, as menções constantes dos incisos IV, V e VI do atual art. 890 às pessoas dos servidores públicos em geral, relativamente às alienações a serem empreendidas dentro da localidade por se estender sua autoridade, dos leiloeiros e seus prepostos,[202] em relação aos bens cuja expropriação esteja aos seus cuidados e aos advogados das partes – embora, quanto a estes últimos, já houvesse antiga discussão doutrinária sobre sua legitimidade.

A lei anterior fazia apenas uma menção genérica à impossibilidade de participação no leilão do juiz, membro do Ministério Público, defensor, escrivão e serventuário (CPC-1973, art. 690-A, inc. III), sem explicitar que esse impedimento, na realidade, referia-se apenas "aos bens e direitos objeto de alienação na localidade onde servirem ou a que se estender a sua autoridade" (CPC-2015, art. 890, inc. III, *in fine*) – embora menção similar estivesse contida no art. 497, inc. III, do Código Civil. De todo modo, ainda sob a égide do Código anterior, o Superior Tribunal de Justiça já havia assentado idêntica premissa,[203] de modo que a lei nova veio, em verdade, para reforçar esse en-

200 Araken de Assis, *Manual da execução*, 12ª ed., cit., p. 571.

201 Nesse sentido, embora tratando do rol similar constante do art. 497, inc. III, do Código Civil, eis a orientação consagrada pelo Superior Tribunal de Justiça: "o real significado e extensão da vedação prevista do art. 497, III, do Código Civil é impedir influências diretas, ou até potenciais, de juízes, secretários de tribunais, arbitradores, peritos e outros serventuários ou auxiliares da justiça no processo de expropriação do bem. O que a lei visa é impedir a ocorrência de situações nas quais a atividade funcional da pessoa possa, de qualquer modo, influir no negócio jurídico em que o agente é beneficiado" (STJ, 2ª T., REsp 1.399.916-RS, j. 28.04.2015, rel. Min. Humberto Martins, DJ 06.05.2015, negaram provimento, v.u.).

202 Embora no caso dos leiloeiros, esse impedimento já estivesse previsto no art. 36, *b*, do Decreto n. 21.981, de 19 de outubro de 1932.

203 "O Superior Tribunal de Justiça firmou compreensão no sentido de que o impedimento de arrematar diz respeito apenas ao serventuário da Justiça que esteja diretamente vinculado ao juízo que realizar o praceamento, e que, por tal condição,

tendimento – algo que, a nosso ver, é esforço sempre louvável do legislador e que traz clareza e segurança jurídica ao jurisdicionado.

Nesse contexto, todavia, já entendeu o Superior Tribunal de Justiça que "não há impedimento para que Juiz do Trabalho participe de leilão e arremate bem em processo de expropriação conduzido pela Justiça Federal, ainda que exerça suas funções na mesma Comarca, em vista da total impossibilidade de exercer influência funcional no processo de execução".[204]

Sintetizando com singular propriedade a *mens legis* por detrás do rol de impedimentos, exemplifica José Vidal que "o juiz não pode arrematar na comarca onde exerce a jurisdição, pouco importando se a execução se processa em outra vara, bem assim os serventuários da justiça; dentro da mesma linha de raciocínio, aos desembargadores é vedado arrematar em todo o território estadual, sobre o qual exercem a função jurisdicional".[205]

Tomando-se como correta tal premissa e tendo em vista os interesses patrimoniais comuns, os cônjuges desses entes, quando casados em regime de comunhão de bens, também ficam impedidos de oferecer lanço.[206]

Em nosso entender, o rol do art. 890 não é *numerus clausus*, comportando uma interpretação extensiva. Assim, além do impedimento do cônjuge nessa situação acima narrada e em outras análogas, também estará impedido, por exemplo, o depositário do bem penhorado. A esse respeito, aliás, tratando do rol do anterior art. 690-A do Código de 1973, corretamente entendeu o Superior Tribunal de Justiça que o depositário está impedido de participar da hasta pública do bem que está sob sua guarda.[207] O mesmo julgado, aliás,

---

possa tirar proveito indevido da hasta pública que esteja sob sua autoridade ou fiscalização (...)" (STJ, 1ª T., AgRg no REsp 1.393.501-PR, j. 02.12.2014, rel. Min. Sérgio Kukina, DJ 10.12.2014, negaram provimento, v.u.).

Veja-se ainda: "Da análise sistemática da legislação adjetiva e material, extrai-se que o impedimento à aquisição de bens em hasta pública atinge quaisquer serventuários da justiça que se encontrarem lotados no local em que for realizada a arrematação. Tais restrições objetivam resguardar a ética e a moralidade públicas, impedindo as pessoas que se encontrem vinculadas ao juízo, possam tirar vantagens nas compras e vendas realizadas sob sua autoridade e fiscalização" (STJ, 2ª T., REsp 774.161-SC, j. 06.12.2005, rel. Min. Castro Meira, DJ 19.12.2005, deram provimento, v.u.).

204 STJ, 2ª T., REsp 1.103.235-PR, j. 19.03.2009, rel. Min. Humberto Martins, DJ 14.04.2009, negaram provimento, v.u.

205 José Vidal, "Juiz arrematante", *Revista de Processo*, v. 57, p. 207.

206 Como observou Araken de Assis (*Manual da execução*, 12ª ed., cit., n. 569, p. 591), em certo caso, o Supremo Tribunal Federal houve por bem anular a arrematação realizada por mulher de serventuário da justiça.

207 "Processual civil. Art. 690-A do CPC. rol de impedimento passível de interpretação não restritiva. Possibilidade de o depositário fiel de bem penhorado, enquanto representante de outra pessoa jurídica do mesmo grupo empresarial da executada,

também confirma a premissa de que o rol de impedimentos será interpretado extensivamente.

Além dessas exceções, fica ainda impedido de participar do procedimento licitatório o denominado *arrematante e o fiador remissos*, que apresentou proposta vencedora em licitação anterior, mas deixou de efetuar o pagamento do preço no momento oportuno (CPC, art. 897).

Quanto à possibilidade de oferecimento de lanço pelo patrono do exequente, à luz do Código de Processo Civil de 1973, em que pesassem as opiniões contrárias de José de Moura Rocha,[208] Amílcar de Castro[209] e Paulo Furtado,[210] nosso entendimento era o de não havia qualquer impedimento legal a coibir tal conduta e, portanto, lícita sua participação na hasta pública.

Porém, o Código novo expressamente proibiu tal participação, o que encerra toda e qualquer discussão acerca dessa possibilidade (CPC, art. 890, inc. VI).

Quanto ao leiloeiro e seus prepostos, embora a menção a eles seja nova no Código, em verdade seu impedimento para participar dos leilões onde atuam é antiga, estando positivada desde a edição do Decreto n. 21.981, de 19 de outubro de 1932 (art. 36, *b*).

Por outro lado, ao exequente também é lícito participar da hasta pública: "nenhum impedimento há para o credor competir, na execução realizada sob seu impulso, ou não, vis a vis, com outros pretendentes, pela aquisição do bem penhorado".[211] Aliás, a jurisprudência, outrora oscilante, corretamente firmou entendimento no sentido de que esse se submete *às mesmas condições legais* fixadas aos demais licitantes, podendo também, na segunda hasta, oferecer lanço e arrematar por preço inferior ao da avaliação do bem.[212]

Porém, ao contrário dos demais licitantes, em princípio ele não está obrigado a exibir o preço, a não ser que (a) o valor dos bens leiloados exceda o seu crédito, hipótese em que "depositará, dentro de três (3) dias, a diferença, sob pena de tornar-se sem efeito a arrematação (...)" (CPC, art. 892, § 1º), ou que (b) haja outro credor com privilégio ou preferência sobre seu o crédito do exequente.

---

fazer lanço em leilão. Impossibilidade. Fraude. Arrematação considerada pelo tribunal de origem (...)" (STJ, 2ª T., REsp 1.368.249-RN, j. 16.04.2013, rel. Min. Humberto Martins, DJ 25.04.2013, negaram provimento, v.u.).

208 José de Moura Rocha, *Sistemática do novo processo de execução*, p. 401.

209 Amílcar de Castro, *Comentários ao Código de Processo Civil*, cit., p. 301.

210 Paulo Furtado, *Execução*, n. 176, p. 232.

211 Araken de Assis, *Manual da execução*, 12ª ed., cit., p. 607.

212 Nesse sentido: STJ, 3ª Turma, REsp 159.833-RS, rel. Min. Nilson Naves, j. 24.05.1999, deram provimento, v.u., DJU 13.09.1999, p. 63.

Deixando de apresentar em juízo a diferença, realizar-se-á nova hasta pública dos bens, correndo as respectivas despesas por conta do exequente (CPC, art. 892, § 1º, *in fine*). E, a nosso ver, aplicar-se-á também ao exequente *remisso* a penalidade constante do acima citado art. 897 do Código de Processo Civil, ficando ele proibido de participar do subsequente procedimento licitatório.

Por fim, embora o art. 890 não faça uma explícita menção a essa circunstância, *o executado igualmente está proibido de participar do certame*. Como alerta Araken de Assis, sendo ele proprietário do bem penhorado, há uma autêntica e absoluta impossibilidade lógica *in casu*, não havendo sentido que ele dê lances para adquirir coisa que já é sua.[213]

Mas, a nosso ver, além desse impedimento lógico, em verdade o próprio sistema jurídico, a fim de evitar fraudes, afasta essa possibilidade. É ilegítima, inclusive *moralmente*, a participação do devedor – e também de eventuais outros agentes agindo em seu nome –, visto que tal conduta claramente terá como objetivo atrapalhar o correto e adequado desfecho da hasta pública. Desejando o executado livrar seu patrimônio da expropriação, tem ele, a qualquer momento, a prerrogativa de remir a execução, pagando a importância atualizada da dívida, acrescida de juros, custas e honorários advocatícios (CPC, art. 826), algo que automaticamente poupa o bem penhorado do leilão. Não lhe será lícito, porém, participar do certame, sob pena de subversão dos objetivos a serem alcançados por meio da expropriação nas execuções por quantia certa.

É essa, aliás, a orientação do Superior Tribunal de Justiça, a qual, corretamente admitindo uma interpretação extensiva da regra legal de impedimentos, entendeu ilegal a participação de representante de outra pessoa jurídica do mesmo grupo empresarial do executado no leilão judicial, enxergando uma *fraude* nessa tentativa.[214]

---

213 Araken de Assis, *Manual da execução*, 18ª ed., cit., p. 1085.

214 "Processual civil. Art. 690-A do CPC. Rol de impedimento passível de interpretação não restritiva. Possibilidade de o depositário fiel de bem penhorado, enquanto representante de outra pessoa jurídica do mesmo grupo empresarial da executada, fazer lanço em leilão. Impossibilidade. Fraude. Arrematação considerada pelo tribunal de origem. 1. Discute-se nos autos a possibilidade de o depositário fiel de bem penhorado, enquanto representante de outra pessoa jurídica do mesmo grupo empresarial da executada, fazer lanço de bem colocado a leilão. 2. O art. 690-A do CPC, com a redação que lhe foi dada Lei n. 11.382, de 2006, admite o lanço a todo aquele que estiver na livre administração de seus bens, com exceção: 'I – dos tutores, curadores, testamenteiros, administradores, síndicos ou liquidantes, quanto aos bens confiados a sua guarda e responsabilidade; II – dos mandatários, quanto aos bens de cuja administração ou alienação estejam encarregados; e III – do juiz, membro do Ministério Público e da Defensoria Pública, escrivão e demais servidores e auxiliares da Justiça'. 3. A perquirição acerca da taxatividade do rol de

Art. 891. Não será aceito lance que ofereça preço vil.

Parágrafo único. Considera-se vil o preço inferior ao mínimo estipulado pelo juiz e constante do edital, e, não tendo sido fixado preço mínimo, considera-se vil o preço inferior a cinquenta por cento do valor da avaliação.

CPC de 1973 – art. 692, caput

55. Preço vil como aquele inferior a cinquenta por cento do valor de avaliação, salvo outro percentual ou valor estabelecido pelo juiz

O leilão judicial não se efetivará por preço vil. Após muitas polêmicas e muitas discussões doutrinárias e jurisprudenciais acerca do conceito de preço vil, fez por bem o legislador em fixar objetivamente, na própria lei processual, o percentual sobre o valor da avaliação do bem penhorado abaixo do qual a arrematação será considerada concretizada. No parágrafo único do art. 891, o atual Código de Processo Civil explicitamente definiu como preço vil *aquele inferior a cinquenta por cento do valor da avaliação.*

Trata-se de uma justa regra de proteção ao executado, inspirada na premissa de que a execução deve ser feita do modo menos gravoso a ele (CPC, art. 805). Não deverá haver espoliação, devendo-se buscar, tanto quanto possível, um equilíbrio entre os objetivos de satisfazer adequadamente o direito do exequente e de não prejudicar o executado além do estritamente necessário.

O percentual em questão naturalmente se aplicará sobre o valor *atualizado* da avaliação, e não sobre seu valor meramente nominal ou histórico.

Conforme ressalva o parágrafo único do art. 891, quando o juiz, ao traçar as diretrizes do leilão, venha a fixar preço mínimo para o leilão, a lei então considera esse o *piso* para o oferecimento de lances. Assim, em verdade, o percentual de cinquenta por cento sobre a avaliação será o parâmetro para a caracterização do preço vil somente quando o magistrado não se pronunciar sobre o preço mínimo da arrematação; havendo essa fixação, prevalecerá o

---

impedimento estampado nos incisos I a III do art. 690-A do CPC denota que doutrina e jurisprudência permitem interpretação e adequação pelo aplicador do direito, em homenagem à intenção do legislador. 4. O Tribunal de origem decidiu que o depositário fiel do bem penhorado, enquanto representante de outra pessoa jurídica do mesmo grupo empresarial da executada, seja enquadrado nas hipóteses impeditivas de arrematação. 5. Nos termos do art. 131 do CPC, cabe ao magistrado decidir a questão de acordo com o seu livre convencimento, utilizando-se dos fatos, provas, jurisprudência, aspectos pertinentes o tema e da legislação que entender aplicável ao caso, como ocorreu, para evitar fraude à arrematação. Recurso especial improvido" (STJ, 2ª T., REsp 1.368.249-RN, j. 16.04.2013, rel. Min. HUMBERTO MARTINS, negaram provimento, v.u.).

preço mínimo em detrimento do percentual assinalado pelo parágrafo único do art. 891.

A previsão de fixação pelo magistrado do preço mínimo para o leilão judicial vem insculpida no art. 885 do Código de Processo Civil. Valem, aqui também, as ressalvas já feitas por ocasião de nossos comentários a este último dispositivo legal (v. item 42, *retro*), no sentido de que essa regra do preço vil ou mínimo será irrelevante para os casos (a) de expropriação de bem indivisível que tiver coproprietário ou cônjuge não responsável pela execução, situação em que a alienação será feita por valor não inferior ao de sua quota-parte (CPC, art. 843, § 2º) e de (b) leilão de bem imóvel pertencente a incapaz, cujo valor mínimo para fins de arrematação será o equivalente a oitenta por cento sobre o valor de avaliação (CPC, art. 896, *caput*).

O percentual de cinquenta por cento sobre o valor da avaliação do bem penhorado já há algum tempo estava pacificado pela jurisprudência do Superior Tribunal de Justiça,[215] embora já tenha essa Corte, em circunstâncias excepcionais (p. ex., inúmeras hastas públicas infrutíferas, bens de diminuta liquidez perante o mercado etc.) e, à luz do Código de 1973, autorizado a arrematação por percentuais inferiores a cinquenta por cento.[216]

A nosso ver, sob a égide do Código de 2015, mesmo diante da positivação desse percentual, desde que se trate de circunstância verdadeiramente excepcional e devidamente justificada à luz do caso concreto, poderá ser extraordinariamente aceita a arrematação por percentual inferior ao de cinquenta por cento.

Embora tenha havido essa pacificação jurisprudencial, pensamos ser positiva essa menção explícita na lei processual. O aclaramento das situações outrora polêmicas é sempre desejável, e, em nosso entender, toda e qualquer

---

215 "O STJ entende que está caracterizado o preço vil quando o valor da arrematação for inferior a 50% da avaliação do bem, o que não ocorre no caso, em que, até mesmo considerando a avaliação pretendida pelo agravante, o valor é superior a esse percentual" (STJ, 4ª T., AgInt no AREsp 891.393-RS, j. 18.10.2016, rel. Min. Maria Isabel Gallotti, DJ 21.10.2016, negaram provimento, v.u.).

216 "A caracterização de preço vil tem como parâmetro o valor equivalente a 50% (cinquenta por cento) da avaliação do bem, ressalvada a possibilidade, diante das circunstâncias do caso concreto, de arrematação em valor menor" (STJ, 4ª T., AgRg no REsp 1.360.282-SP, j. 04.02.2016, rel. Min. Marco Buzzi, DJ 17.02.2016, negaram provimento, v.u.).

Veja ainda: "não se deve considerar arrematação por preço vil a hipótese em que o bem foi arrematado por 31% do valor da avaliação, após seis leilões infrutíferos, pois o valor da avaliação não pode figurar como único ou preponderante parâmetro do justo, devendo-se levar em conta as particularidades do caso concreto e as circunstâncias negociais à época da alienação" (STJ, 2ª T., Emb. Decl. no AgRg no REsp 1.428.764-SP, j. 27.10.2015, rel. Min. Og Fernandes, DJ 12.11.2015, receberam como agravo regimental e deram provimento, v.u.).

iniciativa do legislador no sentido de se pronunciar explicitamente sobre temas tormentosos se mostra válida, aumentando-se a segurança jurídica em prol do jurisdicionado. Regras claras são o pressuposto de uma *ordem jurídica justa*.[217]

No que tange aos bens elencados no rol do art. 871 do Código de Processo Civil, embora não estejam eles sujeitos à avaliação, igualmente há de se lhes aplicar a regra do parágrafo único do art. 891. Porém, nesses casos, o percentual de cinquenta por cento incidirá, respectivamente, (a) sobre a estimativa feita por uma parte e aceita pela outra (CPC, art. 871, inc. I), (b) sobre a cotação feita em bolsa, para as mercadorias, títulos, inclusive da dívida pública, ações de sociedades e título de crédito que estiverem sujeitos a esse tipo de precificação (CPC, art. 871, incs. II e III) ou (c) sobre o preço médio de mercado, no que tange aos veículos automotores ou outros bens englobados pela definição do inc. IV do art. 871.

Questão interessante reside em saber se a fixação do preço mínimo poderá ser feita em valor inferior ao percentual de cinquenta por cento. Entendemos que sim, pelas mesmas razões acima expostas, segundo as quais nos parece admissível, em caráter excepcional e em vista das peculiaridades de cada caso concreto, a arrematação por percentual inferior a este. Afinal, se essa delibação poderá ser feita *a posteriori*, quando já aperfeiçoado o leilão, com muito mais razão poderá ser feita também *a priori*, contando com a prudência e a sensibilidade por parte do juiz responsável pela execução.

Por idênticas razões, o preço mínimo também poderá ser fixado em percentual superior a cinquenta por cento sobre o valor de avaliação do bem.

Pondera-se, outrossim, que o percentual mínimo de cinquenta por cento sobre o valor de avaliação (ou o preço mínimo fixado pelo magistrado) *somente terá aplicação ao segundo leilão*, prevalecendo, por força do disposto no art. 895, inc. I, do Código de Processo Civil, a premissa segundo a qual, no primeiro leilão, a arrematação somente poderá ocorrer por valor igual ou superior ao de avaliação.

É tarefa do leiloeiro público ou do corretor barrar a aceitação dos lances que, em primeiro leilão, sejam inferiores ao valor de avaliação do bem expropriado e que, em segundo leilão, configurem preço vil ou estejam abaixo do preço mínimo fixado pelo magistrado.

De todo modo, se por qualquer motivo a arrematação em tais condições vier a ser efetivada, será ela nula, podendo tal nulidade ser decretada de ofício pelo magistrado.[218] Atualmente, porém, diante da regra do § 2º do art. 903 do

---

217 Expressão creditada a KAZUO WATANABE.

218 "A nulidade da arrematação pode ser declarada de ofício" (STJ, 3ª T., AgRg no REsp 1.523.384-SP, j. 23.06.2016, rel. Min. RICARDO VILLAS BÔAS CUEVA, DJ 02.08.2016, negaram provimento, v.u.).

Código de Processo Civil, entendemos que essa decretação de ofício poderá ser feita nos autos da execução apenas nos dez primeiros dias úteis após o aperfeiçoamento da arrematação, após o que, não havendo qualquer insurgência por parte dos interessados, restará preclusa tal oportunidade, inclusive para o magistrado. Escoado tal prazo, essa pretensão deverá ser veiculada por meio de ação anulatória ou desconstitutiva autônoma, consoante a previsão constante do § 4º do art. 903 do Código de Processo Civil.

Art. 892. Salvo pronunciamento judicial em sentido diverso, o pagamento deverá ser realizado de imediato pelo arrematante, por depósito judicial ou por meio eletrônico.

§ 1º Se o exequente arrematar os bens e for o único credor, não estará obrigado a exibir o preço, mas, se o valor dos bens exceder ao seu crédito, depositará, dentro de 3 (três) dias, a diferença, sob pena de tornar-se sem efeito a arrematação, e, nesse caso, realizar-se-á novo leilão, à custa do exequente.

§ 2º Se houver mais de um pretendente, proceder-se-á entre eles à licitação, e, no caso de igualdade de oferta, terá preferência o cônjuge, o companheiro, o descendente ou o ascendente do executado, nessa ordem.

§ 3º No caso de leilão de bem tombado, a União, os Estados e os Municípios terão, nessa ordem, o direito de preferência na arrematação, em igualdade de oferta.

CPC de 1973 – arts. 690 e 690-A, parágrafo único

56. Pagamento do preço pelo arrematante. Parcelamento. Meios de pagamento

Embora curiosamente o Código não afirme isso de modo expresso em qualquer passagem de seu texto, como é até intuitivo, obviamente será vitorioso no leilão *aquele que oferecer o maior valor* para a aquisição do bem penhorado.

Como regra, o pagamento do valor relativo ao lance vencedor do leilão será feito à vista pelo arrematante, na própria data de sua realização.

Mas, consoante já explicitado em nossos comentários ao art. 885 do Código de Processo Civil (v. item 55, *infra*), o pagamento à vista não é regra absoluta, sendo autorizado que o arrematante o efetue de modo parcelado em até trinta meses, desde que oferecido, à vista, um percentual mínimo de vinte e cinco por cento do total (CPC, art. 895, § 1º). Nesta última hipótese, como também já asseverado alhures, o pretendente à arrematação deverá ainda oferecer caução idônea, quando se tratar de bens móveis, e hipoteca do próprio bem, quando se tratar de imóveis.

O próprio *caput* do art. 892 também expressamente autoriza que o juiz,[219] sensível às condições objetivas do leilão, altere a regra geral do pagamento à vista e, com o escopo de aumentar as chances de sucesso do ato expropriatório, permita a formulação de lances prevendo o pagamento parcelado do valor ofertado.

Quanto à forma de pagamento, este poderá ser efetivado através de depósito judicial vinculado à execução ou por meio de transferência bancária (ou ainda TED ou DOC) a ser feita para a conta do leiloeiro público (CPC, art. 884, inc. IV). Naturalmente, porém, vindo o leilão a se encerrar após o expediente bancário, a obrigação de pagamento ficará postergada para o dia útil imediatamente subsequente.

Consoante o disposto no art. 884, inc. IV, do Código de Processo Civil, o arrematante poderá ainda entregar o pagamento em dinheiro ao próprio leiloeiro, ficando este último incumbido de, dentro de um dia, depositar, à ordem do juiz, o produto da alienação.

Embora inexista menção explícita no art. 892, não há qualquer razão para não se admitir que o pagamento seja feito por meio de cheque, observando-se apenas, nesse caso, a necessidade de sua regular compensação perante o respectivo banco emissor. Nessa hipótese, aliás, dificilmente conseguirá o leiloeiro efetivar o depósito judicial da quantia recebida dentro do prazo de um dia, inexistindo aí, porém, qualquer falta de sua parte, cabendo-lhe apenas justificar o sobejamento do prazo legal por força da necessidade de aguardar a compensação do cheque.

O Código atual suprimiu a antiga permissão, prevista no *caput* do art. 690 do Código de 1973, de que o pagamento fosse feito dentro do prazo de até quinze dias, mediante o oferecimento de caução. Perdeu-se, com isso, um interessante atrativo para os licitantes, os quais terão, a partir de agora, de se organizar muito mais para participar dos leilões, devendo estar prontos, com o dinheiro integralmente disponível, antes mesmo de saber se efetivamente se sagrarão ou não vencedores. Assim, não mais lhes é facultado aguardar o efetivo resultado do certame para somente então, sem pressa, resgatar eventuais aplicações e proceder com o pagamento do lance. Pior, a nosso ver, a lei nova, nesse ponto.

57. A licitação do bem penhorado

Narrando com perfeição o procedimento e as formalidades para a realização da hasta pública, enunciou GABRIEL DE REZENDE FILHO que, "iniciada a praça, cabe ao porteiro anunciar as coisas que vão ser objeto de arrematação. É o *pregão.*

219 Extrai-se essa possibilidade da letra expressa da lei, a qual, "salvo pronunciamento judicial em sentido contrário", pronuncia a regra geral de pagamento à vista.

Cada coisa deve ser apregoada três vezes, em voz alta e distinta, com breve intervalo. Feito por um dos presentes o lanço, o porteiro repete-o três vezes. Se outro licitante oferecer quantia maior, o lanço inutilizará o anterior e o porteiro vai sempre repetindo os lanços sucessivos três vezes em voz alta até que ninguém dê mais. Valerá, afinal, o lanço maior, concluindo-se a arrematação".[220]

No procedimento da arrematação, como já visto, verifica-se a existência de duas licitações. Na primeira, serão aceitos unicamente lanços que atinjam valor igual ou superior ao do bem praceado ou leiloado (CPC, art. 895, inc. I). Na segunda, admite-se qualquer lanço, inclusive abaixo do valor de avaliação da coisa (CPC, art. 895, inc. II). Ressalva-se apenas a inadmissibilidade de se lançar por *preço vil* ou inferior ao preço mínimo estabelecido pelo juiz (CPC, arts. 891, parágrafo único, e 895, inc. II), consoante já visto em maiores detalhes no item 55, *retro*.

Inexistindo qualquer lanço na primeira hasta pública, o leiloeiro lavrará auto negativo, seguindo-se, na próxima data designada, a realização da segunda licitação. Por óbvio, ocorrendo a arrematação na primeira oportunidade, não se realizará a segunda.

58. Arrematação pelo exequente. Oferecimento do preço e hipóteses de sua dispensa. Arrematação por credor com privilégio ou preferência

Vindo o exequente a arrematar o bem, ao contrário dos demais licitantes, em princípio ele não estará obrigado a exibir o preço, a não ser que (a) o valor dos bens leiloados exceda o seu crédito, hipótese em que "depositará, dentro de três (3) dias, a diferença, sob pena de tornar-se sem efeito a arrematação" (CPC, art. 892, § 1º) ou (b) haja concorrência de outros credores com preferência na obtenção do produto dessa expropriação.

Em relação a essa segunda hipótese, a dispensa do depósito do preço ocorrerá somente se não existirem outras execuções pendentes com penhora incidente sobre os bens expropriados (CPC, art. 905, inc. I, em aplicação analógica). Além disso, é preciso ainda que sobre os bens alienados não haja "qualquer outro privilégio ou preferência" (inc. II).

Portanto, mesmo que seu lance seja igual ou inferior ao valor de seu crédito, ainda assim ele deverá exibir o preço se houver outro credor concorrente com penhora anterior à sua, ou se houver credor com privilégio ou preferência no recebimento do produto da expropriação.

Nessas hipóteses, como se verá mais adiante, instaurar-se-á concurso especial de credores – a denominada fase de *entrega do produto* da expropria-

---

220 Gabriel José Rodrigues de Rezende Filho, *Curso de Direito Processual Civil*, 3ª ed., São Paulo: Saraiva, 1952, v. III, p. 262-263.

ção (LIEBMAN).[221] Assim, o dinheiro será depositado em juízo e ficará sob a guarda judicial, sendo deferido seu levantamento *apenas após a instauração da fase satisfativa* compreendida pelos arts. 904 e seguintes do Código de Processo Civil.

Ou seja, mesmo nos casos em que vier a ser efetivada a arrematação do bem penhorado *pelo próprio exequente*, nem sempre sua ocorrência evitará o trâmite da fase de entrega do produto obtido pela expropriação realizada. Para essas situações, a arrematação não terá o condão de encerrar a prestação jurisdicional executiva, sendo necessária uma fase adicional, na qual eventuais credores com penhoras realizadas sobre o mesmo bem ou com direito de prelação disputarão o produto da expropriação judicial.

Como será visto adiante, em tal concurso, os credores legitimados a dele participar trarão aos autos da execução comprovação documental da origem e do valor atualizado de seus respectivos créditos, demonstrando ainda a existência (a) de eventuais privilégios ou preferências sobre o bem penhorado (v. item 105, *infra*) ou (b) de penhora realizada em seu favor no bojo de outro processo executivo, informando também, nesse caso, a data em que a constrição foi efetivada (CPC, art. 908, § 1º).

Do mesmo modo, se a arrematação for vencida pelo credor que ostentar a melhor preferência ou o melhor privilégio entre todos, igualmente ficará ele dispensado de exibir o preço, desde que, também aqui, o valor dos bens leiloados não exceda o seu crédito.

Por fim, como já asseverado alhures, deixando de apresentar em juízo a diferença, realizar-se-á nova hasta pública do bem, correndo as respectivas despesas por conta do exequente ou do credor com melhor privilégio ou preferência que tiver arrematado o bem (art. 892, § 1º, *in fine*). E naturalmente se aplicará também ao exequente ou credor *remissos* a penalidade constante do acima citado art. 897 do Código de Processo Civil.

59. Igualdade de ofertas, preferências e desempate

Em caso de igualdade de ofertas, dispõe ainda o § 2º do art. 892 que "terá preferência o cônjuge, o companheiro, o descendente ou o ascendente do executado, nessa ordem". E, na hipótese de expropriação de bem tombado, terão preferência, nesta ordem, a União, os Estados e o Município, também em caso de igualdade de ofertas (CPC, art. 892, § 3º). Havendo empate entre ofertas feitas por mais de um Estado ou Município, operar-se-á a preferência em favor daquele que tiver realizado o ato de tombamento.[222]

---

221 *Processo de execução*, 2ª ed., cit., p. 124.

222 ANDRÉ VASCONCELOS ROQUE, *Código de Processo Civil anotado*, cit., p. 1382.

Como claramente se vê, tal preferência vale exclusivamente como *critério de desempate* entre duas ou mais propostas idênticas, prevalecendo, para as demais situações, o critério do melhor lance ofertado.

Ainda na hipótese de igualdade entre propostas, o coproprietário ou cônjuge não executado terá preferência na aquisição do bem indivisível (CPC, art. 843, § 1º). Da mesma maneira, terá preferência aquele que oferecer oferta global, em detrimento de oferta individual, ou que contemple apenas alguns bens (CPC, art. 893), e ainda aquele que efetuar oferta de pagamento à vista, em detrimento de oferta que contemple parcelamento (CPC, art. 895, § 7º). E também gozarão de preferência os sócios, se a expropriação recair sobre quota social ou ação de sociedade anônima fechada, quando a execução se processar em favor de credor alheio à sociedade (CPC, art. 876, § 7º, aplicado analogicamente).[223]

Tratando-se de regras especiais, essas hipóteses de preferência acima citadas prevalecerão sobre a preferência geral constante do § 2º do art. 892.

Por fim, ainda sobre o tema das preferências, cabe lembrar que, consoante a dicção do § 1º do art. 843 do Código, na expropriação de bens indivisíveis, o coproprietário e o cônjuge não executados terão preferência na arrematação em igualdade de condições.

> **Art. 893.** Se o leilão for de diversos bens e houver mais de um lançador, terá preferência aquele que se propuser a arrematá-los todos, em conjunto, oferecendo, para os bens que não tiverem lance, preço igual ao da avaliação e, para os demais, preço igual ao do maior lance que, na tentativa de arrematação individualizada, tenha sido oferecido para eles.
>
> *CPC de 1973 – art. 691*

60. Preferência para a arrematação global de bens

Quando o leilão versar sobre dois ou mais bens e havendo mais de um licitante, a lei confere preferência àquele que se dispuser a arrematá-los em conjunto. Para tanto, havendo proposta que recaia apenas sobre um ou alguns dos bens leiloados (mas não todos), vencerá aquele que fizer oferta (a) equivalente ao valor de avaliação para aqueles bens que não tiverem qualquer proposta e, adicionalmente, (b) de valor igual (ou superior, como se verá logo a seguir) para os bens englobados pela proposta anterior.

Exemplificativamente, se houver dois bens sendo leiloados conjuntamente e um licitante oferecer R$ 100.000,00 por um e não fizer proposta pelo

223 Cf. André Vasconcelos Roque, *Código de Processo Civil anotado*, cit., p. 1382.

outro, sua proposta será derrotada por uma subsequente que ofereça os mesmos R$ 100.000,00 para tal bem e, em adição, disponha-se a arrematar o segundo bem pelo valor de avaliação.

A nosso ver, o enunciado do art. 893 acabou sendo indevidamente formulado somente com foco no primeiro leilão, no qual, como é sabido, não será aceito lance inferior ao valor de avaliação dos bens penhorados (CPC, art. 895, inc. I). Evidentemente, porém, a norma em questão terá plena aplicabilidade ao segundo leilão. Contudo, na segunda tentativa, inexistirá qualquer obrigatoriedade de o segundo competidor, no exemplo acima dado, oferecer proposta para os demais bens em montante equivalente ao da avaliação, *bastando-lhe propor o pagamento de preço não vil ou não inferior ao mínimo fixado pelo juiz*. Afinal, se no segundo leilão é plenamente possível a arrematação individualizada dos bens por valor inferior ao de avaliação (CPC, art. 895, inc. II), não há motivo para que essa premissa também não se aplique às arrematações globais.[224]

No entanto, sob a égide do Código de 1973, já entendeu o Superior Tribunal de Justiça que "a arrematação de bem imóvel mediante pagamento em prestações, mesmo em segunda praça, não pode realizar-se por valor inferior ao da avaliação".[225]

Por motivos lógicos, naturalmente a oferta global deverá ser feita somente após apregoados todos os bens a serem leiloados e, do mesmo modo, somente após a efetivação de alguma proposta que contemple apenas uma parte deles. Caso contrário, a regra do art. 893, cujo escopo claramente é *regular situações de empate*, simplesmente não terá incidência.

Como visto há pouco, o art. 893 do Código de Processo Civil enuncia que, para os bens sobre os quais já recaia proposta, a nova oferta poderá ser não apenas igual, *mas também maior* do que a anterior. Evidentemente, porém, nessa situação, a vitória do segundo pretendente ocorrerá não por critérios de desempate ou preferência, mais sim pura e simplesmente porque este ofereceu a maior proposta para tais bens.

---

224 Aparentemente em sentido contrário, v. HELDER MORONI CÂMARA, *Comentários ao Código de Processo Civil*, coord. Lenio Luiz Streck, Dierle Nunes e Leonardo Carneiro da Cunha, São Paulo: Saraiva, 2016, p. 1158-1159.

225 STJ, 4ª T., REsp 1.340.965-MG, j. 03.09.2015, rel. Min. RAUL ARAÚJO, DJ 11.09.2015, deram provimento, v.u. Assim aduz ainda tal julgado, aludindo aos dispositivos do Código de Processo Civil de 1973: "estabelecendo o § 1º do art. 690 do CPC que, 'tratando-se de bem imóvel, quem estiver interessado em adquiri-lo em prestações poderá apresentar por escrito sua proposta, nunca inferior à avaliação', tem-se que, em nenhum momento, isto é, quer em primeira, quer em segunda praça, poderá ocorrer a aquisição de imóvel mediante pagamento em prestações, por preço inferior ao da avaliação, sob pena de nulidade da arrematação (CPC, art. 694, § 1º, I)".

A redação do art. 893 do Código de Processo Civil é bastante semelhante, em conteúdo, àquela constante do art. 691 do Código de 1973.

Consoante a lição de Luis Guilherme Aidar Bondioli, o escopo da norma é "estimular a expropriação conjunta e de uma só vez dos bens penhorados, satisfazendo com maior rapidez e eficiência o crédito do exequente, mas sem descuidar dos direitos do executado, dados os parâmetros para a arrematação global".[226]

> **Art. 894.** Quando o imóvel admitir cômoda divisão, o juiz, a requerimento do executado, ordenará a alienação judicial de parte dele, desde que suficiente para o pagamento do exequente e para a satisfação das despesas da execução.
>
> **§ 1º** Não havendo lançador, far-se-á a alienação do imóvel em sua integridade.
>
> **§ 2º** A alienação por partes deverá ser requerida a tempo de permitir a avaliação das glebas destacadas e sua inclusão no edital, e, nesse caso, caberá ao executado instruir o requerimento com planta e memorial descritivo subscritos por profissional habilitado.
>
> *CPC de 1973 – art. 702*

61. Expropriação meramente parcial de imóveis que admitam cômoda divisão

Inspirado na premissa de menor onerosidade ao executado (CPC, art. 805), o art. 894 do Código de Processo Civil dispõe que, a requerimento do executado, a alienação de imóvel poderá ser feita apenas parcialmente, quando o bem admitir cômoda divisão e a parte expropriada for suficiente para saldar o crédito exequendo.

Para evitar procrastinações e manobras desleais, o § 2º do art. 894 determina que a alienação parcial do bem imóvel seja requerida com uma antecedência mínima que permita a realização de avaliação das glebas destacadas e sua inclusão no edital. Como claramente se percebe a partir do texto desse § 2º, não poderá ser aceito requerimento feito às vésperas da hasta pública, quando esta já tiver datas designadas e uma vez já publicado seu respectivo edital.

Trata-se de regra de segurança e de respeito à jurisdição executiva, que, como visto acima, visa a coibir manobras protelatórias por parte do executado.

Nesse sentido, embora possa ser excedido ou formulado com mais antecedência, o momento ideal de formulação desse requerimento é logo após a entrega do laudo judicial de avaliação do bem penhorado, ocasião em que já

---

226 Luis Guilherme Aidar Bondioli, *Comentários ao novo Código de Processo Civil*, 2ª ed., coord. Antonio do Passo Cabral e Ronaldo Cramer, Rio de Janeiro: Forense, 2016, p. 1270.

será possível visualizar a extensão de eventual disparidade entre o valor do bem penhorado e o *quantum* exequendo – de modo a saber se há sobras suficientes para se autorizar que parte do bem seja poupado – e quando ainda não tiverem sido praticados outros atos preparatórios da alienação.

A nosso ver, ao contrário do que possa sugerir a letra fria do § 2º do art. 894, não há que se exigir que obrigatoriamente o requerimento anteceda o término da avaliação, pois, antes da efetiva entrega do laudo judicial, nem sempre será possível às partes e ao juiz visualizarem a possibilidade de desmembramento do imóvel penhorado.

Caberá ao executado instruir seu requerimento com planta e memorial descritivo subscritos por profissional habilitado (CPC, art. 894, § 2º, *in fine*). Ou seja, é ônus processual exclusivo seu demonstrar, de modo claro e documental, que o imóvel efetivamente admite uma "cômoda divisão", sob pena de ser indeferido seu pleito. Deverá ainda sugerir os possíveis desmembramentos para fins de uma alienação parcial.[227]

Nesse contexto, a falta de juntada da documentação comprobatória dessa situação é, por si só, motivo para que seja rejeitado o requerimento.

Caberá ainda ao executado demonstrar que a parte a ser pretensamente expropriada será suficiente para a quitação integral do crédito exequendo,[228] *inclusive no cenário de um segundo leilão*, considerando-se a possibilidade de o bem ser arrematado pelo percentual de cinquenta por cento sobre o valor da avaliação (CPC, art. 891, parágrafo único). Se houver risco de a porção destinada à expropriação se mostrar insuficiente para a quitação total do débito, *ainda que somente no cenário de um segundo leilão*, o pleito há de ser igualmente indeferido. Afinal, conquanto a execução deva se processar do modo menos gravoso ao executado, obviamente ela não poderá ser conduzida de forma a desrespeitar ou frustrar a satisfação integral dos direitos do exequente.

Formulado o requerimento de alienação meramente parcial do imóvel penhorado, em respeito ao contraditório, deverá o juiz abrir vista ao exequente para manifestação, salvo se o juiz entender, de plano, que o pleito não reúne condições para ser deferido, hipótese em que poderá rejeitá-lo de imediato. Não poderá o magistrado, porém, em nenhuma circunstância, deferir tal requerimento sem a prévia oitiva do exequente, sob pena de nulidade da respectiva decisão.

227 Luis Guilherme Aidar Bondioli, *Comentários ao novo Código de Processo Civil*, 2ª ed., coord. Antonio do Passo Cabral e Ronaldo Cramer, Rio de Janeiro: Forense, 2016, p. 1271.

228 Incluindo-se nessa conta não apenas o valor atualizado e com juros do crédito exequendo, mas também custas, despesas processuais e honorários advocatícios.

Diante da explícita exigência legal da formulação de "requerimento" por parte do executado, não se admitirá que a divisão se opere *ex officio*.

Conquanto se trate de um conceito jurídico indeterminado, para que haja uma "cômoda divisão" do imóvel, é necessário que a porção a ser expropriada (a) reúna características de ocupação plena, (b) com testada para rua sempre que sua porção integral também a tenha, (c) com área mínima que permita a edificação de construções e contemple um recuo construtivo, quando assim o exigir a legislação aplicável, que (d) reúna qualidades semelhantes à área integralmente considerada e igualmente não destoe, em termos de vocação, das áreas vizinhas, que (e) não se mostre inferior à porção a ser pretensamente liberada etc.

62. Expropriação integral do bem em caso de ausência de licitantes interessados em sua parte dividida

Não havendo interessado na arrematação meramente parcial do bem, o § 1º do art. 894 enuncia que será então feita a expropriação de sua integralidade. Note-se que o texto desse § 1º é rigorosamente idêntico àquele previsto no anterior parágrafo único do art. 702 do Código de Processo Civil de 1973.

Aqui se vê que a formulação legal novamente está em plena consonância com o equilíbrio entre a menor onerosidade ao executado, sem, contudo, prejudicar o direito do exequente à satisfação do crédito. Ou seja, sendo infrutífera a expropriação segmentada do bem, mais benéfica ao executado, passar-se-á irrefreavelmente para a segunda opção, de alienação integral do bem, mais gravosa para ele, mas necessária para a contemplação dos escopos jurisdicionais da execução.

Art. 895. O interessado em adquirir o bem penhorado em prestações poderá apresentar, por escrito:

I – até o início do primeiro leilão, proposta de aquisição do bem por valor não inferior ao da avaliação;

II – até o início do segundo leilão, proposta de aquisição do bem por valor que não seja considerado vil.

§ 1º A proposta conterá, em qualquer hipótese, oferta de pagamento de pelo menos vinte e cinco por cento do valor do lance à vista e o restante parcelado em até 30 (trinta) meses, garantido por caução idônea, quando se tratar de móveis, e por hipoteca do próprio bem, quando se tratar de imóveis.

§ 2º As propostas para aquisição em prestações indicarão o prazo, a modalidade, o indexador de correção monetária e as condições de pagamento do saldo.

§ 3º (VETADO).

§ 4º No caso de atraso no pagamento de qualquer das prestações, incidirá multa de dez por cento sobre a soma da parcela inadimplida com as parcelas vincendas.

§ 5º O inadimplemento autoriza o exequente a pedir a resolução da arrematação ou promover, em face do arrematante, a execução do valor devido, devendo ambos os pedidos ser formulados nos autos da execução em que se deu a arrematação.

§ 6º A apresentação da proposta prevista neste artigo não suspende o leilão.

§ 7º A proposta de pagamento do lance à vista sempre prevalecerá sobre as propostas de pagamento parcelado.

§ 8º Havendo mais de uma proposta de pagamento parcelado:

I – em diferentes condições, o juiz decidirá pela mais vantajosa, assim compreendida, sempre, a de maior valor;

II – em iguais condições, o juiz decidirá pela formulada em primeiro lugar.

§ 9º No caso de arrematação a prazo, os pagamentos feitos pelo arrematante pertencerão ao exequente até o limite de seu crédito, e os subsequentes, ao executado.

CPC de 1973 – art. 690, caput *e §§ 1º a 4º*

63. Aquisição do bem por meio de pagamento parcelado. Momento para realização da proposta

Consoante já asseverado, como regra, o pagamento do valor do lance vencedor no leilão será feito *à vista* pelo arrematante, na própria data de sua realização (CPC, art. 892, *caput*). Mas, como asseverado em nossos comentários ao art. 885 do Código de Processo Civil (v. item 42, *infra*), o pagamento à vista não é regra absoluta, sendo autorizado que o arrematante o efetue de modo parcelado em até trinta meses, desde que oferecido, à vista, um percentual mínimo de vinte e cinco por cento do total (CPC, art. 895, § 1º).

A autorização para pagamento parcelado do preço da arrematação remonta ao Código de Processo Civil de 1939 (art. 967, §§ 1º e 2º).[229]

Nessa hipótese de parcelamento, o pretendente à arrematação deverá ainda oferecer caução idônea, quando se tratar de bens móveis, e hipoteca do próprio bem, quando se tratar de imóveis. A caução relativa aos bens móveis poderá ser real ou fidejussória, sabendo-se, quanto a esta última, que a apre-

229 "Art. 967. A arrematação far-se-á a dinheiro à vista ou mediante caução idônea. § 1º Quando, porém, se tratar de imovel, o licitante poderá fazer por escrito o seu lanço, propondo, pelo menos, cincoenta por cento (50%) à vista e assegurando pagamento do restante com hipoteca legal sobre o imovel. § 2º A proposta indicará o tempo, a forma e as condições de pagamento do preço restante. § 3º Quando houver interesse de incapazes, o juiz, ouvidos os respectivos representantes ou assistentes, deferirá a proposta, se conveniente. § 4º Só por acôrdo dos interessados poderá realizar-se a venda na forma prevista nos parágrafos anteriores."

sentação de fiador é expediente de ampla aceitação na disciplina da arrematação (cf. CPC, arts. 897 e 898).[230]

As hipóteses da denominada arrematação a prazo foram ampliadas pelo legislador no novel Código. Na sistemática anterior, tal possibilidade estava adstrita exclusivamente à alienação de bens *imóveis* (CPC-1973, art. 690, § 1º), em restrição que parecia não fazer sentido. Melhor, assim, a lei nova nesse ponto.

Modificou-se ainda o percentual mínimo de pagamento à vista, outrora de trinta por cento sobre o total do lance (CPC-1973, art. 690, § 1º) e agora de vinte e cinco por cento desse valor (CPC, art. 895, § 1º). E o prazo máximo de parcelamento, indeterminado na lei anterior, passou a ser de trinta meses.

Conforme dispõe o *caput* do art. 895, aquele que se interessar por adquirir o bem em prestações apresentará oferta escrita de aquisição do bem (a) por valor não inferior ao da avaliação, *até o início do primeiro leilão* (art. 895, inc. I) ou (b) por valor que não seja considerado vil ou que se mostre inferior ao preço mínimo fixado pelo juiz, *até o início do segundo leilão* (art. 895, inc. II).

Por opção legislativa, fica claro que as propostas de parcelamento poderão ser entregues *somente em momento anterior ao início de cada um dos leilões*. Iniciados os pregões, a possibilidade de parcelamento deixará de existir, retomando-se a regra geral prevista no *caput* do art. 892 do Código de Processo Civil, segundo a qual o pagamento do preço será feito de imediato, à vista, em parcela única.

A restrição à apresentação de propostas de parcelamento durante o curso do leilão se dá para evitar manipulações ou vantagens excessivas aos pretendentes que, conquanto já previamente dispostos a oferecer o valor do bem à vista, encontrem uma situação de ausência de outras propostas e regateiem em busca de uma posição de ainda maior proveito próprio – algo que claramente poderia prejudicar o escopo maior de se estimular a obtenção do melhor preço na alienação judicial. Em verdade, a existência de propostas de pagamento parcelado antes do leilão tende a auxiliar uma arrematação mais benéfica às partes da execução, enquanto a formulação de propostas *durante o próprio leilão* parece ter efeito inverso, prejudicando a competição em prol do melhor lance.

A referência legal ao valor de avaliação e ao preço vil (ou preço mínimo) constitui a grande baliza à oferta de lances pelos interessados, a qual, em verdade e como já se viu anteriormente, é aplicável não somente às propostas de pagamento parcelado, mas também àquelas com previsão de pagamento à vista, feitas no curso do pregão.

---

230 Cf. Luis Guilherme Aidar Bondioli, *Comentários ao novo Código de Processo Civil*, 2ª ed., cit., p. 1273.

64. Prazo, modalidade, indexador e condições de pagamento da proposta de parcelamento

Além do próprio preço, as propostas de pagamento parcelado indicarão o prazo, a modalidade de pagamento, o indexador de correção monetária e as condições de pagamento (CPC, art. 895, § 2º).

Quanto ao prazo, viu-se acima que ele não excederá trinta meses, nada impedindo, porém, que, quanto à periodicidade, o interessado proponha, por exemplo, o pagamento de parcelas trimestrais ou semestrais – desde que, é claro, o interregno total de tempo até a quitação não ultrapasse esse período máximo de trinta meses.

No que tange às condições da proposta, serão elas de livre escolha do interessado, podendo haver previsão de pagamento de parcelas de valor homogêneo ou variável, observando-se, em qualquer caso, o mínimo legal da avaliação ou do preço vil ou mínimo, conforme se tratar do primeiro ou do segundo leilão.

Em relação à modalidade de pagamento, consoante os comentários feitos ao art. 892 do novel Código, deverá o pretendente informar se os pagamentos serão realizados por meio eletrônico (transferência bancária, TED ou DOC), por depósito judicial, por cheque, em espécie etc.

Por fim, novidade interessante introduzida pelo novo Código, de certa forma intuitiva, é a cominação de que a proposta de parcelamento contemple ainda uma previsão de atualização monetária das parcelas e seu respectivo índice de indexação. Naturalmente o ideal é que o proponente escolha o mesmo índice adotado pelo órgão judiciário onde tramitar a execução, mas outros poderão ser aceitos, desde que efetivamente espelhem a correção do valor da moeda. Índices como a Taxa Referencial, por exemplo, não serão aceitos, haja vista sua inadequação para corrigir a variação do poder aquisitivo da moeda.[231]

65. Proposta de parcelamento e a não suspensão do leilão

Evidentemente a formulação de proposta de parcelamento não suspende a realização do leilão (CPC, art. 895, § 6º), já que, na dicção da própria lei, sobre ela sempre prevalecerão as propostas de pagamento do lance à vista (art. 895, § 7º). É necessário, assim, que se oportunize aos interessados a efetivação de eventuais outros lances, o que naturalmente ocorrerá durante a própria realização do leilão.

---

231 "A Taxa Referencial (TR) não é índice de correção monetária, pois, refletindo as variações do custo primário da captação dos depósitos a prazo fixo, não constitui índice que reflita a variação do poder aquisitivo da moeda. Precedente do STF" (STJ, 3ª T., AgRg no REsp 1.479.116-RS, j. 19.11.2015, rel. Min. RICARDO VILLAS BÔAS CUEVA, DJ 27.11.2015, negaram provimento, v.u.).

66. Pluralidade de propostas e critérios de desempate

Vindo a ser formulada mais de uma proposta de pagamento parcelado do lance, prevalecerá, (a) se em condições diferentes, aquela considerada mais vantajosa, assim entendida, sempre, como a de maior valor (CPC, art. 895, § 8º, inc. I) e (b) se em condições iguais, aquela que tiver sido formulada em primeiro lugar (art. 895, § 8º, inc. II).

Questionável, porém, em relação ao inc. I do § 8º do art. 895, se a proposta maior realmente será sempre a mais vantajosa. Isso porque, em determinadas situações, uma oferta com previsão de parcelamento em poucas vezes poderá, do ponto de vista econômico e financeiro, ser mais benéfica quando comparada a outra que, embora seja de maior valor, contemple um parcelamento, por exemplo, em trinta vezes.[232] De todo modo, ante a aparente peremptoriedade da lei, há de se respeitar a previsão ali constante, de prevalência da proposta que, conquanto venha a estabelecer um parcelamento mais alongado, seja de montante mais elevado.

67. Inadimplemento do parcelamento e consequências

Deferida a arrematação do bem por meio de pagamento parcelamento e vindo o arrematante a atrasar a quitação de alguma parcela, incidirá multa de dez por cento "sobre a soma da parcela inadimplida com as parcelas vincendas" (CPC, art. 895, § 4º). Ou seja, a multa será de dez por cento sobre a *totalidade do valor ainda em aberto.*

Enuncia ainda o § 5º do art. 895 que, havendo inadimplemento, poderá o exequente pedir a resolução da arrematação (CPC, art. 903, § 1º, inc. III), hipótese em que incidirá a regra do art. 897, segundo a qual o juiz imporá ao arrematante, "em favor do exequente, a perda da caução, retornando os bens a um novo leilão, do qual não serão admitidos a participar o arrematante e o fiador remissos".

Alternativamente, à escolha do exequente, poderá ele promover a execução do valor em atraso, devendo, em qualquer dos casos, dirigir o respectivo

---

232 Como bem observa Luis Guilherme Aidar Bondioli, "para propostas com condições diferentes, a fórmula mais aberta do § 3º do art. 690 do CPC/1973 parecia superior, conferindo ao juiz poder para fazer prevalecer a proposta que parecesse *mais conveniente* no caso concreto. Afinal, entre receber um pouco menos, mas de forma mais rápida (por exemplo, entrada de 70% e parcelamento do saldo em seis meses), e receber um pouco mais, porém, de forma mais lenta (por exemplo, entrada de 25% e parcelamento do saldo em 30 meses), aquele pode ser preferível a este. A exigência de respeito aos valores estabelecidos no *caput* do art. 895 do CPC/2015 já tutela os interesses do exequente e autorizava o legislador a manter aquela fórmula mais aberta, talvez aperfeiçoando-a, com a prévia oitiva do exequente a respeito das propostas" (*Comentários ao novo Código de Processo Civil*, 2ª ed., cit., p. 1273).

pleito ao juízo da própria execução onde se deu a expropriação. Nessa hipótese, a execução desse saldo em atraso voltar-se-á contra o patrimônio *do arrematante* e de *seu fiador*, se houver – e não, por óbvio, contra o patrimônio do executado.

Havendo a opção pela resolução da arrematação, conquanto seja perdida a caução em favor do exequente (CPC, art. 897), os valores porventura já recebidos por ele serão devolvidos ao arrematante, descontando-se a multa de dez por cento referida no § 4º do art. 895.

Sabendo-se que, nas arrematações feitas por meio de pagamento parcelado (CPC, art. 895), a expedição da carta de arrematação e seu ulterior registro poderão ocorrer antes da quitação de todas as parcelas – desde que prestada a caução prevista no § 2º do art. 895 do Código de Processo Civil (CPC, art. 901, § 1º) –, em caso de ulterior resolução da arrematação por inadimplemento do arrematante, deverá o juiz expedir mandado de cancelamento do registro da carta de arrematação perante o respectivo Cartório de Registro Imobiliário.

68. Admissão do parcelamento nas hastas públicas presenciais e eletrônicas

A arrematação parcelada poderá ser requerida tanto em leilões presenciais como eletrônicos, sendo perfeitamente factível que, também nesta última modalidade, eventuais interessados enviem propostas ao leiloeiro, antes do início do pregão, que contemplem o pagamento parcelado pelo bem expropriado.[233]

69. Pagamento ao exequente. Saldo em favor do executado

Por fim, prescreve o § 9º do art. 895 que, na arrematação a prazo, os pagamentos feitos pelo arrematante serão destinados ao exequente até a quitação integral de seu crédito. Por óbvio, primeiramente será pago o exequente e somente depois, havendo efetivas sobras, estas serão entregues ao executado; jamais o contrário.

A menção da lei ao pagamento *ao executado*, no entanto, evidentemente não exclui as regras de preferência e privilégios porventura detidos por outros credores, os quais poderão ter prioridade no recebimento do dinheiro em relação ao próprio exequente (cf. regras atinentes ao concurso especial de credores – CPC, arts. 908 e 909).

233 Em sentido contrário, Frederico Fontoura da Silva Cais, in *Código de Processo Civil anotado*, coord. José Rogério Cruz e Tucci, Manoel Caetano Ferreira Filho, Ricardo de Carvalho Aprigliano, Rogéria Fagundes Dotti e Sandro Gilbert Martins, São Paulo: AASP e OAB-PR, edição eletrônica, 2015, coment. ao art. 889, p. 1.375.

Art. 896. Quando o imóvel de incapaz não alcançar em leilão pelo menos oitenta por cento do valor da avaliação, o juiz o confiará à guarda e à administração de depositário idôneo, adiando a alienação por prazo não superior a 1 (um) ano.

§ 1º Se, durante o adiamento, algum pretendente assegurar, mediante caução idônea, o preço da avaliação, o juiz ordenará a alienação em leilão.

§ 2º Se o pretendente à arrematação se arrepender, o juiz impor-lhe-á multa de vinte por cento sobre o valor da avaliação, em benefício do incapaz, valendo a decisão como título executivo.

§ 3º Sem prejuízo do disposto nos §§ 1º e 2º, o juiz poderá autorizar a locação do imóvel no prazo do adiamento.

§ 4º Findo o prazo do adiamento, o imóvel será submetido a novo leilão.

CPC de 1973 – art. 701

70. Arrematação de bem imóvel de incapaz

O art. 896 traz regramento específico para a arrematação de bens imóveis pertencentes a incapazes, prescrevendo que sua alienação judicial não será feita por valor inferior a oitenta por cento sobre o valor de avaliação. Consoante comentado anteriormente, a regra do preço vil ou mínimo prevista no art. 891 do Código de Processo Civil será irrelevante para essas hipóteses, prevalecendo essa regra especial em detrimento da regra geral.

A incapacidade em questão poderá ser relativa ou absoluta.[234]

O art. 896 é uma reprodução quase idêntica do art. 701 do Código de Processo Civil de 1973. Antes disso, os §§ 2º, 3º e 4º do art. 972 do Código de 1939 também já traziam disposições semelhantes.[235]

O dispositivo em análise prescreve que, inexistindo lances iguais ou superiores a esse mínimo de oitenta por cento sobre a avaliação, o juiz confiará o bem à guarda e à administração de depositário, adiando a alienação por até

---

234 Cf. Pontes de Miranda, *Comentários ao Código de Processo Civil*, Rio de Janeiro: Forense, 1976, t. X, p. 404.

235 CPC-1939, art. 972 (...): "§ 2º Quando os bens de incapazes não alcançarem mais de oitenta por cento (80%) sobre o preço da avaliação, o juiz os confiará à guarda e administração de depositário idôneo, adiando a venda pelo prazo de um ano, se o credor não requerer, de acôrdo com os representantes do incapaz, que o juiz mande arrendá-los mediante proposta e caução. § 3º Se, durante o prazo do adiamento, se apresentar pretendente que assegure o preço referido no parágrafo anterior, o juiz ordenará a venda em leilão pelo mínimo preço proposto, devendo o pretendente, em caso de arrependimento, pagar as custas e a multa de vinte por cento (20%) sobre o valor da proposta. § 4º Findo o adiamento, serão os bens vendidos em leilão pelo maior preço, salvo aos interessados o direito de escolher a administração ou o arrendamento".

um ano[236] (art. 896, *caput*). Se durante esse lapso temporal algum pretendente oferecer, mediante caução, o valor da avaliação, o juiz consumará a respectiva expropriação em seu favor (§ 1º). Vindo esse pretendente a se arrepender de sua proposta, será imposta a ele multa de vinte por cento sobre o valor de avaliação em benefício do incapaz, valendo a respectiva decisão como título executivo (§ 2º). Durante o interregno de suspensão do leilão, o bem poderá ser locado (§ 3º). Findo tal prazo, proceder-se-á a um novo leilão (§ 4º).

A nosso ver, porém, trata-se de regra rebuscada e de pouquíssima eficiência prática. Afinal, se não foi possível alcançar o valor mínimo de oitenta por cento sobre o valor de avaliação durante o próprio leilão – após sua ampla e exaustiva divulgação –, parece óbvio que isso igualmente não ocorrerá no período subsequente de até um ano. A tendência é que, excetuando-se aqueles que efetivamente compareceram ao leilão (e que, aliás, preferiram *não* oferecer lances superiores ao mínimo legal), rigorosamente ninguém mais se lembrará de ofertar propostas para o bem imóvel objeto da expropriação após seu término infrutífero.

Em tal contexto, adiar a alienação pelo imenso período de até um ano é providência execrável e absolutamente contrária aos princípios da efetividade e da eficiência da tutela executiva. Muito melhor que o legislador tivesse abolido toda essa inútil sistemática de adiamento, dispondo apenas, por exemplo, que o bem do incapaz não será alienado por valor inferior a oitenta por cento sobre o valor da avaliação. Se assim o fizesse, tal qual a restrição ao preço vil ou mínimo, a arrematação simplesmente não ocorreria se os lances não atingissem esses patamares mínimos e a execução seguiria regularmente em seus ulteriores termos, permitindo-se de imediato, *v.g.*, um novo leilão logo após a frustração daquele já realizado.

Observa Helder Moroni Câmara que o prazo de um ano se justifica em razão da existência de hipóteses de incapacidade meramente momentânea ou temporária, as quais podem ser superadas pelo decurso do tempo (CC, art. 4º).[237] De fato, parece ser essa a inspiração da norma. Contudo, ainda assim, a mera imposição do respeito a um preço mínimo diferenciado, *v.g.*, de oitenta por cento sobre o valor da avaliação, seria uma saída legislativa superior e muito menos complexa para a tutela dos interesses do incapaz: enquanto durasse a incapacidade, vigoraria a regra especial; voltando o executado a ser capaz, cessaria então a restrição à regra geral do preço vil prevista no art. 891 do Código de Processo Civil.

E por que durante a suspensão a arrematação deverá observar o valor da avaliação, e não o percentual de oitenta por cento desta? Também não se

236 Poderá o juiz, portanto, fixar prazo inferior ao anual.

237 Helder Moroni Câmara, *Comentários ao Código de Processo Civil*, cit., p. 1162.

entende. Sobre esse ponto, aliás, como se verá adiante, há de se notar que durante o interregno de até um ano o leilão ainda será considerado *em curso*, e não finalizado, nenhuma razão existindo para que a regra de arrematação se altere *no meio do caminho*.

No mais, se o dispositivo em questão pretendia dar proteção especial ao incapaz – e tudo leva a crer que é essa a *mens* do art. 896 –, razão alguma há para que apenas seus bens *imóveis*, e não todos, recebam esse tratamento diferenciado. Muito mais lógico e correto, nesse sentido, que a proibição de arrematação por valor inferior a oitenta por cento sobre o valor da avaliação incidisse indistintamente sobre todo e qualquer bem do incapaz que viesse a ser leiloado.

Perdeu o legislador, pois, uma grande oportunidade de melhor refletir sobre a conveniência de se manter intacta a disciplina constante do Código de 1973.

71. Intervenção do Ministério Público

A teor do quanto dispõe o art. 178, inc. II, do Código de Processo Civil, nas causas de interesse de incapazes, mostra-se obrigatória a intervenção do Ministério Público como *custos legis*, sob pena de nulidade dos atos que vierem a ser praticados (CPC, art. 279, *caput* e §§ 1º e 2º). Tais premissas incidem no caso em questão, devendo o *Parquet* ser intimado para acompanhar o leilão do bem imóvel pertencente a incapaz, assim como para se manifestar quanto a seus eventuais desdobramentos.

72. Possibilidade de alteração pelo juiz do percentual legal de oitenta por cento

Questão interessante é saber se o juiz poderá alterar o percentual legal de oitenta por cento por outro. A nosso ver, o art. 896 do Código não abre brechas para isso, parecendo-nos que o legislador quis aqui sobrepor sua vontade à do juiz. Quisesse ele permitir a livre apreciação pelo juiz desse percentual, teria acrescido ao texto legal, de modo expresso, a possibilidade de alteração.[238]

73. Suspensão e encerramento do leilão

Em leilões de bens de pessoas capazes, à falta de licitantes ou de propostas válidas, deverá o leiloeiro declarar seu *encerramento* infrutífero. Ou seja, nessas

238 Em igual sentido, igualmente comentado o art. 896 do Código de Processo Civil, diz Luis Guilherme Aidar Bondioli: "aqui, o legislador substitui o juiz na atividade de fixação do preço mínimo e não deixa margem para a redução do referido patamar. Trata-se de disposição restritiva, circunscrita a bem imóvel, que não comporta interpretação ampliativa para alcançar bens de outra natureza" (*Comentários ao novo Código de Processo Civil*, 2ª ed., cit., p. 1275).

ordinárias hipóteses, o leilão terá começo, meio e fim imediatos. Vê-se, contudo, que, nessa hipótese de alienação de bem imóvel de incapaz, o procedimento a ser seguido por ele é diverso: em tal situação, deverá o leiloeiro pronunciar a *suspensão* do leilão (e não seu término), ficando ele em aberto até o fim do prazo a ser pronunciado pelo juiz; somente então se considerará finda a hasta pública. É por essa razão que, em nosso pensar, durante tal lapso, não será admitida, por exemplo, eventual tentativa de adjudicação do bem, a qual somente poderá ser deferida pelo magistrado após findo o prazo judicial.

74. A administração do bem durante o período de suspensão do leilão

Consoante explica ARAKEN DE ASSIS, a menção do *caput* do art. 896 a um depositário idôneo com o *munus* de guardar e administrar o bem imóvel impõe a este a função de "tornar frutífero o bem", devendo ele elaborar plano de administração contendo sugestões "de exploração direta ou indireta da coisa, ou de arrendamento", o que a distingue daquela desempenhada pelo depositário original.[239]

75. Locação do bem. Arrematação durante seu curso. Continuidade ou não do vínculo locatício

Vindo a ser instituída locação do bem imóvel durante o período de suspensão do leilão, o respectivo aluguel será destinado ao pagamento do exequente, ressalvada eventual preferência ou privilégio em favor de outros credores (CPC, arts. 908 e 909).

Nada impede que durante o prazo da locação prevista no § 3º do art. 896 venha a ser arrematado o imóvel, desde que, como visto acima, seja formulada proposta de pagamento de valor igual ou superior ao da avaliação e apresentada caução idônea (CPC, art. 896, § 1º).

Resta saber, porém, se a locação se mantém hígida com a alienação.

Sob a égide do Código de 1973, em entendimento que se mantém com o advento do novel diploma processual, já escrevemos que, como regra geral, a alienação forçada do bem locado libera o adquirente de respeitar o pacto locatício firmado com o proprietário anterior.[240]

No que tange às locações de imóveis urbanos, dispõe o art. 8º, *caput*, da Lei do Inquilinato (Lei n. 8.245/91) que, "se o imóvel for alienado durante a locação, o adquirente poderá denunciar o contrato, com o prazo de noventa dias para a desocupação, salvo se a locação for por tempo determinado e o

239 ARAKEN DE ASSIS, *Manual da execução*, 18ª ed., cit., p. 1147-1148.
240 Cf. MAURÍCIO GIANNICO, *Expropriação executiva*, cit., p. 152.

contrato contiver cláusula de vigência em caso de alienação e estiver averbado junto à matrícula do imóvel".

Quanto às locações de coisas móveis, de modo semelhante, estabelece o art. 576 do Código Civil que, "se a coisa for alienada durante a locação, o adquirente não ficará obrigado a respeitar o contrato, se nele não for consignada cláusula da sua vigência no caso de alienação, e não constar de registro".

Tanto em um como noutro caso, doutrina e jurisprudência compactuam o entendimento que tais dispositivos legais têm aplicação não somente às hipóteses de venda consensual do imóvel, mas também aos casos de sua *alienação judicial forçada*.[241]

Como se vê a partir da leitura dessas normas, dois são os requisitos para a vigência da locação na hipótese de alienação da coisa locada.

Em primeiro lugar, deve a locação ter sido pactuada por prazo determinado, com cláusula explícita de vigência em caso de venda ou expropriação. Além disso, o respectivo contrato deverá obrigatoriamente estar averbado perante a matrícula do imóvel *antes* da expropriação judicial do bem.[242]

Preenchidos esses dois requisitos, o adquirente do imóvel locado deverá respeitar a vigência da locação, nos termos em que pactuada.

Mesmo fora dessas hipóteses em que a lei determina a continuidade da locação, em princípio, a efetiva dissolução do vínculo locatício ocorrerá somente se o adquirente notificar o locatário, no prazo de noventa dias contados do registro da alienação ou do compromisso (ou da ciência quanto à existência da locação), informando seu desinteresse na manutenção da relação jurídica de locação (LI, art. 8º, *caput* e § 2º; CC, art. 576, § 2º).[243]

76. Fim da suspensão e a possibilidade de alienação do bem por valor inferior à avaliação

Findo o prazo de suspensão de até um ano sem que tenham sido apresentadas propostas de aquisição do bem do incapaz pelo valor da avaliação, viu-se que o § 4º do art. 896 dispõe que "o imóvel será submetido a novo leilão".

ARAKEN DE ASSIS e HELDER MORONI CÂMARA entendem que, findo esse primeiro leilão sem que a arrematação tenha sido efetivada, a nova hasta pública poderá ser feita sem as restrições do preço mínimo de oitenta por cento do valor da avaliação, por qualquer valor que não se mostre vil.[244] Embora o

241 Ver, por todos, ARAKEN DE ASSIS, *Manual da execução*, 12ª ed., cit., p. 776.
242 Cf. MAURÍCIO GIANNICO, *Expropriação executiva*, cit., p. 153.
243 Cf. MAURÍCIO GIANNICO, *Expropriação executiva*, cit., p. 153.
244 ARAKEN DE ASSIS, *Manual da execução*, 18ª ed., cit., p. 1148; HELDER MORONI CÂMARA, *Comentários ao Código de Processo Civil*, cit., p. 1162.

entendimento seja pertinente *de lege ferenda*, como critério de interpretação da lei posta, ousamos discordar dessa opinião, visto que, *de lege lata*, não há qualquer previsão na lei processual dessa liberação para uma alienação por preço inferior àquele ditado pelo *caput* do art. 896. Quisesse o legislador equiparar, em novo leilão, a alienação do imóvel do incapaz às demais hipóteses ordinárias, assim teria explicitado no § 4º do art. 896, pontuando que eventual leilão subsequente estaria livre dessa especial restrição quanto ao preço mínimo de venda. No entanto, à falta de qualquer menção nesse sentido, não nos parece possível concordar com a interpretação sugerida pelos ilustres juristas: *ubi lex voluit, dixit, ubi noluit, tacuit.*

O Código de 1939 efetivamente trazia essa possibilidade de alienação por qualquer preço no § 4º de seu art. 972, ao dispor que, "findo o adiamento, serão os bens vendidos em leilão *pelo maior preço* (...)". E o Código de 1973 repetiu essa mesma fórmula, quando, no § 4º de seu art. 701, expressamente ordenou que a alienação, finda a suspensão, obedecerá à regra do maior preço constante do art. 686, inc. VI, desse diploma legal. No entanto, o legislador do novel Código de 2015 suprimiu qualquer referência a essa possibilidade, não nos parecendo lícito interpretar essa supressão de outro modo, senão como uma mudança nos paradigmas normativos anteriores.

Art. 897. Se o arrematante ou seu fiador não pagar o preço no prazo estabelecido, o juiz impor-lhe-á, em favor do exequente, a perda da caução, voltando os bens a novo leilão, do qual não serão admitidos a participar o arrematante e o fiador remissos.

CPC de 1973 – art. 695

77. Inadimplência do arrematante e suas consequências

Consoante visto anteriormente, como regra, o pagamento do valor relativo ao lance vencedor do leilão será feito à vista pelo arrematante, na própria data de sua realização (CPC, art. 892, *caput*). O Código de 2015 autoriza, porém, que o arrematante o efetue de modo parcelado em até trinta meses, desde que oferecido, à vista, um percentual mínimo de vinte e cinco por cento do total (CPC, art. 895, § 1º). Nesta última hipótese, o pretendente à arrematação deverá oferecer caução idônea, real ou fidejussória, quando se tratar de bens móveis, e hipoteca do próprio bem, quando se tratar de imóveis.

Em caso de inadimplemento por parte do arrematante, estabelece o art. 897 que o juiz impor-lhe-á a perda da caução apresentada em favor do exequente, seguindo-se a isso novo leilão, do qual ficarão proibidos de participar o arrematante e o fiador remissos.

A regra em questão também terá aplicação quando o arrematante for o próprio exequente, nos casos em que este é obrigado a exibir o preço (ou seu remanescente). Tal ocorrerá, como já visto alhures, (a) se o valor dos bens leiloados exceder o seu crédito, hipótese em que depositará, dentro de três dias, a diferença (CPC, art. 892, § 1º), ou (b) quando houver outro credor com privilégio ou preferência sobre o crédito do exequente.

Como já asseverado em nossos comentários ao art. 890 (item 54, *retro*), em tais situações, deixando de apresentar em juízo o pagamento ou a diferença, igualmente se realizará novo leilão dos bens, correndo as respectivas despesas por conta do exequente *remisso* (CPC, art. 892, § 1º, *in fine*). E igualmente se aplicará a ele a proibição de participar do subsequente procedimento licitatório.

Evidentemente, porém, a determinação legal de que a caução prestada seja revertida "em favor do exequente" (CPC, art. 897) em caso de inadimplemento perderá o sentido e não se aplicará se ele próprio tiver formulado a proposta para a arrematação com pagamento parcelado.

Curioso pensar, nesse contexto, que a cominação para custeio do novo leilão está disposta na lei exclusivamente para a hipótese de inadimplemento *por parte do próprio exequente* (CPC, art. 892, § 1º, *in fine*). De modo até incoerente, essa justíssima penalidade não foi cominada para os casos em que o arrematante remisso for um *terceiro* alheio à execução.

Todavia, inexistindo razões para tal distinção – já que *ubi eadem est ratio, ibi ide jus* –, melhor solução seria que o legislador houvesse cominado idêntico encargo também para o terceiro arrematante que venha a inadimplir a obrigação de pagar os valores do lance vencedor. Tratando-se, porém, de norma de conteúdo sancionatório, à falta de uma previsão legal expressa, não nos parece possível aplicá-la analogicamente ao terceiro arrematante que venha a inadimplir a obrigação.

No mais, note-se que, em substância, o art. 897 do Código de 2015 é simples reprodução do anterior art. 695 do Código de 1973 (com a redação dada pela Lei n. 11.382/2006), com mera e singela alteração para não mais distinguir os termos *praça* e *leilão*.[245]

Consoante a dicção do art. 897, também o fiador poderá ser considerado *remisso* se, inadimplida a obrigação pelo arrematante, ele igualmente vier a inadimpli-la, uma vez instado pelo juiz a saldá-la.

Embora o art. 897 se refira apenas à "perda da caução", quando vier a ser ofertada uma hipoteca do próprio imóvel arrematado – *v.g.*, na hipótese do

245 Por sua vez, a redação originária do art. 695 do Código de 1973 deriva, com distinções, do art. 978, *caput* e §§ 2º e 3º. do Código de 1939.

§ 1º do art. 895, em que se exige hipoteca nas arrematações de bem imóvel com pagamento parcelado –, por óbvio também se imporá a perda dessa garantia em caso de inadimplência.[246]

A proibição da participação do arrematante ou fiador remissos no leilão subsequente terá validade apenas para o próprio processo onde ocorreu sua inadimplência. Essa sanção deverá ser interpretada restritivamente, e, à falta de previsão legal em sentido diverso, nada impede que ele participe de outros leilões, em outros processos executivos.

O art. 897 terá aplicação, por excelência, à arrematação deferida por meio de parcelamento (CPC, art. 895), onde a caução é exigida. Nas arrematações feitas à vista, sendo inexigível caução, a penalidade de sua perda em favor do exequente naturalmente fica prejudicada, embora igualmente fique o arrematante proibido de participar do leilão subsequente.

Além disso, mesmo em se tratando de arrematação com pagamento parcelado, somente a caução real poderá ser revertida em favor do exequente; se a caução for fidejussória, por óbvio essa reversão não terá como ocorrer. Em verdade, havendo inadimplemento, o fiador terá serventia apenas para responder pelo valor pendente de pagamento pelo arrematante, na hipótese específica de o exequente optar por executar o saldo (CPC, art. 895, § 5º), em vez de pedir a resolução do ato expropriatório.

A redação original do *caput* do art. 695 do Código de 1973 continha previsão de incidência de multa de 20% sobre o valor do lance em caso de inadimplência do arrematante. A Lei n. 11.382/2006 alterou essa redação, tornando-a praticamente idêntica àquela constante do art. 897 do Código atual, excluindo a menção a essa multa, embora estipulando sanção muito mais grave, de perda da caução apresentada.

Mas, como visto, essa sanção infelizmente se torna inócua em relação às arrematações feitas à vista, àquelas empreendidas pelo próprio exequente e também àquelas nas quais é apresentada caução fidejussória, mostrando-se desejável, *de lege ferenda*, que para essas situações tivesse o legislador previsto uma multa nos moldes daquela constante do Código anterior. Tal como posta a lei atual, em uma significativa parcela de casos, lamentavelmente o arrematante remisso não sofrerá quaisquer sanções patrimoniais, o que poderá estimular manobras maliciosas tendentes a atrapalhar o regular desfecho das execuções.

Quanto à perda da caução, observará o juiz a proporcionalidade entre a inadimplência operada e o valor do bem caucionado, de modo a evitar enri-

246 Cf. Antônio Pereira Gaio Júnior, *Comentários ao Código de Processo Civil*, coord. Angélica Arruda Alvim, Araken de Assis, Eduardo Arruda Alvim e George Salomão Leite, São Paulo: Saraiva, 2016, p. 1028.

quecimento sem causa em favor do exequente. Poderá o magistrado, assim, intervir com o intuito de limitar a sanção a ser aplicada ao arrematante remisso.

Art. 898. O fiador do arrematante que pagar o valor do lance e a multa poderá requerer que a arrematação lhe seja transferida.

CPC de 1973 – art. 696

78. Pagamento do preço da arrematação pelo fiador. Transferência do bem expropriado a ele

Inspirado na premissa da sub-rogação de direitos, o art. 898 do Código de Processo Civil prescreve que, vindo o fiador a pagar o valor do lance e eventual multa imposta ao arrematante por força de seu inadimplemento, poderá ele reivindicar ao juiz que a arrematação se consolide em seu próprio nome. Pago o valor inadimplido pelo arrematante originário, passará o fiador a ser, ele próprio, o arrematante do bem.

Despicienda a concordância por parte de exequente ou executado, ou ainda do próprio arrematante para que o fiador se valha dessa prerrogativa legal.[247]

Não poderá o fiador, porém, interferir na arrematação ou realizar o pagamento sem que esteja previamente configurada a inadimplência por parte do obrigado principal. É imprescindível que haja um *efetivo e prévio inadimplemento por parte do arrematante* para que o fiador se apresente, não sendo lícito que ele, sem isso, por qualquer modo pretenda concorrer com o vencedor do certame expropriatório. Lembre-se de que, em um cenário de regular adimplemento da obrigação de pagar o preço do lance vencedor, o direito de se tornar proprietário do bem expropriado pertence exclusivamente ao arrematante. Assim, essa hipótese legal de sub-rogação de direitos pelo fiador é meramente subsidiária e está estritamente condicionada à configuração concreta da inadimplência pelo arrematante.

Exsurge daí que três são os requisitos para a consolidação do direito do fiador de ver transferida para si a arrematação: (a) inadimplência previamente configurada por parte do arrematante, (b) efetivo pagamento pelo fiador, em sub-rogação, dos valores em aberto devidos pelo arrematante e (c) requerimento expresso por este último ao juiz para transferência do bem em seu nome. Tratando-se de um direito subjetivo, não poderá o juiz determinar *ex officio* a transferência do bem ao fiador.

Naturalmente, é ainda pressuposto para a incidência do art. 898 que o arrematante tenha efetivamente nomeado um fiador.

---

247 Cf. Cassio Scarpinella Bueno, *Curso sistematizado de direito processual civil*, 2ª ed., São Paulo: Saraiva, 2009, v. 3, p. 324.

Por força da sistemática das sub-rogações prevista no art. 346, inc. I, do Código Civil, a nosso ver aplicável à situação de inadimplência do arrematante, entendemos que também o terceiro não fiador que efetivar o pagamento da dívida ficará sub-rogado no direito do arrematante originário, igualmente podendo postular que a transferência do bem expropriado seja feita em seu nome.[248]

O disposto no art. 898 tem sua aplicação claramente voltada à arrematação de bens *móveis* deferida por meio de parcelamento (CPC, art. 895). Ali, como já visto anteriormente, é exigida caução, e esta poderá ser prestada por meio de fiança. Nas alienações judiciais de bens *imóveis* com pagamento parcelado a lei exclui, *a priori*, a apresentação de caução fidejussória, determinando que o pretendente à arrematação dê o próprio bem em hipoteca como garantia ao pagamento das parcelas (CPC, art. 895, § 1º). E, do mesmo modo, nas arrematações feitas à vista, a lei não exige qualquer caução, o que igualmente torna inaplicável o art. 898.

Vindo a ocorrer a inadimplência do arrematante e havendo o pagamento do saldo remanescente pelo fiador, como se viu, este então se sub-rogará no direito de receber, em seu nome, o bem expropriado. Ao optar por tal transferência em nome próprio, o fiador abre mão do direito de regresso que ordinariamente teria por ter quitado dívida que não é sua.[249]

Todavia, conquanto fique impedido, nessa hipótese, o direito de regresso quanto ao valor principal pago, isso não impede ação regressiva para reaver eventuais multas imputadas ao arrematante remisso[250] – *v.g.*, as multas do § 4º do art. 692, devidas em razão da impontualidade no pagamento parcelado da arrematação, e do § 2º do art. 896, devidas pelo candidato à arrematação do imóvel pertencente ao incapaz. Apenas a dívida fica imune ao ressarcimento, mas não a multa imputada ao arrematante.

Tendo o arrematante feito o pagamento de parte do valor do lance vencedor, terá ele o direito de reaver o respectivo montante do fiador, desde que este último efetivamente opte por receber a propriedade do imóvel.

> **Art. 899.** Será suspensa a arrematação logo que o produto da alienação dos bens for suficiente para o pagamento do credor e para a satisfação das despesas da execução.
>
> *CPC de 1973 – art. 692, parágrafo único*

---

248 Cf. CASSIO SCARPINELLA BUENO, *Curso sistematizado de direito processual civil*, 2ª ed., São Paulo: Saraiva, 2009, v. 3, p. 324-325.

249 Cf. CELSO NEVES, *Comentários ao Código de Processo Civil*, 7ª ed., Rio de Janeiro: Forense, 1999, v. VII, p. 110.

250 CELSO NEVES, *Comentários ao Código de Processo Civil*, 7ª ed., cit., v. VII, p. 110.

79. Suspensão da arrematação após a arrecadação de valor suficiente para a quitação total do *quantum* exequendo

Em atenção ao princípio da menor onerosidade ao executado (CPC, art. 805), não se admitirá que sejam expropriados mais bens do que o necessário para saldar, na íntegra, o valor total da execução – naturalmente se incluindo aí honorários advocatícios, custas e despesas processuais, eventuais multas etc.

O art. 899 é quase uma repetição do art. 692 do Código de 1973, tendo o legislador apenas tido o cuidado de deixar claro que a suspensão ali referida ocorrerá após atingido valor suficiente para saldar não somente o crédito principal, mas também as "despesas da execução". Ainda que já fosse esse o entendimento corrente sob a égide do Código anterior, saudável a preocupação do legislador de tornar explícita essa premissa, evitando-se quaisquer dúvidas a tal respeito.

Embora fale a lei em "suspensão" do leilão, trata-se, em verdade, de uma causa para sua *interrupção* ou *encerramento*, já que aquele não mais será retomado.

O art. 899 tem aplicação exclusiva para o leilão de múltiplos bens. Alienados os primeiros bens e reunida quantia suficiente para saldar a totalidade do crédito *in executivis*, os demais bens serão poupados, com a futura liberação de suas respectivas penhoras, após a entrega do produto da expropriação ao exequente.

A determinação legal de encerramento não terá aplicação, porém, aos leilões de bem único, de modo que, vindo a ser oferecido lance que contemple a totalidade do crédito, ainda assim este não será suspenso. Nessa hipótese, o leilão evidentemente prosseguirá em seus regulares termos, devendo o leiloeiro receber eventuais outros lances superiores, de modo a prestigiar a necessária busca do melhor preço para alienação da *res* constrita.

O leilão deverá prosseguir também sempre que houver pluralidade de credores – concorrentes,[251] hipotecários ou pignoratícios –, hipótese em que sua suspensão (*rectius*, encerramento) deverá ser imposta somente quando obtida quantia suficiente para a quitação da somatória dos créditos detidos por todos eles.

É de se notar, a propósito, que, embora tenha o Código claramente escolhido os termos "exequente" ou "executado" para se referir às partes da relação jurídica executiva, especificamente no art. 899, refere-se à suficiência para o pagamento do "credor" – o que corrobora a interpretação de que a arrecadação deverá englobar a integralidade dos créditos detidos não apenas pelo exequente, mas também pelos demais credores.

---

251 Credores que detenham penhora em seu favor sobre o mesmo bem.

Art. 900. O leilão prosseguirá no dia útil imediato, à mesma hora em que teve início, independentemente de novo edital, se for ultrapassado o horário de expediente forense.

CPC de 1973 – art. 689

80. Suspensão do leilão após encerrado o horário de expediente forense. Continuação no dia útil subsequente

Como bem observa Celso Neves, o leilão é ato complexo, envolvendo pregões e lances, podendo, assim, prolongar-se no tempo.[252] Diante da regra prevista no art. 212 do Código de Processo Civil, segundo a qual os atos processuais deverão ser realizados em dias úteis, das 6 às 20 horas, vindo o leilão a se estender após este último horário, deverá ser ele suspenso, sendo retomado à mesma hora em que teve início, no dia útil subsequente.

A regra em questão, porém, terá aplicação apenas para os leilões presenciais. Nos leilões eletrônicos, por óbvio, nada impede que lances sejam dados após as 20 horas e, do mesmo modo, que seu encerramento esteja previsto para horário posterior a esse. Há de aplicar, para os leilões virtuais, a regra do art. 213 do Código de Processo Civil, segundo a qual "a prática eletrônica de ato processual poderá ocorrer em qualquer horário até as 24 (vinte e quatro) horas do último dia do prazo".

A retomada do leilão no dia útil seguinte naturalmente independerá da publicação de novo edital – premissa, aliás, expressa no art. 900 –, pressupondo-se que aqueles presentes no ato expropriatório saem automaticamente intimados de sua suspensão e de sua superveniente continuidade. Igualmente há de se pressupor que aqueles que não compareceram à sessão original não têm por que serem intimados novamente, visto se tratar de mera continuidade do mesmíssimo ato expropriatório.

Em casos excepcionais, em que o adiamento tiver o condão de "prejudicar a diligência ou causar grave dano" (CPC, art. 212, § 1º), o leilão poderá ter continuidade após as 20 horas. Se, exemplificativamente, tratar-se de leilão de bem perecível, designado para o último dia antes do recesso forense, será lícito ao leiloeiro que lhe dê continuidade mesmo após as 20 horas, de modo a evitar eventual perecimento da coisa penhorada.

O antigo art. 689 do Código de Processo Civil de 1973 fazia menção à superveniência da "noite", conceito variável e suscetível às variações de clima, estações etc., o qual, porém, substancialmente envolvia o fim da luz solar.[253]

---

252 Celso Neves, *Comentários ao Código de Processo Civil*, 7ª ed., cit., v. VII, p. 99.

253 No feliz comentário de Cassio Scarpinella Bueno, tratava-se de "regra poética que, infelizmente, já não tinha mais lugar desde a invenção da luz elétrica ou, quando

De modo mais objetivo, independentemente da existência ou não de claridade natural, o legislador do Código de 2015 preferiu adaptar a redação da norma de modo a adequá-la à regra geral concernente ao horário do expediente forense. Superior, a nosso ver, a fórmula legal atual.

Art. 901. A arrematação constará de auto que será lavrado de imediato e poderá abranger bens penhorados em mais de uma execução, nele mencionadas as condições nas quais foi alienado o bem.

§ 1º A ordem de entrega do bem móvel ou a carta de arrematação do bem imóvel, com o respectivo mandado de imissão na posse, será expedida depois de efetuado o depósito ou prestadas as garantias pelo arrematante, bem como realizado o pagamento da comissão do leiloeiro e das demais despesas da execução.

§ 2º A carta de arrematação conterá a descrição do imóvel, com remissão à sua matrícula ou individuação e aos seus registros, a cópia do auto de arrematação e a prova de pagamento do imposto de transmissão, além da indicação da existência de eventual ônus real ou gravame.

CPC de 1973 – arts. 693 e 703

81. O auto de arrematação

A arrematação constará de auto, que será lavrado de imediato, logo após realizado o leilão, o qual poderá abranger bens expropriados de uma ou mais execuções, devendo ali constar as condições de arrematação de cada um deles (CPC, art. 901, *caput*). Ainda sob a égide do Código de 1973, com a alteração introduzida pela Lei n. 11.382/2006, foi excluída a antiga menção constante do art. 693 ao prazo de vinte e quatro horas para a tomada dessa providência (cf. a redação originária do art. 787, *caput,* do CPC-1973).

Tal auto consiste em nada mais do que um relato sintético dos atos e acontecimentos que redundaram na ocorrência da arrematação, cuja confecção incumbirá ao leiloeiro. A exigência da lavratura de um auto de arrematação é até intuitiva: o procedimento licitatório, eminentemente oral (nos leilões presenciais), deverá, assim como todo e qualquer outro ato processual realizado oralmente, ter seus acontecimentos fundamentais transcritos para registro nos autos do processo.

Na qualidade de ato processual complexo, uma vez que não se aperfeiçoa unicamente com a aceitação de lanço feito em hasta pública, a arrematação só

menos, da definição do horário de expediente dos serviços judiciários" (*Novo Código de Processo Civil anotado*, São Paulo: Saraiva, 2015, p. 548).

efetivamente se completa com a assinatura desse auto. Nos dizeres de PONTES DE MIRANDA, "a arrematação, cujo auto não se fez, é arrematação *in fieri*", inexistindo em sua plenitude, porquanto incompleta.[254]

Consoante será melhor examinado nos comentários ao art. 903 (v. itens 84 e seguintes, *infra*), assinado o auto de arrematação, considerar-se-á esta *perfeita, acabada* e *irretratável*, "ainda que venham a ser julgados procedentes os embargos do executado ou a ação autônoma" prevista no § 4º do art. 903, assegurando-se, contudo, "a possibilidade de reparação pelos prejuízos sofridos" (CPC, art. 903, *caput*).

Como ato de expropriação que é, a arrematação produz, em síntese, os mesmos efeitos que a adjudicação e a alienação por iniciativa particular (v. itens 9 e 29, *retro*). Trataremos dos efeitos da arrematação em nossos comentários ao art. 903 do Código de Processo Civil (v. item 84, *infra*).

82. Carta de arrematação. Mandado de imissão na posse

Após lavrado o auto de arrematação, expedir-se-á a respectiva carta de arrematação. Esta, na sempre precisa lição de CELSO NEVES, pode ser definida como "a peça escrita, documental da transferência coativa ocorrida, cingindo-se o texto que estabelece os seus elementos às necessidades do registro imobiliário".[255]

Consoante a lição já anteriormente transcrita de HUMBERTO THEODORO JÚNIOR, a carta de arrematação será o título utilizável para o registro da propriedade em nome do arrematante no Registro de Imóveis; funciona, pois, "como o instrumento ou título formal para acesso ao registro competente, onde de fato se dará a transferência da propriedade".[256]

Nas arrematações feitas com pagamento à vista (CPC art. 892, *caput*), a carta de arrematação (ou o mandado de entrega e o respectivo mandado de imissão na posse) somente será expedida após o depósito judicial ou o pagamento integral do preço, bem como realizado o pagamento da comissão do leiloeiro e demais despesas da execução (CPC, art. 901, § 1º) – incluindo-se, em relação a estas últimas, as despesas incorridas pelo leiloeiro com anúncios e publicidade em geral do certame, com remoção, guarda e conservação dos bens, desde que devidamente comprovadas perante o juízo da execução (cf. art. 40 do Decreto n. 21.981/32).

254 FRANCISCO CAVALCANTI PONTES DE MIRANDA, *Comentários ao Código de Processo Civil*, v. 10, p. 384.

255 CELSO NEVES, *Comentários ao Código de Processo Civil*, 7ª ed., cit., v. VII, p. 118.

256 HUMBERTO THEODORO JÚNIOR, *Processo de execução e cumprimento de sentença*, 26ª ed., cit., p. 340.

Para as arrematações feitas por meio de pagamento parcelado (CPC, art. 895), além da necessidade de efetuar e comprovar o pagamento da comissão do leiloeiro e demais despesas da execução, a expedição da carta ocorrerá apenas após prestada, pelo arrematante, a garantia prevista no § 2º do art. 895 do Código de Processo Civil (CPC, art. 901, § 1º).

Em qualquer dos casos, deverá o juiz respeitar o prazo de dez dias previstos no § 1º do art. 903 do Código de Processo Civil – que trata das hipóteses de invalidação ou ineficácia do ato expropriatório por meio de simples petição – para, somente então, determinar a expedição da carta de adjudicação.

A arrematação é deferida mediante decisão interlocutória, atacável por meio de agravo de instrumento (CPC, art. 1.015, parágrafo único).

Tratando-se de bem móvel, a transferência de domínio ocorrerá mediante sua tradição (CC, art. 1.267, *caput*).

Em se tratando de bem imóvel, basta que o adjudicatário requeira, ao próprio juízo onde se deu a expropriação executiva, a expedição de mandado de imissão na posse.[257] Tratando-se de bem móvel, expedir-se-á um mandado de entrega (CPC, art. 901, § 1º), o qual já contém, intrinsecamente, uma ordem de imissão do bem na posse em prol de seu adquirente, sendo desnecessária a expedição de um mandado autônomo para esse fim.[258]

O Código atual corretamente passou ainda a prever, de forma explícita, a expedição de mandado de imissão na posse para os casos de arrematação de bens imóveis. Conforme já asseverado anteriormente, quando tratamos da adjudicação (v. item 14, *retro*), a providência é saudável e correta, pois, além dos efeitos inerentes à transferência da propriedade do bem, quase sempre há a necessidade de desocupação forçada do imóvel expropriado.

Com tal inovação encerram-se, em definitivo, as antigas discussões acerca da necessidade – a nosso ver, ilógica mesmo sob a égide do Código de 1973 – de recorrer a uma medida judicial autônoma, seja reivindicatória ou possessória, para que o adjudicatário viesse a ingressar na posse do bem imóvel expropriado.[259]

Por razões de economia processual e de lógica na interpretação do texto normativo, já no passado sustentávamos a desnecessidade da propositura de qualquer medida judicial autônoma pelo adquirente – seja qual for a forma de expropriação do bem penhorado – com o intuito de obter sua posse.

---

257 Nesse sentido, ver Cassio Scarpinella Bueno, *Curso sistematizado de direito processual civil*, 2ª ed., São Paulo: Saraiva, 2009, v. 3, p. 290.

258 Maurício Giannico, *Expropriação executiva*, cit., p. 196.

259 Sobre tal discussão, com referência às diferentes opiniões da doutrina, ver Maurício Giannico, "Arrematação: aspectos polêmicos e uma visão crítica do instituto", *Revista de Processo*, São Paulo: RT, out./dez. 2001, v. 104, p. 59.

Nos termos do § 2º do art. 901 do Código de Processo Civil, a carta de arrematação deverá conter: (I) a descrição do imóvel, com remissão à sua matrícula ou individuação e aos seus registros, (II) a cópia do auto de arrematação, (III) a prova da quitação dos impostos de transmissão e (IV) a indicação da existência de eventual ônus real ou gravame.

Em consonância com o disposto no art. 35, inc. I, do Código Tributário Nacional, a menção trazida na parte final desse dispositivo, quanto à quitação dos impostos de transmissão, indica ser do adquirente a responsabilidade por seu pagamento.[260]

Ainda quanto à prova de quitação dos impostos de transmissão, correta é a observação de SÉRGIO SHIMURA (voltada para a carta de *adjudicação*, mas integralmente aplicável à carta de *arrematação*), para quem se mostra *desarrazoada* tal exigência, já que "é no Registro de Imóveis que deve ser verificado e exigido o recolhimento do tributo, e não quando da expedição da carta de adjudicação ou arrematação". Afinal, complementa o jurista, o fato gerador desse tributo "é a efetiva transmissão do imóvel, que ocorre somente quando do registro no Cartório Imobiliário".[261] *Manifestamente impossível*, pois, que para a extração da carta de arrematação se exija a comprovação de um pagamento que somente poderá ser feito *após* a apresentação dessa mesma carta perante o Registro Imobiliário.

Perdeu, assim, o legislador a chance de corrigir essa ilógica disposição da lei processual, presente também no parágrafo único do art. 703, inc. III, do Código de Processo Civil de 1973.

Art. 902. No caso de leilão de bem hipotecado, o executado poderá remi-lo até a assinatura do auto de arrematação, oferecendo preço igual ao do maior lance oferecido.

Parágrafo único. No caso de falência ou insolvência do devedor hipotecário, o direito de remição previsto no *caput* defere-se à massa ou aos credores em concurso, não podendo o exequente recusar o preço da avaliação do imóvel.

CPC de 1973 – sem dispositivo correspondente

83. Remição do bem

Como já asseverado em nossos comentários ao art. 877 (v. item 18, *retro*), o direito de *remir* o bem penhorado havia sido extirpado do Código de Processo

260 Consoante a jurisprudência do Superior Tribunal de Justiça, o cálculo desse tributo "há de ser feito com base no valor alcançado pelos bens na arrematação, e não pelo valor da avaliação judicial" (STJ, 1ª T., REsp 2.525-PR, rel. Min. ARMANDO ROLEMBERG, deram provimento, v.u., DJU 25.06.1990, p. 6027).

261 Cf. SÉRGIO SHIMURA, "Expropriação na execução por quantia certa", cit., p. 481.

Civil de 1973 pela Lei n. 11.382/2006, a qual promoveu a revogação de seus arts. 787, 788, 789 e 790, desfazendo-se, com isso, uma tradição legislativa que remonta às Ordenações Filipinas (Livro IV, Título 13, § 7º). O legislador extirpou a remição do Código anterior e, em substituição a isso, ampliou as hipóteses de legitimação para a adjudicação, também instituída pela citada Lei n. 11.382/2006.[262]

O *caput* do art. 902 do Código atual, porém, voltou a autorizar que *o próprio executado* postule a remição do bem penhorado até antes da assinatura do auto de arrematação, *desde que se trate de bem hipotecado* (CPC, art. 877, § 3º). Não será possível a remição do bem penhorado em outras situações, isto é, quando não se tratar de bem gravado com hipoteca.

E, em caso de falência ou insolvência do devedor hipotecário, dispõe ainda o parágrafo único desse dispositivo que "(...) o direito de remição previsto no *caput* defere-se à massa ou aos credores em concurso, não podendo o exequente recusar o preço da avaliação do imóvel".[263]

Como também já asseverado em nossos comentários ao art. 877, em verdade, essas previsões legais apenas reafirmam, ainda que de forma incompleta, a antiga regra prevista no art. 1.482 do Código Civil (*revogada a partir da edição da Lei n. 13.105/2016, a qual instituiu o Código de Processo Civil*), a qual afirmava que, "realizada a praça, o executado poderá, até a assinatura do auto de arrematação ou até que seja publicada a sentença da adjudicação, remir o imóvel hipotecado, oferecendo preço igual ao da avaliação, se não tiver havido licitantes, ou ao do maior lance oferecido".[264]

---

262 Conforme escrevemos quando do advento dessa alteração, "o desaparecimento do direito de remir o bem (...) não provocará grandes saudades. Isso porque os escopos protegidos por tal instituto permanecerão salvaguardados pela lei nova – inclusive com a vantagem da simplificação do procedimento. Se a ideia da remição era essencialmente permitir a exclusão do bem do vínculo executivo, mantendo-o nas mãos da família do executado – seja por questões de afeição, de conveniência etc. – essa possibilidade continuará subsistindo com a outorga, aos antigos remidores, de legitimação para adjudicar" (Maurício Giannico, *As novas reformas do CPC e de outras normas processuais*, cit., p. 154). Escrevemos ainda em outro estudo de nossa autoria que "a única *capitis deminutio* ao direito dos antigos legitimados à remição exsurge do fato de que, na sistemática anterior, a propriedade do bem lhes era praticamente garantida por força do mero exercício dessa prerrogativa, com o correspondente depósito do valor da arrematação (excetuada, naturalmente, a hipótese de haver mais de um remidor, caso em que se impunha a observância da ordem prevista no art. 789 – revogado pela reforma)" (Maurício Giannico, *Expropriação executiva*, cit., p. 179-180).

263 Note-se que a redação do parágrafo único do art. 902 é praticamente idêntica ao disposto no § 4º do art. 877 do Código de Processo Civil, embora esse primeiro dispositivo legal se refira à *arrematação* e o segundo à *adjudicação*.

264 Sobre o assunto, ver o interessante artigo de Fredie Didier Júnior, "Direito de adjudicar e direito de remir: confronto do art. 685-A, § 2º, Código de Processo

Diz-se de forma *incompleta* porque a parte final do art. 1.482 do Código Civil, *embora atualmente revogado*, enunciava ainda que esse direito de remição também caberia "(...) ao cônjuge, aos descendentes ou ascendentes do executado".

Ainda sobre a remição, a Lei n. 13.105/2016 também *revogou* o art. 1.483 do Código Civil, cujo parágrafo único trazia hipótese extraordinária de legitimação para adjudicar. No caso de falência ou insolvência, tal dispositivo legal autorizava o credor hipotecário a requerer, para o recebimento de seu crédito, "a adjudicação do imóvel avaliado em quantia inferior àquele, desde que dê quitação pela sua totalidade".

A Lei n. 13.105/2015 *revogou* uma última hipótese de remição prevista na legislação esparsa, qual seja, aquela prevista no art. 22, §§ 4º a 6º, do Decreto-lei n. 25, de 30 de novembro de 1937, a qual conferia legitimidade à União, aos Estados e aos Municípios para remir o bem, quando a penhora houver incidido sobre bens tombados.[265] Sob essa mesma lógica de substituição já antes aqui mencionada, nasceu com o Código atual, em contrapartida, o direito de esses entes adjudicarem o bem tombado (CPC, art. 876, c/c art. 889, inc. VIII).

Civil, com o art. 1.482 do Código Civil", *Revista de Processo*, v. 146, São Paulo, abr. 2007.

265 "Art. 22. Em face da alienação onerosa de bens tombados, pertencentes a pessôas naturais ou a pessôas jurídicas de direito privado, a União, os Estados e os municípios terão, nesta ordem, o direito de preferência. § 1º Tal alienação não será permitida, sem que prèviamente sejam os bens oferecidos, pelo mesmo preço, à União, bem como ao Estado e ao município em que se encontrarem. O proprietário deverá notificar os titulares do direito de preferência a usá-lo, dentro de trinta dias, sob pena de perdê-lo. § 2º É nula alienação realizada com violação do disposto no parágrafo anterior, ficando qualquer dos titulares do direito de prefe rência habilitado a sequestrar a coisa e a impôr a multa de vinte por cento do seu valor ao transmitente e ao adquirente, que serão por ela solidariamente responsáveis. A nulidade será pronunciada, na forma da lei, pelo juiz que conceder o sequestro, o qual só será levantado depois de paga a multa e se qualquer dos titulares do direito de preferência não tiver adquirido a coisa no prazo de trinta dias. § 3º O direito de preferência não inibe o proprietário de gravar livremente a coisa tombada, de penhor, anticrese ou hipoteca. § 4º Nenhuma venda judicial de bens tombados se poderá realizar sem que, prèviamente, os titulares do direito de preferência sejam disso notificados judicialmente, não podendo os editais de praça ser expedidos, sob pena de nulidade, antes de feita a notificação. § 5º Aos titulares do direito de preferência assistirá o direito de remissão, se dela não lançarem mão, até a assinatura do auto de arrematação ou até a sentença de adjudicação, as pessôas que, na forma da lei, tiverem a faculdade de remir. § 6º O direito de remissão por parte da União, bem como do Estado e do município em que os bens se encontrarem, poderá ser exercido, dentro de cinco dias a partir da assinatura do auto de arrematação ou da sentença de adjudicação, não se podendo extrair a carta, enquanto não se esgotar êste prazo, salvo se o arrematante ou o adjudicante for qualquer dos titulares do direito de preferência."

Uma hipótese de remição não prevista no Código de Processo Civil, *mas ainda vigente em nosso ordenamento jurídico*, está no art. 1.505 do Código Civil: nas execuções que recaírem sobre estradas de ferro dadas em hipoteca, haverá a intimação da União ou do Estado, no prazo de quinze dias anteriores à hasta pública, para, querendo, remir o bem a ser expropriado.

Para exercer o direito de remir o bem constrito, consoante a dicção do *caput* do art. 902, deverá o executado oferecer *preço igual ao da avaliação*, se não tiver havido licitantes (hipótese de haver um único interessado na adjudicação), ou ao do *maior lance oferecido* (hipótese de haver mais de um interessado na adjudicação).

Esta última parte do dispositivo, destacada acima em itálico, apenas corrobora a conclusão de que a remição do bem era e continua sendo um *direito subjetivo* do executado,[266] devendo obrigatoriamente ser deferido pelo juiz sempre que seus requisitos estiverem preenchidos. A preferência conferida pela remição sobrepõe-se aos direitos do próprio expropriante,[267] não havendo, pois, margem para discricionariedade por parte do magistrado na apreciação desse pleito.

Como já pudemos salientar alhures, éramos favoráveis à extinção do direito de remir, porque na maior parte das vezes tal instituto era usado como um ilegítimo trunfo por parte do executado. Sob a égide do Código de 1973, antes do advento da Lei n. 11.382/2006 (a qual extirpou do Código de Processo Civil a previsão de remição do bem penhorado), era comum o devedor aguardar o longo desenvolvimento dos atos processuais executivos até a efetiva expropriação do bem, e, no último momento, após frustradas todas as suas intervenções – legítimas ou ilegítimas –, utilizar-se então dessa ferramenta. Essa conveniente "válvula de escape" estimulava atitudes desleais e tentativas de duvidosa legitimidade para barrar a execução, as quais certamente não seriam usadas sem a existência desse anteparo legal.

Por fim, não se deve confundir essa remição, relativa ao bem penhorado, com a *remição da execução como um todo*, esta última a possibilitar ao executado, em qualquer momento anterior à expropriação, remir a execução, pagando ou consignando perante o juízo da execução a importância atualizada da dívida, acrescida de juros, custas e honorários advocatícios (CPC, art. 826).[268]

---

266 Araken de Assis, *Manual do processo de execução*, 5ª ed., São Paulo: RT, 1998, n. 468, p. 1081.

267 Cf. Maurício Giannico, *Expropriação executiva,* cit., p. 180.

268 A redação do art. 651 do Código de 1973 foi repetida, quase em sua íntegra, pelo art. 826 do Código atual.

Art. 903. Qualquer que seja a modalidade de leilão, assinado o auto pelo juiz, pelo arrematante e pelo leiloeiro, a arrematação será considerada perfeita, acabada e irretratável, ainda que venham a ser julgados procedentes os embargos do executado ou a ação autônoma de que trata o § 4º deste artigo, assegurada a possibilidade de reparação pelos prejuízos sofridos.

§ 1º Ressalvadas outras situações previstas neste Código, a arrematação poderá, no entanto, ser:

I – invalidada, quando realizada por preço vil ou com outro vício;

II – considerada ineficaz, se não observado o disposto no art. 804;

III – resolvida, se não for pago o preço ou se não for prestada a caução.

§ 2º O juiz decidirá acerca das situações referidas no § 1º, se for provocado em até 10 (dez) dias após o aperfeiçoamento da arrematação.

§ 3º Passado o prazo previsto no § 2º sem que tenha havido alegação de qualquer das situações previstas no § 1º, será expedida a carta de arrematação e, conforme o caso, a ordem de entrega ou mandado de imissão na posse.

§ 4º Após a expedição da carta de arrematação ou da ordem de entrega, a invalidação da arrematação poderá ser pleiteada por ação autônoma, em cujo processo o arrematante figurará como litisconsorte necessário.

§ 5º O arrematante poderá desistir da arrematação, sendo-lhe imediatamente devolvido o depósito que tiver feito:

I – se provar, nos 10 (dez) dias seguintes, a existência de ônus real ou gravame não mencionado no edital;

II – se, antes de expedida a carta de arrematação ou a ordem de entrega, o executado alegar alguma das situações previstas no § 1º;

III – uma vez citado para responder a ação autônoma de que trata o § 4º deste artigo, desde que apresente a desistência no prazo de que dispõe para responder a essa ação.

§ 6º Considera-se ato atentatório à dignidade da justiça a suscitação infundada de vício com o objetivo de ensejar a desistência do arrematante, devendo o suscitante ser condenado, sem prejuízo da responsabilidade por perdas e danos, ao pagamento de multa, a ser fixada pelo juiz e devida ao exequente, em montante não superior a vinte por cento do valor atualizado do bem.

CPC de 1973 – arts. 694 e 746

84. A assinatura do auto de arrematação. Carta de arrematação. Efeitos

Uma vez assinado o auto pelo juiz, pelo arrematante e pelo serventuário da justiça ou leiloeiro, a arrematação considerar-se-á *perfeita*, *acabada* e *irretratável*, "ainda que venham a ser julgados procedentes os embargos do executado ou a ação autônoma" prevista no § 4º do art. 903, assegurando-se, contudo, "a possibilidade de reparação pelos prejuízos sofridos" (CPC, art. 903, *caput*).

Ou seja, o executado que se sagrar vitorioso em processo de embargos à execução ou ação desconstitutiva ou anulatória do título executivo, ou ainda ação declaratória de inexistência de débito, não terá o direito de receber de volta o bem que foi expropriado, restando-lhe, porém, a prerrogativa de acionar o exequente pelos danos sofridos pela execução que injustamente recaiu sobre ele. Dentre outros prejuízos, ressalta-se, em especial, a perda da propriedade do próprio bem penhorado, cujo parâmetro indenizatório deverá levar em consideração não o montante do lance que venceu a licitação expropriatória, mas sim seu valor atual de mercado.

Tendo em vista a finalidade da expropriação (satisfação do direito do exequente), esse caráter de irretratabilidade mostra-se absolutamente indispensável. Na precisa lição de Celso Neves, "se o sistema jurídico propicia a intervenção do terceiro licitante, com o objetivo de afastar o *aliud pro alio* indispensável nas execuções por quantia certa, para atender-se ao pedido mediato do exequente voltado para o objeto da prestação que lhe é devida, seria ilógico admitir-se a retratação do ato que, realizando a conversão de bens em dinheiro, propicia a ultimação do processo pela consecução do seu objetivo precípuo".[269]

Oportuno, porém, é o comentário de Barbosa Moreira, informando que a assinatura do auto por si só não produz o efeito de transferir ao arrematante a propriedade do bem, que só será adquirida através da tradição ou do registro, conforme se tratar, respectivamente, de bem móvel ou imóvel.[270]

Como ato de expropriação que é, a arrematação produz, em síntese, os mesmos efeitos que a adjudicação e a alienação por iniciativa particular.

Inicialmente, a arrematação tem o efeito programado de transferir o domínio da coisa ao arrematante, ainda que, consoante mencionado acima, a efetiva transferência da propriedade do bem ocorra apenas com o registro da respectiva carta de arrematação, quando se tratar de bem imóvel, ou com a tradição, tratando-se de bem móvel (CC, art. 1.267, *caput*), a ser alcançada por meio da expedição de mandado de entrega pelo juízo da execução (CPC, art. 903, § 3º).

Mas, como lembra Humberto Theodoro Júnior, tal transferência de domínio é feita com as limitações que oneravam o direito do devedor sobre a coisa penhorada.[271] A aquisição do bem penhorado por força de expropriação é

---

269 Celso Neves, *Comentários ao Código de Processo Civil*, 7ª ed., cit., v. VII, p. 106-107.

270 Cf. Barbosa Moreira, *Novo processo civil brasileiro*, 18ª ed., Rio de Janeiro: Forense, 1996, p. 288.

271 Humberto Theodoro Júnior, *Processo de execução e cumprimento de sentença*, 26ª ed., cit., p. 365-366.

considerada feita a título *derivado*,[272] embora o direito brasileiro contemple a regra de purgação dos direitos de garantia que recaiam sobre o bem expropriado.

Em razão disso, tendo em vista a máxima de que não se pode transferir além daquilo que se tem (*nemo plus iuris in alios transferre potest quam ipse haberet*), também o Estado, ao implementar a transferência coativa de um ou mais bens do devedor, à falta de lei assim dispondo, não detém a prerrogativa de excluir os ônus porventura incidentes sobre ele.[273]

Assim, salvo as exceções das quais falaremos a seguir, a coisa expropriada é transferida ao seu adquirente sem prejudicar eventuais direitos de terceiro; estes poderão ser exercidos em face da coisa, independentemente de ela já estar integrada ao patrimônio do adquirente judicial. Tanto é assim que, vindo a coisa a ser reivindicada por outrem, é concedido ao adquirente o direito de ser indenizado pela evicção, nos termos do art. 447 do Código Civil. Diga-se o mesmo em relação a outros ônus, como servidões de passagem, enfiteuse etc., os quais se mantêm intactos com o advento da alienação forçada.[274]

Também já entendeu o Superior Tribunal de Justiça que a expropriação do imóvel gravado com usufruto vitalício não põe fim a esse vínculo[275] – salvo, por óbvio, se tal gravame tiver sido instituído em fraude à execução.

Mas, como mencionado acima, a expropriação forçada do bem penhorado torna sem efeito as demais garantias a ele atreladas.

Dispõe o art. 1.499, inc. VI, do Código Civil, a esse respeito, que a hipoteca extingue-se "pela arrematação ou adjudicação" – naturalmente se devendo interpretar as palavras da lei em seu sentido *lato*, de modo a também compreender no espectro desse dispositivo as expropriações efetivadas, *v.g.*, por meio de alienação por iniciativa particular. Do mesmo modo, enuncia o art. 1.436, inc. V, do Código Civil que o penhor igualmente se extingue por força da expropriação judicial do bem.

Alienada judicialmente a coisa, os direitos de garantia sobre ela incidentes passam a recair sobre o produto dessa mesma alienação, havendo uma sub-

---

272 Embora, como já visto alhures, a jurisprudência do Superior Tribunal de Justiça se refira à arrematação como modo *originário* de aquisição da propriedade.

273 Cf. Araken de Assis, *Manual da execução*, 12ª ed., cit., p. 771.

274 Cf. Araken de Assis, *Manual da execução*, 12ª ed., cit., p. 771.

275 "A nua propriedade pode ser objeto de penhora e alienação em hasta pública, ficando ressalvado o direito real de usufruto, inclusive após a arrematação ou a adjudicação, até que haja sua extinção" (STJ, 3ª T., REsp 925.687-DF, rel. Min. Nancy Andrighi, j. 9.8.07, não conheceram, v.u., DJU 17.09.2007, p. 275). Em sede doutrinária, também é essa a opinião de Humberto Theodoro Júnior, *Processo de execução e cumprimento de sentença*, 26ª ed., São Paulo: Leud, 2009, p. 366.

-rogação em relação ao dinheiro arrecadado na execução. Aos credores com garantia real sobre o bem expropriado caberá exigir, em conformidade com suas respectivas preferências, o recebimento de seus créditos no próprio bojo da execução, instaurando-se, conforme o caso, o concurso de credores previsto nos arts. 908 e 909 do Código de Processo Civil.

Com isso, conforme já antecipado acima, a arrematação tem o efeito de extinguir o penhor, a hipoteca – como se verá, desde que previamente notificados os respectivos credores da alienação judicial (CC, art. 1.501; CPC, art. 804) – e outros eventuais gravames que incidam sobre o bem penhorado, tais como outras penhoras, privilégios especiais e preferências legais.[276]

A arrematação – assim como os demais métodos de expropriação executiva – torna ainda o adquirente devedor do respectivo preço (ou da diferença entre o preço e o crédito por ele detido), caso este não tenha sido depositado de imediato.[277] Na verdade, porém, em nossa visão, essa situação de dívida persiste apenas até o fim do prazo estabelecido pelo juiz para o depósito desse montante, pois, não pago o valor da adjudicação dentro desse prazo, a decisão que a tiver deferido poderá[278] se tornar sem efeito (CPC, arts. 892, § 1º, e 895, § 5º), salvo se o arrematante comprovar que deixou de efetuar o depósito por justo motivo. Nessa hipótese, inexistindo justo motivo, perder-se-á a caução oferecida, ficando ainda o arrematante proibido de participar do subsequente leilão (CPC, art. 897).

Como decorrência da extinção de tais garantias reais, com vistas a equilibrar a situação dos credores com direito de preferência, o art. 333, incs. I e II, do Código Civil assiste a eles o direito de cobrar *antecipadamente* a dívida (I) caso venha a ser instaurado concurso de credores em execução ou em processo falimentar ou (II) se os bens hipotecados ou empenhados vierem a ser penhorados em execução por outro credor.

O vencimento antecipado das dívidas é uma cominação legal de importância vital para que tais garantias reais não sejam simplesmente esvaziadas em razão da alienação judicial do bem em outras eventuais execuções. Se assim não fosse, sempre que a expropriação viesse a ocorrer antes de configurada a inadimplência do devedor perante os credores preferenciais, de nada serviria

---

276 Cf. Leonardo Greco, *O processo de execução*, v. 2, cit., p. 415. A extinção da hipoteca só efetivamente se verifica se o credor hipotecário tiver sido regularmente intimado da hasta pública (CPC, art. 698). A falta de sua intimação faz remanescer os efeitos desta, sendo a arrematação ineficaz em relação ao credor e ao adquirente.

277 Cf. Leonardo Greco, *O processo de execução*, v. 2, cit., p. 414.

278 Diz-se *poderá* pois, consoante a dicção do § 5º do art. 895 do Código de Processo Civil, à escolha do exequente, poderá ele pedir a resolução da expropriação ou promover a execução do valor em atraso.

a garantia real a eles outorgada, já que tal garantia restaria extinta antes mesmo de viável a ação executiva (CC, art. 1.499, inc. VI). A cominação legal prevista no art. 333, incs. I e II, do Código Civil, portanto, permite que os credores com garantia real possam participar do concurso especial de preferências, recebendo seu crédito com a prioridade que a própria lei lhes concede.

A extinção das garantias não ocorrerá, todavia, se o credor com garantia real não tiver sido intimado previamente da realização da hasta pública ou das demais formas de expropriação forçada.[279] À falta dessa intimação, permanecerá válido e vigente o direito de sequela do credor com garantia real, podendo este reivindicar a coisa em pagamento de seu crédito contra aquele que o adquiriu judicialmente.[280] É isso o que prescreve o art. 1.501 do Código Civil: "não extinguirá a hipoteca, devidamente registrada, a arrematação ou adjudicação, sem que tenham sido notificados judicialmente os respectivos credores hipotecários, que não forem de qualquer modo partes na execução".

A respeito do tema, o antigo art. 826 do Código Civil de 1916 enunciava *não ser válida* a alienação judicial feita sem a prévia cientificação dos credores hipotecários.[281] O Código Civil anterior não fazia menção à sobrevivência da hipoteca na falta de sua intimação, de modo que aos credores nada restava a fazer a não ser pleitear a desconstituição da expropriação, algo que, a par de legítimo, obviamente trazia enormes e desnecessários prejuízos à execução e aos direitos do terceiro adquirente, além de insegurança a todos os potenciais licitantes.

O mencionado art. 1.501 do Código Civil de 2002, nesse sentido, traz uma alternativa muito menos traumática ao bom desfecho da execução, a qual

---

279 "Execução. Arrematação. Ato perfeito e acabado. Intimação do credor hipotecário que permanece silente. Extinção da hipoteca. Sendo válida e eficaz a arrematação, com a intimação prévia do credor hipotecário, que, contra esse ato não se insurgiu oportunamente, é de considerar-se extinta a hipoteca nos termos do disposto no art. 849, VII, do Código Civil [equivalente ao art. 1.499, inc. VI, do Código Civil de 2002]. Recurso especial não conhecido" (STJ, 4ª T., REsp 110.093-MG, rel. Min. Barros Monteiro, j. 04.02.2003, não conheceram, v.u., DJU 07.04.2003, p. 288).

280 Assim já afirmou o Superior Tribunal de Justiça: "a arrematação que extingue a hipoteca é aquela promovida pelo credor hipotecário; bem como na hipótese de sua anuência, ou pela inércia no exercício de prelação, quando intimado da realização da praça ou leilão" (STJ, 3ª T., REsp 303.325-SP, rel. Min. Nancy Andrighi, j. 26.10.2004, deram provimento, v.u., DJU 06.12.2004, p. 283).

281 Também dispõe, de modo similar, o vigente art. 698 do Código de Processo Civil que "não se efetuará a adjudicação ou alienação do bem do executado sem que da execução seja cientificado, por qualquer modo idôneo e com pelo menos 10 (dez) dias de antecedência, o senhorio direto, o credor com garantia real ou com penhora anteriormente averbada, que não seja de qualquer modo parte na execução".

se mostra, por outro lado, igualmente eficaz perante o credor não cientificado. À falta de sua intimação, a ele é permitido não interferir nesse ato, podendo, no momento oportuno, *se e quando necessário*, perseguir o bem com base no direito de sequela a ele assegurado. Reforça essa possibilidade o art. 804 do Código de Processo Civil, o qual enuncia que "a alienação do bem gravado por penhor, hipoteca ou anticrese será ineficaz em relação ao credor pignoratício, hipotecário ou anticrético não intimado".

A arrematação também transfere ao adquirente o direito aos frutos pendentes, com a obrigação de indenizar as despesas havidas com eles.[282]

Por outro lado, a arrematação igualmente transfere para o preço os vínculos da penhora efetivada na própria execução e nas demais, oriundas de outros processos executivos. Ou seja, opera-se uma sub-rogação das constrições sobre o respectivo preço despendido por força da adjudicação (*pretium succedit in locum rei*).[283]

A arrematação exclui a responsabilidade do executado pelos vícios da coisa, ressalvadas hipóteses muito específicas, já tratadas neste estudo (v. item 29, *retro*).[284]

---

282 Humberto Theodoro Júnior, *Processo de execução e cumprimento de sentença*, 26ª ed., cit., p. 366.

283 Cf. Araken de Assis, *Manual da execução*, 12ª ed., cit., p. 782.

284 Repetimos aqui as colocações feitas no item 17, em especial no rodapé n. 50, cuja aplicação é válida para todas as modalidades de expropriação e não somente, como é sabido, para a arrematação. Alude Humberto Theodoro Júnior que o Código Civil de 1916 tinha uma norma expressa excluindo a ação redibitória e a ação de abatimento no preço por defeitos ocultos da coisa adquirida em hasta pública (CC1916, art. 1.106) e, apesar de o novo Código Civil não ter reproduzido tal regra, a premissa continua plenamente vigente (Humberto Theodoro Júnior, *Processo de execução e cumprimento da sentença*, 26ª ed., São Paulo: Leud, 2009, p. 368). A nosso ver, todavia, essa premissa, em princípio correta, não pode ser aceita de modo absoluto, ao menos no que tange aos defeitos visíveis (aparentes) da coisa penhorada. Apesar de realmente não ser possível aplicar às expropriações a disciplina de direito material relativa aos vícios redibitórios (CC, arts. 441 a 446), em alguns casos, quando o vício for aparente e essa condição não restar consignada, p. ex., no edital de hasta pública ou no laudo de avaliação do bem penhorado, terá o adquirente direito de indenização, podendo inclusive pleitear o desfazimento do ato expropriatório por nulidade do procedimento pré-expropriatório. Sendo o edital ou o laudo de avaliação do bem penhorado omissos ou defeituosos na correta descrição do bem constrito, parece lógico e razoável que o arrematante não seja prejudicado pelas irregularidades ali porventura existentes, sabendo-se, em especial, que ele não tem condições sequer de averiguá-las ou contestá-las, visto que, na imensa maioria das vezes, não lhe é dado o direito de inspecionar o bem antes de sua alienação judicial. A nosso ver, comprovada eventual falha ou omissão do edital ou do laudo de avaliação – em linhas gerais, como dito, no que se refere a vícios aparentes da coisa, posto que os vícios ocultos, por definição legal, são aqueles que não podem ser

Por fim, a arrematação transfere o direito à posse do bem ao arrematante, obrigando o depositário judicial a dela se desfazer. Como já sustentado alhures, ainda sob a disciplina do Código de Processo Civil de 1973, por razões de economia processual, entendíamos desnecessária a propositura de medidas judiciais autônomas pelo arrematante com o intuito de obter a posse do bem adquirido em hasta pública.

Nesse sentido, o Código de 2015 corretamente passou a prever, de forma explícita, a expedição de mandado de imissão na posse para os casos de adjudicação de bens imóveis e de mandado de entrega quando se tratar de bens móveis (CPC, art. 903, § 3º).

85. Desfazimento da arrematação

Sob a égide do Código de 1973, enunciava o legislador, ao tratar das hipóteses de desfazimento da arrematação, que ela poderia ser "tornada sem efeito" nos casos previstos em lei (CPC-1973, art. 694, § 1º). O Código atual passou a descrever, em cada situação específica de desfazimento, a correta consequência jurídica a ser adotada.

Assim, enuncia o art. 903 do Código de Processo Civil que a arrematação será "invalidada", se realizada por preço vil ou com outro vício (art. 903, § 1º, inc. I); será considerada "ineficaz", quando não previamente realizada a intimação dos credores pignoratícios, hipotecários, anticréticos ou das demais pessoas elencadas no art. 804 (art. 903, § 1º, inc. II); será ainda "resolvida", se não for pago o preço ou se não for prestada a caução (art. 903, § 1º, inc. III).

Andou bem o Código, nesse mister, ao dar uma disciplina mais técnica e conceitualmente mais adequada às hipóteses de desfazimento da arrematação.

Atento à heterogeneidade entre cada um desses casos, afirmou ARAKEN DE ASSIS que "a única convergência, nesta reunião assistemática de causas dissolutórias, reside nos efeitos comuns ao desfazimento, porquanto todas as situações envolvem a restituição do *status quo ante*".[285] De fato, trata-se de causas de natureza jurídica absolutamente diversas, propositadamente reunidas pelo legislador por produzirem o mesmo efeito jurídico: o "desfazimento" da arrematação (ou sua "dissolução", como prefere ARAKEN DE ASSIS).[286]

Nas situações em que, por exemplo, o edital não contiver todos os requisitos previstos na lei (CPC, art. 886), poderá ser arguida a nulidade do ato

---

percebidos *ictu oculi* –, responderá o exequente por elas e, solidariamente, o Estado (cf. MAURÍCIO GIANNICO, *Expropriação executiva*, cit., 163-164).

285 ARAKEN DE ASSIS, *Manual da execução*, 12ª ed., cit., p. 614.

286 ARAKEN DE ASSIS, *Manual da execução*, 18ª ed., cit., p. 1159.

expropriatório, desde que tal circunstância traga efetivo prejuízo às partes ou aos licitantes; caso contrário: *pas de nullité sans grief*.

A arrematação por preço vil – corretamente incluída no Código anterior, por força da Lei n. 11.382/2006, como hipótese de desfazimento do ato de expropriação (CPC-1973, art. 694, § 1º, inc. V) – continua a ser expressamente prevista como causa de *invalidação* do ato expropriatório.

Além disso, dentro desse espectro de invalidação previsto no inc. I do § 1º do art. 903, haverá inquestionável prejuízo, *v.g.*, quando o edital deixar de mencionar a existência de ônus, recurso ou causa pendente sobre os bens a serem arrematados (art. 886, inc. VI). Não basta que o edital apenas afirme genericamente a existência de ônus, débitos ou recursos, sendo necessário *efetivamente especificá-los*, o que é corolário do princípio da transparência. Sem que isso ocorra, parece-nos inafastável a possibilidade de se obter a desconstituição da arrematação. Em verdade, a falta de quaisquer dos requisitos do edital previstos no art. 886 do Código poderá gerar a nulidade da arrematação, desde que demonstrado o prejuízo ao respectivo legitimado.

Diz Sidnei Agostinho Beneti que não se incluem entre as causas de desfazimento as causas de frustração da arrematação ocorridas antes do término do ato de arrematação, como a remição da execução (art. 651), dentre outros.[287] A razão disso é evidente: os casos citados estão situados em momentos lógicos anteriores à efetiva concretização da arrematação; não caracterizada ainda em seus ulteriores termos, não há que se falar em *desfazimento* da arrematação (afinal, só se desfaz o que de fato já existe).

Igualmente não será lícito postular o desfazimento da arrematação sob a alegação de impenhorabilidade do bem de família, já que, consoante a firme orientação do Superior Tribunal de Justiça, "arrematado o bem penhorado, impossível a invocação do benefício da Lei n. 8.009/1990", por força da preclusão.[288]

---

287 Sidnei Agostinho Beneti, "Retratação e desfazimento da arrematação", *RT* 609/15-28.

288 STJ, 4ª T., REsp 468.176-PB, j. 20.06.2006, rel. Min. Aldir Passarinho Junior, DJ 14.08.2006, não conheceram, v.u. Veja-se ainda: "Processual civil. Agravo regimental. Agravo de instrumento para subida de recurso especial. Bem de família. Impenhorabilidade. Arrematação concluída. Impossível a invocação do benefício. Preclusão. Lei 8.009/1990. Agravo regimental improvido. I – É assente neste Superior Tribunal o entendimento segundo o qual arrematado o bem penhorado, se torna impossível a invocação do benefício contido na Lei 8.009/1990. II – Os agravantes não apresentaram argumentos suficientes para a alteração da decisão recorrida, pelo que entende-se que ela deve ser mantida, na íntegra. III – Agravo regimental improvido" (STJ, 3ª T., AgRg no Ag 458.869-RJ, j. 13.10.2009, rel. Min. Paulo Furtado, negaram provimento, v.u.).

86. Prazo para postular o desfazimento da arrematação nos próprios autos. Hipóteses de necessidade de ação autônoma

Para que eventual pedido de desfazimento da arrematação seja apreciado no próprio bojo da execução onde esta se concretizou, é necessário que o interessado provoque o juízo no prazo de até dez dias após o "aperfeiçoamento da arrematação" (CPC, art. 903, § 2º) – o que se dá com a lavratura do auto de arrematação. Tal prazo será contado em dias úteis, a teor do quanto dispõe o art. 219 do Código de Processo Civil.

Escoado *in albis* tal prazo, será então expedida carta de arrematação. Em se tratando da expropriação de bem móvel, será expedido mandado de entrega (CPC, art. 903, § 3º).

Consoante institui o § 4º do art. 903 do Código de Processo Civil, uma vez expedida a carta de arrematação ou ordem de entrega, eventual pretensão de desfazimento da arrematação deverá ser veiculado por meio de ação autônoma. Isso significa que, após tal expedição, o juiz não mais poderá conhecer de eventual pedido de desfazimento no bojo da execução, remetendo o peticionário ao ajuizamento de ação própria.

A parte final do § 4º do art. 903 aduz ainda que "o arrematante figurará como litisconsorte necessário" nessa ação autônoma. A configuração de um litisconsórcio necessário (além de unitário) nesse caso é evidente, haja vista que após lavrado o auto de arrematação o arrematante sabidamente passa a deter direitos próprios sobre a *res* expropriada.

Se a ação impugnativa autônoma for movida pelo executado, serão réus, em litisconsórcio necessário, o exequente e o arrematante. Se for movida pelo exequente, serão réus, igualmente em litisconsórcio necessário, o executado e o arrematante.

87. Meios para desfazer a arrematação. Extinção dos embargos de segunda fase

O atual Código de Processo Civil extinguiu os embargos à arrematação (ou embargos de segunda fase) previstos no art. 746 do Código de 1973, simplificando a forma de insurgência contra o ato expropriatório, vindo a privilegiar uma sistemática mais dinâmica (e, portanto, mais célere) para a apreciação e reconhecimento de eventuais nulidades.

O pleito de desfazimento da arrematação poderá ser veiculado por intermédio (a) de simples petição nos próprios autos,[289] nos casos de nulidade, dentro do prazo de até dez dias após a lavratura do auto de arrematação, (b)

289 Cf. ARAKEN DE ASSIS, *Manual da execução*, 12ª ed., cit., p. 616.

de *ação impugnativa autônoma*,[290] necessária após escoado tal prazo de dez dias e (c) de ação embargos de terceiro (CPC, art. 674, § 2º, inc. IV), a serem opostos por eventual terceiro que se julgue proprietário ou possuidor direto ou indireto do bem.

Consoante o entendimento do Superior Tribunal de Justiça, "o desfazimento da arrematação por vício de nulidade (...), pode ser declarado de ofício pelo juiz ou a requerimento da parte interessada nos próprios autos da execução"; porém, "quando já houver sido expedida a carta de arrematação, bem como quando já transferida a propriedade do bem, não pode a desconstituição da alienação ser feita nos próprios autos de execução, devendo ser realizada por meio de ação própria, anulatória".[291]

Sabidamente não é cabível o manejo de ação rescisória para o desfazimento da arrematação, a qual pressupõe a existência de sentença ou acórdão de mérito transitado em julgado.[292] Ao contrário disso, a arrematação é ato jurídico processual, não tendo conteúdo ou natureza de decisão judicial. Igualmente incabível ação rescisória contra a decisão que desfaz a arrematação por força da alegação de vício, já que se trata de decisão meramente interlocutória, de caráter incidental e sem conteúdo material de sentença.[293]

88. Desistência da arrematação. Hipóteses

O § 5º do art. 903 do Código de Processo Civil possibilita a *desistência* do arrematante, (I) se este provar, nos dez dias seguintes à arrematação, a existência de ônus real ou gravame não mencionado no edital (art. 903, inc. I), (II) se, antes de expedida a carta de arrematação ou ordem de entrega, o executado alegar alguma das situações de desfazimento da arrematação previstas no § 1º (art. 903, inc. II) ou, (III) uma vez citado na ação autônoma prevista no

---

290 Araken de Assis, *Manual da execução*, 12ª ed., cit., p. 616. Cita o autor julgado da 3ª Turma do Superior Tribunal de Justiça, que enuncia: "quando não for mais possível a anulação dentro dos próprios autos da execução, a parte interessada terá de propor ação anulatória pelas vias ordinárias" (STJ, 3ª T., REsp 9.221-9-MG, rel. Min. Waldemar Zveiter, RJSTJ 8(82)/203).

291 STJ, 1ª T., REsp 577.363-SC, j. 07.03.2006, rel. Min. Denise Arruda, deram provimento, v.u.

292 Nesse sentido: "Arrematação. Anulação. A arrematação pode ser desfeita através da ação de anulação, e não de ação rescisória. Recurso conhecido, pela divergência, mas improvido" (STJ, 4ª T., REsp 49.533-RJ, j. 27.03.1995, rel. Min. Ruy Rosado de Aguiar, negaram provimento, v.u.).

293 "Processo civil – Ação rescisória – Admissibilidade. 1. Não cabe ação rescisória para impugnar acórdão que decide questão processual incidental. 2. Decisão que anula arrematação ocorrida em execução hipotecária é decisão incidental. 3. Ação rescisória inadmitida" (STJ, 1ª S., AR 470-SP, j. 12.04.2000, rel. Min. Eliana Calmon, não conheceram, v.u.).

§ 4º do art. 903, se apresentar tal desistência dentro do prazo para responder a tal ação (art. 903, inc. III).

Em relação ao inc. I, tratando-se a arrematação de autêntico procedimento licitatório, os interessados naturalmente têm direito de conhecer a situação jurídica do bem expropriado, devendo ser informado acerca de pendências, gravames ou ônus reais que pairem sobre a coisa. Como é mais do que óbvio, essas informações são relevantíssimas para a própria tomada de uma decisão consciente sobre a intenção ou não de participar do certame expropriatório, não sendo razoável ou justo que o interessado venha a ser surpreendido, após a arrematação, com fatos não descritos no edital que possam prejudicar seu direito de propriedade. Consoante a dicção desse inc. I, para que seja lícita a desistência, deverá o arrematante trazer a necessária prova da existência do ônus ou gravame sobre o bem, não lhe bastando a mera alegação dessa circunstância.

No que tange ao inc. II, poderá o arrematante desistir da expropriação se, *antes* de expedida a carta de arrematação ou a ordem de entrega, o executado vier a postular seu desfazimento com base em alguma das situações previstas no § 1º do art. 903 – invalidação por preço vil ou outro vício (inc. I); ineficácia, pela falta de intimação do credor pignoratício, anticrético ou hipotecário sobre a realização do leilão (inc. II); e resolução, pelo não pagamento do preço ou não prestação de caução (inc. III). Após a lavratura da carta de arrematação ou da ordem de entrega, como se verá logo a seguir, a desistência continuará sendo lícita, mas desde que os vícios previstos no § 1º do art. 903 venha a ser suscitados por meio de ação autônoma.

Quanto à situação prevista no inc. III, a desistência por parte do arrematante será possível caso venha a ser ajuizada a ação autônoma prevista no § 4º do art. 903, desde que pronunciada essa faculdade dentro do prazo legal previsto para resposta.

À luz do Código anterior, EDUARDO TALAMINI afirmava que essa desistência era um *direito potestativo* do arrematante,[294] a ser exercido conforme sua conveniência: caso não quisesse se envolver em uma pendência judicial, poderia exercer livremente seu direito de desistir da arrematação. O § 2º do art. 746 do Código de 1973, aliás, era expresso nesse sentido: "(...) o juiz deferirá de plano o requerimento, com a imediata liberação do depósito feito pelo adquirente (art. 694, § 1º, inciso IV)".[295]

---

294 "Direito de desistência da aquisição de bem em execução", in *Execução civil e cumprimento da sentença*, coord. Gilberto Gomes Bruschi e Sérgio Shimura, São Paulo: Método, 2007, v. 2, p. 101.

295 Como salienta EDUARDO TALAMINI, "não há (...) nenhuma margem de discricionariedade ou mesmo de liberdade de avaliação para o juiz. Presentes os pressupostos, impõe-se-lhe o deferimento da desistência" ("Direito de desistência...", cit., p. 102).

Embora as situações em que tal desistência seja autorizada tenham sido parcialmente alteradas, a nosso ver essa característica de *direito potestativo* do arrematante continua a existir à luz do Código de 2015. Desde que tempestivamente apresentada, caberá ao magistrado obrigatoriamente acatá-la, sem fazer juízos de conveniência ou oportunidade.

Diante dos inegáveis prejuízos à marcha processual executiva oriundos da desistência da arrematação, com razão o legislador se preocupou em coibir eventuais manobras desleais por parte do suscitante de eventual nulidade do leilão. Consoante dispõe o § 6º do art. 903, será considerado *ato atentatório à dignidade da justiça* a suscitação infundada de vício com o objetivo de estimular a desistência por parte do arrematante, a ser punida com multa de até vinte por cento sobre o valor atualizado do bem, sem prejuízo do ressarcimento por perdas e danos.

Homologada judicialmente a desistência, terá o arrematante direito à imediata devolução do depósito que tiver feito (CPC, art. 903, § 5º, *in fine*).

Como efeito do desfazimento da arrematação, o exequente ou demais credores com preferência ou privilégio deixam ainda de ter direito ao preço depositado.

89. Prazo para a desistência pelo arrematante

O Código de 1973 não atribuía prazo específico para o exercício do direito de desistência da arrematação, da adjudicação ou da alienação particular.

Essa lacuna gerou diversas discussões na doutrina acerca do tema. Na opinião de Eduardo Talamini, não parecia razoável entender que inexistia prazo para o exercício desse direito, sob pena de a alienação judicial permanecer indefinidamente em aberto.[296] À falta de um prazo específico, à luz do Código anterior, dizia ele ser razoável entender tal prazo como *judicial*, o qual deverá ser estipulado mediante o prudente arbítrio do magistrado, e, à falta de prazo específico, aplicar-se-ia a regra geral do art. 185 do Código de 1973, tendo o adquirente *cinco dias*, contados da cientificação quanto à oposição dos (hoje extintos) embargos de segunda fase, para exercer tal prerrogativa.

Em outro estudo, chegamos a manifestar nossa concordância com tal opinião.[297] No entanto, na esteira do pensamento de Robson Carlos de Oliveira, ulteriormente retificamos nosso entendimento. Consoante o pensamento de tal autor, o terceiro adquirente deveria ser *citado* para manifestar

296 Eduardo Talamini, "Direito de desistência...", cit., p. 102.

297 Maurício Giannico, *As novas reformas do CPC e de outras normas processuais*, cit., p. 165.

eventual desistência, o que nos parece mais consentâneo com o procedimento a ser adotado nos extintos embargos de segunda fase. Em razão disso, afigurou-se mais correto entender que o adquirente poderá manifestar seu desejo de desistir da expropriação deferida durante todo o seu prazo de defesa, *de quinze dias*, a teor do que dispõe o art. 740 do Código de Processo Civil.[298]

Sob a égide do Código atual, felizmente tal discussão não mais tem lugar. Isso porque o legislador definiu de forma explícita o prazo para o arrematante desistir. Na hipótese de desistência fundada na existência de ônus real ou gravame não mencionado no edital (art. 903, § 5º, inc. I), o prazo será de dez dias, contados da própria arrematação. Na hipótese de o executado alegar algumas das matérias previstas no § 1º do art. 903, o prazo igualmente será de dez dias – que é o próprio prazo concedido pela lei para que o interessado provoque o juiz diretamente na execução, sem a necessidade de ação própria (art. 903, § 2º). E, como já visto, na hipótese de desistência pela superveniência de ação autônoma ajuizada com vistas a desfazer a arrematação, o prazo será o da apresentação de defesa, após citado o arrematante.

90. Aplicação analógica do direito de desistência às hipóteses de alienação por iniciativa particular e adjudicação

É imprescindível salientar que o direito de desistência não está vinculado apenas às hipóteses de *arrematação*, podendo ser exercido também em razão das demais formas de alienação judicial presentes no processo de execução. Seu exercício, portanto, também poderá ocorrer nos casos de *adjudicação* ou de *alienação por iniciativa particular*[299] – desde que, é claro, materializem-se as circunstâncias previstas em quaisquer dos incisos do § 5º do art. 903.

Seção V
Da Satisfação do Crédito

Art. 904. A satisfação do crédito exequendo far-se-á:

I – pela entrega do dinheiro;

II – pela adjudicação dos bens penhorados.

CPC de 1973 – art. 708

---

298 ROBSON CARLOS DE OLIVEIRA, "Os embargos à arrematação e à adjudicação e as reformas processuais operadas pelas Leis 11.232/2005 e 11.382/2006", in *Direito civil e processo:* estudos em homenagem ao professor Arruda Alvim, coord. Araken de Assis et al., São Paulo: RT, 2008, p. 1457-1458.

299 MAURÍCIO GIANNICO, *As novas reformas do CPC e de outras normas processuais*, cit., p. 165.

91. A satisfação do crédito exequendo

A prestação jurisdicional aperfeiçoar-se-á somente com a entrega do bem da vida perseguido pelo demandante.[300] Na seara executiva, isso significa dizer que não haverá efetiva tutela apenas pela concretização dos atos executórios ordinários; esta somente será considerada plena quando houver a *real satisfação do credor.*[301]

No que concerne às tutelas jurisdicionais de conteúdo pecuniário, o recebimento do dinheiro pelo exequente notadamente constitui o marco final da execução, seguindo-se a isso, ulteriormente, os trâmites procedimentais legais para sua extinção. Tanto é assim que, como sabido, a sentença que extingue a execução é meramente terminativa; ela não é uma sentença de mérito, pois apenas atesta uma situação já preteritamente consolidada, de satisfação do direito exequendo. Tal satisfação não ocorre em razão da prolação da sentença extintiva da execução, mas sim em momento anterior, por força da denominada *expropriação satisfativa*, através da qual se efetiva a entrega do dinheiro ao credor.

---

300 "Ter-se-á tutela jurisdicional quando o Poder Judiciário entregar, de forma apta e tempestiva, o próprio bem da vida objetivado pelo demandante. Não basta o mero provimento jurisdicional (ainda que favorável). Só se obtém realmente a tutela jurisdicional quando cumprido o comando contido nesse provimento" (Maurício Giannico, *A preclusão no direito processual civil brasileiro*, cit., p. 9). Ainda sobre o tema, eis a lição de Liebman: "com efeito, apesar da importância do ato de desapropriação, das formas espetaculares de que se reveste, da variedade de efeitos que produz nas relações de muitas pessoas, interessadas e estranhas à execução, o ato não é, como frequentemente se diz, ato final da execução: na maioria das vêzes é apenas meio para conseguir o dinheiro líquido necessário para satisfazer o direito do exequente. Só a entrega do dinheiro é realmente a fase final da execução (...)" (Enrico Tullio Liebman, *Processo de execução*, 2ª ed., cit., p. 125).

301 Como enuncia Araken de Assis, "alcança seu termo a terapêutica expropriatória, em geral modelada pela técnica de conversão do bem penhorado – realizada a constrição do dinheiro, o procedimento alcança a fase final *per saltum*, prescindindo da fase de instrução –, ao atingir a fase da entrega do dinheiro (art. 708, I)" (*Manual da execução*, 11ª ed., cit., p. 777). À luz da antiga sistemática processual executiva, Sidnei Agostinho Beneti elenca interessantes problemas que eram vivenciados pelos credores com a tentativa de transformação do bem penhorado em dinheiro, em especial os altos custos para realização do procedimento, com expedição de editais para intimação do devedor não encontrado, diligências dos oficiais de justiça. Nessa resenha, sugeria o autor, por força de tantos problemas, a adoção de alterações, as quais foram incorporadas na sistemática processual vigente, tais como: possibilitar a adjudicação sumária dos bens pelo credor, e, também, a viabilidade de venda antecipada a terceiro para evitar-se prejuízos, justamente nos moldes hodiernamente adotados pela novel sistemática processual civil ("Do pagamento ao credor no processo de execução por quantia certa", *Revista dos Tribunais*, n. 627, v. 77, São Paulo: RT, 1988, p. 266-268).

Sobre tal questão, o Código de Processo Civil de 2015, em seu art. 904, traz disposições acerca do pagamento ao credor. Tal preceito normativo destaca a entrega do dinheiro (inc. I) e a adjudicação dos bens penhorados (inc. II) como meios pelos quais o exequente poderá ver-se satisfeito.

Substituindo o termo "pagamento", presente no Código de 1973 (CPC-1973, art. 708, *caput*), de forma mais apropriada refere-se agora a lei à "satisfação" do crédito exequendo – conforme o próprio título da Seção V ("Da satisfação do crédito") e o *caput* do art. 904.

Como já pudemos afirmar em outro escrito, em manifesto erro de técnica, o Código de 1973 se utilizava da rubrica "pagamento ao credor" para designar a denominada *fase satisfativa* do *iter* processual executivo. No entanto, como é sabido, de *pagamento* não se trata, mas sim de ato de império, pelo qual se processa a expropriação satisfativa em prol do exequente ou de qualquer outro credor dotado de "título legal à preferência".[302]

92. A entrega do dinheiro ao credor

Conforme o caso, a entrega do dinheiro ao credor poderá ser realizada por meio de procedimento contendo *uma* ou *duas* etapas sucessivas.

Quando a penhora recair diretamente sobre dinheiro, em espécie, a denominada *expropriação liquidativa* não será necessária, passando-se diretamente à fase procedimental de levantamento do numerário depositado (a chamada *expropriação satisfativa*), observadas as regras atinentes à defesa do executado e seu possível efeito suspensivo, eventual prestação de caução etc.[303]

Em tais casos, consoante a nomenclatura utilizada por GARBAGNATI, não haverá uma *dupla expropriação*, mas tão somente um ato único de despojamento em favor do exequente ou de algum outro credor com privilégios ou direito de preferência.[304]

---

302 MAURÍCIO GIANNICO, *Expropriação executiva*, cit., p. 289.

303 Segundo LUIZ RODRIGUES WAMBIER, FLÁVIO RENATO CORREIA DE ALMEIDA e EDUARDO TALAMINI, isso ocorrerá quando (i) a penhora recair diretamente sobre quantia monetária; (ii) o devedor requerer a substituição da penhora por dinheiro, nos moldes do art. 688 do Código de Processo Civil e (iii) no curso do processo executivo promover-se a alienação antecipada dos bens (*Curso avançado*..., cit., p. 254). Poder-se-ia questionar se a remição da execução pelo devedor, nos termos do art. 651 do Código de Processo Civil, integraria o rol acima transcrito. Parece ser positiva a resposta. Isso porque, em tais casos, apesar de inicialmente ser penhorada coisa diferente de dinheiro, por ato voluntário não houve duas sucessivas expropriações com a coativa transferência do bem penhorado ao terceiro adquirente; apenas ocorreu uma única etapa expropriatória que culminou em depósito de dinheiro.

304 Cf. EDOARDO GARBAGNATI, *Il concorso di creditori nel processo di espropriazione*, cit., p. 333.

Já quando a constrição judicial recair sobre quaisquer outros bens ou direitos, como regra geral, será previamente necessário realizar sua respectiva alienação, transformando a coisa penhorada em dinheiro, para somente então chegar-se à fase de entrega do dinheiro.

Nessas hipóteses, como já pudemos ressaltar, a doutrina estrangeira considera existir uma *dupla expropriação*. A primeira dessas expropriações consiste na *liquidação* do bem, sendo este extirpado da propriedade do devedor (ou do responsável) e transformado em dinheiro; a segunda, que se destina à efetiva satisfação da obrigação creditícia, refere-se propriamente à entrega do dinheiro obtido por meio da alienação coativa.

A fase procedimental de entrega do dinheiro ao exequente será mais simples ou mais complexa, conforme a existência ou não de outros credores, candidatos e concorrentes entre si ao recebimento do produto obtido por força da expropriação judicial.

Sendo o exequente o único credor, a execução terá um desfecho simplificado, autorizando-se, de imediato, a expedição de mandado judicial para levantamento do numerário depositado em juízo, até o limite do *quantum* exequendo (CPC, art. 905, *caput* e inc. I). Satisfeita integralmente a dívida perante o exequente, eventuais importâncias remanescentes serão restituídas ao executado (art. 907).

Havendo, porém, multiplicidade de credores, deverá então ser instaurado *concurso especial de credores* (CPC, art. 908 – v. item 100, *infra*).[305]

93. Adjudicação e fase satisfativa da execução

A prática forense demonstra que, mais usualmente, costuma ser do próprio credor-exequente a iniciativa de adjudicar o bem penhorado na execução pecuniária por ele deflagrada. Sempre que ocorrer tal situação, e desde que inexistam outros credores com penhora anterior sobre o mesmo bem, privilégios ou preferências de direito material, a adjudicação, em si própria, resultará na satisfação da dívida exequenda.

Isso porque, como já visto, optando pela adjudicação, o exequente consente em receber, em vez da soma em dinheiro a que faz jus, um ou mais bens

305 Cassio Scarpinella Bueno aduz que a hipótese do inc. I do art. 709 do Código de Processo Civil cuida de credor que penhora bem livre de qualquer ônus; já o inc. II do dispositivo prevê situações em que o bem está gravado por algum ônus. Lembra também o autor que a lei não veda a penhora de bens gravados por direitos reais, contudo, nessa situação, indispensável será a intimação do credor que possua o direito real acerca da constrição (*Código de Processo Civil interpretado*, coord. Antonio Carlos Marcato, São Paulo: Atlas. 2004, p. 1996).

previamente afetados para fins executivos, em troca de seu respectivo valor pecuniário, em sistemática de muitos modos semelhantes à *datio in solutum*.

Certamente foi com vistas a tal situação ordinária – de deferimento da adjudicação em prol do próprio credor-exequente – que o legislador insculpiu a norma do art. 904, inc. II, do Código de Processo Civil de 2015, a qual se refere à adjudicação como forma autônoma e imediata satisfação do montante executado.

A par do quanto afirma tal dispositivo – aliás, mera repetição, com adaptações, do antigo art. 708, inc. II, do Código de 1973 –, nem sempre, porém, a adjudicação tornará despicienda uma fase procedimental adicional de distribuição do dinheiro arrecadado na execução – a denominada fase de *entrega do produto* da expropriação (LIEBMAN).[306] Isso porque, mesmo concretizada a adjudicação, há uma multiplicidade de situações em que o exequente não poderá tomar para si o bem, satisfazendo seu crédito através da fórmula da *datio in solutum*.[307]

Em primeiro lugar, como visto nos comentários ao art. 876, sabe-se que não apenas o exequente está legitimado a requerer a adjudicação, havendo uma série de outras pessoas que, pela lei, também estão autorizadas a fazê-lo (CPC, art. 876, § 5º). Se a adjudicação for deferida em favor de algum desses outros entes, em princípio, deverá o respectivo candidato depositar em juízo o valor de avaliação – salvo, como veremos logo a seguir, se o adjudicatário for credor que tenha título legal de preferência superior a todos os demais.

Quando a adjudicação for deferida em favor de não credores ou de credores sem preferência sobre os demais, o dinheiro será depositado em juízo e ficará sob a guarda judicial, sendo deferido seu levantamento *apenas após a instauração da fase satisfativa*, compreendida pelos arts. 908 e seguintes do Código de Processo Civil, com o auxílio, quando o caso, do denominado *concurso especial de credores*.

E, mesmo quando o adjudicatário for o próprio exequente, ainda assim este somente estará efetivamente dispensado de depositar em juízo o valor da avaliação do bem penhorado se tiver preferência em detrimento dos demais eventuais credores no que tange ao produto da adjudicação. Havendo outro credor hipotecário, pignoratício ou concorrente com preferência no recebi-

---

306 *Processo de execução*, 2ª ed., cit., p. 124.

307 Como expõe JOSÉ FREDERICO MARQUES, "a adjudicação de bens ou rendimentos, direitos ou ações, ao exequente, realiza o objetivo do processo executório. Mas as vias executivas ainda perduram, através de diversos atos ulteriores de procedimento, salvo quando o exequente se torna adjudicatário dos bens penhorados, porque então cumprida se acha a sanção contida no título executório" (*Manual de direito processual civil*, 7ª ed., São Paulo: Saraiva, 1987, v. 4, p. 224).

mento de seu crédito, deverá então o exequente adjudicatário obrigatoriamente depositar a integralidade do valor ofertado pelo bem.[308]

Incidindo qualquer uma dessas situações, não apenas a adjudicação não produzirá o efeito aludido no art. 904 em comento – de "satisfação" do crédito exequendo – como igualmente será necessário que a execução adentre a fase da *entrega do dinheiro*, disciplinada pelos dispositivos legais subsequentes (CPC, arts. 908 e 909). Ou seja, mesmo nos casos em que vier a ser efetivada a adjudicação do bem penhorado, nem sempre sua ocorrência evitará o trâmite da fase de entrega do produto obtido pela expropriação realizada.

Para todas as situações acima elencadas, a adjudicação não terá o condão de encerrar a prestação jurisdicional executiva, sendo necessária uma fase adicional, na qual eventuais credores com penhoras realizadas sobre o mesmo bem ou com direito de prelação disputarão o produto da expropriação judicial. E naturalmente, nos casos em que o exequente não detiver a preferência sobre os demais credores, ele não terá seu crédito satisfeito, o que faz com que a execução tenha de ser retomada a partir de nova perquirição acerca de outros bens do executado a serem penhorados, avaliados e ulteriormente expropriados.

94. Cessação dos encargos da dívida apenas com a entrega do dinheiro ao credor

Não há satisfação do crédito exequendo sem o efetivo recebimento do dinheiro pelo credor, sendo claro o inc. I do art. 904 do Código atual ao dizer que a satisfação do credor ocorrerá apenas com a "entrega do dinheiro". Em idêntico sentido preceitua o parágrafo único do art. 906 que somente "ao receber o mandado de levantamento" é que o credor dará "quitação da quantia paga".

Evidente, portanto, que os depósitos judiciais feitos sem a intenção de quitar a dívida exequenda (mas sim, p. ex., com o mero intuito de garantir o juízo da execução) não elidem, por si sós, a incidência dos encargos remuneratórios, algo que ocorrerá unicamente com a efetiva *entrega do dinheiro ao credor*.

Durante o período em que o executado estiver a impor óbices ao levantamento do valor depositado, naturalmente continuará ele a responder pelos encargos oriundos da dívida (tais como juros e correção monetária). Afinal, não sendo cumprida a obrigação mediante o efetivo pagamento, "responde o devedor pelos prejuízos a que sua mora der causa, mais juros, atualização dos valores monetários segundo índices oficiais regularmente estabelecidos" (CC, art. 395).

308 Leonardo Greco, *O processo de execução*, cit., v. 2, p. 418.

Nos termos do art. 307 do Código Civil, *o mero depósito judicial não enseja a extinção da obrigação*, pois ele não tem o condão de transferir a titularidade do bem da vida ao credor. E, *se não extingue a obrigação, igualmente não extingue a mora*; consequentemente, não há motivo para ser interrompida a incidência dos juros de mora.

Portanto, em nosso entender, os juros e a correção monetária incidem até o efetivo levantamento do dinheiro, não sendo o mero depósito judicial com fins de garantia da execução suficiente para cessar a mora do devedor.[309] Assim, até o momento do efetivo levantamento judicial dos valores penhorados na execução a dívida progredirá com todos os seus encargos. E, se no momento desse levantamento judicial houver diferença a ser saldada, deverá a execução prosseguir em seus ulteriores termos, com vistas à penhora de novos bens do executado até a satisfação integral do crédito remanescente.

Contrária, porém, é a jurisprudência do Superior Tribunal de Justiça, que acabou se valendo de precedentes relativos ao Direito Tributário[310] e os aplicando (a nosso ver, indevidamente) às demais modalidades de execuções de obrigações pecuniárias.[311] Em matéria tributária, o art. 151, inc. II, do Código Tributário Nacional expressamente determina que o depósito do montante integral do débito suspende a exigibilidade do crédito, o que tem como consequência a inexistência de mora e de encargos adicionais sobre o montante depositado. Inexiste, porém, regra similar em relação às demais relações de direito material, sendo, pois, em nosso entender, inaplicável essa sistemática às execuções civis.

---

309 "Cumprimento de sentença – Depósito judicial do valor da dívida que não afasta a atualização monetária do título executivo – Somente com o levantamento do depósito judicial pelo exequente é que há pagamento e liberação do executado – Diferença entre o valor depositado judicialmente e o valor do débito exequendo atualizado que deve ser arcada pelo executado – Recurso não provido" (TJSP, 17ª Câm. D. Privado, Ag. Inst. 7360539-7, j. 12.08.2009, rel. Des. Tersio José Negrato).

310 "Processual civil e tributário – Recurso especial – FGTS – Embargos à execução fiscal – Depósito judicial – Levantamento – Juros moratórios indevidos. 1. A jurisprudência desta Corte é firme no sentido de que não deve incidir juros moratórios se depositado o valor do débito em conta judicial. 2. Recurso especial provido" (STJ, 2ª T., REsp 1.097.892-PR, j. 16.06.2009, rel. Min. Eliana Calmon, deram provimento, v.u.).

311 "Processual civil. Recurso especial. Cumprimento de sentença. Depósito judicial para garantia do juízo. Atualização monetária e juros moratórios. Descabimento. 1. Não incidem correção monetária e juros de mora sobre os valores depositados em juízo para a garantia da execução, uma vez que o respectivo montante já se encontra atualizado e remunerado pela instituição bancária. Precedentes. 2. Recurso especial a que se dá provimento" (STJ, 2ª T., REsp 1.454.962-PR, j. 19.09.2017, rel. Min. Og Fernandes, deram provimento, v.u.).

Art. 905. O juiz autorizará que o exequente levante, até a satisfação integral de seu crédito, o dinheiro depositado para segurar o juízo ou o produto dos bens alienados, bem como do faturamento de empresa ou de outros frutos e rendimentos de coisas ou empresas penhoradas, quando:

I – a execução for movida só a benefício do exequente singular, a quem, por força da penhora, cabe o direito de preferência sobre os bens penhorados e alienados;

II – não houver sobre os bens alienados outros privilégios ou preferências instituídos anteriormente à penhora.

Parágrafo único. Durante o plantão judiciário, veda-se a concessão de pedidos de levantamento de importância em dinheiro ou valores ou de liberação de bens apreendidos.

CPC de 1973 – art. 709, caput, *I e II*

95. Satisfação do credor. A hipótese do credor singular

Em se tratando de credor singular (credor-exequente), como dito nos comentários ao art. 904, a fase final do procedimento executivo será bastante simples.[312]

Nessa situação, expropriado o bem penhorado, o produto da expropriação (pecúnia) será destinado ao próprio exequente, na qualidade de credor que promoveu a execução.

Consoante a dicção do *caput* do art. 905, a satisfação será feita com base na transferência do dinheiro depositado para garantir o juízo da execução, do produto dos bens alienados, ou ainda do faturamento da empresa ou de outros frutos e rendimentos de coisas ou empresas penhoradas.

À falta de outros gravames sobre o bem,[313] a penhora feita em seu favor lhe garante o recebimento do crédito. Isso porque, consoante dispõe o art. 797, *caput,* do Código de Processo Civil, o exequente adquire, "pela penhora, o direito de preferência sobre os bens penhorados". Também o art. 905, ora em comento, reproduz tal fórmula em seu inc. I, ao afirmar que, "por força da penhora", ao exequente "cabe o direito de preferência sobre os bens penhorados e alienados".

---

312 Como elucida Liebman, "o Código considerou como normal a hipótese de haver um só credor interessado, o próprio exequente; neste caso a atividade de entrega é tão simples, que não chega a assumir a estrutura de fase final distintamente caracterizada do processo de execução, aparecendo antes como mero ato complementar da desapropriação" (*Processo de execução*, 2ª ed., cit., p. 124).

313 Havendo outros gravames, estar-se-á diante de hipótese de pluralidade de credores, sendo mister perquirir, em tais circunstâncias, se pendem "sobre os bens alienados qualquer outro privilégio, ou preferência, instituído anteriormente à penhora" (CPC, art. 709, inc. II).

Consoante enuncia o art. 905, incs. I e II, do Código de Processo Civil, dois requisitos *cumulados* são necessários para que o dinheiro seja, de imediato, entregue ao exequente.

Primeiramente, é preciso que não existam outras execuções pendentes com penhora incidente sobre os bens expropriados (inc. I).

Além disso, é preciso ainda que sobre os bens alienados não haja "outros privilégios ou preferências instituídos anteriormente à penhora" (inc. II).

Em tais casos, em vista da inexistência de outros credores, não se mostra necessária a instauração de um concurso especial para verificação de quem deva receber seu crédito primeiro. Afinal, por óbvio, não havendo multiplicidade de credores, também inexistirá qualquer necessidade de perquirir sobre precedência entre penhoras ou sobre preferências creditícias sobre o bem constrito na execução.

Nessas circunstâncias, o valor excutido será desde logo transferido ao credor-exequente, restando adimplida a obrigação.

Não presentes os requisitos acima elencados, a fase satisfativa da execução será precedida do denominado concurso especial de credores, previsto nos arts. 908 e 909 do Código de Processo Civil, sobre o qual falaremos adiante.

O levantamento em favor do exequente naturalmente será feito até o estrito limite de seu crédito, incluindo-se aí o principal, juros, atualização monetária, custas e despesas processuais e honorários advocatícios. Os valores que sobejarem esse crédito serão restituídos ao executado (CPC, art. 907).

96. Vedação ao deferimento de pedidos de levantamento ou de liberação de bens constritos durante o plantão judiciário

O plantão judiciário é destinado a dar guarida a situações verdadeiramente excepcionais, de urgência extrema e de risco grave de perecimento de direitos, não se amoldando a esses específicos escopos a pretensão de levantamento de somas pecuniárias em execução ou de liberação de bens penhorados. Caberá ao próprio juiz natural da execução, conhecedor das peculiaridades de cada processo, decidir esses últimos pleitos, estando o juiz plantonista proibido de apreciá-los (CPC, art. 905, parágrafo único).

Infelizmente a praxe forense mostrou que muitos levantamentos precipitadamente deferidos por juízes plantonistas sem uma real dimensão da controvérsia executiva culminavam em situação de grave irreversibilidade: o dinheiro levantado muitas vezes sumia para todo o sempre, não sendo possível ao executado injustamente acionado reaver ulteriormente as quantias dele subtraídas.

Salutar, nesse sentido, a inovação legislativa trazida pelo parágrafo único do art. 905 do Código, cuja finalidade é exatamente proteger o executado contra situações como essas, lamentavelmente comuns sob a égide do Código anterior.

Art. 906. Ao receber o mandado de levantamento, o exequente dará ao executado, por termo nos autos, quitação da quantia paga.

Parágrafo único. A expedição de mandado de levantamento poderá ser substituída pela transferência eletrônica do valor depositado em conta vinculada ao juízo para outra indicada pelo exequente.

CPC de 1973 – art. 709, parágrafo único

97. Levantamento do dinheiro e quitação pela quantia recebida

O numerário arrecadado na execução, o qual normalmente estará depositado em instituição bancária oficial (CPC, art. 840, inc. I), será levantado pelo credor por meio da expedição de mandado judicial (ou de alvará judicial, ou ainda de mandado de levantamento). O levantamento poderá ser feito diretamente pelo próprio exequente ou na pessoa de seu advogado, desde que este último tenha poderes específicos para receber e dar quitação (CPC, art. 105).[314]

A prática forense revela *quão arcaico* ainda é o procedimento para o levantamento de valores depositados aos autos dos processos judiciais. A depender do Cartório judicial, entre o deferimento judicial da expedição do alvará e o efetivo levantamento do respectivo numerário podem se passar *mais de seis meses*, o que é realmente lamentável.

Com o intuito de desburocratizar esse procedimento, o parágrafo único do art. 906 dispõe que a expedição do mandado de levantamento poderá ser *substituída* pela transferência eletrônica do valor depositado em conta vinculada ao juízo para outra indicada pelo exequente. Basta, pois, que o juiz determine que o banco depositário realize uma TED (Transferência Eletrônica Disponível) para a conta de preferência do credor, acelerando-se o hoje longo, angustiante e burocrático procedimento de expedição de alvará.

314 Cf. Araken de Assis, *Manual da execução*, 12ª ed., cit., p. 852. Em sede jurisprudencial, confira-se o entendimento do Superior Tribunal de Justiça: "(...) a jurisprudência do Superior Tribunal de Justiça está firmada sobre que 'o advogado legalmente constituído, com poderes na procuração, para receber e dar quitação, tem direito à expedição de alvará em seu nome, para levantamento de depósitos judiciais que favorecem seus constituintes'. Precedentes" (STJ, 5ª T., RMS 13.817-SP, rel. Min. Gilson Dipp, j. 28.05.2002, negaram provimento, v.u., DJU 24.06.2002, p. 318).

Em tempos em que as transferências bancárias de dinheiro há muito são feitas majoritariamente em ambiente eletrônico, parece não menos do que intuitivo e lógico que também na seara judicial a movimentação de valores possa se processar eletronicamente.

O levantamento do dinheiro naturalmente induz a quitação do débito, total ou parcialmente, consoante seja o montante arrecadado suficiente ou não para o adimplemento completo do montante exequendo. A esse respeito, aliás, repetindo a fórmula do Código de 1973 (CPC-1973, art. 709), dispõe o *caput* do art. 906 do Código atual que, efetuado o levantamento do dinheiro, ao credor caberia a obrigação de formalizar termo nos autos,[315] dando quitação pela quantia recebida.

Na realidade, contudo, tal providência se mostra visivelmente desnecessária, já que os efeitos da quitação se operam de forma notoriamente automática. Não por outra razão, essa formalidade foi praticamente abolida pela *praxis* forense.[316]

Lamenta-se que também aqui, como em várias outras passagens do Código atual, o legislador se mostre *desconectado* da realidade prática de nossos Fóruns e Tribunais. Um Código eficiente não se constrói apenas com acadêmicos. A experiência prática, da qual muitos de seus artífices notoriamente carecem, era algo não somente desejável, mas fundamental para renovar de modo adequado os alicerces e as bases de nossa ciência processual.

Se o produto obtido por meio da expropriação judicial não for suficiente para o adimplemento integral do valor executado, o procedimento será reiniciado, com a realização de nova penhora, sobre outros bens pertencentes ao devedor (CPC, art. 851, inc. II), seguindo-se a isso sua respectiva avaliação e sua ulterior alienação, por meio de qualquer um dos métodos expropriatórios previstos na legislação processual.

Se, por outro lado, o levantamento for suficiente para a quitação integral do crédito exequendo, eventuais valores remanescentes deverão ser restituídos ao executado (CPC, art. 907).

---

315 Como ensina ARAKEN DE ASSIS, "termo é ato processual da competência do escrivão ou do chefe de secretaria, e observará os arts. 169 e 171" do Código de Processo Civil (*Manual da execução*, 12ª ed., cit., p. 852).

316 Consoante leciona DINAMARCO, "o levantamento pelo credor implica quitação do valor recebido; o *termo nos autos*, exigido pelo parágrafo do art. 709 como instrumento dessa quitação, é uma formalidade burocrática cuja ausência não faria falta alguma" (*Instituições de direito processual civil*, cit., v. IV, p. 682). No mesmo sentido, diz ERNANE FIDÉLIS DOS SANTOS que, embora a lei fale em quitação por termo nos autos, o simples levantamento do dinheiro já é forma de quitação da dívida ("O pagamento do credor na execução por quantia certa contra devedor solvente", cit., p. 62).

98. Levantamento do dinheiro na execução provisória

Tratando-se de execução provisória, o levantamento dos valores arrecadados ficará condicionado ao oferecimento de "caução suficiente e idônea", arbitrada de plano pelo juiz e prestada nos próprios autos (CPC, art. 520, inc. IV), salvo as hipóteses legais de dispensa dessa providência, trazidas pelo art. 521 do Código de Processo Civil.[317]

> **Art. 907.** Pago ao exequente o principal, os juros, as custas e os honorários, a importância que sobrar será restituída ao executado.
>
> *CPC de 1973 – art. 710*

99. A necessária fidelidade entre o crédito exequendo e o respectivo numerário a ser recebido pelo credor

Por óbvio, caberá ao exequente levantar unicamente o numerário correspondente ao seu crédito, acrescido de correção monetária, juros, custas e despesas processuais e honorários advocatícios, sob pena de enriquecimento sem causa. Embora o art. 907 não se refira explicitamente às multas porventura aplicadas contra o executado durante o trâmite da execução (*v.g.*, CPC, art. 523, § 1º, art. 774, parágrafo único, art. 77, § 2º, e art. 81), naturalmente estas também integrarão o *quantum* a ser levantado pelo exequente.

Eventuais sobras, após o pagamento do principal e dos demais encargos, pertencerão ao executado, ressalvadas, por óbvio, outras penhoras incidentes sobre o dinheiro depositado nos autos da execução.

Recaindo outras constrições sobre o dinheiro, como já pudemos expor anteriormente, essa regra geral enunciada pelo art. 907 deixa de ter validade, e a importância que remanescer após satisfeito o exequente será transferida ao credor que detenha a próxima preferência sobre tal numerário.

> **Art. 908.** Havendo pluralidade de credores ou exequentes, o dinheiro lhes será distribuído e entregue consoante a ordem das respectivas preferências.

---

317 "Art. 521. A caução prevista no inciso IV do art. 520 poderá ser dispensada nos casos em que: I – o crédito for de natureza alimentar, independentemente de sua origem; II – o credor demonstrar situação de necessidade; III – pender o agravo do art. 1.042; IV – a sentença a ser provisoriamente cumprida estiver em consonância com súmula da jurisprudência do Supremo Tribunal Federal ou do Superior Tribunal de Justiça ou em conformidade com acórdão proferido no julgamento de casos repetitivos. Parágrafo único. A exigência de caução será mantida quando da dispensa possa resultar manifesto risco de grave dano de difícil ou incerta reparação."

§ 1º No caso de adjudicação ou alienação, os créditos que recaem sobre o bem, inclusive os de natureza *propter rem*, sub-rogam-se sobre o respectivo preço, observada a ordem de preferência.
§ 2º Não havendo título legal à preferência, o dinheiro será distribuído entre os concorrentes, observando-se a anterioridade de cada penhora.

CPC de 1973 – art. 711

100. O concurso especial de credores

A doutrina brasileira emprega diversos nomes para qualificar o incidente executivo de distribuição do produto da expropriação nas execuções pecuniárias contra devedor solvente, quando houver pluralidade de pretendentes ao crédito. Fala-se, em geral, em *concurso singular de credores*,[318] *concurso especial de credores*,[319] *concurso particular de credores*[320] e *concurso de preferências entre credores*.[321] Seja qual for a nomenclatura utilizada, o que impende ressaltar é que tal concurso é aquele instituído por credores em relação a um ou alguns bens específicos destacados do patrimônio do devedor, afetados para fins executivos por força da penhora.[322]

A ideia inspirada pelo concurso especial entre credores se opõe ao denominado *concurso universal*, por meio do qual todos os credores de um mesmo devedor são convocados e concorrem entre si, recebendo ou rateando, conforme suas respectivas preferências, o produto advindo da alienação da *totalidade* dos bens integrantes de seu patrimônio. O concurso universal pressupõe a *insolvência* do devedor, efetivando-se por meio de processo de falência (Lei n. 11.011/2005), de liquidação extrajudicial (Lei n. 6.024/74) ou de execução por quantia certa contra devedor insolvente (CPC-1973, arts. 748 a 786-A, *ainda em vigor*, por força do quanto disposto no art. 1.052 do Código de 2015),[323]

---

318 Cf. José Frederico Marques, *Manual de direito processual civil*, cit., v. 4, p. 211.
319 Cf. Araken de Assis, *Manual da execução*, 12ª ed., cit., p. 853.
320 Cf. Leonardo Greco, *O processo de execução*, cit., v. 2,p. 433.
321 Cf. Cândido Rangel Dinamarco, *Instituições de direito processual civil*, cit., v. IV, p. 683.
322 "Denomina-se 'concurso' porque acodem ao juízo onde se deu a expropriação todos os credores disputando o preço da arrematação, num 'litisconsórcio singular' onde uns se opõem aos outros" (Luiz Fux, *O novo processo de execução*, Rio de Janeiro: Forense, 2008, p. 236-237).
323 Consoante afirmam Luiz Guilherme Marinoni e Sérgio Cruz Arenhart, o concurso singular de credores "não se confunde com o concurso universal de credores. O concurso singular se dá quando vários credores buscam o produto da alienação de um bem específico do devedor. Já no concurso universal a concorrência incide sobre todo o patrimônio do executado, a exemplo do que ocorre com a liquidação, com a falência ou com a declaração de insolvência civil" (*Curso de processo civil:* execução, cit., v. 3, p. 329-330).

conforme se trate, respectivamente, de comerciante, instituição financeira ou devedor civil (não comerciante).[324]

101. *Vigilantibus iura* x *par conditio creditorum*

O sistema executivo brasileiro vigente consagrou, como premissa metodológica e inspiradora das regras atinentes à entrega do produto da expropriação judicial, uma concepção de cunho nitidamente liberal, que leva em conta essencialmente o momento do rompimento da inércia de cada credor em busca da satisfação de seu direito pecuniário inadimplido (*vigilantibus iura*).

Para fins de distribuição do produto obtido pela execução forçada promovida contra devedores solventes, prevalece atualmente, no ordenamento jurídico pátrio, a regra da constrição mais antiga.[325] Tal sistema, conforme a lição de José Frederico Marques, é identificado pela emblemática máxima *prior tempore potior iure* (prioridade no tempo, melhor direito), incidindo de modo que "o credor diligente, que se antecipasse aos outros, fazendo penhorar bens do devedor, era preferido aos demais, cabendo a êstes tão só o excedente".[326]

Como expõe Araken de Assis, "a preferência emanada da penhora põe, à luz do dia, o marcante conteúdo ideológico desse concurso, que se instalará entre credores quirografários, se houver duas ou mais penhoras sobre o mesmo bem".[327] Narra o jurista que essa "estreita visão individualista", consistente em premiar o credor que tiver sido mais diligente, revela-se em parte insatisfatória, haja vista que nem sempre as providências executivas dependem exclusivamente do empenho do credor.[328-329]

---

324 Sobre o tema, transcreve-se a lição de Alfredo Buzaid: "a falência e o concurso particular de credores são execuções. Ambos pressupõem a insolvência do devedor, cujo patrimônio constitui a garantia comum dos credores; no concurso, porém, a execução recai sôbre um ou mais bens penhorados em benefício do exequente e dos intervenientes; o característico da falência é, ao contrário, a arrecadação de todo o patrimônio disponível do credor, a fim de por êle se pagarem, não apenas alguns senão todos os credores, que tomam conhecimento da execução geral pela publicação de éditos e pela circular expedida pelo síndico. Ambos são juízos concursais: um tem por sujeito passivo o devedor civil; o outro, o comerciante. A falência é, portanto, concurso de credores, com a distinção que abrange todo o patrimônio do comerciante para o fim de proceder à sua liquidação em benefício de todos os credores" (Alfredo Buzaid, *Do concurso de credores no processo de execução*, cit., p. 33).

325 Cf. José Frederico Marques, *Manual de direito processual civil*, 7ª ed., São Paulo: Saraiva, v. 4, 1987, p. 209.

326 José Frederico Marques, *Instituições de direito processual civil*, cit., v. V, p. 204.

327 Araken de Assis, *Manual da execução*, 12ª ed., cit., p. 736.

328 Araken de Assis, *Manual da execução*, 12ª ed., cit., p. 736.

329 Ao instituir tal sistemática, esqueceu-se o legislador pátrio, porém, de que, em razão das inúmeras e conhecidas situações do cotidiano, nem sempre o inadimplemento

A nosso ver, todavia, apesar dessa opção visivelmente individualista, o sistema atual talvez não mereça tão acirradas críticas. Isso porque o modelo processual brasileiro dá uma válvula de escape razoavelmente eficiente para os casos de insuficiência do patrimônio do devedor para saldar todas as suas dívidas: a declaração de insolvência, com o retorno da vigência da regra do *par conditio creditorum*, pela qual os diversos credores terão tratamento isonômico, dentro de sua respectiva classe de preferência.[330]

Na vigência do Código de Processo Civil de 1939, o sistema executivo pátrio vinha apoiado na regra do *par conditio creditorum*, de sorte que, como visto acima, credores com equivalente direito de preferência, independentemente do momento de constituição de seu direito, teriam tratamento igualitário, dividindo o produto de eventual alienação judicial realizada na seara executiva.

Sob a égide do Código de Processo Civil de 1973, a regra do *par conditio creditorum* passou a vigorar somente nas denominadas execuções universais – falência, liquidações extrajudiciais e execuções por quantia certa contra devedores *insolventes*. Mesmo que houvesse insolvência de fato, ou quando estivesse configurada situação de presunção legal de insolvabilidade (CPC-1973, art. 750, incs. I e II), o devedor continuava a ser tratado como *solvente*, ao menos até que houvesse uma efetiva investida, por parte de algum dos credores, no sentido de promover a declaração de sua insolvência, instaurando-se a consequente execução concursal universal.

O Código de 2015 manteve intacta tal opção (CPC, art. 797): ressalvadas as hipóteses de concurso universal, para as execuções individuais continua a

---

das diversas obrigações pecuniárias assumidas por um mesmo devedor ocorrerá em um único momento. Há credores que, conforme o vulto maior ou menor da dívida a ser solvida, têm a inadimplência ocorrida antes ou depois dos demais. Em tais casos, sem que haja qualquer falta de diligência, é natural que as iniciativas executivas ocorram em momentos distintos, restando prejudicados aqueles que, sem serem culpados por tal situação, poderão restar prejudicados.

330 Sobre o assunto, eis o comentário de Rodrigo Benevides de Carvalho: "(...) o sistema do concurso particular de credores, embora considerado individualista, já que não enseja diretamente o rateio do dinheiro ou do produto dos bens expropriados aos credores quirografários, finda, efetivamente, por atender aos interesses de todos (...). Em outras palavras, o sistema do Código a ninguém traz prejuízo. Os credores em posição secundária e desvantajosa no concurso particular têm a expectativa de receber todo o crédito, visto que, solvente o devedor comum, haverá a possibilidade de, na pior das hipóteses, requererem a segunda penhora. Vislumbrando já a existência de déficit entre o valor do bem penhorado e os créditos privilegiados, possuem a alternativa de provocar o concurso universal, desfazendo as preferências advindas da penhora na classe dos quirografários" (*O concurso particular de credores na execução*, São Paulo: Atlas, 2008, p. 83).

prevalecer a máxima *vigilantibus iura*, pela qual o credor diligente, que efetua a primeira penhora, terá preferência no recebimento do dinheiro obtido por força da expropriação do bem constrito (*prior tempore potior iure*).

102. Multiplicidade de credores e o concurso especial

Havendo dois ou mais credores, a lei impõe a instauração de um *concurso especial* (CPC, art. 908).[331] Em tal concurso, os credores legitimados a dele participar trarão aos autos da execução comprovação documental da origem e do valor atualizado de seus respectivos créditos, demonstrando ainda a existência (a) de eventuais privilégios ou preferências sobre o bem penhorado[332] ou (b) de penhora realizada em seu favor no bojo de outro processo executivo, informando também, nesse caso, a data em que a constrição foi efetivada (CPC, art. 908, § 2º).

Ouvidos os interessados em contraditório e produzidas as provas necessárias, o magistrado então decidirá, estabelecendo a ordem de prioridades entre os credores para o recebimento do dinheiro. Dependendo do valor de cada crédito e do montante depositado nos autos, um ou mais credores serão

---

331 Cassio Scarpinella Bueno aduz que a hipótese do inc. I do art. 709 do Código de Processo Civil cuida de credor que penhora bem livre de qualquer ônus; já o inc. II do dispositivo prevê situações em que o bem está gravado por algum ônus. Lembra também o autor que a lei não veda a penhora de bens gravados por direitos reais, contudo, nessa situação, indispensável será a intimação do credor que possua o direito real acerca da constrição (*Código de Processo Civil interpretado*, coord. Antonio Carlos Marcato, São Paulo: Atlas, 2004, p. 1996).

332 Para Nelson Nery Júnior e Rosa Maria de Andrade Nery, "o privilégio é uma vantagem que a qualidade do crédito atribui a um credor para ser preferido perante outros credores". Eles existem como consequência do direito de propriedade ou criados por um sentimento de humanidade. Complementando, pontuam que, "entre os credores privilegiados a preferência vem regulada segundo as diversas qualidades dos privilégios. A preferência não se deve à anterioridade de data, mas em favor de causa: *privilegia non tempore aestimatur sed ex causa*" (*Código de Processo Civil comentado*, cit., p. 1059). Extraem-se das lições de Antônio Janyr Dall'Agnol Júnior que "preferência é a qualidade ou modalidade da ação consistente em estabelecer que seja o crédito pago com o valor de determinado bem. Privilégio é a qualidade ou modalidade da ação, consistente em estabelecer que seja o crédito pago com prioridade relativa a outros" ("Concurso particular de preferência", *Revista dos Tribunais*, São Paulo: RT, 1976, v. 491, p. 23-24). No mesmo sentido, Carlos Roberto Gonçalves leciona que a preferência é a primazia deferida ao credor em virtude da natureza do seu crédito que prefere aos demais. Já o privilégio é um direito pessoal de ser pago antes dos outros, representando uma qualidade do crédito de ser pago preferencialmente: "diz-se que o privilégio é geral quando se refere a todos os bens do devedor; e especial quando se refere apenas a determinados bens" (*Comentários ao Código Civil*: parte especial – direitos das obrigações, São Paulo: Saraiva, 2003, v. 11, p. 564).

beneficiados pelo levantamento, na ordem e nos montantes estabelecidos pelo juiz.

103. Legitimados ao concurso especial de credores

O concurso especial terá lugar sempre que, além do próprio exequente, haja um ou mais credores contemplados com penhora em seu favor recaindo sobre o bem expropriado (credores concorrentes)[333] ou com garantia real incidente sobre a coisa constrita.

Apesar da parca e diminuta disciplina legal atinente ao assunto, infere-se da redação do art. 908 do Código de Processo Civil que somente essas duas classes de credores – *concorrentes* e *com garantia real* – estão legitimadas a ingressar na execução em que ocorreu a expropriação, participando do concurso especial.

Em verdade, dois são os requisitos cumulados para que seja admitido o ingresso do credor no concurso especial. Todos os credores devem estar (a) *munidos de título executivo* e devem ainda (b) ter uma *afetação do bem expropriado* em seu favor. Tal afetação, para a imensa maioria deles, é a própria penhora (embora, como se verá a seguir, também possa ser um direito real de garantia).

Para participar do concurso especial, portanto, é imprescindível que o credor sem garantia real tenha ajuizado sua execução contra o devedor e efetivado penhora sobre o bem objeto do concurso de credores. Sem penhora constituída, não é ele parte legítima para ali reivindicar seu crédito.

A exceção a tal regra são os credores com garantia real, que *não* dependem da penhora para legitimar-se ao concurso especial, pois já detêm um gravame – direito real de garantia – previamente instituído sobre o bem.[334] Com tal posicionamento assentou-se a jurisprudência do Superior Tribunal de Justiça, afirmando que "(...) a preferência do credor hipotecário independe de sua iniciativa na execução ou na penhora".[335]

Outros credores, por mais privilegiada que seja a natureza de seus respectivos créditos, *não* poderão intervir sem que já tenham ajuizado uma execução

333 Por *credores concorrentes* devem ser entendidos os credores quirografários que obtiveram a penhora do mesmo bem em outro processo de execução.

334 Nesse sentido: Humberto Theodoro Júnior, *Processo de execução e cumprimento de sentença*, 26ª ed., cit., p. 377; Araken de Assis, *Manual da execução*, 12ª ed., cit., p. 855; Leonardo Greco, *O processo de execução*, cit., v. 2, p. 436. Em sentido contrário, entendendo que mesmo os credores com garantia real só poderão participar do concurso se tiverem efetivamente ajuizado execução com penhora sobre o bem expropriado: Marcelo Abelha, *Manual de execução civil*, cit., p. 466; Rodrigo Benevides de Carvalho, *O concurso particular de credores na execução*, cit., p. 116.

335 STJ, 4ª T., REsp 162.464-SP, rel. Min. Sálvio de Figueiredo Teixeira, j. 03.05.2001, deram provimento, v.u., DJU 11.06.2001, p. 223.

em seu próprio nome, com penhora devidamente efetivada sobre o bem executido. Nesse sentido, já se pronunciou o Superior Tribunal de Justiça, em julgado da lavra do processualista Luiz Fux:

> "Com efeito, vários precedentes deste Tribunal Superior assentam a obrigatoriedade de que o credor privilegiado, com vistas a exercer a preferência legalmente prevista, demonstre que promoveu a execução e que penhorou o mesmo bem objeto de outra constrição judicial, nos termos do art. 711 do CPC (Precedentes: REsp 33902/SP, DJ 18.04.1994; REsp 655233/PR, DJ 17.09.2007; CC 41.133/SP, DJ 21.06.2004; REsp 88683/SP, DJ 24.03.1997)".[336]

Hipótese que durante certo tempo ensejou polêmicas doutrinárias e jurisprudenciais diz respeito às penhoras não registradas, nos casos em que estiverem tramitando, paralelamente, duas ou mais execuções nas quais venham a ser constritos os mesmos bens. Há bens cuja penhora necessariamente deve estar registrada para esta produzir efeitos contra terceiros. É o caso, por exemplo, dos bens imóveis, cuja penhora deve ser averbada perante a respectiva matrícula imobiliária para que tenham eficácia *erga omnes* (CPC-2015, art. 844; CPC-1973, art. 659, § 4º). Outros há, contudo, que, uma vez penhorados, em razão de sua própria natureza, sequer existe um cadastro para registro dessa informação.

Atualmente, contudo, é consenso que o registro da penhora é providência a ser empreendida em benefício do próprio exequente, cuja finalidade é dar ciência a terceiros da existência dessa afetação, fazendo gerar a presunção absoluta de conhecimento dessa situação, especialmente para fins da configuração da fraude à execução ou outras hipóteses de responsabilização patrimonial de terceiros.

A ausência do registro da penhora obviamente não afasta a possibilidade de o respectivo credor participar do concurso especial de preferências. A falta

336 STJ, 1ª T., REsp 871.190-SP, rel. Min. Luiz Fux, j. 07.10.2008, negaram provimento, v.u. Em igual sentido: "Processo Civil. Execução Fiscal. Requerimento de Preferência. Feito por Autarquia Apresentando Crédito Privilegiado. Inexistência de Execução Concomitante e de Penhora Sobre o Mesmo Bem. CPC, Artigos 612 e 711. CTN, Artigo 187. Lei n. 6.830/80 (art. 29, parágrafo único). 1 – Impõe-se a existência de prévia execução e penhora sobre o mesmo bem, faltando legitimidade para suscitar privilégio de crédito a quem não demonstre tais pressupostos. Inadmissível a simples intervenção em processo de execução por pessoa que, sem integrar a relação processual, singelamente pedindo, pretenda receber crédito apontado como privilegiado. 2 – Precedentes jurisprudenciais. 3 – Recurso não provido" (STJ, 1ª T., REsp 165.783-SP, rel. Min. Milton Luiz Pereira, DJU 25.02.2002, p. 206, negaram provimento, v.u.).

do registro, porém, faz com que fique dispensada a intimação a que alude o art. 889, inc. V, do Código de Processo Civil, algo que muitas vezes dificulta e até impossibilita, na prática, que este receba a informação quanto à iminência da expropriação, em outra execução, do bem por ele também penhorado.

104. Natureza jurídica do concurso especial de credores

Durante muito tempo a doutrina discutiu a relação existente entre os diversos credores participantes do concurso especial, assim como o liame jurídico estabelecido entre tais credores e o devedor. Dentro do ambiente processual criado pelo concurso, questões de alta indagação, como a legitimidade dos credores para impugnar os créditos e as preferências dos demais, e ainda a natureza jurídica do incidente concursal, geraram grande polêmica e soluções variadas, muitas delas pouco convincentes.

Refletindo sobre essa temática, LIEBMAN expõe uma série de posições doutrinárias acerca desses temas, exaltando o *admirável desencontro* de opiniões entre os diversos processualistas pátrios e estrangeiros que trataram do tema.[337] BUZAID, por sua vez, dando mostras da extrema complexidade do assunto, chega até mesmo a parafrasear a máxima latina *quicquid in his igitur vitii rude carmen habebit, emendaturus, si licuisset, eram*, modestamente expondo, a partir da tradução dessa expressão, que, "se mestres se confessam assoberbados pelas dificuldades da matéria, seria exigir muito de nós que lhe resolvêssemos todos os problemas".[338]

Consoante ensina DINAMARCO, o concurso de preferências entre credores é um *incidente do procedimento executivo*, não ensejando um processo novo e autônomo.[339] LIEBMAN endossa parcialmente tal opinião, afirmando que, mesmo notoriamente não sendo um processo novo, o concurso também não seria um incidente da execução, mas "o próprio processo de execução em sua fase final, quando se dá o caso de haver pluralidade de credores".[340] O próprio mestre italiano, porém, concorda que, diante da intervenção de credores na execução, "o que realmente tem caráter de incidente é a fase de cognição que encontramos no concurso para verificação dos créditos e das preferências"[341] – o que nos leva a concluir que ambas as opiniões, sob suas respectivas óticas, são igualmente admissíveis e, quiçá, até compatíveis entre si.

A nosso ver, o concurso creditório instaurado perante a execução contra devedor solvente tem natureza jurídica de um *incidente cognitivo* dentro do

337 ENRICO TULLIO LIEBMAN, *Processo de execução*, 2ª ed., cit., p. 136.
338 ALFREDO BUZAID, *Do concurso de credores no processo de execução*, cit., p. 37.
339 CÂNDIDO RANGEL DINAMARCO, *Instituições de direito processual civil*, cit., v. IV, p. 683.
340 ENRICO TULLIO LIEBMAN, *Processo de execução*, 2ª ed., cit., p. 125.
341 ENRICO TULLIO LIEBMAN, *Processo de execução*, 2ª ed., cit., p. 136.

processo executivo.[342] Não se trata, portanto, de processo novo. Por meio dele, à luz dos fatos, provas e alegações trazidos por seus respectivos legitimados, o juiz analisará créditos e preferências, dando a correta destinação legal ao dinheiro arrecadado por força da expropriação judicial do bem penhorado.

Através do concurso singular, os demais credores têm a oportunidade de intervir na execução em que originariamente não são partes – haja vista que obviamente não integram a relação jurídica processual executiva, tal qual apresentada em juízo. Esses credores, portanto, são *terceiros*, que assumem a qualidade de *intervenientes* nesse específico incidente procedimental.[343] A partir dessa intervenção, porém, entendemos que *não* são eles alçados à condição de *partes*.

Assim, apesar de alguns autores falarem que os credores concorrentes atuam como *partes* no próprio processo executivo pendente,[344] ousamos discordar desse entendimento. Para nós, nessa relação jurídica processual já pendente, a natureza da intervenção dos credores concorrentes é a de *terceiros intervenientes*, nos moldes do § 1º do art. 364 do Código de Processo Civil de 2015.[345]

Do mesmo modo, em nosso sentir, não se forma, também, qualquer relação jurídica processual nova (superveniente). Ainda que tal intervenção notoriamente possa trazer reflexos práticos à dinâmica e ao resultado do processo executivo onde tramita o concurso, tais reflexos não podem ser entendidos propriamente como uma alteração na relação jurídica processual originária. Em verdade, esses são nada mais do que reflexos *de fato*, que, assim como inúmeras outras circunstâncias da vida, produzem impactos mais ou menos relevantes no processo.

342 Cf. Araken de Assis, *Manual da execução*, 12ª ed., cit., p. 861.

343 Sobre o tema, eis o comentário de Cândido Rangel Dinamarco: "cada um dos terceiros que comparecem com suas pretensões à preferência é um *interveniente* e, para os fins limitados dessa intervenção, torna-se parte no processo pendente e não autor de um processo novo. Cada um deles formula uma *demanda*, a demanda de decisão no sentido de lhe ser transferido o valor sob penhora, e o juiz decidirá acolhendo uma das demandas que forem apresentadas e rejeitando as demais" (*Instituições de direito processual civil*, cit., v. IV, p. 683).

344 Nesse sentido, diz José de Moura Rocha que "a intervenção dos credores constitui ato de parte devendo ser respeitados os limites encontrados no artigo" (*Sistemática do novo processo de execução*, cit., p. 431).

345 Diversos inconvenientes podem ser citados em desfavor daquele entendimento: a relação jurídica processual formada e já triangularizada não contemplou a presença dos outros concorrentes; não houve citação destes; o executado não teve a oportunidade de impugnar os pretensos créditos perquiridos; os princípios da correlação ou adstrição (CPC, arts. 128 e 460) rechaçam essa possibilidade.

Assim como a destruição de um bem, a falta de patrimônio, ou o pagamento de outras dívidas antes de veiculada a pretensão executiva repercutem no desfecho da execução – a qual, como atividade material e prática que é, sabidamente estará sempre à mercê de condições externas (patrimoniais) para um resultado satisfatório – o concurso especial e a consequente decisão acerca da distribuição do dinheiro a um ou mais credores específicos é igualmente uma circunstância *externa* à relação jurídica processual originária, a qual, no entanto, sobre ela produz efeitos.[346]

Tais efeitos, que se propagam perante a relação jurídica processual como qualquer outro fato jurídico ocorrido fora do ambiente processual, a nosso ver não alteram, tampouco alargam seu polo ativo. Apesar da belíssima alusão de LIEBMAN à abertura de um *leque* no lado ativo da relação processual,[347] pensamos que, em verdade, ela se mantém intacta e imune à intervenção dos demais credores. Não há litisconsórcio ativo, muito menos multitudinário (o denominado *litisconsórcio concursal*), porque a pretensão de cada um dos credores é própria e individual, inexistindo identidade entre cada uma delas. Apesar de todos pleitearem tutelas executivas de conteúdo pecuniário em face de um mesmo devedor, essa tutela *não lhes é comum*, estando lastreada em direito material próprio e autônomo, tendo, portanto, identidade própria.[348]

---

346 Se, por exemplo, é invalidada, na própria execução, uma penhora feita pelo credor sobre um bem do devedor, sequer se coloca a questão de haver ou não uma ação específica de um em face do outro, com tal objeto. O que há, sempre e simplesmente, é a ação executiva e seus desdobramentos naturais, com incidentes relativos à sujeitabilidade ou não de um ou mais bens do devedor à execução. A desconstituição da penhora não é, portanto, fruto de uma ação específica e autônoma, nem quando isso ocorre na própria execução onde foi feita a constrição, nem tampouco se isso ocorre durante o concurso especial de credores. O dinheiro sobre o qual recai a penhora após realizada a expropriação judicial é postulado por todos os legitimados e deferido apenas em prol de um ou alguns. A negativa de acesso ao dinheiro em favor dos demais – dentre eles, muitas vezes, também o próprio credor-exequente – é um fato externo e alheio ao âmago da relação jurídica processual. O que ocorre, pois, simplesmente, é que o deferimento dos direitos processuais e materiais de cada credor no ambiente concursal poderá resultar, na prática, na exclusão dos direitos alegados pelos demais. Essa aparente contenda, porém, a nosso ver, não inaugura uma nova relação processual, legitimando-se, em verdade, por força do poder conferido aos credores a partir de suas respectivas ações.

347 ENRICO TULLIO LIEBMAN, *Processo de execução*, 2ª ed., cit., p. 135.

348 Sobre o tema, cita-se a lição de PONTES DE MIRANDA, dirigida ao processo de insolvência civil, mas plenamente aplicável ao concurso especial de credores nas execuções contra devedores solventes: "a relação jurídica processual da declaração de insolvência, que se enche com o concurso de credores, é como as outras relações jurídicas processuais executivas: exequentes, Estado; Estado, executado. Exequentes e executados são partes. Fora o credor que já estava no processo, em que se declarou a insolvência, os credores são como intervenientes, que vêm ao processo

Sabendo-se que a legitimidade no concurso, em regra, depende da penhora, o pressuposto ordinário e implícito a ser considerado é o de que já existe título executivo e ação executiva em trâmite, movida pelos credores participantes. O concurso, nesse contexto, apresenta-se como um ambiente processual onde circunstancialmente convergem e se emparelham as diversas ações executivas. Recorrendo a uma imagem para facilitar a compreensão, estaríamos diante de uma autêntica *intersecção* transitória entre as diversas ações pendentes.

Com lastro em suas próprias ações executivas – *e não por força de uma integração superveniente à relação processual executiva originária* –, as prerrogativas processuais dos credores legitimados são estendidas e transplantadas momentaneamente até a ação onde o dinheiro foi arrecadado. No caso dos credores concorrentes, sua intervenção nessa execução alheia é admitida e concebida como o exercício de um direito processual, emanado de suas próprias ações executivas e estendido até o ambiente do concurso creditório.

Trata-se de uma peculiar situação de convergência momentânea entre os diversos direitos processuais detidos por cada um, por meio da qual, no ambiente criado a partir da expropriação, os credores que tenham afetado o bem alienado judicialmente se encontram para, conjuntamente, emparelhar seus direitos sobre a coisa excutida, obtendo decisão sobre a correta destinação para o dinheiro arrecado na execução.

No caso dos credores com garantia real, essa intervenção conta com uma dinâmica bastante semelhante. Apesar de não lhes ser exigido o prévio exercício de seus respectivos direitos de ação para participação no concurso especial – sendo-lhes outorgada legitimidade mesmo sem a pendência de ação executiva com penhora sobre o bem –, a melhor interpretação da lei consiste em autorizar o levantamento do produto da expropriação somente após efetivamente ajuizadas suas respectivas pretensões executivas, em processo autônomo, no qual poderá o devedor exercer seu direito de defesa. Ou seja, também aí é a ação executiva o elemento que possibilita sua participação no concurso creditório, ainda que seu exercício se efetive apenas *a posteriori*. Entender de forma contrária seria indevidamente privar o devedor de exercer as garantias constitucionais do *due process of law*, do contraditório, da ampla defesa (CF, art. 5º, incs. LIV e LV).

---

para a cumulação subjetiva e objetiva. Porque cada um vai entrar, no processo pendente, com a sua ação executiva" (*Comentários ao Código de Processo Civil*, Rio de Janeiro: Forense, 1976, t. XI, p. 243). Concluindo, expõe o jurista: "ora, o litisconsórcio é a com-sorte na lide, ainda que seja limitada a ponto comum de direito (art. 46). Essa sorte em comum não há, necessariamente, entre os credores concursais (...)" (*Comentários ao Código de Processo Civil*, cit., p. 244).

105. Concurso entre credores sem privilégio ou preferência de direito material

Havendo mais de um credor perseguindo o produto da expropriação, duas situações poderão ocorrer: a existência ou não de credores que detenham alguma espécie de privilégio ou preferência no recebimento do valor arrecadado. Variará o procedimento, portanto, conforme haja ou não credores com privilégios ou preferências.

Caso não haja credores privilegiados ou preferenciais, a *ordem cronológica das penhoras* sobre o bem expropriado será o parâmetro a ser observado para definir de quem será a prioridade no recebimento do montante arrecadado na execução. Afinal, consoante a literal disposição do § 2º do art. 908, "não havendo título legal à preferência, o dinheiro será distribuído entre os concorrentes, observando-se a anterioridade de cada penhora". Em igual sentido é ainda a regra do art. 797 do Código atual: "realiza-se a execução no interesse do exequente, que adquire, pela penhora, o direito de preferência sobre os bens penhorados".

Com essas explícitas diretrizes normativas, dissipam-se de vez as dúvidas geradas, sob a égide do Código de 1973, pela redação de seu art. 711, que enunciava que "*receberá em primeiro lugar o credor que promoveu a execução*" – texto que aparentava estar em conflito com a premissa da preferência em razão da anterioridade da penhora, insculpida no art. 612.

Sobre a questão, porém, alertara TEORI ALBINO ZAVASCKI que o art. 711 deveria ser interpretado sistematicamente, sabendo-se que "supôs o legislador, ali, apenas a situação em que o primeiro penhorante seja, também, o que primeiro propôs a ação, o que nem sempre ocorre".[349] A antinomia decorrente da leitura dos arts. 612 e 711 do Código de 1973, portanto, era aparente, prevalecendo o entendimento no sentido de que o direito de preferência, entre credores quirografários, decorre da *primariedade da penhora*, não sendo detido pelo credor que promoveu a execução.

Desde que inexistam outras preferências, a *anterioridade da penhora* é o que garante ao credor a prioridade no recebimento do produto da expropriação. A redação do § 2º do art. 908 e do art. 797 do Código de 2015 não deixa mais qualquer margem a dúvidas quanto a isso. Nesse contexto, aliás, como bem observam THEOTONIO NEGRÃO, JOSÉ ROBERTO FERREIRA GOUVÊA, LUIS GUILHERME AIDAR BONDIOLI e JOÃO FRANCISCO NAVES DA FONSECA, "interessa a cronologia das penhoras, não a cronologia dos registros dessas penhoras".[350]

---

349 TEORI ALBINO ZAVASCKI, *Comentários ao Código de Processo Civil*, 2ª ed., São Paulo: RT, 2003, v. 8, p. 361.

350 *Código de Processo Civil e legislação processual em vigor*, 47ª ed., São Paulo: Saraiva, 2016, nota 8 ao art. 908, p. 809.

Diante de todo o exposto, apesar da instauração do concurso, não havendo credores portadores de créditos preferenciais, o procedimento será também simplificado. O primeiro credor que efetivou a penhora sobre o bem terá a preferência de ver solvido seu crédito.[351] Satisfeito este, e caso haja valor remanescente, os demais credores serão beneficiados de acordo com a ordem cronológica de suas respectivas penhoras.[352]

106. Concurso entre credores com privilégio ou preferência de direito material

O art. 908 do Código de Processo Civil contempla ainda a hipótese mais complexa do procedimento concursal. Havendo créditos com algum tipo de privilégio ou preferência, estes serão pagos com precedência aos credores que não as tenham, independentemente da anterioridade da penhora incidente sobre o bem.

Dessa forma, mesmo que um credor quirografário tenha procedido à penhora de algum bem em primeiro lugar, se houver credores com direito preferencial, estes serão satisfeitos antes daquele. Confirma-se, assim, que a hierarquia de preferências é ponto fundamental para a averiguação de quem receberá precedentemente o dinheiro depositado,[353] sabendo-se ainda que, na

---

351 Aliás, já entendeu a jurisprudência que, mesmo que o credor que primeiro procedeu à penhora permaneça inerte, deixando de utilizar seu direito de preferência para solver seu crédito, ainda assim não perderá tal direito. Nesse sentido: "Penhora – Concurso de credores – Créditos quirografários, sem preferência legal de um sobre o outro – Credor que primeiro requisitou a constrição do bem que não utiliza do exercício de sua preferência para adjudicação da coisa – Circunstância que não lhe retira a preferência para satisfação do crédito executado e não impede que outro credor requeira a adjudicação, mediante o depósito do valor cabível, da metade ideal objeto de sua execução e penhora. No concurso de credores, em que seus créditos são quirografários, sem preferência legal de um sobre o outro, o não exercício da preferência para adjudicação do bem pelo credor que primeiro requisitou a sua penhora, não lhe retira a preferência para satisfação do crédito executado, circunstância que também não impede que outro credor requeira a adjudicação do bem, mediante depósito do valor cabível, da metade ideal objeto de sua execução e penhora" (TJSP, 4ª Câm. D. Privado, Ag. Inst. 191.711-4-0, j. 22.03.2001, rel. Des. AGUILAR CORTEZ, v.u.).

352 JOSÉ CELSO DE MELLO FILHO ensina que a penhora ensejará o direito de prelação somente quando o devedor comum não estiver em situação de insolvência e duas ou mais penhoras recaírem sobre o mesmo bem, pois, caso contrário, se o devedor estiver em situação de insolvência, terá lugar o concurso universal de credores, bem como em se somente houver uma única penhora sobre o bem, face à inexistência de credores concorrentes, inviável falar-se em concurso de credores ("Apontamentos sobre a penhora no Código de Processo Civil", *Revista Forense*, Rio de Janeiro: Forense, 1974, v. 247, p. 420).

353 Conforme reconhecem LUIZ RODRIGUES WAMBIER, FLÁVIO RENATO CORREIA DE ALMEIDA e EDUARDO TALAMINI, "há várias atribuições legais de preferência – e uma

linha do quanto já decidiu o Superior Tribunal de Justiça, "não é possível sobrepor uma preferência de direito processual a uma de direito material".[354]

Notoriamente, pois, é a hierarquia das preferências que determinará a ordem de pagamento dos credores. Aqueles que detiverem crédito com preferência de maior hierarquia receberão seus créditos primeiramente, e, apenas se remanescer algum valor, aos subsequentes serão destinadas essas verbas restantes.

107. Privilégios e preferências. Preferências materiais e processuais. Ordem de preferência

Deflui do art. 958 do Código Civil brasileiro que os títulos legais de preferência são os privilégios e os direitos reais.[355]

A doutrina qualifica as preferências em *materiais* e *processuais*. As primeiras, como o próprio nome diz, decorrem de regime de especialidade ou privilégio oriundo do direito material (trabalhista, previdenciário,[356] fiscal, comercial ou civil). A elas se contrapõem as denominadas *preferências processuais*, que nada mais são do que créditos quirografários, perseguidos em ação executiva já com penhora efetivada sobre o bem objeto da expropriação forçada.

Ao lado desses privilégios, na dicção do citado art. 958 do Código Civil, encontram-se ainda os direitos reais em garantia, os quais também influenciam a ordem de preferências na satisfação dos credores no concurso especial. Consoante dispõe o art. 1.419 desse mesmo diploma, "nas dívidas garantidas por

---

hierarquia, também legalmente prevista, entre tais preferências (v. especialmente CTN, arts. 186 e 187; Lei n. 6830/80, arts. 4º, § 4º, e 29, parágrafo único; CC, art. 961). Conjugadas todas essas regras, tem-se a seguinte ordem de preferência: crédito trabalhista, crédito previdenciário, crédito fiscal não previdenciário, crédito dotado de garantia real, crédito com privilégio especial, crédito com privilégio geral e crédito quirografário (isto é, crédito sem nenhum tipo de preferência – nessa ordem)" (*Curso avançado*..., cit., p. 254).

354 STJ, 3ª T., REsp 818.652-PR, j. 10.11.2009, rel. Min. SIDNEI BENETI, DJe 23.11.2009, deram parcial provimento, v.u.

355 MARIA HELENA DINIZ escreve que os títulos legais de preferência são aqueles que a lei outorga uma vantagem ao credor, pela natureza do crédito, para preterir concorrentes ao crédito e possibilitar ao credor reaver o bem. De acordo com a autora, privilégio consiste num direito pessoal de preferência e direitos reais de garantia são títulos legais de preferência (*Código Civil anotado*, 9ª ed., São Paulo: Saraiva, 2003, p. 606).

356 "Processual civil. FGTS. Execução fiscal. Concurso de credores. Preferência do FGTS em face dos créditos de natureza tributária. 1 – Os créditos do FGTS desfrutam das mesmas prerrogativas gozadas pelos créditos trabalhistas (art. 2º, § 3º, da lei 8.844/94). 2 – Recurso especial desprovido" (STJ, 1ª T., REsp 720.084-PR, rel. Min. DENISE ARRUDA, DJ 17.9.2007, p. 213. v.u.).

penhor, anticrese ou hipoteca, o bem dado em garantia fica sujeito, por vínculo real, ao cumprimento da obrigação".

Antes de se definirem as preferências creditícias no concurso especial – sobre as quais falaremos logo adiante –, é preciso salientar que existem créditos ou despesas denominados *extraconcursais*, os quais devem ser satisfeitos ou reembolsados *antes mesmo* da definição da ordem de privilégios. Assim, as custas e despesas processuais antecipadas pelo exequente (CPC, art. 82), independentemente de sua classificação no concurso singular, ser-lhe-ão reembolsadas antes da divisão do dinheiro arrecadado. Também se inserem nessa categoria as despesas com a publicação de editais, a comissão do leiloeiro ou do corretor etc.

Conforme já decidiu a Corte Especial do Superior Tribunal de Justiça em sede de recurso repetitivo, igualmente são créditos *extraconcursais* os honorários advocatícios "resultantes de trabalhos prestado à massa falida, depois do decreto de falência, nos termos dos arts. 84 e 149 da Lei n. 11.101/2005".[357]

Com base na prestigiosa lição de Araken de Assis,[358] identificamos a seguir a ordem de preferências a ser observada no concurso especial de credores:

(i) créditos trabalhistas ou provenientes de acidentes do trabalho, até o limite de cento e cinquenta salários mínimos, ressalvando-se que, em caso de cessão do crédito a terceiro, o cessionário passa a ser meramente quirografário (Lei n. 11.101/2005, art. 83, inc. I e § 4º), *incluindo o crédito de honorários advocatícios e outros créditos de natureza alimentar*;[359]

(ii) créditos com direito real de garantia, "até o limite do valor do bem gravado" (Lei n. 11.101/2005, art. 83, inc. II), sabendo-se que o residual que sobejar o valor da coisa dada em garantia será considerado crédito quirografário. Com o advento da Lei n. 11.101/2005 e da Lei Complementar n. 118/2005, esta última alterando o art. 186 do Código Tributário Nacional, não mais prevalece a preferência dos créditos de natureza tributária sobre os credores com garantia real. Nos termos do parágrafo único, inc. I, do citado art. 186, "o crédito tributário não prefere aos créditos extraconcursais ou às importâncias passíveis de restituição, nos termos da lei falimentar, *nem aos créditos com garantia real*, no limite do valor do bem gravado".[360] Por outro lado,

357 STJ, Corte Especial, REsp 1.152.218-RS (julgamento repetitivo), j. 07.05.2014, rel. Min. Luis Felipe Salomão, deram provimento, v.u.

358 Araken de Assis, *Manual da execução*, 18ª ed., cit., p. 1176-1177.

359 Cf. Araken de Assis, *Manual da execução*, 18ª ed., cit., p. 1176.

360 Antes do advento da Lei n. 11.101/05, eis o entendimento pacífico do Superior Tribunal de Justiça: "Tributário e processual civil. Execução fiscal. Concurso de

como se verá, a anticrese não confere preferência para o levantamento do produto da expropriação forçada, mas pura e simplesmente o direito de retenção do bem expropriado, direito esse a ser porventura exercido não propriamente no ambiente do concurso creditório, mas sim em face do adquirente do bem alienado judicialmente;

(iii) créditos de natureza tributária detidos pelas pessoas jurídicas de direito público, ressalvadas "as multas contratuais e as penas pecuniárias por infração das leis penais ou administrativas, inclusive as multas tributárias (Lei n. 11.101/2005, art. 83, inc. VII), as quais se encaixam em patamar próprio na ordem de preferências. Caso haja concorrência entre tais pessoas, consoante aduz o art. 187, parágrafo único, do Código Tributário Nacional, terá preferência a União, seguida dos Estados e do Distrito Federal e, em terceiro lugar, dos Municípios, sabendo-se que, havendo mais de um ente integrante de uma destas duas últimas classes, dividir-se-ão *pro rata* e conjuntamente os valores entre eles;

(iv) créditos com privilégio especial, sobre os quais falaremos pormenorizadamente abaixo;

(v) créditos com privilégio geral, sobre os quais igualmente tratamos a seguir;

(vi) créditos quirografários;

(vii) créditos decorrentes da aplicação de multas contratuais e/ou penas pecuniárias previstas no art. 83, inc. VII, da Lei n. 11.101/2005, inclusive as multas de natureza tributária;

(viii) créditos subordinados (Lei n. 11.101/2005, art. 83, inc. VIII).

Os créditos de natureza trabalhista, dada sua relevante natureza, preferem a quaisquer outros.[361] Até o advento da Lei n. 11.101/2005 não havia uma nor-

---

credores. Preferência. Créditos tributário e civil. 1 – Conforme jurisprudência do STJ, no concurso de credores, a preferência se estabelece na seguinte ordem: os créditos trabalhistas, os da Fazenda Federal, Estadual e Municipal e os com garantia real. Essa ordem de preferência certamente não fica comprometida pela sub-rogação a que se refere o art. 130 do CTN. Conforme estabelece o parágrafo único desse dispositivo, 'no caso de arrematação em hasta pública, a sub-rogação ocorre sobre o respectivo preço'. Com isso, fica inteiramente preservada a situação do arrematante. 2 – Recurso especial parcialmente conhecido e, nessa parte, provido" (STJ, 1ª T., REsp 776.482-RS, j. 16.04.2009, rel. Min. Teori Albino Zavascki, deram parcial provimento, DJe 06.05.2009, deram parcial provimento, v.u.).

361 Nesse sentido: "Civil e processo civil. Execução. Crédito trabalhista. Preferência. Concurso de credores. Dupla penhora. 1 – Na linha da jurisprudência desta Corte, não é possível sobrepor uma preferência de direito processual a uma de direito

ma que abordava de forma expressa o tema, decorrendo tal preferência da exegese da antiga redação do art. 186 do Código Tributário Nacional, o qual apenas dispunha que o crédito fiscal tinha preferência sobre todos os demais, ressalvados aqueles oriundos da legislação trabalhista ou de acidente de trabalho.[362]

Consoante a jurisprudência anterior do Superior Tribunal de Justiça, nos termos do art. 24, *caput*, da Lei n. 8.904/94, os honorários advocatícios eram considerados créditos com *privilégio geral*: "(...) os honorários advocatícios constituem, por força da Lei n. 8.906/94, art. 24, *caput*, crédito com privilégio geral (art. 102, III, da Lei n. 7.661/45), pelo que não prevalecem sobre os créditos trabalhistas dos recorridos (art. 102, *caput*), os quais, inclusive, são originários de execução anterior (CPC, art. 908), ensejando a penhora sobre os valores depositados em conta judicial, que é hígida".[363]

Tal entendimento, porém, foi alterado por meio do julgamento repetitivo do Recurso Especial n. 1.152.218-RS, havido em maio de 2014 pela Corte Especial do Superior Tribunal de Justiça. A partir de tal julgamento, foi firmado o entendimento vinculante de que "os créditos resultantes de honorários advocatícios têm natureza alimentar e equiparam-se aos trabalhistas para efeito de habilitação em falência, seja pela regência do Decreto-lei n. 7.661/45, seja pela forma prevista na Lei n. 11.101/2005, observado, neste último caso, o limite de valor previsto no artigo 83, inciso I, do referido Diploma Legal".[364]

Reforçando essa diretriz, o § 14 do art. 85 do atual Código de Processo Civil explicitamente aduz que "os honorários constituem direito do advogado

---

material. Dessa forma, o credor trabalhista prefere aos demais, sobre o crédito obtido na alienação do bem penhorado, independentemente do momento em que ajuizada a sua execução ou mesmo da existência de dupla penhora sobre o mesmo bem a que faz referência o artigo 711 do Código de Processo Civil. 2 – Não se admite, contudo, que ele se aproprie do produto da penhora havida em outro processo sem que promova a sua própria execução, no bojo da qual seja dado ao devedor oportunidade de defesa. Recurso especial a que se nega provimento" (STJ, 3ª T., REsp 732.798-RS, rel. Min. Sidnei Beneti, DJe 18.08.2009). Com igual sentido: STJ, 3ª T., RMS 20.386-PR, rel. Des. Conv. Paulo Furtado, *RSTJ*, v. 215, p. 394; STJ, 1ª T., REsp 871.190-SP, rel. Min. Luiz Fux, DJe 03.11.2008.

362 Consoante a jurisprudência do Superior Tribunal de Justiça, tal preferência naturalmente dá-se tanto no concurso universal como no concurso especial: "a preferência dos créditos trabalhistas sobre os créditos tributários, prevista no art. 186, do CTN, não se limita ao concurso universal de credores, em razão de insolvência civil ou falência, aplicando-se, da mesma forma, aos casos de execução contra devedor solvente" (STJ, 1ª T., REsp 871.190-SP, j. 07.10.2008, rel. Min. Luiz Fux, DJe 03.11.2008, negaram provimento, v.u.).

363 STJ, 4ª T., REsp 550.389-RJ, j. 16.11.2004, rel. Min. Aldir Passarinho Jr., DJU 14.03.2005, p. 345, não conheceram, v.u.

364 STJ, Corte Especial, REsp 1.152.218-RS (julgamento repetitivo), j. 07.05.2014, rel. Min. Luis Felipe Salomão, deram provimento, v.u.

e têm natureza alimentar, com os mesmos privilégios dos créditos oriundos da legislação do trabalho (...)".

Assim, os créditos trabalhistas, os honorários advocatícios e os demais créditos alimentares detêm o primeiro lugar dentre as preferências creditícias, premissa essa válida não apenas em sede de recuperação judicial ou falência, mas também para fins de concurso especial de credores.

Havendo mais de um crédito de igual matiz – natureza trabalhista ou alimentar –, prevalecerá entre eles a regra geral da precedência da penhora, valendo a sistemática já acima mencionada da *prior tempore potior iure*. Ou seja, observar-se-á a ordem cronológica entre as penhoras dentro dessa classe de credores.[365]

Na sequência da ordem preferencial, os créditos lastreados em garantia real[366] serão aquinhoados em precedência aos demais. Garantia real é aquela que está jungida ao bem para segurança da dívida, proveniente dos direitos reais de garantia.[367] São direitos reais de garantia a hipoteca, o penhor e a anticrese.

---

365 Eis o seguinte julgado: "Penhoras sucessivas – Ordem de preferência creditícia – Artigo 711, do CPC – Impossibilidade de preterição do crédito trabalhista. O crédito trabalhista detém total privilégio, inclusive em relação a débitos fiscais, na forma dos artigos 186 do Código Tributário Nacional, 102, do Decreto-lei n. 7.661/45 e 83, inciso I, da Lei n. 11.101/2005. Diante de tal preferência legal, cabe ao juiz tomar as providências necessárias à efetividade de sua satisfação, na forma dos artigos 765, da CLT e 577, do CPC. O artigo 711, do CPC, que trata do concurso de credores, contém cláusula restritiva que estabelece a observância das diversas classes de preferências creditícias. Destarte, em qualquer concurso de credores, a ordem cronológica é estabelecida dentro de cada categoria creditícia. O crédito do impetrante, penhorado no rosto dos autos da ação trabalhista, deriva de execução cível de título extrajudicial, motivo pelo qual somente após a integral satisfação dos créditos trabalhistas (observada a ordem cronológica), é que serão satisfeitos os créditos de categorias menos privilegiadas, respeitada também a ordem cronológica dentre eles, sob pena de preterição dos créditos trabalhistas. Inexistindo ilegalidade, há de ser denegada a segurança" (TRT – 2ª Região, Seção de Dissídios Individuais, MS 11268-2008-000-02-00-1, rel. Des. Paulo Augusto Câmara, DJ 20.05.2009).

366 Segundo a concepção de Sílvio de Salvo Venosa, os direitos reais são utilizados para assegurar o cumprimento de obrigação, mas com ela aqueles não se confundem, só havendo garantia se houver o que garantir, isto é, uma dívida, uma obrigação. Segundo o autor, o direito real advém de uma relação jurídica unilateral, constituída em benefício do credor e que restringem o âmbito de atuação da propriedade (*Direito civil,* cit., p. 487).

367 Para Carlos Alberto Menezes Direito e Sergio Cavalieri Filho, o crédito com garantia real prevalece sobre o crédito pessoal em virtude de que o primeiro adere à coisa, enquanto o segundo se refere à relação obrigacional entre os interessados (*Comentários ao novo Código Civil:* da responsabilidade civil – das preferências e privilégios creditórios, 2ª ed., coord. Sálvio de Figueiredo Teixeira, Rio de Janeiro: Forense, 2007, p. 537-538).

Como já asseverado alhures, embora haja entendimentos jurisprudenciais em sentido oposto, os créditos com garantia real *não* carecem do ajuizamento de ação executiva para resguardar sua preferência. O reconhecimento da preferência sobre o produto da alienação judicial dar-se-á independentemente dessa providência. Porém, vindo a ser reconhecida tal preferência, o efetivo levantamento do montante excutido somente poderá ser deferido *após o ajuizamento*, ainda que ulterior, *de ação executiva própria*, na qual será aguardada a respectiva autorização, a ser emanada pelo juízo deste último processo. Lembre-se que o art. 333, inc. I, do Código Civil prevê o vencimento antecipado da dívida, caso venha a ser instaurado concurso de credores contra o devedor. Nessa demanda executiva, naturalmente terá o devedor a oportunidade de opor as resistências e defesas que a Constituição Federal e a lei lhe outorgam.

Havendo vários credores com preferência lastreada em direito real sobre o bem, instaurar-se-á um concurso de credores entre eles. Nesse caso, em relação à hipoteca, a preferência será estatuída consoante a anterioridade de sua constituição. Já quanto ao penhor, independentemente da ordem temporal de sua efetivação, o produto da alienação judicial será dividido proporcionalmente entre os credores pignoratícios. É a regra do art. 1.422 do Código Civil.[368]

Ao contrário do que muitos afirmam, *a anticrese não confere preferência para o levantamento do produto da expropriação forçada*. Em verdade, o credor anticrético, nos termos do art. 889, inc. V, do Código de Processo Civil, é intimado exclusivamente para exercer sua prerrogativa de "reter em seu poder o bem, enquanto a dívida não for paga" (CC, art. 1.423). Sua atuação, portanto, não ocorre propriamente no ambiente concursal, em meio à concorrência entre os credores habilitados; na realidade, seu direito é exercido contra o adquirente do bem excutido.[369]

Ainda sobre as preferências emanadas do direito real, há um ponto que infelizmente permanece até hoje pouco versado.

Apesar de não haver dúvidas quanto à prioridade dos créditos com garantia real sobre os créditos quirografários lastreados em penhora, há uma relevante ressalva a ser feita acerca dessa premissa, nos casos em que for confi-

---

368 Com tal posição, assevera Raimundo M. B. Carvalho que, em casos de haver multiplicidade de credores, o produto da alienação deverá ser dividido proporcionalmente entre os credores; contudo, pela regra do art. 1.422, *caput*, do Código Civil brasileiro, ao menos em relação à hipoteca, vale a prioridade do registro do direito real ("Das preferências e dos privilégios creditórios", *Revista dos Tribunais*, n. 627, v. 77, São Paulo: RT, 1988, p. 42).

369 A sistemática ora referida fica clara a partir da leitura do disposto no art. 1.510 do Código Civil, o qual enuncia que "o adquirente dos bens dados em anticrese poderá remi-los, antes do vencimento da dívida, pagando a sua totalidade à data do pedido de remição e imitir-se-á, se for o caso, na sua posse".

gurada eventual fraude à execução. Já aparelhada execução judicial *com penhora devidamente registrada* sobre determinado bem, para fins da preferência no concurso especial, *não poderá ser admitida qualquer preferência emanada de eventual gravame ulterior de direito material* – hipoteca, anticrese ou penhor – instituído sobre o mesmo bem.

Em nosso entender, já efetivada a afetação executiva sobre o bem, especialmente quando esta vier a ser registrada (CPC, art. 844), poderão até ser admitidos novos e futuros gravames. Porém, admitir, por exemplo, que uma hipoteca constituída após a penhora tenha preferência sobre esta última – no levantamento do dinheiro arrecadado pela expropriação do bem – seria abrir caminho para evidentes fraudes à execução. Se assim fosse, para inviabilizar as execuções já aparelhadas, diante da penhora de algum bem do devedor, bastaria que este, em conluio ou simulação, outorgasse a coisa penhorada como garantia real ao pagamento de outras dívidas, frustrando a satisfação do exequente. Assim, configurada eventual fraude à execução, a garantia real instituída com o intuito de frustrar os demais credores naturalmente não poderá prevalecer sobre estes últimos.

Seguindo na hierarquia das preferências creditórias, viu-se que os créditos fiscais estão na sequência da preferência para recebimento do dinheiro, no caso de concurso de credores. À falta de uma disciplina normativa específica, aplica-se, também ao concurso especial, a regra do art. 83 da Lei de Recuperação de Empresas e Falência (Lei n. 11.101/2005), a qual dispõe que os créditos com garantia real têm preferência sobre os créditos fiscais.

O art. 187 do Código Tributário Nacional estatui que o crédito tributário não está sujeito ao concurso de credores. No entanto, como observa ARAKEN DE ASSIS, "as regras que liberavam o Fisco de participar dos concursos perderam o sentido, na medida em que seu crédito não se situava em primeiro lugar".[370] Na verdade, quando muito, tal dispositivo terá validade apenas em relação ao concurso universal, de modo a permitir a continuidade das execuções fiscais, mesmo diante de sua instauração.[371] E, mesmo assim, consoante já esclareceu

370 Cf. ARAKEN DE ASSIS, *Manual da execução*, 12ª ed., cit., p. 857. Sobre o tema, já asseverou a jurisprudência do Superior Tribunal de Justiça: "(...) o art. 186 do CTN proclama que o crédito de natureza fiscal não está sujeito a concurso de credores, razão por que os créditos de natureza trabalhista, que sobressaem em relação àqueles, por lógica, não estarão. Ressalte-se que nem o art. 711 do CPC nem o art. 186 do CTN restringem o exercício do direito de preferência de crédito trabalhista ao âmbito de processo falimentar ou de insolvência civil, motivo pelo qual a exegese mais acertada dos mencionados artigos é aquela que os aplica também às execuções individuais contra devedor solvente" (STJ, 4ª T., REsp 280.871-SP, j. 05.02.2009, rel. Min. LUIS FELIPE SALOMÃO, DJe 23.03.2009, deram provimento, v.u.).

371 "Tributário. Agravo regimental. Execução fiscal. Procedimento de liquidação extrajudicial. Suspensão do feito executivo. Impossibilidade. Art. 29 da Lei n. 6.830/80.

o Superior Tribunal de Justiça, ainda que se dê continuidade às execuções fiscais, "(...) ante a preferência dos créditos trabalhistas face os créditos tributários, o produto da arrematação realizada na execução fiscal deve ser colocado à disposição do juízo falimentar para garantir a quitação dos créditos trabalhistas".[372]

Como já explicitado acima, o parágrafo único do art. 187 do Código Tributário Nacional traz uma hipótese de concurso de preferências, estabelecido entre os diversos entes estatais. Havendo multiplicidade de penhoras sobre o mesmo bem decorrentes de crédito detido por diferentes pessoas jurídicas de direito público, a ordem de preferência será a seguinte: (i) primeiramente serão pagos os créditos da União Federal; (ii) depois, serão adimplidos os créditos dos Estados e do Distrito Federal, conjuntamente e *pro rata*; (iii) por último, serão satisfeitos os créditos dos Municípios, também conjuntamente e *pro rata*.[373]

Havendo concurso entre a União e outros entes federais, assim já decidiu o Superior Tribunal de Justiça: "a Primeira Seção do STJ pacificou o entendimento de que o crédito fiscal da União prefere ao do INSS na presença de execução movida por ambas as partes cuja penhora tenha recaído sobre o mesmo bem, *ex vi* do art. 187, parágrafo único, do Código Tributário Nacional e art. 29, parágrafo único, da Lei n. 6.830/80".[374]

Após os créditos fiscais, a preferência no concurso de credores será deferida aos *créditos com privilégio especial.*

Os créditos com privilégio especial estão previstos no art. 964 do Código Civil brasileiro,[375-376] bem como em leis esparsas. Eles terão preferência para

---

1 – É pacífico o entendimento desta Corte Superior no sentido de que a Fazenda não se sujeita ao concurso de credores, conforme enuncia o art. 29 da Lei n. 6.830/80. Por ter caráter especial, esse diploma normativo prevalece em relação ao art. 18 da Lei n. 6.024/74. Precedentes. 2 – Agravo regimental não provido" (STJ, 2ª T., AgRg no REsp 801.178-PR, j. 09.12.2008, rel. Min. MAURO CAMPBELL MARQUES, DJe 03.02.2009, negaram provimento, v.u.).

372 STJ, 2ª T., REsp 695.167-MS, rel. Min. MAURO CAMPBELL MARQUES, j. 07.10.2008, DJe 05.11.2008, negaram provimento, v.u.

373 ANTÔNIO JANYR DALL'AGNOL JÚNIOR afirma que o concurso de preferências, nesses casos, instaurar-se-á entre as pessoas jurídicas de direito público ("Concurso particular de preferência", cit., p. 23-24).

374 STJ, 2ª T., REsp 575.484-RS, j. 07.11.2006, rel. Min. JOÃO OTÁVIO DE NORONHA, DJU 07.12.2006, p. 287, negaram provimento, v.u.

375 "Art. 964. Têm privilégio especial: I – sobre a coisa arrecadada e liquidada, o credor de custas e despesas judiciais feitas com a arrecadação e liquidação; II – sobre a coisa salvada, o credor por despesas de salvamento; III – sobre a coisa beneficiada, o credor por benfeitorias necessárias ou úteis; IV – sobre os prédios rústicos ou urbanos, fábricas, oficinas, ou quaisquer outras construções, o credor de materiais,

o recebimento no concurso, caso não haja outros créditos com preferência de maior hierarquia, independentemente da data de efetivação da penhora.[377-378]

Dentre os créditos com privilégio especial previstos em leis esparsas, podemos citar, a título de exemplo, aqueles mencionados no art. 17 do Decreto-lei n. 413/69 (nota de crédito industrial), no art. 5º da Lei n. 6.840/80 (cédula de crédito comercial e nota de crédito comercial) e no art. 470 do Código Comercial.[379]

---

dinheiro, ou serviços para a sua edificação, reconstrução, ou melhoramento; V – sobre os frutos agrícolas, o credor por sementes, instrumentos e serviços à cultura, ou à colheita; VI – sobre as alfaias e utensílios de uso doméstico, nos prédios rústicos ou urbanos, o credor de aluguéis, quanto às prestações do ano corrente e do anterior; VII – sobre os exemplares da obra existente na massa do editor, o autor dela, ou seus legítimos representantes, pelo crédito fundado contra aquele no contrato da edição; VIII – sobre o produto da colheita, para a qual houver concorrido com o seu trabalho, e precipuamente a quaisquer outros créditos, ainda que reais, o trabalhador agrícola, quanto à dívida dos seus salários."

376 Carlos Alberto Menezes Direito e Sergio Cavalieri Filho aduzem que os créditos com privilégio especial têm basicamente duas origens: ressarcimento de despesas incorridas com a manutenção da coisa; e o pagamento por serviço realizado por terceiro. Seguem os autores pontificando tratar-se de rol taxativo, pois outros privilégios especiais poderão ser instituídos mediante outras fontes legais (*Comentários ao novo Código Civil*, cit., p. 542-543).

377 Nesse sentido, Nelson Nery Júnior e Rosa Maria de Andrade Nery afirmam que princípio da anterioridade da penhora não proíbe o credor de crédito preferencial de fazer valer seu direito de preferência (*Código Civil*..., cit., p. 552).

378 Maria Helena Diniz acentua que "tais credores terão, precipuamente, preferência a quaisquer outros créditos com privilégio geral ou quirografário" (*Código Civil*..., cit., p. 609).

379 "Art. 470 – No caso de venda voluntária, a propriedade da embarcação passa para o comprador com todos os seus encargos; salvo os direitos dos credores privilegiados que nela tiverem hipoteca tácita. Tais são: 1 – os salários devidos por serviços prestados ao navio, compreendidos os de salvados e pilotagem; 2 – todos os direitos de porto e impostos de navegação; 3 – os vencimentos de depositários e despesas necessárias feitas na guarda do navio, compreendido o aluguel dos armazéns de depósito dos aprestos e aparelhos do mesmo navio; 4 – todas as despesas do custeio do navio e seus pertences, que houverem sido feitas para sua guarda e conservação depois da última viagem e durante a sua estadia no porto da venda; 5 – as soldadas do capitão, oficiais e gente da tripulação, vencidas na última viagem; 6 – o principal e prêmio das letras de risco tomadas pelo capitão sobre o casco e aparelho ou sobre os fretes (artigo n. 651) durante a última viagem, sendo o contrato celebrado e assinado antes do navio partir do porto onde tais obrigações forem contraídas; 7 – o principal e prêmio de letras de risco, tomadas sobre o casco e aparelhos, ou fretes, antes de começar a última viagem, no porto da carga (artigo n. 515); 8 – as quantias emprestadas ao capitão, ou dívidas por ele contraídas para o conserto e custeio do navio, durante a última viagem, com os respectivos prêmios de seguro, quando em virtude de tais empréstimos o capitão houver evitado firmar letras de risco (artigo n. 515); 9 – faltas na entrega da carga, prêmios de seguro sobre o navio ou fretes, e avarias ordinárias, e tudo o que respeitar à última viagem somente."

Quanto aos privilégios especiais constantes do art. 964 do Código Civil, seu inc. I trata das despesas pelas custas judiciais; tal privilégio justifica-se à medida que ninguém pode tirar proveito das despesas feitas em seu interesse por outrem. Esse mesmo raciocínio aplica-se à hipótese do inc. II desse dispositivo: a providência para salvamento de pessoas ou coisas, feita em benefício de seu proprietário, deve ter seu custo ressarcido. Também o inc. III traz hipótese que segue a linha da vedação do enriquecimento sem causa, deferindo o privilégio especial às despesas feitas com a realização de benfeitorias necessárias ou úteis.[380] O inc. IV qualifica o credor dos materiais utilizados para construção, tendo o legislador, mais uma vez, utilizado uma regra da equidade. O inc. V trata dos créditos por sementes, pela razão de que ninguém pode locupletar-se à custa do trabalho alheio. O inc. VI cuida do crédito por aluguéis, o qual, porém, não se confunde com o penhor legal conferido ao dono do prédio sobre os móveis do locatário (CC, art. 1.467, inc. II). O inc. VII privilegia o crédito decorrente de contrato de edição, como corolário à proteção legal do trabalhador intelectual. Por fim, o inc. VIII trata do crédito por salários do trabalhador agrícola pelas razões de equidade inerentes a créditos de igual jaez.[381]

Importante disposição legal está estabelecida no art. 959 do Código Civil, o qual confere ao credor hipotecário ou privilegiado a indenização do seguro sobre a coisa gravada com hipoteca ou privilégio em caso de perda ou danificação da coisa. Igual direito é conferido a tais credores nas hipóteses de desapropriação; nesses casos, o valor da indenização será revertido em proveito do credor hipotecário ou privilegiado.[382]

Aos créditos com privilégio especial, acima referidos, seguem os denominados *créditos com privilégio geral*.[383]

Os créditos com privilégio geral igualmente conferem a seus detentores a preferência no concurso de credores, *sem embargos da ordem cronológica* de rea-

---

380 Segundo o § 2º do art. 96 do Código Civil, as benfeitorias são *úteis* quando aumentam ou facilitam o uso do bem; e, pelo § 3º desse dispositivo, são *necessárias* as que têm por fim conservar o bem ou evitar que se deteriore.

381 Cf. Carlos Roberto Gonçalves, *Comentários ao Código Civil*, cit., p. 570-572.

382 Para Carlos Roberto Gonçalves, a sub-rogação do seguro da coisa hipoteca ou privilegiada repousa em evidentes razões de equidade, pois, em verdade, o credor hipotecário, com a constituição de tais ônus, quis garantir-se com o preço da coisa em que recai a hipoteca ou o privilégio; portanto, o preço do seguro deve pertencer ao credor em substituição às garantias que lhe foram deferidas (*Comentários ao Código Civil:* parte especial – direitos das obrigações, cit., p. 566).

383 É o que se extrai do art. 961 do Código Civil brasileiro: "Art. 961. O crédito real prefere ao pessoal de qualquer espécie; o crédito pessoal privilegiado, ao simples; e o privilégio especial, ao geral".

lização da penhora.[384] Consoante expõe ARAKEN DE ASSIS, subdividem-se eles em três classes: aqueles previstos no art. 965 do Código Civil,[385] aqueles mencionados no parágrafo único do art. 67 da Lei n. 11.101/2005 (obrigações contraídas pelo devedor no curso da recuperação judicial)[386] e outros previstos em quaisquer leis civis ou comerciais.

O inc. I do art. 965 do Código Civil contempla o crédito com despesas com funeral, em vista de humanidade e religião, quando são prestadas aos mortos as honras fúnebres que cercam o sepultamento. O inc. II desse mesmo dispositivo contempla a preferência geral dos créditos por despesas judiciais com conservação, distribuição e depósito dos bens etc., das quais todos os credores são beneficiados. O inc. III cuida do crédito por despesas com luto, desde que moderadas, também em vista de seu caráter humanitário. O inc. IV prevê o crédito por despesas com doenças, remédios, honorários médicos e contratação de enfermeiro, justificando-se, em especial, quando o enfermo for pessoa de poucas posses. O inc. V contempla as despesas com a manutenção do devedor e de sua família, lastreando-se na dignidade. O inc. VI trata do crédito por imposto, obviamente não diminuindo a preferência do crédito tributário, mas jungindo-o às despesas realizadas pela Administração Pública para arrecadação dos seus créditos. O inc. VII contempla o crédito por salários dos empregados domésticos, não obstante a lei especial ser muito mais benéfica. Por fim, de forma genérica são contemplados outros créditos com privilégio geral insertos em leis esparsas.[387-388]

---

384 Consoante MARIA HELENA DINIZ, "somente depois de pagos tais créditos com privilégio geral é que serão satisfeitos os créditos quirografários ou simples, que, por serem destituídos de qualquer preferência, só serão pagos depois de atendidos os credores preferenciais ou privilegiados (*Código Civil...*, cit., p. 610).

385 "Art. 965. Goza de privilégio geral, na ordem seguinte, sobre os bens do devedor: I – o crédito por despesa de seu funeral, feito segundo a condição do morto e o costume do lugar; II – o crédito por custas judiciais, ou por despesas com a arrecadação e liquidação da massa; III – o crédito por despesas com o luto do cônjuge sobrevivo e dos filhos do devedor falecido, se foram moderadas; IV – o crédito por despesas com a doença de que faleceu o devedor, no semestre anterior à sua morte; V – o crédito pelos gastos necessários à mantença do devedor falecido e sua família, no trimestre anterior ao falecimento; VI – o crédito pelos impostos devidos à Fazenda Pública, no ano corrente e no anterior; VII – o crédito pelos salários dos empregados do serviço doméstico do devedor, nos seus derradeiros seis meses de vida; VIII – os demais créditos de privilégio geral."

386 "Art. 67. Os créditos decorrentes de obrigações contraídas pelo devedor durante a recuperação judicial, inclusive aqueles relativos a despesas com fornecedores de bens ou serviços e contratos de mútuo, serão considerados extraconcursais, em caso de decretação de falência, respeitada, no que couber, a ordem estabelecida no art. 83 desta Lei."

387 Cf. CARLOS ROBERTO GONÇALVES, *Comentários ao Código Civil*, cit., p. 572-574.

388 Como reconhecem CARLOS ALBERTO MENEZES DIREITO e SERGIO CAVALIERI FILHO, o privilégio geral deveria obedecer à ordem estabelecida no Código Civil; porém,

Exemplo de preferência geral oriundo do inc. VIII do art. 965 do Código Civil pode ser encontrado no art. 1.407, § 2º, do Código Civil, o qual pontifica ser direito do usufrutuário sub-rogar-se no valor da indenização do seguro, quando este pactuar o contrato de seguro do bem em que recai o usufruto.

Outro privilégio geral estatuído em legislação esparsa é encontrado no art. 99 do Código de Defesa do Consumidor (Lei n. 8.078/90), o qual se refere ao recebimento do valor das indenizações decorrentes de prejuízos individuais em concorrência com prejuízos oriundos de danos difusos ou coletivos.

Não se pode olvidar também as garantias oferecidas pelas sociedades por ações, no que toca aos seus valores mobiliários, em especial as preferências conferidas quando da emissão de debêntures. O art. 58, § 1º, da Lei n. 6.404/76 afirma o privilégio geral conferido às debêntures com garantia flutuante. O § 3º do citado dispositivo, por sua vez, dispõe que as debêntures com garantia flutuante de nova emissão são preferidas pelas emissões anteriores, e a prioridade se estabelece pela data da inscrição da escritura de emissão.

Enfim, são tantas as leis que preveem preferências ou garantias que se torna extremamente difícil enumerar taxativamente todos os casos.

Prosseguindo na ordem de preferência, vêm então os créditos quirografários, identificados como todos aqueles não incluídos nas classes precedentes, assim como os saldos dos créditos reais e trabalhistas que excederem, respectivamente, o valor do bem dado em garantia ou o limite de cento e cinquenta salários mínimos. Entre eles, naturalmente, também estão os créditos sem privilégio de material que, executados judicialmente, originaram penhora sobre o bem expropriado.

Por fim, consoante atesta Araken de Assis, nas duas últimas classes encontram-se as "multas contratuais e as penas pecuniárias por infração das leis penais ou administrativas, inclusive as multas tributárias" (Lei n. 11.101/2005, art. 83, inc. VII) e os denominados *créditos subordinados* (Lei n. 11.101/2005, art. 83, inc. VIII).[389] Estes últimos, na dicção das alíneas *a* e *b* do inc. VIII do art. 83 da Lei de Recuperação Judicial e Falência, são "os assim previstos em lei ou em contrato" e "os créditos dos sócios e dos administradores sem vínculo empregatício".

---

tal conclusão esbarra na interpretação sistêmica da legislação correlata, em vista principalmente dos privilégios estatuídos aos credores trabalhistas e fiscais (*Comentários ao novo Código Civil,* cit., p. 551-552).

389 Araken de Assis, *Manual da execução,* 12ª ed., cit., p. 859.

108. Juízo competente para o concurso de credores

A competência para dirimir o concurso de credores, não obstante a existência de créditos preferenciais de qualquer espécie, é do Juízo *onde foi concretizada a expropriação judicial* do bem penhorado.[390-391] Mesmo havendo diversas execuções e penhoras de credores quirografários, independentemente de onde veio a ser realizada a primeira penhora, o concurso de credores deverá ser instaurado perante o Juízo que efetivamente procedeu à alienação forçada do bem constrito.

Firmou-se, no seio da jurisprudência, o correto entendimento segundo o qual, ainda que a União ou outro ente público federal ingresse em Juízo para defender seu direito de preferência, nem por isso se deslocará a competência processual para a Justiça Federal; isto porque o ente estatal não funcionará como autor, assistente ou opoente, mas meramente como *interveniente interessado*. Tal entendimento jurisprudencial veio cristalizado desde a edição da Súmula 244 do extinto Tribunal Federal de Recursos, ratificado agora pelo verbete n. 270 do Superior Tribunal de Justiça.[392] Obviamente, se nem os entes da administração direta possuem a prerrogativa de deslocar a competência para a Justiça Federal, naturalmente também não o têm suas autarquias, fundações, empresas públicas, sociedades de economia mista ou suas subsidiárias.[393]

---

390 Cf. LEONARDO GRECO, *O processo de execução*, cit., v. 2, p. 443.

391 Sobre o tema, assim já se pronunciou o Superior Tribunal de Justiça: "(...) a competência para solucionar o concurso de credores define-se pelo juízo em que se consumou a alienação do bem. A ele acorrerão os demais credores que promovem sua execução em juízo diverso, apresentando seus títulos de preferência. Tal habilitação não altera nem compromete a competência estabelecida para as diversas ações executivas. O que há, simplesmente, é inauguração de um procedimento concursal com o único desiderato de dar destinação ao valor arrecadado com a alienação do bem penhorado" (STJ, 1ª S., CC 40.866-PR, j. 13.12.2004, rel. Min. TEORI ALBINO ZAVASCKI, DJU 14.02.2005, p. 143, v.u.). Em julgado da 3ª Turma dessa Corte, porém, incorretamente, a nosso ver, afirmou-se que, "em princípio, havendo, em juízos diferentes, mais de uma penhora contra o mesmo devedor, o concurso efetuar-se-á naquele em que se houver feito a primeira" (STJ, 3ª T., REsp 976.522-SP, j. 02.02.2010, rel. Min. NANCY ANDRIGHI, DJe 25.02.2010, deram parcial provimento, v.u.).

392 Eis a redação da Súmula 270 do Superior Tribunal de Justiça: "O protesto pela preferência de crédito, apresentado por ente federal em execução que tramita na Justiça Estadual, não desloca a competência para a Justiça Federal". No mesmo sentido: "A simples intervenção da União no caso de concurso de credores ou de referências não desloca a competência para a Justiça Federal, visto que, apesar de interveniente, a União não figura no feito como autora, ré, assistente ou opoente, mas simples interessada" (STJ, 2ª S., CC 45.570-RJ, j. 26.11.2008, rel. Min. MASSAMI UYEDA, DJe 19.02.2009, v.u.).

393 "Conflito de competência. Execução. Intervenção. Caixa Econômica Federal. Concurso de credores. Preferência. Justiça Federal. Justiça Estadual. 1 – Consoante

De igual modo, seguindo a trilha jurisprudencial acima aludida, mesmo havendo credores trabalhistas, a regra será idêntica: como o concurso especial pressupõe a alienação do bem e a arrecadação de seu respectivo produto (dinheiro), sempre será na execução onde se deu a expropriação o local adequado para o processamento do concurso creditório.

> **Art. 909.** Os exequentes formularão as suas pretensões, que versarão unicamente sobre o direito de preferência e a anterioridade da penhora, e, apresentadas as razões, o juiz decidirá.
>
> *CPC de 1973 – art. 712*

109. Procedimento para apuração do concurso de preferências

O art. 909 do Código de Processo Civil assegura o direito de manifestação dos credores para defender seus créditos, bem como para resguardar a ordem de preferências e a anterioridade da penhora.[394] Trata-se de procedimento incidental[395] guiado pelo contraditório, o qual permitirá aos credores discutir direitos de preferência ou precedência de penhora.[396] Das decisões emanadas desse procedimento incidental caberá agravo de instrumento, em princípio sem efeito suspensivo (CPC, art. 1.015, parágrafo único, e art. 1.019, inc. I).

Os credores concorrentes e com garantia real formularão suas pretensões[397] e indicarão as provas que pretenderem produzir.

---

entendimento desta Corte, a simples intervenção da União, suas autarquias e empresas públicas em concurso de credores ou preferência não desloca a competência para a Justiça Federal, porquanto não integra a lide como autor, réu, assistente ou opoente. Precedentes. 2 – Conflito de competência conhecido para declarar competente o Tribunal de Justiça do Estado de Minas Gerais, o suscitado" (STJ, 2ª S., CC 41.317-MG, rel. Min. Fernando Gonçalves, DJ 14.12.2005, p. 164).

394 Segundo Luiz Rodrigues Wambier, Flávio Renato Correia de Almeida e Eduardo Talamini, não será possível, por exemplo, um credor impugnar a própria existência ou legitimidade do crédito do outro (*Curso avançado de processo civil*, cit., v. 9, p. 254).

395 Com igual posição, Theotonio Negrão, José Roberto Ferreira Gouvêa, Luis Guilherme Aidar Bondioli e João Francisco N. da Fonseca: "o concurso de credores é incidente da execução que versa unicamente sobre o direito de preferência e a anterioridade da penhora, em nada prejudicando o executado, que dele não participa" (*Código de Processo Civil e legislação processual em vigor*, 46ª ed., São Paulo: Saraiva, 2014, nota 2 ao art. 713, p. 904, citando julgado constante da *RT* 641/170).

396 De acordo com Antônio Janyr Dall'Agnol Júnior, seu âmbito de abrangência é limitado à disputa sobre o direito de preferência e à anterioridade da penhora, e sua finalidade é organizar um quadro em que se escalem os pagamentos ("Concurso particular de preferência", *Revista dos Tribunais*, São Paulo: RT, 1976, v. 491, p. 24).

397 Araken de Assis assevera que, diante da omissão legislativa, mister colmatar tais lacunas. Alude o autor que as pretensões devem ser referendadas em petições singelas,

O art. 712 do Código de 1973 faz menção à realização de uma audiência, a qual, contudo, não era providência obrigatória,[398] cabendo ao juiz prudentemente avaliar, caso a caso, a melhor forma de dar solução ao concurso especial instaurado.

Em boa hora, o legislador do Código de 2015 extirpou do texto normativo a menção a essa audiência, cuja realização era assaz improvável, tendo em vista que, na maioria dos casos, as provas a serem produzidas no concurso de credores são exclusivamente documentais, já que testemunhas raramente têm como contribuir para a solução dessa controvérsia. Conquanto suprimida a menção a tal audiência no art. 909, é evidente, porém, que, sentindo o juiz tal necessidade, poderá convocá-la.

Recebidos os pedidos e requerimentos formulados pelos credores concorrentes ou com garantia real, o juiz abrirá vista recíproca pelo prazo comum de cinco dias para manifestação (CPC, art. 218, § 3º), contados em dias úteis, ocasião em que se poderá questionar ou impugnar as pretensões formuladas. Aplica-se a esse prazo a regra do art. 229 do Código de Processo Civil, concernente ao prazo em dobro, se além do exequente houver dois ou mais credores habilitados no concurso – e desde que se trate de autos físicos, e não eletrônicos (CPC, art. 229, § 2º).

O pronunciamento judicial que decidir sobre as preferências e direitos de recebimento por parte dos demais credores tem natureza jurídica de decisão interlocutória (CPC, art. 203, § 2º), já que não encampa nenhuma das situações previstas no § 1º do art. 203 do Código de Processo Civil.[399] Contra tal decisão, portanto, cabível será o recurso de agravo de instrumento (CPC, art. 1.015, parágrafo único).

Não haverá condenação em honorários de sucumbência no concurso especial de credores, já que se trata de mero incidente processual.

110. Os estreitos limites cognitivos do incidente concursal

Preceitua o art. 909 do Código de Processo Civil que os credores que quiserem participar do concurso especial formularão suas pretensões, as quais

---

nos moldes do art. 1.019, II, do Código de Processo Civil de 1939, o qual previa o "protesto por preferência ou rateio", fórmula até os dias atuais utilizada (*Manual da execução*, 12ª ed., cit., p. 791).

398 Com tal posição: Araken de Assis, cit., p. 791; Cassio Scarpinella Bueno, *Código de Processo Civil interpretado*, cit., p. 2004; Maurício Giannico, *Expropriação executiva*, cit., p. 312. Em sentido contrário, Antônio Janyr Dall'Agnol Júnior entende necessária a designação de audiência, de modo a poderem os credores debater sobre as penhoras e preferências ("Concurso particular de preferência", cit., p. 25).

399 Com idêntico entendimento: Araken de Assis, *Manual da execução*, 12ª ed., cit., p. 791.

"versarão unicamente sobre o direito de preferência e a anterioridade da penhora".

Assim, discussões relativas à validade ou não do crédito, à higidez do título executivo, à regularidade da penhora realizada sobre a coisa expropriada, à ocorrência de prescrição etc. não serão objeto de apreciação por parte do juízo do concurso especial de credores – embora naturalmente possam os participantes informar, ao exercer o contraditório, eventual desconstituição judicial do crédito de algum concorrente, assim como a pendência de discussões, impugnações ou recursos voltados contra o crédito que se pretende habilitar.

De todo modo, a competência para apreciar e decidir sobre os temas relativos à procedência e à validade do crédito que se pretende habilitar no concurso especial naturalmente é do *juízo da própria execução* ajuizada pelo credor dele participante.

CAPÍTULO V
DA EXECUÇÃO CONTRA A FAZENDA PÚBLICA

Art. 910. Na execução fundada em título extrajudicial, a Fazenda Pública será citada para opor embargos em 30 (trinta) dias.

§ 1º Não opostos embargos ou transitada em julgado a decisão que os rejeitar, expedir-se-á precatório ou requisição de pequeno valor em favor do exequente, observando-se o disposto no art. 100 da Constituição Federal.

§ 2º Nos embargos, a Fazenda Pública poderá alegar qualquer matéria que lhe seria lícito deduzir como defesa no processo de conhecimento.

§ 3º Aplica-se a este Capítulo, no que couber, o disposto nos arts. 534 e 535.

CPC de 1973 – sem dispositivo correspondente

111. Execução contra a Fazenda Pública. Execução *sem* expropriação. Exceções

A expressão "Fazenda Pública" reúne as pessoas jurídicas de direito público, quais sejam, a União Federal, os Estados-membros, o Distrito Federal, os municípios, assim como suas respectivas autarquias e fundações. O conceito exclui as empresas públicas e as sociedades de economia mista – pessoas jurídicas de direito privado –, embora o Supremo Tribunal Federal tenha assentado a polêmica premissa de que "às sociedades de economia mista prestadoras de serviço público em ambiente não concorrencial aplica-se o regime de precatório".[400]

400 STF, 2ª T., AgRg no ARE 698.357, rel. Min. Carmen Lúcia, negaram provimento, v.u. Em contraposição a tal entendimento, no julgamento do Recurso Extraor-

Do ponto de vista subjetivo, a Fazenda Pública é a representação do Erário (também chamado de Tesouro Público ou Fisco), enquanto ente administrador do patrimônio público, das rendas e despesas públicas. Do ponto de vista objetivo, "corresponde ao conjunto de bens e haveres pertencentes ao Estado, bem como suas obrigações assumidas".[401]

Há de se consignar, porém, que a Fazenda Pública não é um ente e, como tal, não deve ser elencada nesses termos como parte em processos judiciais. Embora a referência à expressão seja comum e aceita na praxe forense, *a parte não é a Fazenda Pública*, mas sim a própria pessoa jurídica de direito público: a União Federal, os Estados, os municípios etc.

Como já pudemos expor no início deste estudo, nas execuções propostas em face de pessoas jurídicas de direito público, diante dos cuidados especiais com a *res publica* e do papel fundamental que esses entes têm em nosso ordenamento jurídico, a obtenção da tutela pecuniária não se faz por meio dos mecanismos e técnicas tradicionais executivas (expropriação, prisão, desconto em folha etc.), mas sim através de dotação orçamentária – a denominada execução pela via do precatório (CF, art. 100, *caput* e §§ 1º a 6º; CPC, arts. 535, § 3º, inc. I, e 910, § 1º).

Como também já salientado, a expropriação é somente uma das inúmeras *técnicas executivas* sub-rogatórias presentes em nosso ordenamento jurídico,[402] a qual se volta à satisfação de tutelas pecuniárias. Trata-se de uma ferramenta, dentre tantas outras previstas em nossa legislação processual, a serviço da satisfação da tutela jurisdicional executiva. Não é a única e, na realidade, ela sequer tem aplicação a todas as modalidades de execução.

A execução contra a Fazenda Pública, nesse contexto, é o típico exemplo de uma *execução sem expropriação*. Daí ser inclusive chamada por alguns de uma execução *imprópria*,[403] visto estar lastreada em um mecanismo de mera *requisi-*

---

dinário 599.628-DF, decidiu o Supremo Tribunal Federal que "os privilégios da Fazenda Pública são inextensíveis às sociedades de economia mista que executam atividades em regime de concorrência ou que tenham como objetivo distribuir lucros aos seus acionistas" (STF, Pleno, RE 599.628-DF, j. 25.05.2011, rel. Min. Ayres Britto, rel. p/ acórdão Min. Joaquim Barbosa, negaram provimento, m.v.).

401 Cf. Carlos Alexandre de Azevedo Campos, *Comentários ao Código de Processo Civil*, coord. Angélica Arruda Alvim, Araken de Assis, Eduardo Arruda Alvim e George Salomão Leite, São Paulo: Saraiva, 2016, p. 1038.

402 Tanto é assim que Comoglio, Ferri e Taruffo referem-se a "l'espropriazione forzata come tecnica di tutela del credito" (*Corso di diritto processuale civile*, cit., p. 327).

403 Cf. Humberto Theodoro Junior, *Curso de direito processual civil*, 49ª ed., Rio de Janeiro: Forense, 2016, v. III, p. 616. Marcelo Abelha chega a afirmar que "não é de todo correto falar em 'execução' contra a Fazenda Pública, porque 'execução'

ção a ser feita pelo Poder Judiciário ao Poder Executivo, com a ulterior inclusão da respectiva verba em dotação orçamentária para ulterior quitação.

A razão de ser da ausência ordinária de medidas expropriatórias nas execuções contra a Fazenda Pública recai sobre as premissas jurídicas da *inalienabilidade* (CC, art. 100) e da *impenhorabilidade* (CPC, art. 833, inc. I) dos bens públicos – e não tanto, como alerta ARAKEN DE ASSIS, sobre a costumeiramente apontada presunção de solvência da Administração Pública (*fiscus semper idoneus successor sit et solvendo*).[404]

Além do enorme caos que seria causado por penhoras e alienações forçadas de bens públicos – entre os quais sabidamente se incluem escolas, hospitais, creches, parques, praças, ruas, avenidas etc. –, a regra constitucional do precatório judicial se legitima ainda em função da diretriz de isonomia entre os credores, impedindo-se favorecimentos ou discriminações entre aqueles com a mesma situação jurídica.[405]

Isso não significa, contudo, que fique totalmente excluída a possibilidade de serem adotadas medidas sub-rogatórias em caso de recalcitrância da Fazenda Pública. É o caso, por exemplo, da implementação de *sequestro* do numerário suficiente ao cumprimento da obrigação pecuniária assumida pela pessoa jurídica de direito público, quando desatendidas as requisições judiciais de pequeno valor (cf. art. 17, *caput* e § 2º, da Lei n. 10.259/2001) ou mesmo na sistemática tradicional do regime dos precatórios, em caso de preterição de algum credor quanto à ordem cronológica de pagamentos (CF, art. 100, § 6º). É o caso ainda da possibilidade de se instituir *intervenção* nos Estados, Distrito

---

propriamente dita não há, uma vez que nenhum ato de sub-rogação é praticado nessa modalidade de 'execução'" (*Manual da execução civil*, 5ª ed., Rio de Janeiro: Forense, 2015, p. 407). Ousamos, porém, discordar desse último entendimento, pois, como já pudemos afirmar em outro estudo, em nosso sentir "execução e sub-rogação não são premissas necessariamente indissociáveis, naturalmente não estando a execução adstrita exclusivamente à ação de medidas sub-rogatórias" (MAURÍCIO GIANNICO, *Expropriação executiva*, cit., p. 424).

404 ARAKEN DE ASSIS, *Manual da execução*, 18ª ed., cit., p. 1359. Eis a prestigiosa lição desse grande processualista: "a causa do procedimento específico repousa no regime especial dos bens do domínio nacional e do patrimônio administrativo. É disciplina usual em vários ordenamentos jurídicos. Em razão desse regime, a constrição imediata e incondicionada dos bens públicos se revela inadmissível, em princípio, e inoperante, por decorrência, a técnica expropriatória genérica (art. 825 do NCPC) e aplicável aos particulares. E, de fato, conforme o art. 100 do CC, os bens de uso comum do povo e os de uso especial – definidos nos incisos I e II do precedente art. 99 do CC – são inalienáveis, 'enquanto conservarem a sua qualificação, na forma que a lei determinar'. Ora, da inalienabilidade decorre a impenhorabilidade (arts. 832 e 833, I, do NCPC). Trata-se de consequência necessária" (*Manual da execução*, 18ª ed., cit., p. 1359).

405 ARAKEN DE ASSIS, *Manual da execução*, 18ª ed., cit., p. 1361.

Federal e municípios, caso venha a ser suspenso o "pagamento da dívida fundada por mais de dois anos consecutivos, salvo motivo de força maior" (CF, art. 34, inc. V, alínea *a*).

Além disso, diante da sistemática inaugurada pela Emenda Constitucional n. 62, de 9 de dezembro de 2009, o § 3º do art. 100 da Constituição Federal trouxe uma *exceção* ao regime de pagamento por meio dos precatórios judiciais. Trata-se das denominadas *requisições de pequeno valor* (RPV).

Consoante o texto constitucional, o regime dos "(...) precatórios não se aplica aos pagamentos de obrigações definidas em leis como de pequeno valor que as Fazendas referidas devam fazer em virtude de sentença judicial transitada em julgado" (CF, art. 100, § 3º). E assim complementa o § 4º do art. 100: "(...) para os fins do disposto no § 3º, poderão ser fixados, por leis próprias, valores distintos às entidades de direito público, segundo as diferentes capacidades econômicas, sendo o mínimo igual ao valor do maior benefício do regime geral de previdência social".

Como se vê, o texto constitucional dá autonomia aos entes públicos federais, estaduais e municipais para editar normas próprias para definir o montante das dívidas de pequeno valor.[406] No caso das pessoas jurídicas de direito público federal sujeitas ao regime dos precatórios, a definição vem estampada no art. 17, § 1º, da Lei n. 10.259/2001, o qual remete ao montante de *sessenta salários mínimos*.

Em relação aos Estados e Municípios, salvo regramento específico, o art. 87 do ADCT – Ato das Disposições Constitucionais Transitórias remete a *quarenta salários mínimos* para a Fazenda Pública dos Estados e do Distrito Federal e *trinta salários mínimos* para a Fazenda Pública dos Municípios.[407]

---

406 Em reforço a essa premissa, assim dispõe o § 12 do art. 97 do ADCT – Ato das Disposições Constitucionais Transitórias, com a redação trazida pela Emenda Constitucional n. 62/2009: "§ 12. Se a lei a que se refere o § 4º do art. 100 não estiver publicada em até 180 (cento e oitenta) dias, contados da data de publicação desta Emenda Constitucional, será considerado, para os fins referidos, em relação a Estados, Distrito Federal e Municípios devedores, omissos na regulamentação, o valor de: I – 40 (quarenta) salários mínimos para Estados e para o Distrito Federal; II – 30 (trinta) salários mínimos para Municípios".

407 "Art. 87. Para efeito do que dispõem o § 3º do art. 100 da Constituição Federal e o art. 78 deste Ato das Disposições Constitucionais Transitórias serão considerados de pequeno valor, até que se dê a publicação oficial das respectivas leis definidoras pelos entes da Federação, observado o disposto no § 4º do art. 100 da Constituição Federal, os débitos ou obrigações consignados em precatório judiciário, que tenham valor igual ou inferior a: I – quarenta salários mínimos, perante a Fazenda dos Estados e do Distrito Federal; II – trinta salários mínimos, perante a Fazenda dos Municípios" (cf. redação dada pela Emenda Constitucional n. 37/2002).

A sistemática do precatório será obrigatória sempre que o valor total da execução ultrapassar o teto legal da requisição de pequeno valor, sendo vedado o fracionamento de valores para que estes se encaixem nessa definição (CF, art. 100, § 8º). Por idênticas razões, igualmente é vedada a expedição de precatório complementar ou suplementar após ter sido satisfeita a dívida pela sistemática da RPV (CF, art. 100, § 8º). Poderá, porém, o exequente de quantia superior renunciar ao excedente para que possa se utilizar dessa regra mais benéfica de pagamento (Lei n. 12.153/2009, art. 13, § 5º).

Desde que observado o teto legal, a sistemática da requisição de pequeno valor pode ser utilizada *independentemente de a dívida ser ou não alimentar.*

Nesse contexto, considerando-se que os honorários advocatícios constituem crédito autônomo do próprio advogado, a jurisprudência consolidada do Superior Tribunal de Justiça autoriza que, quando tais créditos não ultrapassarem os limites do pequeno valor (ou quando houver renúncia à diferença), poderão ser executados mediante a sistemática da RPV, ainda que o crédito principal observe o regime dos precatórios.[408]

112. A Fazenda Pública nos polos ativo e passivo das execuções de obrigação de pagar quantia certa

Quando figurar no polo ativo da ação de execução de obrigação pecuniária, a Fazenda Pública adotará a sistemática prevista na Lei n. 6.830/80 – a denominada Lei de Execução Fiscal – com vistas ao recebimento de seus créditos. Na qualidade de exequente, detém ela regularmente a prerrogativa de penhorar e postular a alienação forçada de bens pertencentes ao patrimônio do executado, inexistindo, nessa situação, qualquer óbice ao uso das técnicas expropriatórias. Exceção a essa regra naturalmente haverá nos casos em que o polo passivo da execução for ocupado por outra pessoa jurídica de direito público.

Já quando figurar no polo passivo da execução de obrigação de pagar quantia certa, adotar-se-ão então as disposições legais do mal denominado "cumprimento de sentença", quando fundada em título executivo judicial, previstas nos arts. 533 e 534 do Código de Processo Civil; e, quando se tratar de título extrajudicial, adotar-se-á a sistemática do ora comentado art. 910 do Código.

---

408 "Não há impedimento constitucional, ou mesmo legal, para que os honorários advocatícios, quando não excederem ao valor limite, possam ser executados mediante RPV, ainda que o crédito dito 'principal' observe o regime dos precatórios. Esta é, sem dúvida, a melhor exegese para o art. 100, § 8º, da CF, e por tabela para os arts. 17, § 3º, da Lei 10.259/2001 e 128, § 1º, da Lei 8.213/1991, neste recurso apontados como malferidos" (STJ, 1ª S., REsp 1.347.736-RS (julgamento repetitivo), j. 09.10.2013, rel. Min. Herman Benjamin, negaram provimento, v.u.).

Independentemente de se tratar de execução de título judicial ou extrajudicial, por imposição constitucional, deverá ser observado o regime dos precatórios judiciais, com ressalva apenas às já comentadas requisições de pequeno valor, constantes do § 3º do art. 100 da Constituição Federal.

113. Brevíssima nota sobre a constitucionalidade do art. 910 do Código de Processo Civil

Superada está a discussão sobre a possibilidade de existirem execuções de título extrajudicial contra a Fazenda Pública. Inexiste qualquer antinomia entre o quanto dispõe o art. 100 da Constituição Federal e as disposições legais anterior (CPC-1973, art. 730) e atual (CPC, art. 910) que regem essa modalidade de execução.

Consoante as já sedimentadas opiniões doutrinárias e jurisprudenciais sobre esse tema, a menção feita pelo *caput* do art. 100 da Constituição Federal, ao afirmar que os pagamentos devidos pelas Fazendas Públicas por força de "sentença judiciária", naturalmente não tem a intenção de restringir a possibilidade de expedição de requisição de precatório quando se tratar de dívida lastreada em título executivo extrajudicial.[409] Tanto é assim que, após reiteradas decisões, o Superior Tribunal de Justiça editou inclusive a Súmula 279, segundo a qual "é cabível execução por título extrajudicial contra a Fazenda Pública".

114. Bifurcação procedimental no novel Código de Processo Civil acerca das execuções de título judicial e extrajudicial contra a Fazenda Pública

Inovou o atual Código ao instituir um procedimento próprio e autônomo para as execuções de título extrajudicial contra a Fazenda Pública, previsão inexistente no Código de 1973 – o qual estabelecia um único procedimento para as duas modalidades de execução (cf. CPC-1973, art. 730 e s.).

Conquanto autônomo o procedimento das execuções de título extrajudicial, a própria lei processual expressamente permite a aplicação, naquilo que couber, das disposições constantes dos arts. 534 e 535 do Código, relativas às execuções de título judicial contra a Fazenda Pública (cf. CPC, art. 910, § 3º).

Em verdade, não são lá tantas assim as diferenças. Como expõe HUMBERTO THEODORO JÚNIOR, resumem-se elas (a) à necessidade de *citação* do ente público (e não apenas *intimação*, como nas execuções de título judicial), (b) à

409 Ver, por todos, brilhante voto do Ministro DEMÓCRITO REINALDO, do Superior Tribunal de Justiça, com vastas citações doutrinárias e jurisprudenciais: STJ, 1ª T., REsp 100.700-BA, j. 17.02.1997, rel. Min. DEMÓCRITO REINALDO, negaram provimento, v.u.

defesa por meio de *embargos à execução* (e não por meio de *impugnação*) e (c) à ampliação das matérias de defesa a serem porventura opostas em sede de embargos à execução (CPC, art. 910, § 2º).[410]

Particularmente, de longa data somos críticos dessa segmentação procedimental em sede executiva. Não há a menor razão para que sejam previstos procedimentos diferentes, com prazos, atos e providências diversos, para se empreender a *mesmíssima atividade executiva*, seja nas execuções fundadas em título judicial ou extrajudicial. *Cumprimento de sentença nada mais é do que execução,* e já passa da hora de o legislador atentar em definitivo para isso. Muito melhor, portanto, que o procedimento fosse como regra unificado, diferenciando-se apenas no estritamente necessário para espelhar suas efetivas particularidades.

115. Procedimento da execução de título extrajudicial contra a Fazenda Pública de dívidas de maior valor

Distribuída a petição inicial e verificada sua regularidade processual pelo juiz, a Fazenda Pública será citada simplesmente para, querendo, *opor embargos à execução no prazo de trinta dias.*[411] A inicial conterá um demonstrativo atualizado do cálculo do valor exequendo, além dos demais requisitos previstos nos arts. 534 e 319, incs. I, II, III, IV e V, do Código de Processo Civil.[412]

A citação será feita na pessoa do representante legal da Fazenda Pública, por carga, remessa ou meio eletrônico, *sem que haja qualquer ameaça ou cominação de penhora.*[413] Ou seja, como já salientado alhures, inexistirá qualquer atividade jurisdicional típica das execuções forçadas ordinárias, tais como penhora, desapossamento ou transferência coativa de bens.

Em sede de embargos à execução, consoante a expressa dicção do § 2º do art. 910, a Fazenda Pública poderá "alegar qualquer matéria que lhe seria lícito deduzir como defesa no processo de conhecimento". Essa disposição apenas corrobora a orientação já vetustamente incorporada ao nosso ordenamento jurídico de que, nas execuções de título extrajudicial, a cognição vertical e horizontal dos embargos será *ampla* e *exauriente.*

---

410 Humberto Theodoro Junior, *Curso de direito processual civil*, 49ª ed., cit., v. III, p. 616.

411 O prazo anterior, sob a égide do Código de Processo Civil de 1973, era de dez dias (CPC, art. 730). Nesse sentido, desejável a isonomia instituída pelo art. 910 do atual Código, com um prazo de trinta dias equivalente àquele previsto para o particular se defender nas execuções fiscais regidas pela Lei n. 6.830/80.

412 Não terá aplicação à petição inicial executiva o disposto nos incisos VI e VII do art. 319 do Código de Processo Civil, diante da especificidade e dos escopos buscados na ação de execução.

413 Humberto Theodoro Junior, *Curso de direito processual civil*, 49ª ed., cit., v. III, p. 616.

Embora o art. 910, § 3º, do Código de Processo Civil faça alusão a dispositivos relativos ao "cumprimento de sentença" contra a Fazenda Pública (CPC, arts. 534 e 535), a defesa a ser por ela veiculada nas execuções de título extrajudicial deverá ser feita por meio de *embargos à execução*; e não por meio da impugnação executiva prevista no art. 535. O *caput* do art. 910 expressamente se refere à oposição de embargos, sendo aplicável, portanto, a disciplina constante dos arts. 914 e seguintes do Código, apenas com as adaptações relativas às peculiaridades da execução contra a Fazenda Pública – entre elas a circunstância de não existir penhora –, ao prazo (de trinta dias, e não quinze, conforme dispõe o art. 915) etc.

No entanto, eventual manejo equivocado de impugnação no lugar dos embargos pode e deve ser relevado pelo juiz, o qual determinará a emenda da petição para fazer constar os requisitos processuais porventura faltantes. Sob a égide de um Código que notadamente se esforçou para evitar *formalismos exacerbados*,[414] não há a menor razão para um prematuro descarte da defesa do executado sem que ao menos se dê a chance de corrigir essa *sanável* irregularidade.

Não havendo oposição de embargos à execução, ou transitada em julgado a decisão que os rejeitar, o juiz solicitará ao Presidente do Tribunal local ao qual pertencer a expedição de requisição de pagamento (*precatório*), observando-se o disposto no art. 100 da Constituição Federal (CPC, art. 910, § 1º).

Independentemente dos efeitos em que recebida a apelação que versar contra a sentença dos embargos (ou demais recursos subsequentes) – e mesmo que não sejam dotados de efeito suspensivo –, ante a expressa cominação do § 1º do art. 910, ainda assim não será expedido o precatório antes do efetivo trânsito em julgado da decisão que os julgar.

Como regra, portanto, não será admitida execução *provisória* contra a Fazenda Pública. Todavia, em função da permissão constante do § 3º do art. 14 da Lei n. 12.016/2009,[415] o Superior Tribunal de Justiça firmou o entendimento de que é permitida a execução provisória da sentença concessiva do mandado de segurança (inclusive contra a Fazenda Pública), desde que não se trate de matéria atinente à "compensação de créditos tributários, a entrega de mercadorias e bens provenientes do exterior, a reclassificação ou equiparação de servidores públicos e a concessão de aumento ou a extensão de vantagens ou pagamento de qualquer natureza" (cf. art. 7º, § 2º, da Lei n. 12.016/2009) – já que, quanto a elas, proíbe-se a concessão de medida liminar e, portanto,

414 Cf. expressão de ENRICO TULLIO LIEBMAN.

415 "§ 3º A sentença que conceder o mandado de segurança pode ser executada provisoriamente, salvo nos casos em que for vedada a concessão da medida liminar."

também a execução provisória (cf. A dicção expressa do § 3º, *in fine*, do art. 14 da Lei n. 12.016/2009).[416-417]

Em caso de embargos à execução meramente parciais, porém, será permitida a expedição do precatório relativamente à parcela não impugnada da execução, aplicando-se analogicamente ao caso o disposto no art. 535, § 4º, do Código de Processo Civil, segundo o qual, "tratando-se de impugnação parcial, a parte não questionada pela executada será, desde logo, objeto de cumprimento".[418] Como é óbvio, a vedação de fracionamento do precatório, constante do § 8º do art. 100 da Constituição, evidentemente não tem aplicação a essa hipótese, cuja intenção é coibir fraudes na utilização da sistemática da requisição de pequeno valor (RPV).

Neste último caso, porém, de execução provisória não se trata, e sim de execução *definitiva*. A bem da verdade, em se tratando de execuções de títulos extrajudiciais, a execução se inicia definitiva e a eventual oposição de embargos não a torna provisória. O trânsito em julgado a que aludem a Constituição e o Código de Processo Civil, portanto, diz respeito à sentença que julgar os embargos à execução – e não à execução propriamente dita –, de modo que, inexistindo insurgência pela Fazenda Pública quanto a certa parcela do crédito exequendo, permitida estará a expedição do precatório, o que se fará em

416 A teor do art. 2º-B da Lei n. 9.494/97, também não comportará execução provisória a sentença proferida contra a Fazenda Pública, mesmo que em sede de mandado de segurança, a qual "tenha por objeto a liberação de recurso, inclusão em folha de pagamento, reclassificação, equiparação, concessão de aumento ou extensão de vantagens a servidores da União, dos Estados, do Distrito Federal e dos Municípios, inclusive de suas autarquias e fundações". Consoante a dicção desse dispositivo legal, a sentença que versar sobre tais matérias "somente poderá ser executada após seu trânsito em julgado".

417 "Agravo interno contra decisão de provimento do recurso especial. Mandado de segurança. Execução provisória contra a Fazenda Pública. Restabelecimento de parcela remuneratória ilegalmente suprimida. Viabilidade. Art. 2º-B da Lei n. 9.494/97. Precedentes do STJ. 1. É possível, em regra, o cumprimento imediato da sentença concessiva de mandado segurança, ressalvados, todavia, os casos de concessão de aumento ou extensão de vantagens, que deverão ser executados somente após o trânsito em julgado do *decisum*, nos termos do disposto no art. 5º, parágrafo único, da Lei 4.348/64 c/c o art. 2.º-B da Lei 9.494/97. 2. O Superior Tribunal de Justiça consagra orientação segundo a qual a vedação à execução provisória contra a Fazenda Pública, prevista no art. 2º-B da Lei 9.494/1997, deve se limitar às hipóteses expressamente elencadas, não se aplicando nos casos de restabelecimento de parcela remuneratória ilegalmente suprimida, como na espécie. Precedentes do STJ (AgRg no Ag. 1.292.836/PI, relator Min. HERMAN BENJAMIN, DJe 14/9/2010). 3. Agravo interno a que se nega provimento" (STJ, 1ª T., AgInt. no AREsp 984.495-SP, j. 21.03.2017, rel. Min. SÉRGIO KUKINA, negaram provimento, v.u.).

418 Em igual sentido: ARAKEN DE ASSIS, *Manual da execução*, 18ª ed., cit., p. 1380.

sede de uma execução considerada definitiva. Se não há irresignação da Fazenda quanto à totalidade do crédito, expedir-se-á de imediato o precatório; se, do mesmo modo, a irresignação for meramente parcial, quanto à porção inatacada igualmente se deverá expedir o precatório, não havendo que se falar em espera pelo trânsito em julgado.

Ao Presidente do Tribunal local competirá uma atividade meramente *administrativa*,[419] obviamente não lhe sendo lícito reexaminar o mérito da decisão transitada em julgado. Poderá ele, no entanto, conferir os cálculos e corrigir os erros materiais e excessos porventura advindos da execução pela via do precatório.

Os equívocos materiais e os erros de cálculo que poderão ser corrigidos são aqueles atinentes exclusivamente à *ausência de fidelidade* entre a condenação transitada em julgado e o cálculo, eventualmente equivocado, feito pelo exequente (cf. art. 1º-E da Lei n. 9.494/97).[420] Não se admitirá, nesse contexto, a revisão dos *critérios jurídicos* utilizados pela decisão transitada em julgada, sob pena de ofensa da própria coisa julgada.[421]

---

419 A esse respeito, eis a Súmula 311 do Superior Tribunal de Justiça: "Os atos do presidente do tribunal que disponham sobre processamento e pagamento de precatório não têm caráter jurisdicional".

420 "Art. 1º-E. São passíveis de revisão, pelo Presidente do Tribunal, de ofício ou a requerimento das partes, as contas elaboradas para aferir o valor dos precatórios antes de seu pagamento ao credor."

421 Nesse sentido é a jurisprudência do Superior Tribunal de Justiça: "(...) o Superior Tribunal de Justiça tem entendimento consolidado de que o erro que pode ser corrigido pelo Presidente do Tribunal, ao determinar a expedição do precatório judicial, é o material, simples erro de cálculo (aritmético), não podendo ser conferida a mesma possibilidade ao erro no critério de cálculo, do qual fazem parte, por exemplo, o termo inicial da correção monetária e o percentual dos juros de mora, sob pena de ofender a coisa julgada" (STJ, 6ª T., AgRg no REsp 1.180.482-MG, j. 05.06.2014, rel. Min. SEBASTIÃO REIS JÚNIOR, negaram provimento, v.u.).

E ainda: "Administrativo e processual civil. Agravo interno no agravo em recurso especial. Desapropriação. Precatório. Rediscussão de critério de cálculo. Juros de mora. Impossibilidade. Ofensa à coisa julgada. Agravo interno do Município desprovido. 1. A questão em debate diz respeito à possibilidade de se rediscutir os cálculos de precatório já pago, em virtude de supostos erros materiais verificados, tais como a inclusão de juros de mora e de aplicação equivocada de índice de correção monetária, o que resultaria em um possível saldo credor a favor do Município de Santo André. 2. O Tribunal de origem negou a pretensão recursal por entender pela impossibilidade de rediscussão sobre a incidência de juros e da forma de elaboração dos cálculos que já foram homologados por sentença, tendo em vista o instituto da coisa julgada. 3. Sobre o assunto, a jurisprudência desta Corte entende pela possibilidade de revisão de cálculo em sede de precatório na hipótese em que se constata a existência de erro material, o que não é o caso dos autos, considerando que a pretensão da Recorrente é a rediscussão de critérios utilizados pela contadoria judicial para a apuração do valor devido, o que configuraria violação à

Como regra, expedido o precatório, impõe a Constituição Federal que o pagamento seja realizado em ordem cronológica (CF, art. 100, *caput*). Tal cronologia deve observar a data do protocolo da requisição do pagamento perante a Fazenda Pública, a partir do que se mostra "obrigatória a inclusão, no orçamento das entidades de direito público, de verba necessária ao pagamento de seus débitos" (CF, art. 100, § 5º).

Dois são os tipos de precatório: *comuns* e *alimentares*.

Os precatórios alimentares têm prioridade sobre os comuns para fins de recebimento, sendo organizados em fila cronológica própria e preferencial. Na dicção da Súmula 144 do Superior Tribunal de Justiça, "os créditos de natureza alimentícia gozam de preferência, desvinculados os precatórios da ordem cronológica dos créditos de natureza diversa".

Em resumo, o precatório comum é aquele que não tem natureza alimentar. Resta saber, pois, quais são os créditos de cunho alimentício.

Como definição abstrata, os débitos de natureza alimentar são aqueles cujo auferimento é necessário para a sobrevivência do indivíduo, de modo a fazerem frente às despesas e aos gastos ordinários da vida cotidiana. Segundo o § 1º do art. 100 da Constituição Federal, com a redação dada pela Emenda n. 62/2009, os débitos de natureza alimentícia compreendem aqueles decorrentes de salários, vencimentos, proventos e suas complementações, benefícios previdenciários e indenizações por morte ou por invalidez, fundadas em responsabilidade civil.

Dentro dessa definição constitucional encontram-se os débitos de natureza trabalhista *lato sensu* – compreendendo tanto as verbas auferidas pelos trabalhadores sujeitos ao regime de trabalho da Consolidação das Leis do Trabalho como por aqueles insertos no regime estatutário do funcionalismo público. Igualmente são débitos de natureza alimentar os honorários periciais,[422] os honorários advocatícios, sejam eles contratuais ou sucumbenciais,[423] dentre outros afins.

A Emenda Constitucional n. 62/2009 criou ainda um *superprivilégio* ou *superpreferência* entre os já privilegiados débitos de caráter alimentar.

---

coisa julgada. Precedentes: EDcl no AgRg no REsp 1.175.999/PR, Rel. Min. Rogerio Schietti Cruz, DJe 4.8.2014; AgRg no REsp 1.289.419/CE, Rel. Min. Benedito Gonçalves, DJe 2.8.2012. 4. Agravo Interno do Município de Santo André desprovido" (STJ, 1ª T., AgInt. no AREsp 161.523-SP, j. 07.03.2017, rel. Min. Napoleão Nunes Maia Filho, negaram provimento, v.u.).

422 STF, 2ª T., RE 146.318-SP, j. 13.12.1996, rel. Min. Carlos Velloso, não conheceram, v.u.

423 STJ, Corte Especial, REsp 1.152.218-RS (julgamento repetitivo), j. 07.05.2014, rel. Min. Luis Felipe Salomão, deram provimento, v.u.

Segundo o § 2º do art. 100 da Constituição, com as alterações trazidas pela recente Emenda n. 94/2016, os titulares de débito de natureza alimentícia, sejam eles originários ou por sucessão hereditária, que (a) tiverem mais de sessenta anos ou que (b) forem portadores de doença grave, ou ainda que (c) forem pessoas com deficiência, "serão pagos com preferência sobre todos os demais débitos, até o valor equivalente ao triplo fixado em lei" para fins de definição do limite da requisição de pequeno valor (RPV).[424]

O limite em questão, como já pudemos salientar (v. item 111, *retro*), é de *sessenta salários mínimos* para as pessoas jurídicas de direito público federal (cf. Lei n. 10.259/2001, art. 17, § 1º), de *quarenta salários mínimos* para a Fazenda Pública dos Estados e do Distrito Federal e de *trinta salários mínimos* para a Fazenda Pública dos Municípios (ADCT, art. 87), salvo eventual regramento específico que exsurja de lei estadual, distrital ou municipal.

Quanto à preferência por força da idade, embora a Constituição Federal pregasse que, para obtenção do benefício, o beneficiário devesse ter sessenta anos completos *na data da expedição do precatório*, o Supremo Tribunal Federal entendeu inconstitucional tal marco temporal (cf. A redação do § 2º do art. 100 da Constituição, dada pela Emenda n. 62/2009). Assim, a partir do julgamento da Ação Direta de Inconstitucionalidade n. 4.425-DF, os titulares de precatório que atingirem sessenta anos durante a espera pelo pagamento do precatório terão o direito de migrar para a fila preferencial.[425] Diante desse julgamento, recentemente a Emenda n. 94/2016 inclusive alterou o texto do § 2º do art. 100, suprimindo a menção à "data de expedição do precatório".

O denominado *regime especial* de pagamento de precatórios para Estados, Distrito Federal e Municípios, criado pela Emenda n. 62/2009 – *não à toa apelidada de Emenda do Calote* – e regulado pelo art. 97 do ADCT, foi considerado inconstitucional pelo Supremo Tribunal Federal, já que concebido "com menosprezo à própria ideia central do Estado Democrático de Direito", por indevidamente "esticar por mais quinze anos o cumprimento de sentenças

---

424 Tais preferências foram consideradas constitucionais pelo Supremo Tribunal Federal: "o pagamento prioritário, até certo limite, de precatórios devidos a titulares idosos ou que sejam portadores de doença grave promove, com razoabilidade, a dignidade da pessoa humana (CF, art. 1º, III) e a proporcionalidade (CF, art. 5º, LIV), situando-se dentro da margem de conformação do legislador constituinte para operacionalização da novel preferência subjetiva criada pela Emenda Constitucional n. 62/2009" (STF, Pleno, ADI 4.425-DF, j. 14.03.2013, rel. Min. AYRES BRITTO, rel. p/ acórdão Min. LUIZ FUX, julgaram parcialmente procedente, m.v.).

425 STF, Pleno, ADI 4.425-DF, j. 14.03.2013, rel. Min. AYRES BRITTO, rel. p/ acórdão Min. LUIZ FUX, julgaram parcialmente procedente, m.v.

judiciais com trânsito em julgado e em desfavor do Poder Público".[426] Foram modulados, porém, os efeitos dessa declaração de inconstitucionalidade do regime especial pelos cinco exercícios financeiros subsequentes, a contar de 1º de janeiro de 2016.[427]

Ao contrário do que sustentaram alguns no passado diante da dúbia redação originária do *caput* do art. 100 da Constituição Federal, a execução de dívidas de natureza alimentar contra a Fazenda Pública não dispensa a expedição de precatório (STF, Súmula 655).[428] A confusão interpretativa se dava em razão de o texto constitucional, ao enunciar a regra do precatório, iniciar-se com a expressão "à exceção dos créditos de natureza alimentar", dando a impressão de que as dívidas alimentares estariam dispensadas da expedição do precatório – o que, porém, não é correto.

Protocolizado o precatório até 1º de julho, o pagamento deverá ser realizado até o final do ano seguinte, com a respectiva atualização monetária (CF, art. 100, § 5º). Se o protocolo ocorrer após tal data, o pagamento será então realizado no final do segundo ano subsequente, acrescido da respectiva correção.

Com o advento da Emenda Constitucional n. 62/2009, durante o período entre a expedição do precatório e seu pagamento, prevê o § 12 do art. 100 da Constituição Federal que sua atualização monetária será feita pelo índice oficial de remuneração básica da caderneta de poupança. Contudo, na já mencionada Ação Direta de Constitucionalidade n. 4.425-DF, o Supremo Tribunal Federal considerou *inconstitucional* o texto oriundo dessa emenda:

> "A atualização monetária dos débitos fazendários inscritos em precatórios segundo o índice oficial de remuneração da caderneta de poupança viola o direito fundamental de propriedade (CF, art. 5º, XXII) na medida em que é manifestamente incapaz de preservar o valor real do crédito de que é titular o cidadão. A inflação, fenômeno tipicamente econômico-monetário, mostra-se insuscetível de captação apriorística (*ex ante*), de modo que o meio escolhido pelo legislador constituinte (remuneração da caderneta de poupança) é inidôneo a promover o fim a que se destina (traduzir a inflação do período)".[429]

---

426 STF, Pleno, ADI 4.425-DF, j. 14.03.2013, rel. Min. Ayres Britto, rel. p/ acórdão Min. Luiz Fux, julgaram parcialmente procedente, m.v.

427 Cf. Questão de Ordem na ADI 4.357-DF, Pleno, j. 25.03.2015, rel. Min. Luiz Fux.

428 Eis o conteúdo da Súmula 655 do Supremo Tribunal Federal: "A exceção prevista no art. 100, *caput*, da Constituição, em favor dos créditos de natureza alimentícia, não dispensa a expedição de precatório, limitando-se a isentá-los da observância da ordem cronológica dos precatórios decorrentes de condenações de outra natureza".

429 STF, Pleno, ADI 4.425-DF, j. 14.3.2013, rel. Min. Ayres Britto, rel. p/ acórdão Min. Luiz Fux, julgaram parcialmente procedente, m.v. Consoante o belíssimo

Desse modo, será devida a atualização monetária do período entre a expedição do precatório até seu pagamento, mas não vinculada ao índice da caderneta de poupança, já que este, consoante já pronunciado pelo Supremo Tribunal Federal, não reflete a perda de poder aquisitivo da moeda.[430]

Não incidirão juros de mora sobre os precatórios durante o período de expedição do precatório até o momento de pagamento previsto no § 1º do art. 100 da Constituição Federal (STF, Súmula Vinculante 17).

Caso descumprido o prazo constitucional acima assinalado, o § 12 do art. 100 da Constituição estabelecia que, "para fins de compensação da mora, incidirão juros simples no mesmo percentual de juros incidentes sobre a caderneta de poupança".

Porém, em decorrência do julgamento da citada Ação Direta de Inconstitucionalidade n. 4.425-DF, o Supremo Tribunal Federal declarou inconstitucional a expressão "índice oficial de remuneração básica da caderneta de poupança", e deu interpretação a tal dispositivo "para que os mesmos critérios de fixação de juros moratórios prevaleçam para devedores públicos e privados nos limites da natureza de cada relação jurídica analisada".[431-432]

---

voto proferido pelo Ministro Ayres Britto por ocasião desse julgamento, "o § 12 do art. 100 da Constituição acabou por artificializar o conceito de atualização monetária. Conceito que está ontologicamente associado à manutenção do valor real da moeda. Valor real que só se mantém pela aplicação de índice que reflita a desvalorização dessa moeda em determinado período. Ora, se a correção monetária dos valores inscritos em precatório deixa de corresponder à perda do poder aquisitivo da moeda, o direito reconhecido por sentença judicial transitada em julgado será satisfeito de forma excessiva ou, de revés, deficitária. Em ambas as hipóteses, com enriquecimento ilícito de uma das partes da relação jurídica. E não é difícil constatar que a parte prejudicada, no caso, será, quase que invariavelmente, o credor da Fazenda Pública. Basta ver que, nos últimos quinze anos (1996 a 2010), enquanto a TR (taxa de remuneração da poupança) foi de 55,77%, a inflação foi de 97,85%, de acordo com o IPCA". E eis sua conclusão: "não há como, portanto, deixar de reconhecer a inconstitucionalidade da norma atacada, na medida em que a fixação da remuneração básica da caderneta de poupança como índice de correção monetária dos valores inscritos em precatório implica indevida e intolerável constrição à eficácia da atividade jurisdicional. Uma afronta à garantia da coisa julgada e, por reverberação, ao protoprincípio da separação dos Poderes".

430 STF, Pleno, ADI 493-0-DF, j. 25.06.1992, rel. Min. Moreira Alves, julgaram parcialmente procedente, m.v.

431 "A quantificação dos juros moratórios relativos a débitos fazendários inscritos em precatórios segundo o índice de remuneração da caderneta de poupança vulnera o princípio constitucional da isonomia (CF, art. 5º, *caput*) ao incidir sobre débitos estatais de natureza tributária, pela discriminação em detrimento da parte processual privada que, salvo expressa determinação em contrário, responde pelos juros da mora tributária à taxa de 1% ao mês em favor do Estado (*ex vi* do art. 161, §1º, CTN). Declaração de inconstitucionalidade parcial sem redução da expressão 'independentemente de sua natureza', contida no art. 100, § 12, da CF, incluído pela

No caso de precatório, por si só o desatendimento do prazo constitucional para pagamento do débito pela Fazenda Pública não dá ao exequente direito ao sequestro de numerário equivalente ao valor exequendo. Tal direito exsurgirá apenas em caso de preterição, isto é, nos casos em que for desrespeitado seu direito de preferência, com a ocorrência de pagamento de crédito cronologicamente posterior. Mas, como se verá a seguir, nas requisições de pequeno valor (RPV) o sequestro será possível caso descumprido o prazo de dois meses para pagamento.

Dentro ou fora do prazo constitucional do pagamento, vindo o respectivo depósito judicial a ser feito pela Fazenda Pública perante a conta do juízo da execução, expedir-se-á, em seguida, alvará de levantamento em favor do exequente, extinguindo-se então a execução, por força da satisfação da obrigação pecuniária (CPC, art. 924, inc. II).

116. Procedimento da execução de título extrajudicial contra a Fazenda Pública de dívidas de menor valor

Na execução de dívidas de menor valor (RPV), a Fazenda Pública igualmente será citada para opor embargos no prazo de trinta dias. À falta de embargos ou vindo eles a ser rejeitados por meio de decisão transitada em julgado, dispõe o art. 535, inc. II, do Código de Processo Civil, em aplicação analógica às execuções de título extrajudicial (cf. CPC, art. 910, § 3º), por ordem judicial, que "o pagamento de obrigação de pequeno valor será realizado no prazo de 2 (dois) meses contado da entrega da requisição, mediante depósito na agência de banco oficial mais próxima da residência do exequente".

Convém lembrar que, no âmbito dos Juizados Especiais, a execução contra a Fazenda Pública processar-se-á sob a égide da Lei n. 10.259/2001, no caso

---

EC n. 62/09, para determinar que, quanto aos precatórios de natureza tributária, sejam aplicados os mesmos juros de mora incidentes sobre todo e qualquer crédito tributário" (STF, Pleno, ADI 4.425-DF, j. 14.03.2013, rel. Min. Luiz Fux, julgaram parcialmente procedente, m.v.).

432 STF, Pleno, ADI 4.425-DF, j. 14.03.2013, rel. Min. Luiz Fux, julgaram parcialmente procedente, m.v. Por ocasião desse julgamento, o art. 1º-F da Lei n. 9.494/97, com a redação dada pela Lei n. 11.960/09 – *o qual previa a aplicação dos índices oficiais de remuneração básica e juros aplicados à caderneta de poupança nas condenações impostas contra a Fazenda Pública* –, igualmente foi considerado inconstitucional por arrastamento: "o art. 1º-F da Lei n. 9.494/97, com redação dada pela Lei n. 11.960/09, ao reproduzir as regras da EC n. 62/09 quanto à atualização monetária e à fixação de juros moratórios de créditos inscritos em precatórios incorre nos mesmos vícios de juridicidade que inquinam o art. 100, § 12, da CF, razão pela qual se revela inconstitucional por arrastamento (...)".

de entes públicos federais, e da Lei n. 12.153/2009, no caso dos entes estaduais, distritais ou municipais. Nada impede, porém, que as execuções de valores iguais ou inferiores ao limite dos Juizados sejam feitas fora do ambiente dos Juizados Especiais, o que inclusive explica a razão de nossos comentários sobre as requisições de pequeno valor nessa sede. Esse entendimento é corroborado pelas explícitas menções, feitas no § 1º do art. 910 ora em comento e no art. 535, § 3º, inc. II, do Código de Processo Civil, à sistemática da RPV, algo que apenas confirma a possibilidade de tais execuções também se processarem sob a regência deste último diploma processual.

Em caso de embargos à execução meramente parciais, também aqui fica autorizada a expedição da requisição de pequeno valor (RPV) quanto à parte não impugnada da execução, em aplicação analógica da previsão legal constante do art. 535, § 4º, do Código de Processo Civil – igualmente inexistindo, como já comentado alhures, qualquer ofensa ao § 8º do art. 100 da Constituição, que se presta a coibir o uso inadequado da sistemática da requisição de pequeno valor (RPV).

Havendo a disponibilização do dinheiro dentro do prazo, seu saque poderá ser feito pelo exequente, pessoalmente, em qualquer agência do banco depositário, independentemente de alvará judicial (cf. art. 13, § 5º, da Lei n. 12.153/2009). Poderá o exequente realizar o saque por meio de procurador, mas nesse caso o levantamento somente poderá ser feito "na agência destinatária do depósito, mediante procuração específica, com firma reconhecida, da qual constem o valor originalmente depositado e sua procedência" (art. 13, § 7º, da Lei n. 12.153/2009).

Desatendido o prazo de dois meses para pagamento, ao juiz será autorizado determinar o *sequestro* de numerário suficiente para a quitação do débito (Lei n. 10.259/01, art. 17, § 2º, no âmbito dos débitos federais; Lei n. 12.153/2009, art. 13º, § 1º, no âmbito dos débitos estaduais, distritais e municipais).

Embora o nome *sequestro* seja mais tipicamente utilizado para se referir a tutelas jurisdicionais de natureza cautelar, no caso em questão não há dúvidas de que se trata de medida *tipicamente executiva*,[433] de caráter nitidamente sub-rogatório. Como já comentado acima, é a técnica expropriatória atuando, ainda que em caráter meramente subsidiário, também nas execuções contra a Fazenda Pública.

433 ARAKEN DE ASSIS, *Manual da execução*, 18ª ed., cit., p. 1400. Como bem observa o jurista, "a terminologia não é das mais felizes, justificando-se apenas na circunstância de reproduzir o texto constitucional (art. 100, § 6º, da CF/1988)" (*Manual da execução*, cit., p. 1400).

Sequestrado o dinheiro, este será depositado perante o juízo da execução. Por ordem do juiz, expedir-se-á, em seguida, alvará de levantamento da respectiva quantia em favor do exequente, extinguindo-se a execução após sua quitação. Do mesmo modo, quando o sequestro não se mostrar necessário, o levantamento feito perante a agência bancária depositária igualmente dará ensejo à extinção da execução.

Em quaisquer dessas hipóteses, a extinção do processo executivo estará fundada na satisfação da obrigação pecuniária (CPC, art. 924, inc. II)

117. Honorários advocatícios

No julgamento repetitivo do Recurso Especial n. 1.406.296-RS, o Superior Tribunal de Justiça firmou o entendimento de que, nas execuções não embargadas pela Fazenda Pública, não haverá condenação ao pagamento de honorários advocatícios, em razão da "impossibilidade de o ente público adimplir espontaneamente a obrigação de pagar quantia certa sujeita ao regime dos precatórios".[434]

Aplica-se ao caso o disposto no art. 1º-D da Lei n. 9.494/97, que afirma que "não serão devidos honorários advocatícios pela Fazenda Pública nas execuções não embargadas" – dispositivo considerado constitucional pelo Supremo Tribunal Federal no julgamento do Recurso Extraordinário n. 420.816-PR, com a exclusão apenas de sua aplicação aos casos "de pagamento de obrigações definidas em lei como de pequeno valor (CF/88, art. 100, § 3º)".[435]

O § 7º do art. 85 do Código de Processo Civil ratifica expressamente esse entendimento, ao dispor que "não serão devidos honorários no cumprimento de sentença contra a Fazenda Pública que enseje expedição de precatório, desde que não tenha sido impugnada". O dispositivo em questão também tem plena aplicação às execuções de título extrajudicial contra a Fazenda Pública, quando não embargadas.

Porém, segundo a orientação do Superior Tribunal de Justiça, a isenção de honorários advocatícios não terá aplicação às execuções individuais da sentença proferida no âmbito de ações coletivas, mesmo quando não manejados embargos. A propósito, eis o conteúdo da Súmula 345 dessa Corte: "são devidos honorários advocatícios pela Fazenda Pública nas execuções individuais de sentença proferida em ações coletivas, ainda que não embargadas".

Haverá, porém, a fixação de honorários advocatícios nas execuções de pequeno valor (RPV), já que não presente, nelas, a *ratio* justificadora da abs-

434 STJ, 1ª S., REsp 1.406.296-RS (julgamento repetitivo), j. 26.02.2014, rel. Min. Herman Benjamin, negaram provimento, v.u.

435 STF, Pleno, RE 420.816-PR, j. 29.09.2004, rel. p/ acórdão Min. Sepúlveda Pertence, negaram provimento, m.v.

tenção dessa condenação, calcada na impossibilidade de pagamento espontâneo pela Fazenda Pública do crédito exequendo.[436]

Revendo posicionamento anterior, o Superior Tribunal de Justiça igualmente firmou seu entendimento no sentido de que, na execução originariamente proposta sob o regime do precatório, vindo o exequente a renunciar ao excedente para se beneficiar da sistemática da requisição de pequeno valor (RPV), não será cabível a condenação da Fazenda Pública em honorários advocatícios. Isso porque, em tais situações, à luz do princípio da causalidade, a Fazenda "não provocou a instauração do rito executivo" e, portanto, não deu causa à instauração do processo.[437]

Nas execuções embargadas, vencida a Fazenda Pública, esta será condenada ao pagamento de honorários advocatícios, em fixação a ser feita pelo magistrado consoante os critérios estatuídos nos incisos I a IV do § 2º do art. 85 do Código de Processo Civil e nos percentuais estabelecidos no § 3º, incs. I a V, desse mesmo dispositivo legal. Tais percentuais incidirão sobre o montante da execução *efetivamente impugnado* pela Fazenda Pública, e não necessariamente sobre o valor total da execução – salvo, por óbvio, se o crédito exequendo como um todo for objeto de irresignação.

CAPÍTULO VI
DA EXECUÇÃO DE ALIMENTOS

Art. 911. Na execução fundada em título executivo extrajudicial que contenha obrigação alimentar, o juiz mandará citar o executado para, em 3 (três) dias, efetuar o pagamento das parcelas anteriores ao início da execução e das que se vencerem no seu curso, provar que o fez ou justificar a impossibilidade de fazê-lo.

Parágrafo único. Aplicam-se, no que couber, os §§ 2º a 7º do art. 528.

CPC de 1973 – sem dispositivo correspondente

---

436 "A jurisprudência do STJ firmou orientação de que nas execuções contra a Fazenda Pública ajuizadas após a vigência da Medida Provisória 2.180-35/2001 e não embargadas, os honorários advocatícios serão devidos quando se tratar de débitos de pequeno valor" (STJ, 2ª T., AgRg no REsp 1.572.722-RS, j. 08.03.2016, rel. Min. Mauro Campbell Marques, negaram provimento, v.u.).

437 "A renúncia ao valor excedente ao previsto no art. 87 do ADCT, manifestada após a propositura da demanda executiva, não autoriza o arbitramento de honorários advocatícios, porquanto, à luz do princípio da *causalidade*, a Fazenda Pública não provocou a instauração da Execução (...)" (STJ, 1ª S., REsp 1.406.296-RS (julgamento repetitivo), j. 26.02.2014, rel. Min. Herman Benjamin, negaram provimento, v.u.).

118. Execução de prestações alimentícias

A exemplo do quanto já dissemos sobre as execuções de títulos extrajudiciais contra a Fazenda Pública, também aqui o legislador optou por prever dois procedimentos distintos para a execução de débitos de natureza alimentar, quando se tratar de título judicial ou extrajudicial. Consoante nossa já exarada opinião, essa bifurcação procedimental traz mais malefícios do que benefícios ao jurisdicionado, inexistindo razão plausível para que sejam previstos ritos diferentes, com prazos, atos e providências diversas, para se empreender a *mesmíssima atividade executiva*, seja nas execuções fundadas em título judicial ou extrajudicial. Menos confuso e, portanto, melhor que houvesse sido previsto um procedimento único, com a mera especificação das eventuais e poucas diferenças advindas de cada situação.

A execução de créditos alimentares oriundos de título judicial vem disciplinada pelos arts. 528 a 533 do Código de Processo Civil – sob a rubrica do Livro VI do Título II do Capítulo IV, intitulado "Do cumprimento de sentença que reconheça a exigibilidade de obrigação de prestar alimentos" –, enquanto a execução de título extrajudicial é regida pelos arts. 911 a 913 do diploma processual.

Diante da natureza do crédito alimentar e de sua peculiar importância, o legislador previu medidas executivas mais incisivas, dando maiores ferramentas para que a prestação alimentícia seja satisfeita de forma célere e efetiva. Nesse contexto é que são permitidas medidas excepcionais como a prisão civil do devedor pelo período de um a três meses (CPC, art. 528, § 3º, c/c art. 911, parágrafo único) e o desconto em folha de pagamento (CPC, art. 912).

A prisão civil notadamente é medida de *coerção pessoal do devedor*, empreendida com vistas a estimulá-lo ao cumprimento da obrigação alimentar. Essa, aliás, é mais uma prova de que não apenas de medidas *expropriatórias* se nutrem as execuções pecuniárias, sendo plenamente possível que estas também sejam municiadas por técnicas *coercitivas* da vontade do devedor. E isso, por óbvio e como já pudemos sustentar em outros estudos, não retira a natureza *claramente executiva* desses procedimentos.[438]

A preocupação do legislador com as obrigações ao pagamento de prestações alimentícias é tão grande que a conduta se encontra inclusive tipificada penalmente. Trata-se do crime de *abandono material*, configurado quando, sem justa causa, o alimentante deixar de prover a subsistência do cônjuge, de filho menor de dezoito anos ou inapto ao trabalho, ou de ascendente inválido ou maior de sessenta anos, "não lhes proporcionando os recursos necessários ou

---

438 Maurício Giannico, *Expropriação executiva*, cit., p. 28.

faltando ao pagamento de pensão alimentícia judicialmente acordada, fixada ou majorada" (CP, art. 244). A pena cominada na lei é de um a quatro anos de detenção e multa de uma a dez vezes o maior salário mínimo vigente no País.

119. As prestações alimentares que dão direito ao procedimento especial da execução de alimentos

Como já salientado em tópico anterior, os débitos de natureza alimentar são aqueles cujo auferimento é necessário para a sobrevivência da pessoa humana, de modo a fazerem frente às despesas e aos gastos ordinários da vida cotidiana (v. item 118, *retro*). O elemento comum de suas várias categorias reside no traço da *subsistência da pessoa* do alimentando, sendo essa a circunstância principal legitimadora da edição de normas próprias e específicas com o fito de acelerar e otimizar o procedimento de satisfação de dívidas dessa natureza.

O ordenamento jurídico brasileiro elenca, de forma esparsa, uma série imensa de débitos considerados de caráter alimentar.[439] Nem todos eles, porém, dão ao respectivo credor o direito de utilização das ferramentas expropriatórias e coercitivas específicas constantes do procedimento da execução de prestações alimentícias.

Conforme leciona CÂNDIDO RANGEL DINAMARCO, para fins dessa execução especial, alimentos são somente os recursos financeiros regidos pelo *direito de família*. Assim, "as pensões de que aqui se cuida poderão ter por credores os descendentes, ascendentes, o cônjuge ou o ex-convivente, em caso de união estável (Lei n. 9.278, de 10.5.96, art. 7º)".[440]

---

439 Conforme já explicitado anteriormente neste estudo, a título meramente exemplificativo, diz o § 1º do art. 100 da Constituição Federal, com a redação dada pela Emenda n. 62/2009, que os débitos de natureza alimentícia compreendem aqueles decorrentes de salários, vencimentos, proventos e suas complementações, benefícios previdenciários e indenizações por morte ou por invalidez, fundadas em responsabilidade civil. Dentro dessa definição constitucional encontram-se os débitos de natureza trabalhista *lato sensu* – compreendendo tanto as verbas auferidas pelos trabalhadores sujeitos ao regime de trabalho da Consolidação das Leis do Trabalho como daqueles insertos no regime estatutário do funcionalismo público. Igualmente são débitos de natureza alimentar os honorários periciais (STF, 2ª T., RE 146.318-SP, j. 13.12.1996, rel. Min. CARLOS VELLOSO, não conheceram, v.u.), os honorários advocatícios, sejam eles contratuais ou sucumbenciais (STJ, Corte Especial, REsp 1.152.218-RS (julgamento repetitivo), j. 07.05.2014, rel. Min. LUIS FELIPE SALOMÃO, deram provimento, v.u.), dentre outros afins.

440 CÂNDIDO RANGEL DINAMARCO, *Instituições de direito processual civil*, 3ª ed., cit., v. IV, p. 695.

Em igual sentido é a jurisprudência do Superior Tribunal de Justiça, ao afirmar que "a possibilidade de determinar-se a prisão, para forçar ao cumprimento de obrigação alimentar, restringe-se à fundada no direito de família".[441]

Basicamente, portanto, as relações jurídicas materiais que justificam essa execução especial são as concernentes a *parentesco*, *matrimônio* e *união estável*.

Desse modo, outros créditos considerados de natureza alimentar, por exemplo, aqueles oriundos de pensão devida por força de ato ilícito (CC, arts. 186 e 948), não dão azo ao pedido de prisão[442] e, acima de tudo, não dão ao seu titular o direito de utilização do especial procedimento da execução de prestações alimentícias.[443]

Diga-se o mesmo em relação aos créditos atinentes a honorários advocatícios, honorários periciais e alimentos ditos *voluntários*, ou decorrentes de salários, vencimentos, proventos e suas complementações, benefícios previdenciários e indenizações por morte ou por invalidez, fundadas em responsabilidade civil (CF, art. 100, § 1º). Conquanto tenham natureza alimentar, eles não propiciam o uso das regras previstas nos arts. 528 a 533 ou nos arts. 911 a 913 do Código de Processo Civil.

Nesse contexto, portanto, há de se distinguir os débitos de natureza alimentar das denominadas *prestações alimentícias* (ou *pensões alimentícias*), conceitos que não se confundem.[444]

Há de se consignar, porém, que, em sua *ratio essendi*, é no mínimo curioso que alguns créditos alimentares justifiquem medidas mais drásticas como a prisão civil e outros não. Afinal, o credor de salários, vencimentos, indenizações

---

441 STJ, 3ª T., REsp 93.948-SP, j. 02.04.1998, rel. Min. Eduardo Ribeiro, não conheceram, v.u.

442 "*Habeas corpus*. Alimentos devidos em razão de ato ilícito. Prisão civil. Ilegalidade. 1. Segundo a pacífica jurisprudência do Superior Tribunal de Justiça, é ilegal a prisão civil decretada por descumprimento de obrigação alimentar em caso de pensão devida em razão de ato ilícito. 2. Ordem concedida" (STJ, 4ª T., HC 192.228-SP, j. 01.03.2011, rel. Min. João Otávio de Noronha, ordem concedida, v.u.).

443 Embora não cabível a técnica coercitiva da prisão civil na execução de débitos alimentares de natureza indenizatória por ato ilícito, a lei prevê a possibilidade de ser determinada a *constituição de capital* para fins de sua satisfação – CPC, art. 533, aplicado analogicamente às execuções de quantia certa de título extrajudicial.

444 Nesse sentido: "(...) a exclusão da impenhorabilidade, prevista na lei específica, é a do credor de pensão alimentícia, a qual, sendo espécie do gênero prestação alimentícia (ou crédito alimentar), é mais restrita do que a situação do credor de qualquer outra prestação alimentícia. 4. Toda prestação cuja verba tenha natureza alimentar é prestação alimentícia, mas nem toda prestação alimentícia é pensão alimentícia, embora toda pensão alimentícia seja prestação alimentícia. A lógica é de gênero e espécie. Há diferença" (STJ, 4ª T., REsp 1.361.473-DF, j. 09.05.2017, rel. Min. Raul Araújo, deram provimento, m.v.).

por morte ou honorários advocatícios – verbas igualmente de caráter alimentar – terá menos fome ou menos necessidade de alimentos do que o credor de alimentos cujo crédito decorra de relação material lastreada em direito de família? Há um claro contrassenso em diferenciar situações que, em verdade, são idênticas: ou o crédito é alimentar ou não é; em o sendo, axiologicamente inexiste qualquer motivo plausível para distinções em seu tratamento jurídico.

120. Procedimento. Prazo. Prisão civil. Defesa do executado nos próprios autos. Embargos à execução

A petição inicial da execução de prestação alimentícia deverá observar os requisitos constantes do art. 798 do Código de Processo Civil, devendo ser instruída com o título executivo extrajudicial, com o demonstrativo do débito atualizado até a data da propositura da ação etc.

Recebida a petição inicial e diante da presença de seus requisitos processuais, o juiz ordenará a citação do executado para que, no prazo de três dias, efetue o pagamento das parcelas alimentícias exequendas, incluindo aquelas porventura vencidas entre o interregno entre o ajuizamento da ação e a citação (CPC, art. 911, *caput*).

Sua contagem será feita em dias úteis, observado o disposto nos arts. 219 e 224 do Código de Processo Civil. A contagem desse prazo de três dias terá início na forma do art. 231 do Código de Processo Civil.

Por força do disposto no art. 189, inc. II, do Código de Processo Civil, a execução de alimentos tramitará sob segredo de justiça.

A prisão civil por força de obrigação alimentar conta com expressa autorização constitucional (CF, art. 5º, inc. LXVII): "não haverá prisão civil por dívida, salvo a do responsável pelo inadimplemento voluntário e inescusável de obrigação alimentícia e a do depositário infiel".

Sendo a prisão civil a sanção a ser aplicada em caso de descumprimento da ordem judicial de pagamento, não incidirá nas execuções de prestação alimentar, seja de título judicial ou extrajudicial, a multa de dez por cento prevista no art. 523, § 1º, do Código de Processo Civil.

Confirmando a importância dada pelo legislador ao débito alimentar, o art. 215, inc. II, do Código de Processo Civil dispõe que a ação de alimento – e, por consequência, também a execução de prestação alimentar – processar-se-á durante as férias forenses e não ficará suspensa pela superveniência destas.

Citado, o executado poderá (a) efetuar o pagamento, (b) provar que já o fez, (c) quedar-se inerte ou (d) justificar a impossibilidade absoluta de fazê-lo.

Excetuada sua inércia, terá ele o prazo de três dias para adotar uma das condutas acima, em petição a ser dirigida à própria execução.

Também aqui a contagem desse prazo de três dias terá início na forma do art. 231 do Código de Processo Civil e igualmente será contado em dias úteis.

Vindo a efetuar o pagamento, cabe a ele comprová-lo mediante a juntada aos autos de uma cópia de sua via da respectiva guia de depósito judicial.

Se o pagamento já tiver sido feito antes da citação, igualmente terá ele o ônus de demonstrar a quitação dos valores em juízo, por meio de petição dirigida ao juízo da execução no prazo legal de três dias.

Não tendo feito o pagamento e nem desejando fazê-lo, igualmente por meio de petição dirigida aos próprios autos da execução, poderá o alimentante justificar a impossibilidade de adimplir o valor exequendo.

Ainda que a defesa do executado no próprio bojo da execução esteja limitada a esses específicos tópicos acima expostos, inexiste qualquer óbice legal a eventual dilação probatória para fins da perquirição da veracidade das alegações de fato postas pelo alimentante para justificar a impossibilidade de pagar a dívida (ou até o pagamento). Como bem adverte Araken de Assis, embora a apreciação judicial esteja limitada a esses temas, "a cognição é exauriente, pois a perquirição em profundidade, ou vertical, dessas questões nenhum óbice encontra no sistema".[445] E assim há de ser, até mesmo para que seja devidamente garantida a prerrogativa constitucional de ampla defesa do executado (CF, art. 5º, inc. LV).

Há de se consignar apenas que, além da veiculação dos temas acima mencionados, havendo algum óbice à execução com caráter de ordem pública e com a possibilidade de aferição *ictu oculi*, sem a necessidade de dilação probatória, poderá o executado também submetê-la de plano ao juiz nos próprios autos da execução. Trata-se do mecanismo da objeção de pré-executividade, que igualmente poderá ser utilizado nessa execução especial.

Contudo, é de se salientar que o procedimento previsto nessa execução especial naturalmente *não exclui a possibilidade de o executado se defender por meio da via dos embargos à execução*. Poderá o alimentante, portanto, por meio dos embargos, alegar as matérias previstas no art. 917 do Código de Processo Civil, o que compreende, além de outros temas, a arguição de "qualquer matéria que lhe seria lícito deduzir como defesa no processo de conhecimento" (CPC, art. 917, inc. VI). É da tradição legislativa brasileira permitir que, nas execuções de título extrajudicial, a cognição nos embargos do devedor seja plena e exauriente, tanto nos planos vertical como horizontal – e é correto e saudável que assim o seja, por se tratar de título que não passou por qualquer chancela judicial prévia.

---

445 Araken de Assis, *Manual da execução*, 18ª ed., cit., p. 1333-1334.

O parágrafo único do art. 910 remete à aplicação das regras do "cumprimento de sentença" de obrigação pecuniária alimentícia, constantes do art. 528, §§ 2º a 7º, do Código de Processo Civil.

Optando por não pagar, como visto acima, deverá o executado demonstrar fato ou fatos que gerem a "impossibilidade absoluta" do adimplemento da obrigação (CPC, art. 528, § 2º, c/c art. 910, parágrafo único). Não bastam, pois, meras dificuldades pontuais, sendo ônus do devedor alegar e provar a inviabilidade peremptória de prover a verba alimentar.

Convém pontuar que todas as considerações até aqui postas neste item também têm aplicação às execuções de prestações alimentícias que se processarem com o uso da técnica executiva do desconto em folha de pagamento (CPC, art. 912), sobre a qual falaremos em item próprio deste estudo (v. itens 126 e 127, *infra*).

Caso silente o executado ou, na hipótese de insurgência, vindo o juiz a considerar inadequada a justificativa para a inadimplência, decretará sua prisão civil pelo período de um a três meses (CPC, art. 528, § 3º). Em tal situação, porém, diante dessa peculiar situação de encarceramento – gerada por uma dívida *civil* –, o § 4º do art. 528 do Código de Processo Civil enuncia que, embora deva o executado cumprir a prisão em regime fechado, *ficará ele separado dos presos comuns*.

Conquanto a lei processual faça menção explícita ao regime fechado (CPC, art. 528, § 4º) – o que teoricamente excluiria a possibilidade de cumprimento da pena em um regime mais benéfico –, o Superior Tribunal de Justiça já admitiu, em hipóteses excepcionais, sua conversão para uma forma mais benéfica (p. ex., regime semiaberto ou prisão domiciliar).[446]

É o caso, por exemplo, do *Habeas Corpus* n. 271.256-MS, em que tal Corte deferiu a advogado alimentante, diante da inexistência de sala de Estado-Maior para cumprimento da prisão civil (cf. Estatuto da OAB, art. 7º, inc. V), a prerrogativa de cumprir prisão domiciliar.[447] É também o caso do recur-

446 STJ, 3ª T., HC 104.454-RJ, j. 17.06.2008, rel. Min. Nancy Andrighi, ordem denegada, v.u.

447 "*Habeas corpus*. Prisão civil. Alimentos. Advogado alimentante. Recolhimento em cela separada de delegacia de polícia. Inexistência de sala de Estado-Maior. Prisão domiciliar. Concessão da ordem. 1. Se o ordenamento jurídico garante a advogado supostamente infrator da lei penal o recolhimento em sala de Estado-Maior, razão não há que justifique recolhimento em cela comum de delegacia de polícia de causídico devedor de alimentos, porque um ilícito civil não pode justificar tratamento mais gravoso do que o previsto para aquele que pretensamente viola a norma penal. 2. Aplica-se à prisão civil de advogado a regra contida no artigo 7º, V, da Lei 8.906/94 (EOAB), segundo a qual constitui direito do advogado 'não ser recolhido preso, antes de sentença transitada em julgado, senão em sala de Estado-Maior, com ins-

so em *Habeas Corpus* n. 38.824-SP, no qual o Superior Tribunal de Justiça permitiu que o alimentante, com idade avançada (setenta e sete anos) e portador de patologia grave, cumprisse a pena em regime domiciliar.[448]

Além disso, diante da possibilidade concreta de a dívida ser paga mediante o desconto em folha de pagamento dos proventos do devedor, a jurisprudência vem mitigando o uso da prisão civil nesses casos, sob a justificativa de que, nessas hipóteses, tem-se como desnecessária a adoção de medida tão drástica.[449]

Sobre o desconto em folha, remetemos o leitor aos nossos comentários ao art. 912 do Código de Processo Civil.

O cumprimento da pena de prisão não eximirá o devedor de pagar o valor exequendo (CPC, art. 528, § 5º), devendo a execução prosseguir em seus ulteriores termos, com a perquirição, penhora e subsequente expropriação de quantos bens do executado se mostrem necessários à efetiva satisfação da dívida. Conforme já dito acima, a prisão civil é uma medida de coerção pessoal e, como tal, não tem como ser substituída ou compensada pelo não pagamento da dívida.

Durante o cumprimento da pena de prisão, vindo a ser pagas as prestações alimentícias, o devedor será imediatamente solto (CPC, art. 528, § 6º).

A execução *sob pena de prisão* limitar-se-á às três prestações anteriores ao ajuizamento da execução e àquelas que vencerem no curso do processo (CPC, art. 528, § 7º). Encampou a lei processual orientação já sedimentada pelo Superior Tribunal de Justiça, segundo a qual as demais prestações perdem o ca-

---

talações e comodidades condignas e, na sua falta, em prisão domiciliar'. 3. Ordem de *habeas corpus* concedida" (STJ, 4ª T., HC 271.256-MS, j. 11.02.2014, rel. Min. RAUL ARAÚJO, ordem concedida, m.v.).

448 "Recurso em *habeas corpus*. Execução de alimentos. Prisão civil. Inadimplemento da obrigação. Paciente com idade avançada (77 anos) e portador de patologia grave. Hipótese excepcional autorizadora da conversão da prisão civil em recolhimento domiciliar. 1. É cabível a prisão civil do alimentante inadimplente em ação de execução contra si proposta, quando se visa ao recebimento das últimas três parcelas devidas a título de pensão alimentícia, mais as que vencerem no curso do processo. Precedentes. 2. Em hipótese absolutamente excepcional, tal como na espécie, em que a paciente, avó dos alimentados, possui patologia grave e idade avançada, é possível o cumprimento da prisão civil em regime domiciliar, em prestígio à dignidade da pessoa humana. Precedentes. 3. Recurso provido" (STJ, 3ª T., RHC 28.824-SP, j. 17.10.2013, rel. Min. NANCY ANDRIGHI, deram provimento, v.u.).

449 "*Habeas corpus*. Execução de alimentos. Prisão civil. Descontos em folha de pagamento. Patrimônio do devedor suficiente para quitar o saldo remanescente via expropriação. Medida extrema que não se mostra razoável no caso. Liminar confirmada. Ordem concedida" (STJ, 3ª T., HC 219.109-RJ, j. 13.03.2012, rel. Min. PAULO DE TARSO SANSEVERINO, ordem concedida, v.u.).

ráter de excepcionalidade e de prioridade em sua satisfação, devendo ser executadas pelo procedimento comum relativo às execuções por quantia certa.[450] Eis, nesse sentido, o teor da Súmula 309 dessa Corte: "o débito alimentar que autoriza a prisão civil do alimentante é o que compreende as três prestações anteriores ao ajuizamento da execução e as que se vencerem no curso do processo".

A pena de prisão será cabível tanto quando se tratar de alimentos provisórios, definitivos ou transitórios – caracterizados estes últimos nos casos em que "o alimentando é pessoa com idade, condições e formação profissional compatíveis com uma provável inserção no mercado de trabalho, necessitando dos alimentos apenas até que atinja sua autonomia financeira, momento em que se emancipará da tutela do alimentante".[451]

Admite a jurisprudência a renovação da prisão relativa à mesma obrigação pecuniária alimentar, desde que não excedido o limite legal de três meses.[452] A previsão originária do § 2º do art. 733 do Código de 1973 proibia uma segunda prisão na mesma execução ainda que houvesse "inadimplemento posterior", mas tal disposição veio a ser posteriormente suprimida pela Lei n. 6.515/77, a qual trouxe redação idêntica àquela constante do atual § 5º do art. 528 do Código de Processo Civil.

O art. 19, § 2º, da Lei n. 5.478/68 dispõe que da decisão que decretar a prisão do devedor caberá agravo de instrumento. Tal norma se mantém válida sob a vigência do atual Código de Processo Civil, especialmente considerando que, embora o legislador tenha tido a *péssima ideia* de criar um rol taxativo de cabimento de agravos de instrumento – *provavelmente a pior inovação de todo o Código* –, felizmente acabou prevendo que as decisões interlocutórias proferidas em sede executiva são desafiáveis mediante agravo de instrumento (CPC, art. 1.015, parágrafo único).

---

450 "Na execução de alimentos, prevista pelo artigo 733 do Código de Processo Civil, ilegítima se afigura a prisão civil do devedor fundada no inadimplemento de prestações pretéritas, assim consideradas as anteriores às três últimas prestações vencidas antes do ajuizamento da execução. O débito pretérito deve ser executado na forma do art. 732, CPC" (STJ, 4ª T., HC 16.073-SP, j. 13.03.2001, rel. Min. Cesar Asfor Rocha, concederam a ordem, v.u.).

451 STJ, 3ª T., REsp 1.362.113-MG, j. 18.02.2014, rel. Min. Nancy Andrighi, deram provimento, v.u. Em tal julgado é afirmado o cabimento de prisão na execução de verba alimentícia transitória.

452 "*Habeas corpus*. Prisão civil do devedor de alimentos. Renovação do decreto de prisão. Prazo que não excede ao limite legal. Não há ilegalidade na renovação da prisão civil do devedor de alimentos, uma vez que o prazo total não excedeu o limite legal estabelecido no § 1º do art. 733 do CPC. Ordem denegada" (STJ, 4ª T., HC 163.751-MT, j. 22.06.2010, rel. Min. Luis Felipe Salomão, ordem denegada, v.u.).

Como é sabido, porém, diante da ausência de efeito suspensivo automático nos agravos, a mera interposição do recurso não é suficiente para obstar a prisão civil do alimentante (Lei n. 5.478/68, art. 19, § 2º), salvo se, mediante pedido de antecipação de tutela recursal, vier a ser atribuída a suspensividade pelo Desembargador relator (CPC, art. 1.019, inc. I).

Diante do cabimento de agravo contra a decisão determinadora da prisão, incabível, por consequência, o manejo de mandado de segurança.

Nas situações em que a decisão que ordenar a prisão contiver *errores in procedendo*, a jurisprudência vem admitindo a impetração de *habeas corpus*. Tratando-se de remédio de índole constitucional com vistas a assegurar a liberdade corporal (CF, art. 5º, inc. LXVII), observa Dinamarco que não pode o sistema de direito infraconstitucional impedir *a priori* sua apreciação pelo órgão competente.[453-454]

Assim, exemplificativamente, decretada a prisão por dívidas superiores ao montante de três prestações vencidas, tendo as demais sido pagas, possível o manejo desse remédio jurídico[455] – sendo certo, porém, que o pagamento meramente parcial do total dessas três parcelas não elide a prisão.[456] Igualmente cabível o *habeas corpus* se a prisão civil exceder o limite legal de três meses.[457]

Porém, em se tratando de *errores in judicando*, diante do estreito limite probatório aceito nessa via constitucional – o qual somente admite provas pré-constituídas –, inviável a impetração. Nesse sentido, é pacífica jurispru-

---

453 Cândido Rangel Dinamarco, *Instituições de direito processual civil*, 3ª ed., cit., v. IV, p. 701.

454 Em igual sentido é a jurisprudência do Superior Tribunal de Justiça: "*Habeas corpus*. Prisão civil. O *habeas corpus* constitui garantia ineliminável quando se trata da liberdade de uma pessoa. Consequentemente, a proteção do devedor contra a prisão civil resultante da falta de pagamento de alimentos subsiste ainda que não tenha sido interposto o recurso próprio contra a decisão. Ordem parcialmente concedida" (STJ, 3ª T., HC 103.820-MG, j. 05.06.2008, rel. Min. Ari Pargendler, ordem parcialmente concedida, v.u.).

455 "A dívida pretérita, sem capacidade de assegurar no presente a subsistência do alimentado, é insusceptível de gerar decreto de prisão. Precedentes" (STJ, 4ª T., HC 48.518-PI, j. 29.11.2005, rel. Min. Fernando Gonçalves, ordem concedida, v.u.).

456 "O pagamento parcial do débito não afasta a possibilidade de prisão civil do devedor de alimentos. Precedentes do STF e do STJ" (STJ, 4ª T., HC 312.551-SP, j. 12.04.2016, rel. Min. Raul Araújo, ordem concedida em menor extensão, m.v.).

457 "Civil. Execução de alimentos. Prisão. Noventa e oito dias. Cumprimento. Excesso. Limite. Art. 733, § 1º, CPC. I. Configura-se o cerceamento ilegal a prisão do paciente por dívida alimentar por 98 (noventa e oito dias), acima do limite legal previsto no art. 733, parágrafo 1º, do CPC, que estabelece o prazo de um a três meses para o cumprimento do cerceamento. II. Ordem concedida" (STJ, 4ª T., HC 151.017-MG, j. 15.04.2010, rel. Min. Aldir Passarinho Junior, ordem concedida, v.u.).

dência do Superior Tribunal de Justiça no sentido de ser incabível a utilização de *habeas corpus* para analisar o mérito da alegação de dificuldade financeira do alimentante para arcar com o valor exequendo.[458]

Como comentário final a este tópico, verifica-se que a especialidade do procedimento da execução de prestação alimentícia se resume a essa fase inicial, após o que esta passa a seguir as regras gerais relativas às demais execuções por quantia certa de título extrajudicial, previstas nos arts. 824 e seguintes do Código de Processo Civil. Não sendo as medidas excepcionais de prisão civil e de desconto em folha de pagamento suficientes para garantir o adimplemento do débito alimentar, terá o exequente à sua disposição as tradicionais técnicas expropriatórias previstas no procedimento comum das execuções pecuniárias.

121. Penhorabilidade dos vencimentos, soldos, salários, pensões, honorários etc. e da quantia depositada em caderneta de poupança até o limite de quarenta salários mínimos (CPC, art. 833, incs. IV, X e § 2º). Penhorabilidade dos equipamentos, implementos e máquinas agrícolas do alimentante (CPC, art. 933, inc. V e § 3º)

Outra peculiaridade das execuções de prestações alimentícias está na permissão legal de constrição de bens *a priori* considerados impenhoráveis pela lei processual.

Enuncia o art. 833, incs. IV e X, do Código de Processo Civil a regra da impenhorabilidade dos "vencimentos, os subsídios, os soldos, os salários, as remunerações, os proventos de aposentadoria, as pensões, os pecúlios e os montepios, bem como as quantias recebidas por liberalidade de terceiro e destinadas ao sustento do devedor e de sua família, os ganhos de trabalhador autônomo e os honorários de profissional liberal", e ainda da "quantia depositada em caderneta de poupança, até o limite de 40 (quarenta) salários mínimos".

Por sua vez, o inc. V do art. 833 enuncia a impenhorabilidade dos "livros, as máquinas, as ferramentas, os utensílios, os instrumentos ou outros bens móveis necessários ou úteis ao exercício da profissão do executado".

458 "O *habeas corpus* não é a via adequada para o exame aprofundado de provas a fim de averiguar a condição econômica do devedor, a necessidade do credor e o eventual excesso do valor dos alimentos. Precedentes" (STJ, 4ª T., HC 349.829-SP, j. 28.06.2016, rel. Min. MARIA ISABEL GALLOTTI, ordem denegada, v.u.). Em igual sentido: "é incompatível com a via do *habeas corpus*, de cognição sumária, a aferição da real capacidade financeira do alimentante em prosseguir no pagamento da pensão alimentícia" (STJ, 3ª T., AgRg no HC 340.232-MG, j. 15.03.2016, rel. Min. JOÃO OTÁVIO DE NORONHA, negaram provimento, v.u.).

Nesse contexto, porém, os §§ 2º e 3º do art. 833 expressamente *afastam* essas impenhorabilidades para a hipótese de execução de prestações alimentícias, permitindo sua constrição e ulterior expropriação para fins de satisfação do crédito do alimentando.

122. Dispensa de caução

A lei processual dispensa a prestação de caução para levantamento das prestações alimentares perseguidas em sede de execução provisória (CPC, art. 521, inc. I).

123. Não decretação *ex officio* da prisão. Prerrogativa do exequente, a ser empreendida mediante requerimento

A prisão civil não será decretada de ofício, devendo haver expresso requerimento por parte do exequente. Tratando-se de medida de evidente gravidade, caberá somente ao alimentando optar ou não pelo uso dessa ferramenta, o que será feito levando-se em conta inclusive a relação de afetividade e proximidade com a pessoa do executado. Lembre-se, neste ponto, que a tutela executiva deverá amoldar-se à vontade e às escolhas feitas pelo credor. À falta de requerimento, presume-se não haver interesse em tal providência. Demais disso, ao credor é facultado escolher a melhor estratégia para satisfação de seu crédito.[459-460]

---

459 Como observa Dinamarco, "a severidade desta [prisão civil] desaconselha realmente que se aplique sem que o exequente o requeira, porque do contrário ela seria um fato de radicalização dos conflitos familiares e porque, sendo aplicada indevidamente, disso podem decorrer responsabilidades no plano civil ou, conforme o caso, também no criminal" (Cândido Rangel Dinamarco, *Instituições de direito processual civil*, 3ª ed., cit., v. IV, p. 701).

460 "A execução de sentença condenatória de prestação alimentícia, em princípio, rege-se pelo procedimento da execução por quantia certa, ressaltando-se, contudo, que, a considerar o relevo das prestações de natureza alimentar, que possuem nobres e urgentes desideratos, a lei adjetiva civil confere ao exequente a possibilidade de requerer a adoção de mecanismos que propiciam a célere satisfação do débito alimentar, seja pelo meio coercitivo da prisão civil do devedor, seja pelo desconto em folha de pagamento da importância devida; II – Não se concebe, contudo, que a exequente da verba alimentar, maior interessada na satisfação de seu crédito e que detém efetivamente legitimidade para propor os meios executivos que entenda conveniente, seja compelida a adotar procedimento mais gravoso para com o executado, do qual não se utilizou voluntariamente, muitas vezes para não arrefecer ainda mais os laços de afetividade, já comprometidos com a necessária intervenção do Poder Judiciário, ou por qualquer outra razão que assim repute relevante" (STJ, 3ª T., HC 128.229-SP, j. 23.04.2009, rel. Min. Massami Uyeda, ordem concedida, v.u.).

124. A opção do credor pela especialidade do procedimento da execução de prestação alimentícia ou pelo procedimento comum de execução de quantia certa

Como se verá mais detalhadamente em nossos comentários ao art. 913 do Código de Processo Civil (v. itens 130 e 131, *infra*), o credor de prestação alimentícia tem a faculdade por optar pela execução especial prevista nos arts. 911 e seguinte, ou pelo procedimento ordinário de execução por quantia certa previsto nos arts. 824 e seguintes.

Não haverá imposição à escolha de um ou outro procedimento e, acima de tudo, inexistirá qualquer carência de ação por inadequação da via eleita caso o alimentante venha a escolher o procedimento geral de execução. Lembre-se novamente de que a execução deve se amoldar às escolhas do credor, o qual tem liberdade para optar pelas técnicas executivas que melhor lhe aprouver.

125. Competência

Dispõe o art. 53, inc. II, do Código de Processo Civil que a competência para a ação em que se pedem alimentos – e, por analogia, também para a ação executiva fundada em prestação alimentar – é do "domicílio ou residência do alimentando (...)".

Tratando-se, porém, de regra de competência relativa, nada impede que o exequente opte, por exemplo, pelo foro do domicílio do executado, especialmente se ali estiverem seus bens. Nessa situação, naturalmente improcederá qualquer insurgência do executado, o qual, por ausência absoluta de prejuízo, não poderá repudiar a competência de ação proposta na Comarca de sua própria residência.

Art. 912. Quando o executado for funcionário público, militar, diretor ou gerente de empresa, bem como empregado sujeito à legislação do trabalho, o exequente poderá requerer o desconto em folha de pagamento de pessoal da importância da prestação alimentícia.

§ 1º Ao despachar a inicial, o juiz oficiará à autoridade, à empresa ou ao empregador, determinando, sob pena de crime de desobediência, o desconto a partir da primeira remuneração posterior do executado, a contar do protocolo do ofício.

§ 2º O ofício conterá os nomes e o número de inscrição no Cadastro de Pessoas Físicas do exequente e do executado, a importância a ser descontada mensalmente, a conta na qual deve ser feito o depósito e, se for o caso, o tempo de sua duração.

CPC de 1973 – sem dispositivo correspondente

126. Execução de prestações alimentícias e a técnica executiva do desconto em folha de pagamento. Considerações gerais

Como visto acima, não apenas da prisão civil poderá o alimentante socorrer-se para ver satisfeito seu crédito em sede de execução. Poderá ele também se utilizar da técnica *mandamental* do desconto em folha de pagamento, consistente em ordem emanada pelo juízo da execução para que o empregador ou a fonte pagadora de remuneração ao exequente deposite parte de seus proventos em conta judicial, com vistas à satisfação do crédito do exequente.

Trata-se de mecanismo de alta eficiência, presente tanto no Código de 1939 (art. 919) como na Lei n. 5.478/69 (art. 17).[461]

Revogando este último dispositivo esparso, o Código atual preferiu sistematizar em seu próprio bojo o instituto do desconto em folha de pagamento, aprimorando suas diretrizes e lhe dando uma disciplina mais completa. Ao assim fazê-lo, por força da (desnecessária) bifurcação de procedimentos para a execução de prestação alimentícia de títulos judiciais e extrajudiciais, o desconto em folha acabou recebendo uma dupla previsão no Código, no art. 529 e no ora comentado art. 912 – em redações, aliás, *idênticas*, como não poderia deixar de ser.

A natureza jurídica do desconto em folha é de *medida executiva sub-rogatória*, por meio da qual o Estado-juiz, mediante comando mandamental, subtrai quantia pecuniária pertencente ao devedor, independentemente do concurso de sua vontade, afetando-a para fins de responsabilidade patrimonial na execução e expropriando-a em favor do exequente-alimentante.

127. Desconto em folha de pagamento. Características. Modo de efetivação

Dispõe o *caput* do art. 912 que, quando o executado da prestação alimentícia for funcionário público, militar, diretor ou gerente de empresa, ou ainda empregado sujeito à legislação do trabalho, o exequente poderá requerer o desconto em folha de pagamento de pessoal do valor da pensão.

Não há óbice a que o exequente também formule tal requerimento em caso de vínculos permanentes de outra natureza, tais como em relação ao sócio, quotista ou profissional liberal que receba remuneração a título de *pro labore*,[462] e ainda aos aposentados em geral e a todos aqueles a quem sejam de-

461 Em razão de a Lei n. 5.478/69 já ter disciplinado o instituto, a redação original do Código de 1973 não fazia qualquer menção ao desconto em folha de pagamento. Porém, por força do advento da Lei n. 11.232/2005, o § 5º do art. 475-Q do diploma legal de 1973 passou a fazer uma singela menção ao instituto.

462 Cf. Araken de Assis, *Manual da execução*, 18ª ed., cit., p. 1354.

vidos pagamentos mensais, seja a que título for – aluguéis, preço parcelado pela venda de algum bem, previdência privada etc.[463]

Nesse sentido, desde que haja requerimento por parte do exequente,[464] ao despachar a petição inicial o juiz ordenará à autoridade, à empresa ou ao empregador do executado que, sob pena de incorrer em crime de desobediência, faça o desconto do valor da prestação alimentícia sobre a remuneração deste último (CPC, art. 912, § 1º).

O cumprimento da ordem do magistrado será feito mediante a expedição de ofício, a ser confeccionado pelo Cartório judicial, o qual será protocolizado perante o ente pagador dos proventos auferidos pelo devedor. Deverão constar do ofício judicial os nomes e o número do CPF do exequente e do executado, o montante a ser descontado mensalmente, a conta bancária na qual deverá ser feito o depósito e, se o caso, o tempo de duração do desconto em folha (CPC, art. 912, § 2º).

Não há óbice legal a que a conta bancária seja a do próprio exequente, não havendo a obrigatoriedade de que os repasses sejam feitos somente em conta vinculada ao juízo da execução. Para tanto, é imprescindível que o credor já aponte os dados bancários de sua conta na petição inicial. Lembre-se, a propósito, de que o recebimento dos valores executados em sede de execução de prestações alimentares pode ser feito sem a necessidade de prévia prestação de caução (CPC, art. 521, inc. I), algo que apenas corrobora a possibilidade de o depósito ser feito diretamente na conta do exequente.

Nesse contexto, embora menos usual diante de nossas tradições legislativas, tem-se aqui uma *autêntica execução pecuniária sem penhora*.

O desconto em folha deverá ser feito "a partir da primeira remuneração posterior ao executado, a contar do protocolo do ofício" (CPC, art. 912, § 1º, *in fine*). A pena pelo descumprimento da ordem judicial, ou mesmo pelo cumprimento inadequado – p. ex., sem que o desconto seja feito logo a partir da primeira parcela após o recebimento do ofício –, é a perquirição por crime de desobediência (CP, art. 330).[465]

---

463 CÂNDIDO RANGEL DINAMARCO, *Instituições de direito civil*, 3ª ed., cit., v. IV, p. 697-698.

464 Ao afirmar que "o exequente poderá requerer" o desconto em folha de pagamento, a redação do *caput* do art. 912 dá claras mostras de que se trata de uma faculdade a ser ou não utilizada por ele conforme sua própria conveniência, não se admitindo, assim, que o magistrado imponha tal medida sem que haja prévio requerimento por parte do credor.

465 Dispõe o art. 22 da Lei n. 5.478/69 que "constitui crime contra a administração da Justiça deixar o empregador ou funcionário público de prestar ao juízo competente as informações necessárias à instrução de processo ou execução de sentença ou

Além disso, para os respectivos fins civis, a desobediência constituirá *ato atentatório à dignidade da justiça*, ensejando a aplicação de multa de até vinte por cento sobre o valor da causa, a ser dosada pelo magistrado conforme a gravidade da conduta (CPC, art. 77, inc. IV, § 1º).

Cessado o vínculo entre o devedor e a fonte pagadora do salário ou da remuneração, igualmente cessará a obrigação de repasse. Ressalva-se aqui, por óbvio, a ocorrência de fraude, por meio da qual o alimentante apenas fictícia e formalmente se desliga do ente pagador, sem, contudo, deixar de exercer ali seu ofício.

Diante da grande eficiência dessa medida executiva – típica, aliás, das soluções simples –, como antevisto no item 120 deste estudo, a jurisprudência vem mitigando a pena de prisão civil quando o débito estiver sendo adimplido por meio dessa técnica executiva, sob a já apontada justificativa de que, nessas situações, mostra-se desnecessário o uso de medida tão drástica.[466]

A par disso, não há propriamente uma superioridade ou uma ordem obrigatória a ser seguida pelo exequente no manejo das técnicas executivas. Poderá ele, assim, optar por não requerer o desconto em folha, mas sim de imediato a prisão civil, sem que nisso resida qualquer ofensa à lei.[467]

Realizado o registro da prestação na folha de pagamento, esse ato equivalerá à penhora, inclusive para fins da eventual – e excepcional, frise-se – concessão de efeito suspensivo aos embargos à execução porventura manejados pelo alimentante (CPC, art. 919, § 1º).[468]

Ao contrário da limitação quantitativa imposta à técnica da prisão civil (CPC, art. 528, § 7º), nada impede que o desconto em folha de pagamento seja empreendido relativamente a outras prestações além das últimas três ven-

---

acordo que fixe pensão alimentícia". A pena ali cominada é de detenção de seis meses a um ano. E o parágrafo único desse dispositivo legal enuncia que incide nas mesmas penas aquele que, dentre outras condutas, "se recusa, ou procrastina a executar ordem de descontos em folhas de pagamento, expedida pelo juiz competente".

466 "*Habeas corpus*. Execução de alimentos. Prisão civil. Descontos em folha de pagamento. Patrimônio do devedor suficiente para quitar o saldo remanescente via expropriação. Medida extrema que não se mostra razoável no caso. Liminar confirmada. Ordem concedida" (STJ, 3ª T., HC 219.109-RJ, j. 13.03.2012, rel. Min. Paulo de Tarso Sanseverino, ordem concedida, v.u.).

467 "Processual civil. *Habeas corpus*. Alimentos. Devedor empregado. Ausência de ilegalidade ou abuso de direito. A circunstância de o devedor estar vinculado a emprego não obriga o credor ao desconto em folha de pagamento. Mesmo nessa hipótese é viável a execução nos termos do Art. 733 do CPC" (STJ, 3ª T., RHC 19.408-SP, j. 01.06.2006, rel. Min. Humberto Gomes de Barros, ordem denegada, v.u.).

468 Humberto Theodoro Junior, *Curso de direito processual civil*, 49ª ed., cit., v. III, p. 625.

cidas. Ou seja, tanto as parcelas vencidas, independentemente de seu número total, como as parcelas vincendas poderão ser quitadas por meio do desconto em folha.[469]

Deverá ser observado, porém, o *limite legal de até cinquenta por cento dos ganhos líquidos* do devedor – cf. CPC, art. 529, § 3º, aplicado analogicamente às execuções de alimentos fundadas em título extrajudicial. Como *líquidos* há de se entender os valores dos ganhos do alimentante após os habituais descontos em folha, como imposto de renda, fundo de garantia etc.

A limitação acima descrita de até cinquenta por cento dos ganhos líquidos do executado é corolário dos princípios da isonomia, da proporcionalidade e da razoabilidade. Diante da natureza igualmente alimentar dos salários, remunerações ou proventos auferidos pelo executado, seria ilógico e injusto que ele próprio tivesse seu sustento inviabilizado para quitar prestação alimentícia de outrem.

128. Procedimento. Prazo. Defesa do executado nos próprios autos. Embargos à execução

As considerações feitas em nossos comentários ao art. 911 têm plena validade às execuções de prestação alimentícia que venham a utilizar a técnica do desconto em folha. Afinal, trata-se do mesmo procedimento especial da execução de prestações alimentícias, alterando-se apenas, à escolha do credor alimentando, a técnica executiva a ser utilizada – prisão civil, desconto em folha de pagamento ou ainda os meios expropriatórios ordinários previstos nas demais modalidades de execução pecuniária.

Feitas essas considerações, optando o credor por pleitear na petição inicial a efetivação de desconto em folha, o devedor será igualmente citado para que, no prazo de três dias, efetue o pagamento do valor exequendo, comprove que já o tenha feito ou, ainda, justifique a impossibilidade absoluta de fazê-lo (CPC, art. 911, *caput*).

Como já asseverado acima, o § 1º do art. 912 dispõe que, *já ao despachar a inicial*, o juiz oficiará a fonte pagadora para a efetivação do desconto.

De lege ferenda, melhor que a expedição de ofício viesse a ocorrer somente após escoado o prazo legal de três dias – e, preferencialmente, após a apreciação de eventual petição em que o alimentante protocolize com vistas a justificar a impossibilidade de quitar o débito. Ainda que se trate de execução de crédito de natureza especial (alimentar), parece-nos precipitado que, antes mesmo de o executado ter tempo para, por exemplo, provar que a verba exe-

---

469 "É possível o pagamento de débito alimentício pretérito mediante desconto em folha" (STJ, AgRg no AREsp 333.925-MS, 3ª T., j. 12.12.2014, rel. Min. João Otávio de Noronha, negaram provimento, v.u.).

quenda já foi quitada, sofra ele uma tão grave – e às vezes irreversível – expropriação. Lembre-se, ademais, de que, uma vez citado, é plenamente factível que o devedor solva o débito, o que automaticamente torna prejudicado o pleito de desconto em folha, fazendo com que, na prática, criem-se desnecessários embaraços e constrangimentos em seu ambiente de trabalho – com a exposição a terceiros de uma contenda de natureza íntima e inclusive secreta para fins legais (CPC, 189, inc. II).

Inexistirá qualquer preclusão caso o requerimento do desconto não seja feito *ab initio*, na própria petição inicial. Será irrestritamente permitido que tal requerimento seja feito apenas mais tarde, durante o curso do processo executivo, após o eventual uso frustrado de outras técnicas executivas. Enquanto não satisfeita a obrigação pecuniária perseguida judicialmente, todo o leque de medidas executivas autorizadas em lei continuará à disposição do credor, sob pena inclusive de negativa ao acesso à justiça (CF, art. 5º, inc. XXXV).

Como também já asseverado, ainda que a defesa do executado no próprio bojo da execução esteja limitada à demonstração de que o pagamento foi feito ou de que não é possível efetuá-lo sem prejuízo à sua própria sobrevivência, isso não exclui a possibilidade de o executado se insurgir, aqui também, por meio da via dos embargos à execução. Por meio de embargos, poderá o alimentante alegar quaisquer das matérias previstas no art. 917 do Código de Processo Civil.[470]

Mas, ainda que recebidos os embargos no efeito suspensivo, isso "não obsta a que o exequente levante mensalmente" o valor da prestação (CPC, art. 913) – desde já ressalvada aqui nossa opinião de se tratar de disposição legal claramente inconstitucional.

Havendo algum óbice à execução com caráter de ordem pública e com a possibilidade de aferição *ictu oculi*, sem a necessidade de dilação probatória, poderá o executado ainda submetê-la de plano ao juiz nos próprios autos da execução, por meio da denominada *objeção de pré-executividade.*

Por fim, também é válida aqui a ponderação de que a *especialidade* do procedimento da execução de prestação alimentícia se resume a essa fase inicial, após o que esta passa a seguir as regras gerais relativas às demais execuções por quantia certa de título extrajudicial previstas nos arts. 824 e seguintes do Código de Processo Civil. Assim, caso o uso da técnica executiva do desconto em folha de pagamento se mostre infrutífero por qualquer motivo, o exequente naturalmente ainda terá à sua disposição as tradicionais técnicas expropriatórias previstas no procedimento comum das execuções pecuniárias.

---

470 Como adverte Araken de Assis, seria "'absurdo' negar ao executado o direito ao manejo dos embargos à execução" (*Manual da execução*, 18ª ed., cit., p. 1356).

129. Impossibilidade de uso da técnica do desconto em folha de pagamento nas demais execuções por quantia certa

Como já pudemos salientar, a técnica do desconto em folha é mecanismo assaz eficiente na satisfação das tutelas pecuniárias de caráter alimentar. Tratando-se de poderosa e utilíssima ferramenta, indaga-se se essa técnica executiva poderia ser utilizada *por analogia* nas execuções de créditos não alimentícios? A resposta é negativa.

Como já enunciado anteriormente, o art. 833, inc. IV, do Código de Processo Civil impõe a regra da impenhorabilidade dos "vencimentos, os subsídios, os soldos, os salários, as remunerações, os proventos de aposentadoria, as pensões, os pecúlios e os montepios, bem como as quantias recebidas por liberalidade de terceiro e destinadas ao sustento do devedor e de sua família, os ganhos de trabalhador autônomo e os honorários de profissional liberal".

Viu-se, porém, que o ordenamento jurídico pátrio ressalva uma relevante exceção a essa regra de impenhorabilidade desses créditos de evidente caráter alimentar, pontuando que, em se tratando de execução de verba *igualmente alimentar,* fica permitida a constrição e ulterior expropriação desses salários e remunerações (CPC, art. 833, §§ 2º e 3º).

A razão de ser dessa exceção é evidente: a impenhorabilidade existe *in casu* para proteger o crédito alimentar e, portanto, garantir a sobrevivência do executado. Mas, como é óbvio, tal impedimento se torna desarrazoado e ilógico nas circunstâncias em que o exequente também é necessitado de alimentos. Tendo ambos os sujeitos – credor e devedor – direito a alimentos, naturalmente não poderia a lei privilegiar uma pessoa em detrimento da outra, visto estarem ambas em idêntica situação jurídica.

É somente por força dessa exceção à regra geral da impenhorabilidade dos salários que se legitima, especificamente nas execuções de alimentos, o uso da técnica do desconto em folha de pagamento. Sabendo se que tal mecanismo expropriatório avança sobre verbas *ordinariamente impenhoráveis*, as quais são tornadas penhoráveis exclusivamente por força da peculiaridade dessa execução – em que se busca tutelar um credor de prestação alimentícia –, o desconto em folha é medida excepcional e incabível nas demais execuções pecuniárias, onde a regra da impenhorabilidade dos salários se mantém hígida.

Art. 913. Não requerida a execução nos termos deste Capítulo, observar-se-á o disposto no art. 824 e seguintes, com a ressalva de que, recaindo a penhora em dinheiro, a concessão de efeito suspensivo aos embargos à execução não obsta a que o exequente levante mensalmente a importância da prestação.

CPC de 1973 – sem dispositivo correspondente

130. A livre opção do credor pelo especial procedimento da execução de prestação alimentícia ou pelo procedimento comum de execução por quantia certa

As execuções sabidamente se processam em benefício do credor – ainda que respeitados os direitos e as garantias do devedor. Com essa premissa em mente, é natural e assente que este detenha relativa liberdade para manejar as ferramentas executivas conforme queira. Como já pudemos asseverar em outro estudo, a tutela executiva deverá amoldar-se à vontade e às escolhas feitas pelo credor.[471]

Nesse compasso, o art. 913 do Código deixa clara essa liberdade, autorizando que o alimentando opte pelo uso do procedimento especial da execução de alimentos, ou ainda pelo rito comum das execuções pecuniárias. Seja porque o credor não tem a intenção de ameaçar de prisão o alimentante (seu parente ou cônjuge), seja por não querer criar embaraços no ambiente de trabalho deste último – por força do envio de ofício judicial para desconto de parte de seu salário em folha de pagamento –, corretamente a lei lhe defere a plena possibilidade de não seguir o rito executivo especial, e sim o procedimento dito *comum* das execuções de quantia certa (CPC, art. 824 e seguintes).

Assim, como já salientado anteriormente, inexistirá qualquer *carência de ação* por inadequação da via eleita caso o alimentante venha a escolher o procedimento geral de execução. Ao contrário disso, o texto do art. 913 do Código de Processo Civil expressamente afasta essa inexistente carência.

A fórmula legal constante do art. 913 é ainda repetida, por idênticas razões, no § 8º do art. 528, aplicável às execuções alimentícias de título judicial.

Os arts. 824 e seguintes do Código, mencionado pelo art. 913 ora em comento, regulam exatamente a execução por quantia certa.

131. Autorização legal para o levantamento da prestação mensal mesmo se recebidos os embargos com efeito suspensivo. Uma lamentável demonstração de *paternalismo legislativo* na 2ª parte do art. 913 do Código de Processo Civil

Ao contrário de algumas opiniões doutrinárias,[472] entendemos que, uma vez efetivada a penhora (ou o registro da prestação na folha de pagamento, caso determinado seu desconto com base no art. 912), embora em caráter notoriamente excepcional, poderão os embargos opostos pelo executado ser recebidos no efeito suspensivo aos embargos à execução porventura manejados

---

471 Maurício Giannico, *Expropriação executiva*, cit., p. 182.

472 Ver, por todos, Daniel Amorim Assumpção Neves, *Novo Código de Processo Civil comentado artigo por artigo*, 2ª ed., São Paulo: Juspodivm, 2017, p. 1476.

pelo alimentante (CPC, art. 919, § 1º).[473] A praxe forense está recheada de exemplos em que a execução de alimentos se mostra ilegítima e nula, sendo direito do executado freá-la ou arrefecê-la quando tiver fundamentos sólidos para isso. A expressa menção da lei à concessão de efeito suspensivo aos embargos é suficiente para demonstrar a plena viabilidade dessa hipótese (CPC, art. 913, 2ª parte).

De todo modo, mesmo vindo os embargos à execução do devedor a ser recebidos no efeito suspensivo, dispõe o art. 913 do Código de Processo Civil que, "recaindo a penhora em dinheiro, a concessão de efeito suspensivo aos embargos à execução não obsta a que o exequente levante mensalmente a importância da prestação".

Mas, consoante observa Dinamarco, "por mais vultosa que seja a importância posta sob penhora, o alimentando-exequente só estará autorizado a levantar mensalmente o valor de cada pensão que se for vencendo (pensões vincendas) – até que, sendo afinal rejeitados os embargos que houver oposto, ele possa levantar tudo a que tem direito (pensões vencidas, pretéritas)".[474]

A nosso ver, a disposição constante da parte final do art. 913 cria uma autêntica *aberração jurídica*, pois abstratamente admite que, mesmo quando o devedor embargante tiver motivos fortes e verossímeis para demonstrar a invalidade ou a injustiça de uma execução de alimentos contra ele aparelhada – requisito para a obtenção de efeito suspensivo em seus embargos (CPC, art. 919, § 1º) –, ainda assim continuará ele a sofrer a abrupta expropriação de seus bens.

A situação se torna ainda mais turva e chocante considerando-se que sequer caução o exequente precisará prestar para de imediato *pôr em seu bolso* o dinheiro pertencente ao exequente (CPC, art. 521, inc. I), algo que adiciona a essa aberração o dramático contorno da irreversibilidade desse prematuro ato expropriatório.

Para completar esse nefasto quadro, adicione-se a circunstância de os alimentos serem considerados pela doutrina e jurisprudência como irrepetíveis, o que torna completamente irreversível o levantamento prematuro dos valores depositados nos autos.

Aliás, sobre esse outro autêntico *dogma* da ciência jurídica processual brasileira, ousamos acrescentar que não há qualquer norma vigente no ordenamento jurídico pátrio que pronuncie a irrepetibilidade dos alimentos. A

---

473 Humberto Theodoro Junior, *Curso de direito processual civil*, 49ª ed., cit., v. III, p. 625.

474 Cândido Rangel Dinamarco, *Instituições de direito processual civil*, 3ª ed., cit., v. IV, p. 698.

nosso ver, se o executado não for devedor de alimentos e for injustamente acionado, vindo a ser extinta a execução por ausência do vínculo de direito material, terá, sim, ele direito a receber de volta o que pagou, sob pena de violação ao princípio da legalidade e da concretização de grave injustiça. A nosso ver, soa inclusive demagógica a justificativa utilizada pelo Superior Tribunal de Justiça, de que os alimentos são irrepetíveis pois "presumem-se utilizados na sobrevivência do alimentado",[475] já que essa presunção não está acima da garantia constitucional de que nenhum cidadão tenha seu patrimônio espoliado ou confiscado. É preciso que o sistema processual deixe de adotar modelos paternalistas e comece a impor a premissa da *responsabilidade* pelos atos processuais praticados; se a execução é ilegítima e o executado não é devedor de alimentos, não pode ter seus bens expropriados; se os teve indevidamente, tem direito à respectiva recomposição, sob pena de ofensa a inúmeros princípios constitucionais, dentre eles o próprio direito de propriedade (CF, art. 5º, *caput*).

O conteúdo dessa norma, portanto, positiva uma assustadora e absurda hipótese em que *simplesmente nada terá o condão de frear uma execução porventura ilegítima*: nenhuma defesa do executado terá a aptidão, nem mesmo em tese, de suspender a prática de atos (obviamente) gravíssimos de expropriação de seu patrimônio. Trata-se de mais um triste reflexo do *abominável processo civil do autor* (ou do exequente), odioso postulado que a ciência processual há décadas tenta extirpar de nosso ordenamento jurídico, mas que infelizmente ainda se mostra presente no subconsciente de nossa sociedade.

Mais uma vez aqui, diante de temas considerados de alta relevância, o legislador optou por uma solução demagógica. Não é porque se trata de uma execução de alimentos – tema que obviamente requer cuidados especiais – que se deve deferir um ato expropriatório de difícil reversibilidade em prol de um exequente que pode *sequer ser efetivamente credor da prestação alimentícia*.

Por tudo isso, em nossa humilde visão, é gravíssima a ofensa às garantias individuais do devido processo legal, da ampla defesa e da paridade de tratamento entre as partes (CF, art. 5º, *caput* e incs. LIV e LV), o que torna a segunda parte do art. 913 do Código de Processo Civil *inconstitucional*.

Título III
DOS EMBARGOS À EXECUÇÃO

Art. 914. O executado, independentemente de penhora, depósito ou caução, poderá se opor à execução por meio de embargos.

---

475 STJ, 3ª T., REsp 1.440.777-SP, j. 26.08.2014, rel. Min. Nancy Andrighi, DJ 04.09.2014, deram provimento, v.u.

§ 1º Os embargos à execução serão distribuídos por dependência, autuados em apartado e instruídos com cópias das peças processuais relevantes, que poderão ser declaradas autênticas pelo próprio advogado, sob sua responsabilidade pessoal.

§ 2º Na execução por carta, os embargos serão oferecidos no juízo deprecante ou no juízo deprecado, mas a competência para julgá-los é do juízo deprecante, salvo se versarem unicamente sobre vícios ou defeitos da penhora, da avaliação ou da alienação dos bens efetuadas no juízo deprecado.

CPC de 1973 – arts. 736 e 747

132. Embargos à execução

Os embargos à execução constituem a defesa ordinária e típica do executado contra as execuções de títulos extrajudiciais. Enquanto a defesa do executado nas execuções de títulos judiciais é endoprocessual, feita por meio de impugnação no próprio bojo do processo executivo em curso, quando se tratar de execução de título executivo extrajudicial, a exemplo do quanto dispunha o Código de 1973, a defesa deste continuará a ser realizada, sob a égide do Código de 2015, por meio de um processo incidente, *mas autônomo*, de embargos à execução.

Embora tenham evidente conteúdo de oposição (defesa), a natureza jurídica dos embargos à execução é de *ação*; trata-se de processo autônomo que visa essencialmente a desconstituir o título executivo, a declarar a inexistência da obrigação dele constante ou ainda reduzir o espectro da execução, seja do ponto de vista da adequação entre seu objeto e aquele constante do título, seja do ponto de vista da extensão dessa obrigação.

Conquanto tenha o legislador eleito os embargos à execução como uma via formal de defesa na execução, essa não é a única ferramenta defensiva à disposição do executado. Tal como já mencionado ao longo deste estudo, tem ele a possibilidade de manejo de ação desconstitutiva ou declaratória autônoma, impugnação (nas execuções de títulos judiciais), assim como de objeção de pré-executividade.

Em muitas situações, aliás, o legislador do Código de 2015 procurou desburocratizar e simplificar a defesa do executado, permitindo que inúmeras arguições sejam atualmente feitas por meio de mera petição, sem maiores formalidades. É o caso, por exemplo, da arguição da invalidade do ato de expropriação, que poderá ser suscitada por intermédio de petição nos próprios autos, dentro do prazo de até dez dias após a lavratura do respectivo auto (art. 903, § 1º, inc. I, e § 2º). É também o caso da alegação de incorreção da penhora ou da avaliação (art. 917, § 1º).

A existência de título executivo e a exigibilidade da obrigação exequenda são requisitos obrigatórios à persecução da tutela jurisdicional executiva

(CPC, art. 786). Como tal, constituem matérias de ordem pública, cognoscíveis *ex officio* pelo magistrado a qualquer tempo. Assim, mesmo que tais questões não venham a ser suscitadas pela tradicional via dos embargos à execução, poderão, a qualquer momento, ser levadas ao conhecimento do juiz por meio de simples petição.

A disciplina dos embargos à execução é válida e aplicável não apenas às execuções de cunho pecuniário, mas igualmente às execuções de obrigação de fazer e não fazer e de entregar coisa certa ou incerta.

133. Prazo

Consoante o disposto no art. 915, o prazo para a oposição de embargos à execução é de quinze dias, contados na forma do art. 231 do Código. Tal prazo será ainda contado *em dias úteis*, observando-se o disposto nos arts. 219 e 224 do Código de Processo Civil.

Porém, quando o executado desejar se insurgir contra atos praticados pelo próprio juízo deprecado ("vícios ou defeitos da penhora, da avaliação ou da alienação de bens" – CPC, art. 915, § 2º), o prazo de quinze dias para a oposição de embargos à execução será deflagrado a partir da juntada, aos autos da própria carta precatória, do comprovante de citação do executado (art. 915, § 2º, inc. I).

134. Distribuição por dependência. Competência

Como regra, os embargos à execução serão distribuídos por dependência, sendo autuados em apartado. Deverão eles ainda ser instruídos com cópia simples das peças processuais relevantes para o entendimento das alegações trazidas pelo embargante, as quais poderão ser declaradas autênticas por seu advogado, sob sua responsabilidade pessoal (CPC, art. 914, § 1º).

No que tange à competência, quando o executado desejar se insurgir contra atos praticados pelo próprio juízo deprecado ("vícios ou defeitos da penhora, da avaliação ou da alienação de bens" – CPC, art. 915, § 2º), a competência para julgamento dos embargos será do próprio *juízo deprecado.*

Em relação às demais *causae petendi*, o oferecimento dos embargos poderá ser feito no juízo deprecante ou deprecado, mas a competência para julgá-los será do *juízo deprecante* (art. 914, § 2º).

135. Natureza jurídica. Procedimento

Como já dito acima, os embargos à execução têm natureza jurídica de *ação incidental* à execução.[476] Trata-se eminentemente de um *processo de conheci-*

---

476 Enrico Tullio Liebman, *Processo de execução*, 2ª ed., São Paulo: Saraiva, 1963, p. 147.

mento, com cognição horizontal e vertical plena, o qual conta com a aplicação supletiva das normas processuais constantes do Livro I da Parte Especial do Código de 2015.

Tendo natureza jurídica de ação, há de ser feita uma citação do exequente-embargado (ainda que esta possa ser feita na pessoa de seu advogado), com o direito de resposta por parte deste último, réplica etc.

Porém, à falta de qualquer alusão à realização da audiência de conciliação ou mediação prevista no art. 334, pressupõe-se que o legislador conscientemente rechaçou a intenção de ver realizada tal audiência no curso do procedimento dos embargos à execução. Assim, ao prever que, recebidos os embargos "o exequente será ouvido no prazo de 15 (quinze) dias", há de se entender que a audiência do art. 334 não será realizada.

Por óbvio, isso não tolhe a possibilidade de o magistrado, a qualquer tempo, convocar audiência com o intuito de conciliação (CPC, art. 139, inc. V).

Será admissível o julgamento antecipado do mérito dos embargos à execução, quando as matérias nele veiculadas forem exclusivamente de direito ou, havendo alegações sobre fatos, inexistir controvérsia entre as partes sobre eles.

Poderá também haver o julgamento antecipado sem a resolução do mérito do processo, nas hipóteses do art. 485 do Código, aplicado analogicamente aos embargos à execução (*v.g.*, ausência de pressupostos de constituição e de desenvolvimento válido e regular do processo, abandono do processo, acolhimento de alegação de convenção de arbitragem etc.).

Poderá o magistrado, no entanto, determinar a produção de provas. Tratando-se de processo de conhecimento com cognição exauriente, será permitida ampla produção probatória, tendo aplicação aos embargos à execução as normas constantes do Capítulo XII do Título I ("Do Procedimento Comum") do Livro VI do Código, que tratam das provas (CPC, arts. 369-484).

Nessa hipótese, havendo a produção de provas, uma vez encerrada a instrução probatória, o juiz proferirá sentença.

A doutrina majoritária identifica uma carga preponderantemente *desconstitutiva* na ação de embargos à execução, haja vista o intuito de o executado, no mais das vezes, buscar um pronunciamento judicial no sentido de desfazer o título executivo que lastreia o processo de execução. Essa regra, no entanto, comporta temperamentos. Sabendo-se que nos embargos é lícito ao executado deduzir qualquer matéria arguível em processo de conhecimento (CPC, art. 917, inc. VI), o respectivo pronunciamento jurisdicional poderá variar conforme o pedido a ser formulado, o qual inegavelmente também poderá ser, por exemplo, *declaratório* da inexistência de débito – quando o título for válido, mas a dívida já estiver paga ou prescrita, ou quando houver mera alegação de excesso de execução.

136. As respostas do exequente-embargado

Além da possibilidade de apresentar contestação aos embargos à execução (na qual poderá impugnar o valor da causa e impugnar eventual assistência judiciária), poderá ainda o embargado opor exceção de impedimento ou suspeição no mesmo prazo (CPC, art. 917, § 7º, c/c arts. 146 e 148). Como regra, será incabível a alegação de incompetência na contestação, visto que os embargos serão processados e julgados pelo próprio juízo onde tramita a execução.

Também não será cabível a apresentação de reconvenção, embora possa o embargante formular pedidos contrapostos com vistas à compensação do valor exequendo com o dos frutos ou dos danos considerados devidos, quando se tratar de embargos de retenção por benfeitorias (CPC, art. 917, § 5º).

Por fim, não se mostram cabíveis quaisquer das modalidades de intervenção de terceiros.

137. Sentença. Apelação. Sentença parcial. Agravo de instrumento

Contra a sentença que julgou os embargos à execução será cabível o recurso de apelação, o qual não será dotado de efeito suspensivo automático (*ope legis*).

A literalidade do inc. III do § 1º do art. 1.012 remete à inexistência de efeito suspensivo à apelação que atacar sentença que "extingue sem resolução do mérito ou julga improcedentes os embargos do executado". Apesar dessa infeliz dicção, em nosso entendimento, a melhor exegese desse dispositivo é no sentido de que não será dotada de efeito suspensivo a apelação que se insurgir contra a sentença que *julgar* os embargos do executado, independentemente do resultado desse julgamento (de procedência ou improcedência dos embargos). Entender de forma contrária, concedendo efeito suspensivo à apelação da sentença de procedência dos embargos, seria permitir, por exemplo, que, vindo a ser desconstituído o título executivo, ainda assim a execução pudesse prosseguir na pendência da apelação, o que parece ilógico e incongruente.

Nada impede que, também na seara dos embargos à execução, o magistrado profira *sentença parcial* (art. 356), a qual poderá ser impugnada mediante a interposição de agravo de instrumento (art. 356, § 5º).

> **Art. 915.** Os embargos serão oferecidos no prazo de 15 (quinze) dias, contado, conforme o caso, na forma do art. 231.
>
> **§ 1º** Quando houver mais de um executado, o prazo para cada um deles embargar conta-se a partir da juntada do respectivo comprovante da citação, salvo no

caso de cônjuges ou de companheiros, quando será contado a partir da juntada do último.

§ 2º Nas execuções por carta, o prazo para embargos será contado:

I – da juntada, na carta, da certificação da citação, quando versarem unicamente sobre vícios ou defeitos da penhora, da avaliação ou da alienação dos bens;

II – da juntada, nos autos de origem, do comunicado de que trata o § 4º deste artigo ou, não havendo este, da juntada da carta devidamente cumprida, quando versarem sobre questões diversas da prevista no inciso I deste parágrafo.

§ 3º Em relação ao prazo para oferecimento dos embargos à execução, não se aplica o disposto no art. 229.

§ 4º Nos atos de comunicação por carta precatória, rogatória ou de ordem, a realização da citação será imediatamente informada, por meio eletrônico, pelo juiz deprecado ao juiz deprecante.

CPC de 1973 – art. 738

138. Embargos à execução. Prazo para sua oposição

O prazo para a oposição de embargos à execução é de quinze dias, contados na forma do art. 231 do Código, isto é, a partir da juntada do mandado de citação ou do aviso de recebimento positivo aos autos, da juntada da carta precatória ou da informação de que tratam os arts. 232 e 915, §§ 2º, inc. II, e 5º, aos autos etc.

O prazo de quinze dias será contado *em dias úteis*, observando-se o disposto nos arts. 219 e 224 do Código de Processo Civil.

Nas execuções em que for necessária a expedição de carta precatória,[477] o § 2º do art. 915 traz uma *importante exceção* à regra geral de início do prazo para embargar. Tal dispositivo legal estabelece diferentes momentos para a deflagração do prazo para embargar, a depender da causa de pedir a ser veiculada nos embargos à execução.

Quando o executado desejar se insurgir contra atos praticados pelo próprio juízo deprecado ("vícios ou defeitos da penhora, da avaliação ou da alienação de bens" – art. 915, § 2º), o prazo de quinze dias para a oposição de embargos à execução será deflagrado a partir da juntada, aos autos da própria carta precatória, do comprovante de citação do executado (art. 915, § 2º, inc. I).

---

477 "Art. 845. Efetuar-se-á a penhora onde se encontrem os bens, ainda que sob a posse, a detenção ou a guarda de terceiros (...). § 2º Se o executado não tiver bens no foro do processo, não sendo possível a realização da penhora nos termos do § 1º, a execução será feita por carta, penhorando-se, avaliando-se e alienando-se os bens no foro da situação."

Consoante o § 2º do art. 914, nessa hipótese a competência para julgamento dos embargos será do próprio juízo deprecado.

Em relação às demais *causae petendi*, prevalecerá a regra geral da contagem do prazo de quinze dias na forma do art. 231 do Código, podendo este ser deflagrado a partir da juntada, nos autos principais, da informação de citação enviada pelo juízo deprecado ao juízo deprecante (art. 915, § 2º, inc. II). Em tais situações, o oferecimento dos embargos poderá ser feito no juízo deprecante ou deprecado, mas a competência para julgá-los será do juízo deprecante (art. 914, § 2º).

O § 2º do art. 915 diz que, nas execuções por carta, este será contado na forma descrita em tal dispositivo quando seu conteúdo for "unicamente" os vícios ou defeitos da penhora, da avaliação ou da alienação de bens. A rigor, isso significa que, se o conteúdo dos embargos se referir a algum desses vícios, *mas também encampar outras matérias ou causas de pedir*, então o prazo será contado na forma ordinária constante do *caput* do art. 915; se assim não fosse, seria necessário aceitar uma indesejada dupla veiculação da ação de embargos (cada uma delas com prazo próprio), uma para as questões mencionadas no § 2º do art. 915 e outra para todas as demais – o que não parece ser a melhor solução.

A incorreção da penhora ou da avaliação poderá ainda ser alegada por simples petição, no prazo de quinze dias, contado da ciência do ato (art. 917, § 1º). Por sua vez, a invalidade do ato de expropriação igualmente poderá ser suscitada por intermédio de simples petição nos próprios autos, dentro do prazo de até dez dias após a lavratura do respectivo auto (art. 903, §§ 1º, inc. I, e 2º).

Nos termos do art. 918, inc. I, do Código, a oposição intempestiva dos embargos à execução gerará sua rejeição liminar.

O prazo para embargar permanecerá suspenso durante o período de férias, entre 20 de dezembro e 20 janeiro (CPC, art. 220).

Na hipótese de litisconsórcio passivo na execução, como regra o prazo para embargar a execução *correrá individualmente* para cada executado a partir da juntada do respectivo comprovante de citação aos autos. Não se tratando de uma contestação, não é aplicável a regra do § 1º do art. 231 do Código, segundo a qual o prazo para resposta é deflagrado somente a partir da juntada do último comprovante de citação aos autos. Por idênticos motivos, inaplicável o disposto no art. 186, que concede prazo em dobro à defensoria pública, quando esta representar o executado.

Apenas quando se tratar de cônjuges ou companheiros e ambos forem executados, dispõe o § 1º do art. 915 que o prazo será iniciado a partir da juntada aos autos do último comprovante de citação. Embora a lei se refira à juntada do "último" comprovante, naturalmente há de se entender que se trata do último *entre os dois cônjuges* (o segundo dos dois, portanto). Assim, havendo outros executados, a juntada de seus comprovantes de citação em nada interferirá na contagem do prazo para os cônjuges para embargarem.

Em qualquer dessas hipóteses de litisconsórcio passivo, mesmo quando os executados tiverem procuradores distintos e os autos forem físicos, *não se aplicará a dobra de prazo* prevista no art. 229 do Código (cf. CPC, art. 915, § 3º). A razão de ser disso é a circunstância de os embargos à execução terem natureza jurídica de ação, não se tratando do mero cumprimento de um prazo dentro de um processo já em curso.

Art. 916. No prazo para embargos, reconhecendo o crédito do exequente e comprovando o depósito de trinta por cento do valor em execução, acrescido de custas e de honorários de advogado, o executado poderá requerer que lhe seja permitido pagar o restante em até 6 (seis) parcelas mensais, acrescidas de correção monetária e de juros de um por cento ao mês.

§ 1º O exequente será intimado para manifestar-se sobre o preenchimento dos pressupostos do *caput*, e o juiz decidirá o requerimento em 5 (cinco) dias.

§ 2º Enquanto não apreciado o requerimento, o executado terá de depositar as parcelas vincendas, facultado ao exequente seu levantamento.

§ 3º Deferida a proposta, o exequente levantará a quantia depositada, e serão suspensos os atos executivos.

§ 4º Indeferida a proposta, seguir-se-ão os atos executivos, mantido o depósito, que será convertido em penhora.

§ 5º O não pagamento de qualquer das prestações acarretará cumulativamente:

I – o vencimento das prestações subsequentes e o prosseguimento do processo, com o imediato reinício dos atos executivos;

II – a imposição ao executado de multa de dez por cento sobre o valor das prestações não pagas.

§ 6º A opção pelo parcelamento de que trata este artigo importa renúncia ao direito de opor embargos.

§ 7º O disposto neste artigo não se aplica ao cumprimento da sentença.

CPC de 1973 – art. 745-A

139. Reconhecimento da dívida e pagamento parcelado pelo executado. Requisitos. Renúncia aos embargos à execução. Suspensão da execução. Descumprimento e consequências

O art. 916 do Código permite que o executado, no prazo para a oposição dos embargos, reconhecendo o crédito exequendo e depositando trinta por cento do valor da execução (acrescido de custas e honorários advocatícios), postule o parcelamento do restante da dívida em até seis parcelas mensais, acrescidas de correção monetária e juros de um por cento ao mês.

A proposta de parcelamento deve ser clara e encampar todos os requisitos constante do *caput* do art. 916, sem lacunas ou inconformidades.

Consoante dispõe o § 1º do art. 916, antes de apreciar o requerimento de parcelamento, o exequente será ouvido no prazo de cinco dias, podendo rechaçar a proposta apenas se esta não preencher os requisitos legais, por exemplo, quando (a) exceder o número máximo de seis parcelas, (b) o parcelamento for oferecido em periodicidade superior à mensal, (c) não for feito ou não comprovado o depósito judicial prévio dos trinta por cento iniciais, (d) o depósito realizado for inferior a esse percentual, (e) a petição se mostrar intempestiva, vindo a ser protocolizada após escoado o prazo para os embargos à execução etc.

Preenchidos todos os requisitos legais previstos no *caput* do art. 916, a proposta *deverá* ser deferida, inexistindo margens para subjetivismos.

Até que ouvido o exequente e apreciado o requerimento de parcelamento pelo magistrado, deverá o executado, dentro dos prazos descritos em sua proposta, efetuar o depósito das demais parcelas (CPC, art. 916, § 2º). Não seria razoável que, em razão de eventual demora na intimação do exequente para se manifestar ou até que proferida decisão sobre seu pleito, ficasse o executado simplesmente inerte. Por razões inerentes à boa-fé de quem voluntariamente se dispõe a saldar a dívida, os depósitos subsequentes deverão ser feitos no prazo constante da proposta de parcelamento feita pelo executado.

Indeferida a proposta de parcelamento, a execução prosseguirá em seus ulteriores termos, convertendo-se o depósito de 30% feito pelo executado em penhora (CPC, art. 916, § 4º). Deferida a proposta, o exequente levantará o valor depositado, suspendendo-se a prática de outros atos executivos durante o curso do parcelamento (art. 916, § 3º).

Na hipótese de deferimento do parcelamento, mostrar-se-ia prematura a imediata extinção do processo de execução, ao menos até que as parcelas mensais sejam efetivamente quitadas pelo executado. Diante da factível possibilidade de descumprimento do parcelamento obtido pelo executado, muito mais plausível e inteligente que a mesma execução possa prosseguir de onde tenha parado, evitando-se o desnecessário início de uma nova execução, com a grave perda de toda a atividade executiva já praticada e com o reinício de todas as fases até então já ultrapassadas.

Daí a correta solução idealizada pelo legislador no art. 921, inc. V, do Código, de determinar que, durante tal lapso temporal, a execução permaneça *suspensa*.

Consoante o § 5º do art. 916, o não adimplemento do parcelamento acarretará cumulativamente (I) o vencimento das prestações subsequentes e a imediata retomada dos atos executivos e (II) a imposição de multa de dez por cento sobre o valor das prestações não pagas.

A opção do executado pelo parcelamento implica renúncia ao direito aos embargos à execução (CPC, art. 916, § 6º), o que parece absolutamente natural. Até mesmo do ponto de vista lógico, a voluntária escolha do executado por saldar a dívida se mostra incompatível com o desejo de impugná-la ou discuti-la.

De modo curioso, o § 7º do art. 916 prescreve que a possibilidade de parcelamento somente existirá nas execuções de títulos extrajudiciais, *não* se aplicando ao cumprimento de sentença (*rectius*, execução de títulos judiciais). Diz-se curioso porque o anterior art. 745-A do Código de 1973, que também tratava do parcelamento do crédito exequendo, era irrestritamente aplicado, pela jurisprudência, tanto às execuções pecuniárias de títulos executivos extrajudiciais como judiciais.[478]

Trata-se de uma escolha legislativa a ser lamentada, parecendo-nos mais adequado e coerente com o próprio sistema processual que o parcelamento também pudesse ocorrer durante a fase de cumprimento de sentença. Basta ver, aliás, que até mesmo na ação monitória o legislador permitiu o uso desse expediente (CPC, art. 701, § 5º), inexistindo motivos para que assim também não fosse em relação às execuções de títulos judiciais.

Sobre essa questão, aliás, encontra-se em trâmite perante a Câmara dos Deputados o Projeto de Lei n. 8.394/2017, de iniciativa do Deputado Federal LELO COIMBRA, que pretende revogar o § 7º do art. 916 do Código de Processo Civil. Segundo a justificativa do projeto, até a entrada em vigor do atual Código, "restava pacificada a possibilidade de parcelamento de débito fixado em sentença transitada em julgado, na forma do artigo 745-A do então vigente Código (...)". Explicita ainda o projeto que, em muitas ocasiões, "os devedores, em processos judiciais, não têm condições de fazer o pagamento em única parcela, sofrendo as mazelas do bloqueio de contas bancárias, veículos etc.".

Contra a decisão que deferir ou indeferir o parcelamento será cabível agravo de instrumento (CPC, art. 1.015, parágrafo único).

Art. 917. Nos embargos à execução, o executado poderá alegar:

I – inexequibilidade do título ou inexigibilidade da obrigação;

II – penhora incorreta ou avaliação errônea;

III – excesso de execução ou cumulação indevida de execuções;

478 "Por força do art. 475-R do Código de Processo Civil, pode ser requerido o parcelamento da dívida previsto no art. 745-A do mesmo diploma na fase de cumprimento definitivo de sentença" (STJ, 4ª T., AgRg no AgRg no REsp 1.055.027-RS, j. 01.09.2016, rel. Min. RAUL ARAÚJO, negaram provimento, v.u.).

IV – retenção por benfeitorias necessárias ou úteis, nos casos de execução para entrega de coisa certa;

V – incompetência absoluta ou relativa do juízo da execução;

VI – qualquer matéria que lhe seria lícito deduzir como defesa em processo de conhecimento.

§ 1º A incorreção da penhora ou da avaliação poderá ser impugnada por simples petição, no prazo de 15 (quinze) dias, contado da ciência do ato.

§ 2º Há excesso de execução quando:

I – o exequente pleiteia quantia superior à do título;

II – ela recai sobre coisa diversa daquela declarada no título;

III – ela se processa de modo diferente do que foi determinado no título;

IV – o exequente, sem cumprir a prestação que lhe corresponde, exige o adimplemento da prestação do executado;

V – o exequente não prova que a condição se realizou.

§ 3º Quando alegar que o exequente, em excesso de execução, pleiteia quantia superior à do título, o embargante declarará na petição inicial o valor que entende correto, apresentando demonstrativo discriminado e atualizado de seu cálculo.

§ 4º Não apontado o valor correto ou não apresentado o demonstrativo, os embargos à execução:

I – serão liminarmente rejeitados, sem resolução de mérito, se o excesso de execução for o seu único fundamento;

II – serão processados, se houver outro fundamento, mas o juiz não examinará a alegação de excesso de execução.

§ 5º Nos embargos de retenção por benfeitorias, o exequente poderá requerer a compensação de seu valor com o dos frutos ou dos danos considerados devidos pelo executado, cumprindo ao juiz, para a apuração dos respectivos valores, nomear perito, observando-se, então, o art. 464.

§ 6º O exequente poderá a qualquer tempo ser imitido na posse da coisa, prestando caução ou depositando o valor devido pelas benfeitorias ou resultante da compensação.

§ 7º A arguição de impedimento e suspeição observará o disposto nos arts. 146 e 148.

CPC de 1973 – arts. 739-A, § 5º, 742, 743 e 745

140. Matérias arguíveis pelo executado nos embargos à execução

Consagrando a fórmula já presente no Código de 1973, o Código atual igualmente contemplou em seu bojo a regra da *ampla embargabilidade*, pela qual é lícito ao executado-embargante opor toda e qualquer matéria arguível por meio de um processo de conhecimento.

Dispõe o art. 917 do Código de Processo Civil que os embargos poderão conter as seguintes alegações: (I) inexequibilidade do título ou inexigibilidade da obrigação; (II) penhora incorreta ou avaliação errônea; (III) excesso de execução ou cumulação indevida de execuções; (IV) retenção por benfeitorias necessárias ou úteis, nos casos de execução para entrega de coisa certa; (V) incompetência absoluta ou relativa do juízo da execução ou (VI) qualquer matéria que lhe seria lícito deduzir como defesa em processo de conhecimento.

Nos itens subsequentes, trataremos individualmente de cada uma dessas hipóteses.

141. Inexequibilidade do título ou inexigibilidade da obrigação (art. 917, inc. I)

Diante da máxima *nulla executio sine titulo*, é dever do magistrado perquirir, a todo momento, acerca da existência de título executivo com os predicados da exigibilidade, da certeza e da liquidez em favor do exequente. Sem isso, *inexiste o próprio direito à via executiva.*

A existência de título executivo e a exigibilidade da obrigação exequenda são requisitos obrigatórios à persecução da tutela jurisdicional executiva (CPC, art. 786). Como tal, constituem matérias de ordem pública, cognoscíveis *ex officio* pelo magistrado a qualquer tempo. Assim, mesmo que tais questões não venham a ser suscitadas pela tradicional via dos embargos à execução, poderão, a qualquer momento, ser levadas ao conhecimento do juiz por meio de simples petição.

142. Penhora incorreta ou avaliação errônea (art. 917, inc. II)

Sabendo-se que a oposição dos embargos, desde as reformas operadas no Código de 1973 (Lei n. 11.382/2006) e novamente por ocasião do advento do Código atual, não mais está condicionada à prévia garantia do juízo, é bastante factível que tanto a penhora como a avaliação venham a ser efetivadas após o escoamento de seu prazo.

Entretanto, prevalece o entendimento jurisprudencial de que o prazo para embargar a execução é uno, não reabrindo ou se renovando por ocasião da ocorrência superveniente de quaisquer dos eventos constantes dos incisos do art. 917 do Código.[479]

Para as situações em que o ato processual a ser impugnado seja temporalmente posterior ao prazo para os embargos à execução, a própria lei processual

479 "A substituição, o reforço ou a redução da penhora não implicam a reabertura do prazo para embargar, uma vez que permanece de pé a primeira constrição efetuada. Precedentes" (STJ, 3ª T., REsp 1.149.575-DF, rel. Min. NANCY ANDRIGHI, j. 28.08.2012, negaram provimento, v.u.).

concede a solução, permitindo que o executado se insurja contra ele, por meio de simples petição a ser apresentada no prazo de quinze dias da ciência do ato dentro do bojo da própria execução. Após tal prazo, restará preclusa a oportunidade de impugnação.

143. Excesso de execução ou cumulação indevida de execuções (art. 917, inc. III)

Se a petição inicial executiva postular o recebimento de quantia superior àquela espelhada no título executivo, seja por força de erro de cálculo, do cômputo de valores indevidos ou prescritos etc., poderá o executado, mediante embargos à execução, apontar o respectivo excesso de execução, pleiteando a redução do valor exequendo ou sua adequação ao conteúdo do título executivo.

Embora a expressão "excesso de execução" intuitivamente nos remeta à ideia de execução pecuniária, em verdade, esta deve ser interpretada de forma ampla, de modo a englobar nesse conceito não apenas o acréscimo indevido de verbas pecuniárias não previstas no título executivo, mas também toda e qualquer distorção ou inadequação entre a obrigação nele prevista e o efetivo objeto trazido pelo exequente em sua petição inicial. Há de se relembrar que a disciplina dos embargos à execução é válida e aplicável não apenas às execuções de cunho pecuniário, mas igualmente às execuções de obrigação de fazer e não fazer e de entregar coisa certa ou incerta.

Na dicção do § 2º do art. 917, haverá excesso de execução quando (I) o exequente pleitear quantia superior àquela constante do título, (II) esta recair sobre coisa diversa daquela declarada no título, (III) esta se processar de modo diferente do quanto determinado no título, (IV) o exequente exigir o adimplemento de uma obrigação do executado sem, contudo, cumprir aquela que lhe for correspondente e (V) o exequente não provar que a condição se realizou.

Quando o executado-embargante pretender sustentar que o *quantum* exequendo é superior ao quanto previsto no título executivo, será ônus processual seu efetivamente declarar, na petição inicial dos embargos, qual é o valor correto, apresentando demonstrativo discriminado e atualizado do cálculo (CPC, art. 917, § 3º). Não o fazendo, prevê o § 4º do art. 917 que os embargos à execução (a) serão liminarmente rejeitados, sem resolução de mérito, quando o excesso de execução for seu único fundamento (inc. I), ou (b) serão processados exclusivamente em relação aos demais fundamentos, sem que o juiz aprecie a questão do excesso de execução (inc. II).

144. Embargos de retenção por benfeitorias (art. 917, inc. IV)

Os embargos à execução poderão ainda conter pedido de retenção por eventuais benfeitorias necessárias ou úteis que o executado tenha realizado de boa-fé na *res* objeto da execução de obrigação de entregar coisa (CC, art. 1.219). Como esclarece MARCELO ABELHA, os embargos de retenção por benfeitorias nada mais são do que "simples subespécie dos embargos à execução fundada em título extrajudicial".[480]

O art. 1.219 do Código Civil determina que se trate de possuidor de boa-fé. Além disso, é necessário que as benfeitorias sejam úteis ou necessárias; tratando-se de benfeitorias meramente voluptuárias, o possuidor poderá levantá-las, quando isso não causa prejuízos à coisa, ou ser indenizado por elas, se estas não puderem ser retiradas sem risco de danificação.

A retenção da coisa é autorizada pela lei até que tais benfeitorias sejam indenizadas. Nesse contexto, o § 5º do art. 917 permite que o valor dessa indenização devida ao executado seja compensado com o quanto este dever por força do uso da coisa ou dos frutos dela advindos que porventura tenham sido por ele recebidos. A apuração dos respectivos valores será feita por meio da nomeação de perito, observando-se o disposto no art. 464 do Código.

Porém, excetuando a regra do direito à retenção, dispõe o § 6º do art. 917 que o exequente poderá ser imitido na posse da coisa a qualquer tempo, prestando caução ou depositando o valor devido pelas benfeitorias ou resultante da compensação.

145. Incompetência absoluta ou relativa do juízo da execução (art. 917, inc. V)

Como inexiste previsão para a apresentação de uma contestação no curso do processo de execução – momento em que, no processo de conhecimento, é permitido ao demandado veicular a alegação de incompetência absoluta ou relativa –, o legislador dispôs que, no próprio bojo dos embargos, poderá o executado suscitar tais questões. A arguição da incompetência, no entanto, sabidamente não terá o condão de extinguir o processo de execução, mas tão somente o de deslocar seu trâmite para outro juízo ou comarca.

146. Outras matérias arguíveis pelo executado nos embargos à execução (art. 917, inc. I)

Nas execuções de títulos judiciais, onde o título executivo é forjado, como regra, pelo próprio Poder Judiciário, há uma significativa restrição às matérias que poderão ser alegadas pelo executado. Já nas execuções de títulos extrajudiciais, em que inexiste qualquer crivo ou participação do Judiciário na formação do instrumento executório, com razão o legislador concede maior liberdade para o executado se opor à execução.

480 MARCELO ABELHA, *Manual da execução civil*, 5ª ed., Rio de Janeiro: Forense, 2015, p. 496.

A regra nos embargos à execução, portanto, é a da *ampla embargabilidade*, podendo o executado alegar toda e qualquer matéria de defesa que lhe seria lícito deduzir como defesa em processo de conhecimento (CPC, art. 917, inc. VI).

147. Arguição de suspeição ou impedimento

Poderá o executado arguir a suspeição ou o impedimento do juiz, do membro do Ministério Público, dos auxiliares da justiça ou demais sujeitos imparciais que atuarem no processo. Tal arguição deverá ser feita por meio de petição autônoma, a ser intentada no prazo de quinze dias a partir da ciência do fato ocasionador da arguição.

A arguição de suspeição ou impedimento observará o disposto nos arts. 146 e 148 do Código.

Art. 918. O juiz rejeitará liminarmente os embargos:

I – quando intempestivos;

II – nos casos de indeferimento da petição inicial e de improcedência liminar do pedido;

III – manifestamente protelatórios.

Parágrafo único. Considera-se conduta atentatória à dignidade da justiça o oferecimento de embargos manifestamente protelatórios.

CPC de 1973 – arts. 739 e 740, parágrafo único

148. Rejeição liminar dos embargos à execução. Hipóteses. Recurso cabível. Direito a emenda da petição inicial

O art. 918 do Código enuncia três hipóteses de rejeição liminar dos embargos: (I) quando forem eles intempestivos, (II) nas hipóteses legais de indeferimento da petição inicial e de improcedência liminar do pedido e (III) quando estes forem manifestamente protelatórios.

Em relação à primeira hipótese (art. 918, inc. I), a oposição dos embargos fora do prazo de quinze dias constante do *caput* do art. 915 é motivo para sua imediata extinção sem julgamento de mérito. Como instrumento típico para veiculação das oposições do executado, está sujeito a prazo peremptório. Sua veiculação extemporânea, porém, gera pura e simplesmente *a perda da via própria e específica dos embargos à execução*, não fulminando a possibilidade de o executado ulteriormente se valer de eventual ação impugnativa autônoma para discutir questões atinentes à execução, à validade do título executivo, à ausência de seus requisitos etc.

Em verdade, o legislador do Código mostrou não estar sintonizado com a jurisprudência do Superior Tribunal de Justiça, que admitia o recebimento dos embargos intempestivos como ação anulatória ou desconstitutiva autônoma.[481]

Quanto à segunda hipótese (art. 918, inc. II), quis o legislador se referir, no tocante ao indeferimento da petição inicial, às circunstâncias descritas nos quatro incisos do art. 330 do Código, a saber: (I) inépcia da petição inicial, (II) manifesta ilegitimidade da parte, (III) ausência de interesse processual, (IV) não atendimento dos requisitos legais necessários à advocacia em causa própria (CPC, art. 106, incs. I e II) ou descumprimento do prazo de quinze dias (CPC, art. 321) para o embargante emendar a petição inicial, diante do não preenchimento dos requisitos dos arts. 319 e 320.[482]

Em relação a esse tema, lembramos que a petição inicial executiva contém requisitos específicos, elencados no art. 798, incs. I e II, do Código. Deverá ela ser instruída com (a) o título executivo, (b) o demonstrativo do débito atualizado, quando se tratar de execução por quantia certa, (c) a prova de que se implementou a condição ou o termo e (d) a prova de que o exequente adimpliu a contraprestação que lhe correspondia. Também deverá haver a indicação (e) da espécie de execução de preferência do exequente, caso haja mais de um modo de realizá-la, (f) dos nomes completos do exequente e do

---

481 "Processual civil. Embargos à execução fiscal, visando ao reconhecimento da inexistência da dívida. Natureza de ação cognitiva, idêntica à da ação anulatória autônoma. Intimação da Fazenda Pública para impugnação. Interrupção da prescrição. 1. Embargos à execução, visando ao reconhecimento da ilegitimidade do débito fiscal em execução, têm natureza de ação cognitiva, semelhante à da ação anulatória autônoma. Assim, a rigor, a sua intempestividade não acarreta necessariamente a extinção do processo. Interpretação sistemática e teleológica do art. 739, I, do CPC, permite o entendimento de que a rejeição dos embargos intempestivos não afasta a viabilidade de seu recebimento e processamento como ação autônoma, ainda que sem a eficácia de suspender a execução. Esse entendimento é compatível com o princípio da instrumentalidade das formas e da economia processual, já que evita a propositura de outra ação, com idênticas partes, causa de pedir e pedido da anterior, só mudando o nome (de embargos para anulatória). 2. De qualquer modo, extintos sem julgamento de mérito, os embargos intempestivos operaram o efeito próprio da propositura da ação cognitiva, que é o de interromper a prescrição. No particular, é irrelevante que a embargada não tenha sido citada para contestar e sim intimada para impugnar os embargos, como prevê o art. 17 da Lei 6.830/80. Para os efeitos do art. 219 do CPC, aquela intimação equivale à citação. Não fosse assim, haver-se-ia de concluir, absurdamente, que não há interrupção da prescrição em embargos do devedor. 3. Recurso especial a que se dá provimento" (STJ, 1ª T., REsp 729.149-MG, j. 24.05.2005, rel. Min. TEORI ALBINO ZAVASCKI, deram provimento, v.u.).

482 Como mencionado em nossos comentários ao art. 920 do Código, sabendo-se que no rito dos embargos à execução não haverá a realização da audiência de conciliação ou mediação prevista no art. 334, não é exigível que a petição inicial explicite a opção por sua realização ou não (cf. art. 319, inc. VII).

executado, assim como seus números de inscrição no Cadastro de Pessoas Física ou no Cadastro Nacional da Pessoa Jurídica e (g) dos bens suscetíveis de penhora, quando possível. À falta de algum desses requisitos, o juiz deverá intimar o exequente para emendar a petição inicial nos termos do art. 321. Caso não corrigidos a contento os defeitos apontados pelo magistrado no prazo legal de quinze dias, igualmente então será indeferida a inicial.

No tocante à improcedência liminar do pedido, quis o legislador se referir aos quatros incisos do art. 332 do Código, os quais enunciam que, nas causas que dispensem a fase instrutória, independentemente da citação ou réu (ou embargado), o juiz julgará liminarmente improcedente o pedido que contrariar (I) enunciado ou súmula do Supremo Tribunal Federal ou do Superior Tribunal de Justiça, (II) acórdão proferido por um desses dois tribunais em julgamento de recurso repetitivo, (III) entendimento firmado em incidente de resolução de demandas repetitivas ou de assunção de competência e (IV) enunciado de súmula de tribunal de justiça sobre direito local. O § 1º do art. 332, igualmente aplicável aos embargos à execução, autoriza ainda o julgamento liminar de improcedência do pedido para fins de pronúncia da decadência ou da prescrição.

Por fim, a rejeição liminar dos embargos poderá ser pronunciada pelo juiz quando estes se mostrarem *manifestamente protelatórios* (art. 918, inc. III). O conceito é aberto, mas essencialmente remete à ideia de ausência de fundamentos minimamente plausíveis, quando o intuito do executado-embargante for o de apenas postergar ou atrapalhar o desfecho da execução contra ele aparelhada.

De modo saudável, o legislador afirmou que a oposição de embargos manifestamente protelatórios será considerada conduta atentatória à dignidade da justiça (art. 918, parágrafo único). Verificada tal situação, o magistrado aplicará a multa constante do parágrafo único do art. 774 do Código de Processo Civil, de até vinte por cento sobre o valor atualizado do crédito exequendo.

Como observa Bruno Garcia Redondo, seria desejável que o legislador tivesse incluído ainda um quarto inciso no art. 918, para enunciar que igualmente será motivo de rejeição liminar dos embargos a ausência de declaração por parte do embargante, na petição inicial, do valor que entende correto, quando este alegar excesso de execução (CPC, art. 917, §§ 3º e 4º, inc. I).[483] Note-se que o inc. I do § 4º do art. 917 alude expressamente à rejeição liminar dos embargos pela falta de especificação do valor correto da execução.

483 Bruno Garcia Redondo, *Comentários ao Código de Processo Civil*, coord. Lenio Luiz Streck, Dierle Nunes e Leonardo Carneiro da Cunha, São Paulo: Saraiva, 2016, p. 1181.

Tratando-se de um requisito específico da petição inicial dos embargos à execução que veicularem a alegação de excesso, embora tenha o embargante direito de emendá-la no prazo de quinze dias do art. 321, não o fazendo, deverá o juiz extingui-los liminarmente – desde que esse seja o único fundamento da ação.

Na realidade, à luz do princípio da instrumentalidade das formas, o direito à emenda da petição inicial insculpido no art. 321 do Código terá aplicação a todas hipóteses de improcedência liminar dos embargos, desde que sanáveis os vícios ou irregularidades porventura ali presentes. Falamos aqui em *efetivo direito à emenda*, pois, sempre que a petição inicial puder ser consertada, corrigindo-se suas eventuais falhas, o juiz estará *proibido* de indeferi-la sem antes dar chance à sua emenda.[484]

O ato judicial que rejeita liminarmente os embargos tem natureza jurídica de sentença e, como tal, poderá ser desafiada por meio de recurso de apelação, a ser processado e recebido *sem efeito suspensivo* (CPC, art. 1.012, § 1º, inc. III).

> **Art. 919.** Os embargos à execução não terão efeito suspensivo.
>
> **§ 1º** O juiz poderá, a requerimento do embargante, atribuir efeito suspensivo aos embargos quando verificados os requisitos para a concessão da tutela provisória e desde que a execução já esteja garantida por penhora, depósito ou caução suficientes.
>
> **§ 2º** Cessando as circunstâncias que a motivaram, a decisão relativa aos efeitos dos embargos poderá, a requerimento da parte, ser modificada ou revogada a qualquer tempo, em decisão fundamentada.
>
> **§ 3º** Quando o efeito suspensivo atribuído aos embargos disser respeito apenas a parte do objeto da execução, esta prosseguirá quanto à parte restante.
>
> **§ 4º** A concessão de efeito suspensivo aos embargos oferecidos por um dos executados não suspenderá a execução contra os que não embargaram quando o respectivo fundamento disser respeito exclusivamente ao embargante.

---

484 "O indeferimento da petição inicial, quer por força do não preenchimento dos requisitos exigidos nos artigos 282 e 283, do CPC, quer pela verificação de defeitos e irregularidades capazes de dificultar o julgamento de mérito, reclama a concessão de prévia oportunidade de emenda pelo autor e o transcurso *in albis* do prazo para cumprimento da diligência determinada, *ex vi* do disposto no artigo 284, do CPC (Precedentes do STJ: REsp 671986/RJ, DJ 10.10.2005; REsp 802055/DF, DJ 20.03.2006; REsp 101.013/CE, DJ de 18.08.2003; AGREsp 330.878/AL, DJ de 30.06.2003; REsp 390.815/SC, DJ de 29.04.2002; REsp 384.962/MG, DJ de 08.04.2002; e REsp 319.044/SP, DJ de 18.02.2002)" (STJ, 1ª T., REsp 812.323-MG, j. 16.09.2008, rel. Min. LUIZ FUX, deram provimento, v.u.).

§ 5º A concessão de efeito suspensivo não impedirá a efetivação dos atos de substituição, de reforço ou de redução da penhora e de avaliação dos bens.

CPC de 1973 – art. 739-A, caput *e §§ 1º a 4º e 6º*

149. Efeito suspensivo aos embargos à execução. Requisitos. Suspensividade *sui generis*. Características. Recorribilidade

Como regra, os embargos à execução não serão dotados de efeito suspensivo (CPC, art. 919, *caput*). Apenas excepcionalmente, mediante requerimento do embargante, poderá o juiz conceder tal efeito, desde que "verificados os requisitos para a concessão de tutela provisória e desde que a execução já esteja garantida por penhora, depósito ou caução suficientes" (CPC, art. 919, § 1º).

A concessão de tutela provisória (suspensividade) nos embargos à execução poderá estar fundada na urgência ou na evidência (CPC, art. 294, *caput*).

No que tange à tutela provisória fundada na urgência, para sua concessão é necessária a presença cumulada dos requisitos do *periculum in mora* e da verossimilhança (*fumus boni iuris*) do direito invocado nos embargos (CPC, art. 300).

Quanto ao *periculum in mora*, não é suficiente a alegação ordinária de risco de alienação forçada dos bens do executado, pois essa nada mais é do que uma característica comum a toda e qualquer execução pecuniária. Se assim fosse, nenhuma execução poderia se desenvolver normalmente na pendência dos embargos à execução, pois em todas elas há risco iminente de expropriação. É preciso, portanto, que esteja presente um risco *verdadeiramente extraordinário*, mais grave e mais lesivo do que o simples e presumido desfalque patrimonial ao executado em razão da alienação forçada de seus bens.

Quanto à verossimilhança do direito alegado, o requisito será considerado preenchido quando se mostrar alta a probabilidade de procedência dos embargos do executado.

Em relação à tutela provisória fundada na evidência, na dicção do art. 311 do Código, será ela concedida "independentemente da demonstração do perigo de dano ou de risco ao resultado útil do processo" (*periculum in mora*), quando (a) houver abuso do direito de defesa ou manifesto propósito protelatório da parte (art. 311, inc. I), (b) as alegações de fato puderem ser comprovados apenas documentalmente e houver tese firmada em julgamento de caso repetitivo ou em súmula (art. 311, inc. II); (c) se tratar de pedido reipersecutório fundado em prova documental adequada do contrato de depósito (art. 311, inc. III) e (d) a petição inicial for instruída com prova documental suficiente dos fatos constitutivos do direito do autor, a que o réu não oponha prova capaz de gerar dúvida razoável (art. 311, inc. IV).

Consoante o § 1º do art. 919, aos requisitos legais inerentes ao deferimento de uma dessas duas tutelas (de urgência ou evidência) deverá associar-se o requisito adicional da garantia do juízo da execução, seja por penhora, por depósito ou por caução – garantia essa que deverá abarcar a integralidade do *quantum* exequendo, computando-se o valor do crédito principal, com juros e correção monetária, assim como custas, despesas processuais e honorários advocatícios.

Assim, mesmo diante da presença dos requisitos para a concessão da tutela provisória de urgência e de evidência, *não será concedido o efeito suspensivo sem a prévia e integral garantia do juízo*. Nesse contexto, é obrigatório que a penhora recaia sobre patrimônio suficiente a permitir a *total satisfação* do crédito exequendo, não se considerando cumprido o requisito da garantia do juízo mediante a constrição de bens que não cubram a integralidade da dívida.

Apenas em hipóteses excepcionalíssimas, *v.g.*, quando ajuizada execução manifestamente ilegítima, de altíssima monta, e quando nem mesmo a integralidade do patrimônio do executado seja suficiente para a garantia integral da dívida, poderá o juiz atribuir o efeito suspensivo com base na garantia meramente parcial do *quantum* exequendo. Essa possibilidade, de *superlativa excepcionalidade*, dar-se-á em respeito à regra constitucional do acesso pleno à justiça (CF, art. 5º, inc. XXXV), aplicável com o fito de evitar lesões irreparáveis aos direitos do executado.

A suspensividade poderá ser deferida tanto *ab initio* como durante o curso dos embargos à execução. A própria possibilidade de concessão do efeito suspensivo com base nos requisitos inerentes à tutela provisória fundada na evidência é a demonstração maior de que não necessariamente seu deferimento deve se dar somente no início do *iter* procedimental – visto que, exemplificativamente, sua concessão com base no abuso do direito de defesa (CPC, art. 311, inc. I) pressupõe a prévia citação e o desenvolvimento de alguma atividade processual por parte do embargado.

Além disso, diante de sua natureza eminentemente provisória, a decisão que defere o efeito suspensivo é *rebus sic stantibus*: vindo a ser alterado o panorama fático ou jurídico que motivou seu deferimento, tal decisão poderá ser revista, com a devida fundamentação, desde que haja expresso requerimento pela parte prejudicada (CPC, art. 919, § 2º).

Consoante o *caput* e o § 2º do art. 919, o efeito suspensivo não poderá ser deferido, revisto ou revogado *ex officio*,

A suspensão do processo executivo decorrente da atribuição de efeito suspensivo aos embargos à execução (CPC, art. 919, § 1º) é dotada de particularidades próprias. Conforme mencionado em nossos comentários aos arts. 921 e 923, trata-se de suspensividade *sui generis*, visto que, ao contrário das hipóteses tradicionais de suspensão do processo, esta (a) não obsta à realização de atos processuais como a penhora, sua ampliação, redução ou substituição, assim como à avaliação dos bens constritos (art. 919, § 5º), (b) não suspende o processo em relação aos demais executados, quando o fundamento arguido nos embargos disser respeito exclusivamente ao embargante (art. 919, § 4º) e (c) igualmente não suspende o processo quanto à parte não embargada da execução ou quanto à parte dos embargos recebida sem efeito suspensivo (art. 919, § 3º).

Em verdade, está-se diante de um *efeito suspensivo* que curiosamente *não suspende o processo de execução*, o que destoa de nossa tradição legislativa, inclusive no que tange à nomenclatura técnica consagrada para o uso desse conceito. Consoante já sustentado em outro estudo, em prol da boa técnica processual, entendemos que a expressão "efeito suspensivo", em função do inadequado uso que lhe foi dado, deveria ter sido evitada. Com isso, evitar-se-ia a desnecessária distorção do conceito de *efeito suspensivo*, o qual, em sede de embargos à execução, já em longeva tradição[485] vinha sendo utilizado, em nosso ordenamento jurídico, para designar a suspensão do trâmite do processo de execução.[486]

Na verdade, portanto, *a concessão do efeito suspensivo impedirá unicamente a expropriação dos bens do executado* (adjudicação e alienação judicial, seja esta última por leilão, seja por iniciativa particular) *e a posterior fase de entrega do dinheiro ao exequente ou ao credor com mais alto grau de privilégio ou preferência.*

O § 3º do art. 919 e o inc. II do art. 921 corretamente aludem à possibilidade de suspensão parcial ou total da execução, o que se dá em virtude de a parte postular, ou o juiz deferir a suspensividade unicamente quanto à parte dos embargos, ou ainda nos casos em que estes, embora integralmente recebidos no efeito suspensivo, não se insurgirem contra a execução como um todo.

Em caso de litisconsórcio passivo na execução, como já mencionado acima, o efeito suspensivo obtido nos embargos manejados por um executado não suspenderá a execução em relação aos demais quando o fundamento ali constante disser respeito exclusivamente ao embargante (CPC, art. 919, § 4º). *A contrario sensu*, o efeito suspensivo aproveitará aos demais executados quando o fundamento dos embargos lhes for comum.

Contra a decisão que deferir ou indeferir o efeito suspensivo aos embargos à execução, será cabível agravo de instrumento (CPC, art. 1.015, incs. I

485 Até o advento da Lei n. 11.382/2006, ainda sob a égide do Código de Processo Civil de 1973.

486 Maurício Giannico, "Breves comentários sobre a Lei n. 11.382/06", in *Temas atuais da execução civil:* estudos em homenagem ao Professor Donaldo Armelin, São Paulo: Saraiva, 2007, p. 550.

e X). O inc. X do art. 1.015 do Código remete ao cabimento do agravo contra as decisões interlocutórias que versarem sobre "concessão, modificação ou revogação do efeito suspensivo aos embargos à execução". Por uma infeliz inconformidade, o texto normativo acabou por não fazer menção expressa à decisão que *indeferir* o efeito suspensivo, o que motivou algumas decisões esparsas do Tribunal de Justiça de São Paulo a entenderem que não seria cabível o agravo contra a decisão *de indeferimento* do efeito suspensivo – mas sim e tão somente contra a que o deferir, o modificar ou o revogar, após sua concessão.[487]

Nem de longe, porém, parece ser essa a melhor exegese do texto legal.

Inicialmente, por tudo quanto já exposto neste item, a decisão que defere ou indefere a suspensividade dos embargos é inegavelmente uma decisão que versa sobre tutela provisória, o que, por si só, torna cabível contra ela o agravo, por força do inc. I do art. 1.015 do Código.

Mas, ainda que assim não fosse, até mesmo por uma questão de isonomia processual, não faria sentido que, diante do mesmíssimo pleito de atribuição da suspensividade aos embargos, somente um dos litigantes tivesse direito de recorrer. Se concedido tal efeito, o embargado poderá recorrer, mas, se não concedido, não haveria a mesma prerrogativa recursal em prol do embargante?

Essa singela circunstância faz-nos crer, com grande convicção e em homenagem a uma interpretação harmônica com o princípio constitucional da isonomia, que também com lastro no inc. X do art. 1.015 do Código será *indistintamente cabível* agravo de instrumento contra a decisão que *deferir* ou *indeferir* o efeito suspensivo aos embargos.

Art. 920. Recebidos os embargos:

I – o exequente será ouvido no prazo de 15 (quinze) dias;

II – a seguir, o juiz julgará imediatamente o pedido ou designará audiência;

III – encerrada a instrução, o juiz proferirá sentença.

CPC de 1973 – art. 740, caput

487 "Agravo de instrumento – Decisão que não atribui efeito suspensivo aos embargos à execução – Matéria que não se encontra entre as hipóteses do rol taxativo do artigo 1.015 do Código de Processo Civil – Inadmissibilidade – Recurso não conhecido" (TJSP, 15ª Câm. D. Privado, Ag. Inst. 2211908-46.2017.8.26.0000, j. 06.02.2018, rel. Des. Lucila Toledo, não conheceram, v.u.). Eis o quanto é afirmado no corpo desse acórdão: "a decisão que indefere a concessão de efeito suspensivo aos embargos à execução não está inserida nas hipóteses de cabimento de agravo de instrumento, artigo 1.015 do Código de Processo Civil, cujo rol é taxativo".

150. Prazo para resposta aos embargos à execução. Não realização de audiência de conciliação ou mediação (CPC, art. 334)

Consoante a dicção do inc. I do art. 920 do Código, o prazo para a resposta aos embargos à execução é de quinze dias. Sua contagem será feita em dias *úteis*, observando-se o disposto nos arts. 219 e 224 do Código de Processo Civil.

A contagem desse prazo será iniciada nos termos do art. 231 do Código, a partir da intimação via Diário Oficial, da juntada do mandado de citação e intimação ou do aviso de recebimento positivo aos autos, da juntada da carta precatória ou da informação de que tratam os arts. 232 e 915, § 4º, aos autos etc.

O exequente-embargado será citado e intimado para a apresentação de resposta por meio de seu advogado já constituído nos autos da execução. Tratando-se de uma nova *ação*, além da intimação para responder à petição inicial, haverá autêntica *citação*, pela qual o embargado toma ciência da existência dessa ação.

À falta de qualquer alusão à realização da audiência de conciliação ou mediação prevista no art. 334, pressupõe-se que o legislador conscientemente rechaçou a intenção de ver realizada tal audiência no curso do procedimento dos embargos à execução. Assim, ao prever que, recebidos os embargos, "o exequente será ouvido no prazo de 15 (quinze) dias", há de se entender que a audiência do art. 334 não será realizada.

Por óbvio, isso não tolhe a possibilidade de o magistrado, a qualquer tempo, convocar audiência com o intuito de conciliação (CPC, art. 139, inc. V).

151. As respostas do exequente-embargado

Como já mencionado em nossos comentários ao art. 914, além da possibilidade de apresentar contestação aos embargos à execução (na qual poderá impugnar o valor da causa e eventual assistência judiciária), poderá ainda o embargado opor exceção de impedimento ou suspeição no mesmo prazo (CPC, art. 917, § 7º, c/c arts. 146 e 148). Como regra, será incabível a alegação de incompetência na contestação, visto que os embargos serão processados e julgados pelo próprio juízo onde tramita a execução.

Também não será cabível a apresentação de reconvenção, embora possa o embargante formular pedidos contrapostos com vistas à compensação do valor exequendo com o dos frutos ou dos danos considerados devidos, quando se tratar de embargos de retenção por benfeitorias (CPC, art. 917, § 5º).

Por fim, não se mostram cabíveis quaisquer das modalidades de intervenção de terceiros.

152. Revelia e efeitos da revelia nos embargos à execução

A ausência de resposta por parte pelo exequente-embargado induz a revelia, *mas não seus efeitos.*[488] Isso porque, com ou sem resistência de sua parte nos embargos, *a priori* há de prevalecer a presunção legal da existência de seu crédito, representada pelo título executivo que lastreou sua ação executiva. Essa presunção elide os efeitos da revelia constantes da parte final do art. 344 do Código.

Assim, ao embargante incumbirá o ônus de provar suas alegações, não ficando dispensado dessa prova mesmo ante o silêncio do embargado.

Mas, como bem observam Luiz Guilherme Marinoni, Sérgio Cruz Arenhart e Daniel Mitidiero, se o fundamento dos embargos for alheio à existência do direito representado pelo título executivo, nessa parte deverá incidir a presunção de veracidade ante eventual silêncio do exequente-embargado.[489]

153. Prazo para resposta aos embargos à execução. Instrução probatória. Sentença. Apelação

Será plenamente admissível o julgamento antecipado do mérito dos embargos à execução, quando as matérias nele veiculadas forem exclusivamente de direito ou, havendo alegações sobre fatos, inexistir controvérsia entre as partes sobre eles.

Poderá também haver o julgamento antecipado sem a resolução do mérito do processo, nas hipóteses do art. 485 do Código, aplicado analogicamente aos embargos à execução (*v.g.*, ausência de pressupostos de constituição e de desenvolvimento válido e regular do processo, abandono do processo, acolhimento de alegação de convenção de arbitragem etc.).

Poderá o magistrado, no entanto, determinar a produção de provas. Tratando-se de processo de conhecimento com cognição exauriente, será permitida ampla produção probatória, tendo aplicação aos embargos à execução as normas constantes do Capítulo XII do Título I ("Do Procedimen-

488 "A ausência de impugnação do credor aos embargos à execução não é suficiente para elidir a presunção de certeza consubstanciada no título judicial, não podendo ser aplicados os efeitos da revelia" (STJ, 1ª T., REsp 1.677.161-SP, j. 19.10.2017, rel. Min. Regina Helena Costa, negaram provimento, v.u.).

489 *Novo Código de Processo Civil comentado*, São Paulo: RT, 2015, coment. ao art. 920, p. 860.

to Comum") do Livro VI do Código, que tratam das provas (CPC, arts. 369 a 484).

Nessa hipótese, havendo a produção de provas, uma vez encerrada a instrução probatória, o juiz proferirá sentença. Contra esta será cabível o recurso de apelação, o qual não será dotado de efeito suspensivo automático (*ope legis*).

Nada impede que, também na seara dos embargos à execução, o magistrado profira sentença parcial (CPC, art. 356), a qual poderá ser impugnada mediante a interposição de agravo de instrumento (art. 356, § 5º).

A literalidade do inc. III do § 1º do art. 1.012 remete à inexistência de efeito suspensivo à apelação que atacar sentença que "extingue sem resolução do mérito ou julga improcedentes os embargos do executado". Apesar dessa infeliz dicção, em nosso entendimento, a melhor exegese desse dispositivo é no sentido de que não será dotada de efeito suspensivo a apelação que se insurgir contra a sentença que *julgar* os embargos do executado, independentemente do resultado desse julgamento (de procedência ou improcedência dos embargos). Entender de forma contrária, concedendo-se efeito suspensivo à apelação da sentença de procedência dos embargos, seria permitir, por exemplo, que, vindo a ser desconstituído o título executivo, ainda assim a execução pudesse prosseguir na pendência da apelação, o que parece ilógico e incongruente.

154. Procedência dos embargos e seu efeito perante a expropriação

A eficácia da adjudicação, da arrematação e da alienação não está condicionada à improcedência dos embargos do devedor. Mesmo em caso de procedência dos embargos à execução ou da ação impugnativa autônoma prevista no § 4º do art. 903, *a alienação judicial não será desfeita* (CPC, art. 903, *caput*; CPC-1973, art. 694, *caput*), assegurando a lei o direito de reparação do prejudicado pelos prejuízos sofridos (CPC, art. 903, *in fine*).

Título IV
DA SUSPENSÃO E DA EXTINÇÃO DO PROCESSO DE EXECUÇÃO

CAPÍTULO I
DA SUSPENSÃO DO PROCESSO DE EXECUÇÃO

Art. 921. Suspende-se a execução:

I – nas hipóteses dos arts. 313 e 315, no que couber;

II – no todo ou em parte, quando recebidos com efeito suspensivo os embargos à execução;

III – quando o executado não possuir bens penhoráveis;

IV – se a alienação dos bens penhorados não se realizar por falta de licitantes e o exequente, em 15 (quinze) dias, não requerer a adjudicação nem indicar outros bens penhoráveis;

V – quando concedido o parcelamento de que trata o art. 916.

§ 1º Na hipótese do inciso III, o juiz suspenderá a execução pelo prazo de 1 (um) ano, durante o qual se suspenderá a prescrição.

§ 2º Decorrido o prazo máximo de 1 (um) ano sem que seja localizado o executado ou que sejam encontrados bens penhoráveis, o juiz ordenará o arquivamento dos autos.

§ 3º Os autos serão desarquivados para prosseguimento da execução se a qualquer tempo forem encontrados bens penhoráveis.

§ 4º Decorrido o prazo de que trata o § 1º sem manifestação do exequente, começa a correr o prazo de prescrição intercorrente.

§ 5º O juiz, depois de ouvidas as partes, no prazo de 15 (quinze) dias, poderá, de ofício, reconhecer a prescrição de que trata o § 4º e extinguir o processo.

CPC de 1973 – art. 791

155. Suspensão e extinção do processo executivo. A denominação carneluttiana de "crise" na execução. Causas de suspensão da execução

De maneira até mesmo imprópria, CARNELUTTI designa de "crises" do processo a ocorrência de determinados eventos que tenham o condão de impedir seu livre desenvolvimento e seu curso normal, desviando-o de suas finalidades.[490-491] Em relação ao processo de conhecimento, três seriam as

490 "Hablo de crisis del procedimiento para denotar el efecto que sobre él ejercen hechos que le impiden conseguir, prosiguiendo normalmente su curso, la finalidad a que tiende. Crisis es, por tanto, un modo de ser anormal del procedimiento en virtud del cual se detiene su curso, temporal o definitivamente" (FRANCESCO CARNELUTTI, *Instituciones del proceso civil*, trad. Santigo Sentís Melendo, Buenos Aires: El Foro, 1997, n. 495, v. II, p. 148).

491 Consoante a equilibrada crítica de ARAKEN DE ASSIS, "(...) a palavra 'crise' traz à mente, erroneamente, algo próximo da patologia, às vezes tão séria e fatal que sobrevém a 'morte' (extinção do processo). Ao invés, os eventos que originam a crise representam fatos e atos normais na pendência da relação processual, concebidos como alternativa ao procedimento padrão, e, assim, não constituem os sintomas de qualquer anomalia fatal" (ARAKEN DE ASSIS, *Manual da execução*, 18ª ed., cit., p. 676). A essas ponderadas observações, acrescentamos que, em alguns casos, a suspensão e a extinção do processo de execução ocorrem em prol do próprio adimplemento da obrigação exequenda, por exemplo, nas hipóteses do art. 922 (suspensão convencional do processo executivo para cumprimento da obrigação pelo devedor) e do art. 924, inc. III (extinção da execução por força do desaparecimento

crises: a *suspensão*, a *interrupção*[492] e a *extinção*; no processo executivo, duas: a *suspensão* e a *extinção* da execução.[493]

Em verdade, o que Carnelutti designa de "crise" do processo executivo nada mais é do que a perspectiva de paralisação temporária ou definitiva deste, com a consequente inviabilização da concretização dos escopos e das finalidades que lhe são programadas pelo sistema jurídico. No vernáculo da língua portuguesa, a palavra *crise* tem acepção que destoa dessa ideia.

Parece-nos mais interessante, pois, simplesmente designar os institutos pelo o que estes realmente são em sua essência: *causas de suspensão e de extinção do processo de execução*. Quando muito, há de se acrescentar que, ao se tratar da extinção, esta poderá ser "típica" ou "atípica", a depender de um desfecho frutífero ou infrutífero[494] da execução em termos de satisfação ou não do direito do credor.

Nesse contexto, sendo a função do processo de execução a de satisfazer o direito do credor que detenha título executivo contendo obrigação líquida, certa e exigível, em princípio esta deve se submeter a um *desfecho único*, com a satisfação desse direito (desfecho típico ou frutífero). Consoante a doutrina costuma apontar, esse desfecho único consiste em resolver a *crise de adimplemento* então instaurada.

Evidentemente, porém, há hipóteses em que a execução se mostra ilegítima – seja porque o exequente não é efetivamente *credor* da obrigação, seja porque a via executiva não seja adequada para a veiculação de sua pretensão etc. Nessas ocasiões, poderá então ser verificado um desfecho considerado "atípico" da execução, por meio do qual o processo há de se extinguir sem que seu resultado programado venha a ser atingido (desfecho atípico ou infrutífero).

Sobre as causas de extinção do processo de execução e suas peculiaridades, remetemos o qualificado leitor aos nossos comentários ao art. 924.

Quanto às hipóteses de suspensão previstas pelo art. 921, estas não são exaustivas. Basta verificar, a título exemplificativo, que o subsequente art. 922

---

total da dívida) – algo que, em verdade, revela inexistir qualquer crise ou patologia na seara executiva, mas sim um resultado típico e desejado do escopo de satisfação dos direitos do credor.

492 Além de estranha ao direito brasileiro, parte da doutrina, aliás, entende que as situações de interrupção e suspensão do processo inclusive se confundem, ante suas características e seus efeitos praticamente idênticos (cf. Egas Moniz de Aragão, *Comentários ao Código de Processo Civil*, Rio de Janeiro: Forense, 1998, v. 2, p. 350).

493 Francesco Carnelutti, *Instituciones del proceso civil*, trad. Santigo Santís Melendo, Buenos Aires: El Foro, 1997, v. III, p. 167.

494 Conforme a linguagem utilizada por Enrico Tullio Liebman: "a execução pode ser (...) possível e impossível, frutífera ou infrutífera" (*Processo de execução*, 2ª ed., São Paulo: Saraiva, 1963, n. 17, p. 31).

do Código de Processo Civil traz uma causa autônoma de suspensão, a denominada *suspensão convencional da execução* (v. nossos comentários ao art. 922). Do mesmo modo, o próprio Código expressamente alude à suspensão dos processos, incluindo-se o de execução, exemplificativamente, (a) nos casos de incidente de desconsideração da personalidade jurídica (CPC, art. 134, § 3º), (b) durante as férias forenses, período em que "não se praticarão atos processuais", ressalvadas as exceções legais (CPC, art. 214, *caput* e incs. I e II), (c) durante a pendência de conflito de competência (CPC, art. 66), hipótese em que o respectivo relator poderá (*rectius*, deverá) determinar a suspensão do processo (CPC, art. 955, *caput*).

156. Suspensão da execução nas hipóteses dos arts. 313 e 315 do Código de Processo Civil (CPC, art. 921, inc. I)

As hipóteses de suspensão do processo elencadas pelos arts. 313 e 315 do Código de Processo Civil também se aplicam, ainda que com temperamentos, às execuções. Dispõe o art. 313 que o juiz determinará a suspensão do processo (a) por força da morte ou perda de capacidade processual de qualquer das partes, de seu representante legal ou de seu procurador (inc. I), (b) pela convenção das partes (inc. II), (c) pela arguição de impedimento ou suspeição (inc. III), (d) pela admissão de incidente de resolução de demanda repetitiva (inc. IV), (e) por força da prejudicialidade (inc. V), (f) por motivo de força maior (inc. VI), (g) quando restar pendente julgamento de questão prejudicial na esfera do Tribunal Marítimo (inc. VII), (h) pelo parto ou pela concessão de adoção, quando a advogada responsável pelo processo constituir a única patrona da causa (inc. IX), (i) quando o advogado responsável pelo processo constituir o único patrono da causa e se tornar pai (inc. X) e (j) nos demais casos previstos no Código de Processo Civil (inc. VIII).

Independentemente da natureza do processo judicial, a morte ou a perda da capacidade processual de uma das partes, de seu representante legal ou de seu procurador (CPC, art. 313, inc. I) gerará a suspensão do processo até que sejam habilitados os sucessores ou o espólio (CPC, arts. 110, 687 e s.) ou regularizada a respectiva representação (CPC, art. 313, § 3º).

Quanto ao inc. II do art. 313, embora parte da doutrina entenda que este não tenha aplicação ao processo de execução por força da existência de dispositivo específico prevendo a suspensão pela convenção das partes (CPC, art. 922),[495] ousamos discordar desse entendimento. Isso porque o

495 Cf. LEONARD ZIESEMER SCHMITZ, *Comentários ao Código de Processo Civil*, coord. Angélica Arruda Alvim, Araken de Assis, Eduardo Arruda Alvim e George Salomão Leite, São Paulo: Saraiva, 2016, p. 1052.

art. 922 alude à suspensão convencional da execução *para o cumprimento voluntário da obrigação*, parecendo-nos plenamente possível que, com lastro no art. 313, inc. II, as partes requeiram a suspensão do processo executivo, por exemplo, para iniciar meras tratativas de acordo, e não necessariamente para estabelecer o modo de cumprimento da obrigação (hipótese típica do art. 922). O prazo de suspensão fundado nessa hipótese não excederá seis meses (art. 313, § 4º).

No que tange ao inc. III do art. 313, vindo a ser manejada ou restando pendente exceção de suspeição ou impedimento contra o juiz da execução, se esta vier a ser recebida no efeito suspensivo (CPC, art. 146, § 2º), durante o período de suspensão do processo caberá ao seu substituto legal ordenar as medidas urgentes previstas no art. 923. Caso a exceção seja recebida pelo Tribunal sem a atribuição de efeito suspensivo, então continuará cabendo ao próprio juiz dar azo a tais medidas (CPC, art. 146, § 3º).

No caso do inc. IV do art. 313, considerando-se que no processo de execução ordinariamente não haverá pronunciamento de mérito quanto à existência do crédito ou quanto à validade do título executivo, na prática, apenas muito excepcionalmente este poderá ser suspenso por força da admissão de incidente de resolução de demandas repetitivas. Muito mais comum que os embargos à execução possam vir a ser suspensos por força desse incidente.

O mesmo raciocínio acima se aplica às hipóteses dos incs. V e VII do art. 313, que tratam da suspensão por força da existência de uma relação de prejudicialidade entre demandas judiciais ou em relação a julgamento a ser proferido perante o Tribunal Marítimo. Inexistindo *sentença de mérito* no processo de execução, os dispositivos em questão tendem a não ter aplicação ao processo de execução, sendo muito mais apropriado que venha a se estabelecer uma relação de prejudicialidade com os embargos à execução. Assim, ainda que exista jurisprudência admitindo a suspensão da própria execução nessas situações,[496] entendemos que esta deverá atingir somente o processo incidente

496 "Muito embora o Código de Processo Civil não reconheça a conexão entre a ação declaratória e a execução, o fato é que o não reconhecimento de tal prejudicialidade pode dar causa a situação extremamente desvantajosa para a parte e contraproducente para o Judiciário. Caso sejam proferidas decisões conflitantes em cada um deles, ambas serão inexequíveis e criarão situação de insegurança jurídica inadmissível no Estado Democrático de Direito – Ação declaratória e execução que possuem por objeto o mesmo contrato, verificando-se a conexão e prejudicialidade externa a recomendar a suspensão, para o julgamento definitivo da ação declaratória (art. 265, inc. IV, alínea 'a' do CPC)" (TJSP, 15ª Câm. D. Privado, Apel. 9116608-16.2009.8.26.0000, j. 06.05.2013, rel. Desa. Maria Lúcia Pizzotti, suspenderam o feito, v.u.).

de embargos à execução, mas não o processo executivo em si, já que nele, como regra, não será proferida sentença de mérito.[497]

Motivos de força maior, como a ocorrência de calamidade pública, igualmente poderão impor a suspensão do processo executivo (art. 313, inc. VI).

Quanto aos demais casos de suspensão regulados pelo Código (art. 313, inc. VIII), já falamos deles no item anterior deste estudo.

A suspensão do processo executivo poderá ocorrer ainda pela ocorrência de parto ou concessão de adoção pela advogada, quando esta for a única patrona a representar uma das partes (art. 313, inc. IX). Nesse caso, o prazo da suspensão será de trinta dias, contados da data do parto ou da concessão da adoção (art. 313, § 6º).

Por fim, suspender-se-á o processo de execução quando o advogado se tornar pai e igualmente for o único patrono de uma das partes (art. 313, inc. X). Nessa situação, o lapso de suspensão será de oito dias, também contado da data do nascimento do filho ou da concessão da adoção (art. 313, § 7º).

A pronúncia de suspensão do processo executivo pelo juiz faz cessar a possibilidade da prática de outros atos processuais até que este período se finde. O regime legal da suspensão da execução pressupõe a não realização de atos processuais, salvo aqueles considerados urgentes (CPC, art. 923). Eventuais atos processuais praticados durante o período de suspensão do processo poderão ser considerados nulos, se vierem a causar efetivo prejuízo a alguma das partes; caso contrário: *pas de nullité sans grief*, tomando-se por válidos e eficazes os atos praticados durante a suspensão que não causarem prejuízo às partes.

Para uma visão mais aprofundada dos efeitos dessa suspensão, remetemos o leitor aos nossos comentários ao art. 923 do Código.

157. Suspensão da execução pelo recebimento dos embargos do executado com efeito suspensivo (CPC, art. 921, inc. II)

A suspensão do processo executivo decorrente da atribuição de efeito suspensivo aos embargos à execução (CPC, art. 919, § 1º) é dotada de contornos muito particulares. Consoante mencionado em nossos comentários ao art. 919, trata-se de suspensividade *sui generis*, visto que, ao contrário das hipóteses tradicionais de suspensão do processo, esta (a) não obsta à realização de atos processuais como a penhora, sua ampliação, redução ou substituição, assim como à avaliação dos bens constritos (art. 919, § 5º), (b) não suspende o pro-

497 Vindo a ser admitida a suspensão, esta se dará por prazo não superior a seis meses (art. 313, § 4º).

cesso em relação aos demais executados, quando o fundamento arguido nos embargos disser respeito exclusivamente ao embargante (art. 919, § 4º) e (c) igualmente não suspende o processo quanto à parte não embargada da execução ou quanto à parte dos embargos recebida sem efeito suspensivo (art. 919, § 3º).

Em verdade, está-se diante de um *efeito suspensivo* que curiosamente *não suspende o processo de execução*, o que destoa de nossa tradição legislativa, inclusive no que tange à nomenclatura técnica consagrada para o uso desse conceito. Consoante já sustentado em outro estudo, em prol da boa técnica processual, entendemos que a expressão "efeito suspensivo", em função do inadequado uso que lhe foi dado, deveria ter sido evitada. Com isso, evitar-se-ia a desnecessária distorção do conceito de *efeito suspensivo*, o qual, em sede de embargos à execução, já em longeva tradição[498] vinha sendo utilizado, em nosso ordenamento jurídico, para designar a suspensão do trâmite do processo de execução.[499]

O inc. II do art. 921 corretamente alude à possibilidade de suspensão parcial ou total da execução, o que se dá em virtude de a parte postular, ou o juiz deferir a suspensividade unicamente quanto à parte dos embargos, ou ainda nos casos em que estes, embora integralmente recebidos no efeito suspensivo, não se insurgirem contra a execução como um todo (CPC, art. 919, § 3º).

158. Suspensão da execução por falta de bens penhoráveis (CPC, art. 921, inc. III). Prazo não superior a um ano. Prescrição intercorrente. Arquivamento dos autos

Como regra, a execução deverá ser extinta após entregue a tutela jurisdicional ao demandante, consistente na satisfação de seu direito de crédito por quantia certa, ou no cumprimento da obrigação de fazer ou não fazer prevista em título executivo etc. Porém, como bem ensina Dinamarco, a execução está sujeita a limites naturais e políticos.[500]

Os limites políticos têm fundamento maior na Constituição Federal e impedem, por exemplo, que a execução (a) avance sobre o corpo do devedor (podendo apenas incidir, em princípio, sobre seu patrimônio e sua vontade,

---

498 Até o advento da Lei n. 11.382/2006, ainda sob a égide do Código de Processo Civil de 1973.

499 Maurício Giannico, "Breves comentários sobre a Lei n. 11.382/06", in *Temas atuais da execução civil:* estudos em homenagem ao Professor Donaldo Armelin, São Paulo: Saraiva, 2007, p. 550.

500 Cândido Rangel Dinamarco, *Instituições de direito processual civil*, 3ª ed., São Paulo: Malheiros, 2009, n. 1.337, v. IV, p. 60 e s.

vedada a prisão por dívidas – CF, art. 5º, inc. LXVII), (b) extrapole a pessoa do devedor e atinja seus familiares ou outros terceiros não responsáveis pela dívida, (c) invada o patrimônio do devedor de modo desnecessário, atentando-se para a regra da menor onerosidade possível (CPC, art. 805) e (d) viole o princípio da dignidade da pessoa humana, substrato ético das regras que impõem a impenhorabilidade de certos bens, como o imóvel onde reside o devedor e sua família (Lei n. 8.009/90).[501]

Já os limites naturais decorrem das impossibilidades físicas de o processo executivo prosseguir. Isso se dá, exemplificativamente, quando o objeto da ação de execução de entregar coisa certa é destruído, ou quando a prestação personalíssima e as medidas executórias coercitivas não surtem efeito contra o devedor, ou ainda quando o executado, em execução pecuniária, simplesmente não detém patrimônio para saldar sua dívida.[502] Diante dessas situações, a execução deixa de reunir condições para prosseguir rumo ao seu fim *típico*, de satisfazer o direito do credor.

Na dicção do inc. III do art. 923 do Código, a falta de bens penhoráveis é causa para a suspensão do processo de execução.

Durante a vigência da suspensão, que não excederá o prazo de um ano, ficará igualmente suspensa a prescrição intercorrente (CPC, art. 921, § 1º).

A prescrição intercorrente é caracterizada essencialmente pela inércia do exequente em impulsionar o processo de execução.[503] Sabendo-se que a execução encontra limites empíricos, dependendo da efetiva existência e localização de bens do executado para sua progressão, o Código estabelece que, no caso de suspensão do processo pela falta de bens penhoráveis, o início da contagem da prescrição intercorrente ocorrerá somente após um ano (CPC, art. 921, § 4º). Consoante estabelece a Súmula 150 do Supremo Tribunal Federal, "prescreve a execução no mesmo prazo da ação". Para o reconhecimento da prescrição intercorrente, além do decurso do prazo, a jurisprudência do Superior Tribunal de Justiça firmou o entendimento no sentido de que, para que esta seja reconhecida, é necessária a prévia intimação pessoal do exequente.[504]

501 Cândido Rangel Dinamarco, *Instituições de direito processual civil*, cit., n. 1.337, v. IV, p. 60 e s.

502 Cf. Cândido Rangel Dinamarco, *Instituições de direito processual civil*, cit., n. 1.337, v. IV, p. 62.

503 Como observa Leonard Ziesemer Schmitz, "trata-se da perda da eficácia da pretensão executiva por inércia do credor/exequente" (*Comentários ao Código de Processo Civil*, coord. Angélica Arruda Alvim, Araken de Assis, Eduardo Arruda Alvim e George Salomão Leite, São Paulo: Saraiva, 2016, p. 1057).

504 "Agravo interno. Agravo em recurso especial. Ação de execução. Prescrição intercorrente. Necessidade de prévia intimação do exequente para dar andamento ao

Além disso, consoante o comando instituído pelo § 5º do art. 921, antes de decisão acerca da existência ou não da prescrição intercorrente, o juiz ouvirá as partes[505] – até mesmo para se evitar uma reprovável decisão-surpresa (CPC, art. 10).

Vindo a serem encontrados bens passíveis de penhora, a qualquer tempo os autos do processo de execução poderão ser desarquivados (art. 921, § 3º).

Uma relevante consideração final deve ser feita ao inc. III do art. 921. Sabendo-se que nem todo processo executivo visa à expropriação do patrimônio do devedor – havendo aqueles que objetivam a entrega de coisa, de um fazer ou de um não fazer etc. –, apenas as execuções pecuniárias regidas pela sistemática da expropriação é que deverão ser suspensas pela ausência de bens passíveis de penhora. Como já dito no início deste estudo, a expropriação é, em verdade, nada mais do que uma *técnica*, dentre tantas outras previstas em nossa legislação processual, a serviço da satisfação da tutela jurisdicional executiva pecuniária. Não é a única e, na realidade, ela sequer tem aplicação a todas as espécies de execução, razão pela qual a inexistência de bens do devedor não será relevante, nem motivo de suspensão das modalidades de execução que não visem à expropriação do patrimônio do devedor.

159. Suspensão da execução por força da inércia do exequente após a realização de leilão sem licitantes (CPC, art. 921, inc. IV)

Os arts. 899 e seguintes do Código de Processo Civil dispõem que a arrematação será suspensa (*rectius*, interrompida) quando o produto arrecado for suficiente para satisfazer integralmente o crédito exequendo, e apontam os efeitos e consequências jurídicas que se operam quando o leilão judicial se mostrar frutífero. Curiosamente, porém, inexiste, nessa Subseção do Código,[506] qualquer referência à forma de prosseguimento da execução nos casos em que a hasta pública se mostrar *infrutífera*.

Diante do propósito executivo de satisfazer o direito do exequente, pressupõe-se naturalmente o interesse deste em promover novas medidas executivas, seja por meio da busca de outros bens com mais liquidez para serem

---

processo. 1. A jurisprudência do STJ firmou o entendimento no sentido de que, para ser reconhecida a prescrição intercorrente, é necessária a intimação pessoal do exequente, o que não ocorreu na hipótese dos autos. 2. Agravo interno a que se nega provimento" (STJ, 4ª T., Ag. Int. no AREsp 1.032.107-SP, j. 10.10.2017, rel. Min. Isabel Gallotti, DJ 19.10.2017, negaram provimento, v.u.).

505 Cf. também o art. 487, parágrafo único, do Código de Processo Civil, de aplicação supletiva ao processo de execução (CPC, art. 771, parágrafo único).

506 Subseção II da Seção IV do Capítulo IV do Título II do Livro II do Código.

expropriados, seja por meio da realização de um novo leilão judicial do mesmo bem, seja pela efetivação de uma nova avaliação do bem penhorado (quando esta se mostrar desatualizada), e seja ainda por sua intenção superveniente de adjudicar o bem para si, haja vista o insucesso da arrematação por terceiros.

Sabendo-se, porém, que a execução se processa em benefício e em atendimento às escolhas do exequente, a lei não lhe impõe qualquer uma dessas medidas, as quais devem ser objeto de requerimento de sua parte. Poderá e deverá o juiz até mesmo intimar o exequente para se manifestar no bojo da execução em termos de prosseguimento, mas obviamente não poderá obrigá-lo a, por exemplo, adjudicar um bem se assim este não desejar.

Nesse contexto, o inc. IV do art. 921 do Código dispõe que o processo de execução será suspenso se o exequente permanecer inerte após a realização frustrada do leilão judicial e não requerer, no prazo subsequente de quinze dias, a adjudicação nem indicar outros bens penhoráveis. Tal dispositivo está em sintonia com o disposto no art. 878, o qual prescreve que, frustradas as tentativas de alienação do bem, será reaberta a oportunidade para se postular a adjudicação – seja pelo próprio exequente, seja por alguns dos sujeitos elencados no § 5º do art. 876 do Código.

Embora o inc. IV do art. 921 não faça menção ao termo inicial desse prazo de quinze dias, é mais do que razoável entender que este será contado da intimação do exequente acerca do resultado (infrutífero) do leilão judicial. Afinal, só a partir daí é que ele terá efetiva ciência do quanto ocorrido na tentativa de expropriação do bem penhorado.

Conquanto os arts. 921, inc. IV, e 876 mencionem apenas, como medidas de prosseguimento da execução após frustrado o leilão, as possibilidades de (a) adjudicação, (b) indicação de outros bens à penhora ou (c) efetivação de nova avaliação do bem penhorado, evidentemente poderá o exequente postular também (d) a realização de nova hasta pública do mesmo bem. Inexiste qualquer óbice para que essa nova tentativa ocorra; ao contrário, é natural e produtivo que assim seja, o que tende a abreviar em muito a chance de um desfecho célere do processo executivo, evitando-se o reinício da atividade executiva, com todos os incidentes relativos à penhora de um novo bem, a intimação do executado, eventuais impugnações, sua avaliação e enfim um novo leilão.

Verificada a inércia do exequente nessa hipótese do inc. IV do art. 921, o juiz determinará o arquivamento dos autos. Estes, porém, poderão ser desarquivados a qualquer tempo, mediante requerimento pela parte interessada.

Consoante leciona Araken de Assis, ainda que o Código não mencione o interregno máximo para a hipótese de suspensão do inc. IV do art. 921, por analogia, parece razoável aplicar o prazo de um ano previsto no § 1º desse mesmo dispositivo.[507] Porém, ao contrário do que enuncia o ilustre professor, entendemos que, após o período ânuo, iniciar-se-á a fluência do prazo da prescrição intercorrente, parecendo-nos clara a caracterização da inércia do exequente a partir daí. Ademais, não parece fazer sentido que uma execução devidamente garantida por penhora possa ficar suspensa por lapso indeterminado, sujeitando *ad aeternum* o patrimônio do executado à responsabilidade patrimonial executiva, o que parece injusto e antijurídico.

160. Suspensão da execução pelo deferimento do parcelamento previsto no art. 916 do Código (CPC, art. 921, inc. V)

Como já visto, o art. 916 do Código permite que o executado, no prazo para a oposição dos embargos, uma vez reconhecendo o crédito exequendo e depositando trinta por cento do valor da execução (acrescido de custas e honorários advocatícios), postule o parcelamento do restante da dívida em até seis parcelas mensais, acrescidas de correção monetária e juros de um por cento ao mês.

Ouvida a parte contrária em cinco dias (CPC, art. 916, § 1º) e vindo a ser deferido esse parcelamento pelo juiz, naturalmente seria prematura a extinção da execução, ao menos até que as parcelas mensais sejam efetivamente quitadas pelo executado. Daí a correta solução idealizada pelo legislador, de determinar que, durante tal lapso temporal, a execução permaneça *suspensa*.

Em tais situações, seria ilógico e contraproducente que o processo executivo fosse de imediato extinto, mostrando-se corretíssima a opção por sua temporária suspensão. Diante da factível possibilidade de descumprimento do parcelamento obtido pelo executado, muito mais plausível e inteligente que a mesma execução possa prosseguir de onde tenha parado, evitando-se o desnecessário início de uma nova execução, com a grave perda de toda a atividade executiva já praticada e com o reinício de todas as fases até então já ultrapassadas.

A opção do executado pelo parcelamento implica renúncia ao direito aos embargos à execução (CPC, art. 916, § 6º).

Art. 922. Convindo as partes, o juiz declarará suspensa a execução durante o prazo concedido pelo exequente para que o executado cumpra voluntariamente a obrigação.

Parágrafo único. Findo o prazo sem cumprimento da obrigação, o processo retomará o seu curso.

CPC de 1973 – art. 792

507 ARAKEN DE ASSIS, *Manual da execução*, 18ª ed., cit., n. 159, p. 715.

161. Suspensão do processo de execução por convenção das partes. Acordo para cumprimento da obrigação pelo executado. Extinção da execução ou retomada de seu curso

Como já asseverado inúmeras vezes ao longo deste estudo, a execução é realizada em prol do credor que detém título executivo. Como tal, sem se perder de vista que o processo é um instrumento de Direito Público voltado para escopos políticos, sociais e jurídicos muito bem delineados, é natural e assente que este detenha relativa liberdade para manejar as ferramentas executivas conforme queira. Como já pudemos asseverar em outro estudo, a tutela executiva deverá amoldar-se à vontade e às escolhas feitas pelo credor.[508]

Diante dessa premissa, nada mais natural que exequente e executado possam requerem e obter a suspensão do processo executivo, sob a perspectiva de firmar um acordo ou mesmo de convencionar prazos mais dilatados do que aqueles previstos na lei processual para o cumprimento da obrigação estampada no título executivo. Sendo plenamente admissível que as partes se componham e ponham fim ao processo executivo, com ainda mais lógica é possível que estas transijam acerca do modo, do prazo e das condições para a satisfação do direito do exequente. Afinal, está-se aqui essencialmente no plano da disponibilidade do direito das partes.

A redação do atual art. 922 do Código de Processo Civil é praticamente idêntica à do art. 792 do Código de 1973, com uma singela alteração terminológica, suprimindo-se o termo "credor", substituindo-o pela menção ao "exequente".

Como também já asseverado alhures, a opção do legislador por esse último termo se dá em razão do prestígio ao linguajar técnico processual, sabendo-se que nem sempre o exequente é verdadeiramente um credor, havendo inúmeras situações em que a execução por ele instaurada é ilegítima. Não obstante esse saudável apuro terminológico, consideramos igualmente correta a utilização do termo "credor", haja vista que a própria lei processual, diante da presença de um título executivo, institui uma presunção (*praesumptiones iuris*), ainda que relativa, da existência de uma obrigação a cargo do sujeito passivo da execução, o que naturalmente torna seu sujeito ativo "credor" dessa mesma obrigação.[509]

508 MAURÍCIO GIANNICO, *Expropriação executiva*, cit., p. 182.

509 Como já pudemos apontar em outro estudo, ainda durante a vigência do Código de Processo Civil de 1973, em função do então recente advento da Lei n. 11.382/2006: "somos amplamente favoráveis às mudanças que tenham por escopo aprimorar a linguagem técnica da lei, mas, especificamente nesse caso, pensamos tratar-se de um preciosismo desnecessário e quiçá contrário ao próprio espírito da legislação que rege o processo de execução. Afinal, sabe-se que, em matéria de

Como bem apontam Edson Ribas Malachini e Araken de Assis, ao contrário do que prescreve o texto normativo, é o processo de execução que é suspenso, e não propriamente a execução.[510] Os atos executivos serão suspensos como mera consequência da paralisação temporária do processo onde está programada sua realização.

As disposições constantes do art. 922 são de larga utilização na praxe forense, sendo absolutamente corriqueiro que as partes cheguem a uma composição, postulando a suspensão da execução até que o respectivo acordo entre elas entabulado seja efetivamente cumprido. Trata-se da denominada *suspensão convencional* do processo executivo.

Em tais situações, tal como já comentado em relação à hipótese de suspensão trazida pelo art. 921, inc. V, do Código, seria ilógico e contraproducente que o processo executivo fosse de imediato extinto, mostrando-se corretíssima a opção por sua temporária suspensão (cf. parágrafo único do art. 922). Diante da factível possibilidade de descumprimento dos termos do acordo pelo executado, muito mais plausível e inteligente que a mesma execução possa prosseguir de onde tenha parado, evitando-se o desnecessário início de uma nova execução, com a grave perda de toda a atividade executiva já praticada e com o reinício de todas as fases até então já ultrapassadas.

---

execução, o Código de Processo Civil parte da presunção (relativa, é verdade) de que o demandado é efetivamente *devedor* da obrigação consubstanciada no título executivo apresentado conjuntamente à ação executiva. Na verdade, ambas as expressões devem ser consideradas corretas. Quando considerada pela ótica da ação executiva e das partes que nela atuam, *executado* é pura e simplesmente aquele que figura no polo passivo de ação executiva. Já quando se tem em vista a estrutura do processo de execução e as premissas em que este se lastreia, *devedor* é aquele que, diante da presunção da existência de uma dívida, revela-se como o sujeito de uma obrigação, constante de título executivo. Preferimos, é verdade, a expressão *executado*, diante da já citada relatividade da presunção e da consciência de que, muitas vezes, o sujeito passivo da execução nada deve ao exequente. Mas essa é uma filigrana que não traz benefícios nem melhora a qualidade da prestação jurisdicional. Como dito acima, a adequação da linguagem técnico-jurídica é, sem dúvidas, uma providência positiva, mas o preciosismo sobre questões que não trazem dúvidas interpretativas deve ser evitado. Ademais, vale lembrar que a primitiva redação desse dispositivo legal, instituída pela lei n. 5.869, de 11 de janeiro de 1973, seguindo a tradição do Código de 1939, inclusive falava em *executado*, tendo essa expressão sido substituída pela palavra *devedor* com o advento da lei n. 5.925, de 1º de dezembro de 1973. Voltar a essa discussão, após mais de *três décadas* de vigência do Código de Processo Civil, parece desnecessário e sem maiores utilidades práticas" (Maurício Giannico, "Breves comentários sobre a Lei n. 11.382/06", in *Temas atuais da execução civil:* estudos em homenagem ao Professor Donaldo Armelin, São Paulo: Saraiva, 2007, p. 531-532).

510 Edson Ribas Malachini e Araken de Assis, *Comentários ao Código de Processo Civil*, São Paulo: RT, 2001, v. 10, p. 738.

A hipótese de suspensão ditada pelo art. 922 ora em comento não se confunde com aquelas previstas no art. 313, inc. II, e no art. 921 do Código e, portanto, não está limitada ao prazo de seis meses consignado no § 4º deste último dispositivo. Embora parte da doutrina sustente que tal limitação temporal tenha aplicação subsidiária ao processo de execução, entendemos que a regência dessa hipótese de suspensão venha definida exclusivamente pela regra *especial* trazida pelo art. 922, inserto no Livro II da Parte Especial do Código de 2015, o qual rege especificamente os processos de execução. Tratando-se de *lex specialis*, há de prevalecer a inteireza de seus ditames, sabendo-se que inexiste ali qualquer limitação ao prazo de suspensão convencional da execução.

Ainda que o Código preveja a aplicação supletiva das regras do Livro I da Parte Especial ("Do Processo de Conhecimento e do Cumprimento de Sentença") ao processo de execução, por dicção expressa do parágrafo único do art. 771, isso naturalmente há de ser observado "no que couber". No caso concreto, porém, diante da especificidade da norma do art. 922, inexistirá aplicação subsidiária do art. 313.

Até mesmo por força de questões práticas, é correto que assim seja, haja vista a possibilidade, absolutamente factível, de o próprio cumprimento do acordo entabulado entre as partes levar mais de seis meses para ocorrer – por exemplo, quando o pagamento do *quantum* exequendo seja feito em mais de seis prestações mensais.

Conquanto a lei mencione o cumprimento "voluntário" da obrigação pelo executado, em verdade a situação mais comum é que haja um prévio acordo de vontades entre as partes, o que naturalmente obriga este último a honrar aquilo que fora avençado. No mais das vezes, assim, não se trata propriamente de um cumprimento voluntário da obrigação.

Em nosso entender, o art. 922 retrata hipótese de autêntico *negócio jurídico processual no âmbito executivo*, o qual encontra, no mais, previsão legal mais ampla e detalhada no art. 190 do Código de Processo Civil.

Como já dito acima, tratando-se de transação judicial, é perfeitamente possível que as partes alterem os termos da obrigação originária constante do título executivo, seja para alongar prazos para pagamento, seja para reduzir o valor da obrigação, seja para permitir seu pagamento em parcelas etc. Embora o texto do antigo art. 475-N, inc. V, do Código de 1973 – *o qual prescrevia que a transação poderia albergar "matéria não posta em juízo"* – tenha sido suprimido do correspondente art. 515, inc. II, do Código de 2015, essa possibilidade remanesce integralmente válida.

Durante a suspensão do processo de execução, é vedada a prática de atos executivos, excetuados os atos urgentes, a fim de evitar perecimento de direitos (CPC, art. 923).

Findo o prazo avençado entre as partes, estas informarão o juiz, em conjunto ou separadamente, acerca do efetivo cumprimento do quanto entabulado entre elas. Cumpridos os termos do acordo em sua íntegra, o juiz extinguirá o processo de execução, com base no art. 924, inc. I, do Código de Processo Civil.

No entanto, descumprido, no todo ou em parte, o quanto avençado, com lastro no parágrafo único do art. 922, o juiz determinará o prosseguimento da execução em seus ulteriores termos, retomando o procedimento a partir do estágio onde este se encontrava antes da suspensão.

Art. 923. Suspensa a execução, não serão praticados atos processuais, podendo o juiz, entretanto, salvo no caso de arguição de impedimento ou de suspeição, ordenar providências urgentes.

CPC de 1973 – art. 793

162. Suspensão do processo de execução. Vedação à prática de atos processuais, salvo aqueles urgentes

A pronúncia de suspensão do processo executivo pelo juiz faz cessar a possibilidade da prática de outros atos processuais até que esse período se finde. O estado de suspensão é caracterizado exatamente pela inércia do processo; se os atos processuais continuassem a ser praticados, por consequência inexistiria suspensão. Daí ser corolário lógico da suspensão a vedação à realização de atos processuais.

Mas, com toda a razão, o art. 923 do Código expressamente ressalva a possibilidade de efetivação de atos considerados urgentes. Se no plano material o devedor estiver alienando bens em fraude à execução, ou se o bem penhorado estiver correndo risco de perecer, poderá o juiz, durante o estado de suspensão, determinar as medidas e providências necessárias para evitar essas e outras situações análogas. Na disciplina processual civil, a urgência tende a estar associada ao perigo de dano irreparável ou de difícil reparação, e é exatamente isso o que o dispositivo legal em comento busca tutelar.

O texto do art. 923 é similar ao do art. 314, insculpido para disciplinar as hipóteses de suspensão do processo nas fases de conhecimento e de cumprimento de sentença. Este último dispositivo faz referência explícita ao escopo de "evitar dano irreparável", fórmula que acabou não sendo repetida pelo art. 923. Não há dúvidas, porém, de que a premissa de salvaguardar direitos em perigo igualmente está na base da correta interpretação do art. 923 ora comentado.

Sob a égide do Código de 1973, a redação do art. 793 continha uma menção às providências "cautelares" urgentes, o que lamentavelmente gerou grandes confusões interpretativas no que concerne à natureza das medidas que poderiam ser deferidas pelo juiz durante o estado de suspensão. Discutiu-se se providências satisfativas – como, *v.g.*, a alienação antecipada dos bens penhorados (CPC-1973, art. 670) – poderiam ser efetivamente determinadas. Esses embates geraram grande embaraço à prestação jurisdicional, tirando-se o foco para a verdadeira *mens* desse dispositivo, que, a nosso ver, claramente sempre foi a de proteger o jurisdicionado contra toda e qualquer ameaça contra seus direitos, com a consequente permissão para a adoção de tutelas de urgência *lato sensu*, independentemente de sua natureza cautelar ou antecipatória.

Ciente desses embaraços, felizmente o legislador do Código de 2015 suprimiu a menção ao termo "cautelares", prestigiando uma fórmula normativa aberta e despida de desnecessários tecnicismos, ratificando o entendimento de que tanto medidas cautelares como antecipatórias poderão ser ordenadas durante o estado de suspensão.

As hipóteses de suspensão do processo de execução se encontram elencadas nos arts. 921 e 922 do Código de Processo Civil.

Note-se que a suspensão do processo executivo decorrente da atribuição de efeito suspensivo aos embargos à execução (CPC, art. 919, § 1º) detém características muito específicas, não se confundindo com aquelas ditadas pelos citados arts. 921 e 922. Como já mencionado em nossos comentários ao art. 919, a atribuição de efeito suspensivo aos embargos do executado é *sui generis* e inconfundível com as demais, visto que esta (a) não obsta à realização de atos processuais como a penhora, sua ampliação, redução ou substituição, assim como à avaliação dos bens constritos (art. 919, § 5º), (b) não suspende o processo em relação aos demais executados, quando o fundamento arguido nos embargos disser respeito exclusivamente ao embargante (art. 919, § 4º), e (c) igualmente não suspende o processo quanto à parte não embargada da execução ou quanto à parte dos embargos recebida sem efeito suspensivo (art. 919, § 3º).

Como já mencionado em nossos comentários ao art. 921, vindo a ser manejada ou restando pendente exceção de suspeição ou impedimento contra o juiz da execução, se esta vier a ser recebida no efeito suspensivo (CPC, art. 146, § 2º), durante o período de suspensão do processo caberá ao seu substituto legal ordenar as medidas urgentes previstas no art. 923. Caso a exceção seja recebida pelo Tribunal sem a atribuição de efeito suspensivo, então continuará cabendo ao próprio juiz dar azo a tais medidas (CPC, art. 146, § 3º).

A decretação da suspensão terá efeito não retroativo (*ex nunc*) e atingirá todos os seus litisconsortes.

Como também já pudemos expor em nossos comentários ao art. 921, eventuais atos processuais praticados durante o período de suspensão do processo poderão ser considerados nulos, desde que, porém, venham a causar efetivo prejuízo a alguma das partes; caso contrário: *pas de nullité sans grief*.

CAPÍTULO II
DA EXTINÇÃO DO PROCESSO DE EXECUÇÃO

Art. 924. Extingue-se a execução quando:

I – a petição inicial for indeferida;

II – a obrigação for satisfeita;

III – o executado obtiver, por qualquer outro meio, a extinção total da dívida;

IV – o exequente renunciar ao crédito;

V – ocorrer a prescrição intercorrente.

CPC de 1973 – art. 794

163. Extinção do processo de execução. Causas

O art. 924 elenca as hipóteses que desencadeiam a extinção do processo executivo, a saber, quando: (I) a petição inicial for indeferida, (II) a obrigação for satisfeita, (III) o executivo obtiver a extinção total da dívida, (IV) o exequente renunciar ao crédito e (V) ocorrer a prescrição intercorrente.

A extinção deve ser pronunciada por meio de sentença (CPC, art. 925), a ser prolatada pelo juiz quando reconhecida alguma dessas situações.

Note-se que a falta de bens, por si só, não é razão para a extinção do processo de execução, mas sim apenas para seu arquivamento (CPC, art. 921, § 2º).

O rol do anterior art. 794 do Código de 1973 não era exauriente, e, embora tenha o legislador do novel Código se esforçado para corretamente identificar outras situações geradoras da extinção do processo executivo, em verdade igualmente não se logrou êxito em encetar um rol exauriente nos incisos do art. 924. Basta verificar que a procedência dos embargos à execução (ou de ação desconstitutiva autônoma) é causa de extinção da execução, assim como o reconhecimento da ausência de pressupostos de constituição e de desenvolvimento válido do processo, quando identificados, por exemplo, após o recebimento da petição inicial. Também a desistência do processo de execução, não referida no rol do art. 924, é causa de extinção do processo de execução

Há inclusive de ser exaltada a aplicação supletiva das regras do processo de conhecimento ao processo de execução, insculpida no parágrafo único do art. 771, admitindo-se a utilização do art. 485 (que trata da extinção do processo de conhecimento sem resolução do mérito) e igualmente, ainda que de modo mais excepcional, do art. 487, para o fim de supedanear a extinção da execução.[511] Tudo isso, como é óbvio, exclusivamente naquilo que se mostrar cabível, sabendo-se que muitas das hipóteses de extinção constantes destes dois últimos dispositivos são incompatíveis com o processo executivo.

Como já pudemos afirmar, a prestação jurisdicional aperfeiçoar-se-á somente com a entrega do bem da vida perseguido pelo demandante.[512] Na seara executiva, isso significa dizer que não haverá efetiva tutela apenas pela concretização dos atos executórios ordinários; esta somente será considerada plena quando houver a *real satisfação do credor*.

Considerando essa premissa maior, é inafastável a conclusão de que, uma vez obtida essa satisfação, cessa a *necessidade* da existência do processo de execução, o qual já terá então cumprido seus escopos. É o que acontece na hipótese mais típica do inc. II do art. 924, por meio da qual o processo será extinto uma vez satisfeita a obrigação disposta no título executivo que o lastreou. Alcançado seu resultado final – com a obtenção da tutela jurisdicional executiva perseguida pelo jurisdicionado –, nada mais restará ao Estado-juiz fazer a não ser pôr fim à execução.

Esse é o fim programado e considerado "normal" para o processo de execução, através do qual a expropriação satisfativa é efetivada com êxito em prol do credor.

Do mesmo modo, nos casos em que o processo executivo não mais tiver chances de atingir seu escopo de satisfazer a obrigação perseguida em juízo, igualmente se impõe sua extinção, recordando-se que não se justifica a pendência de processos que não reúnam condições de atingir os fins que lhes são programados. Frustrada a utilidade do provimento jurisdicional (*rectius*, da tutela jurisdicional), ou a própria possibilidade de sua obtenção, é dever do magistrado, sob a égide dos princípios da eficiência e da economia processual,

---

511 Sobre as sentenças proferidas para extinção do processo de execução, sua natureza jurídica e a discussão sobre a formação ou não de coisa julgada material a partir delas, remetemos o leitor aos nossos comentários ao art. 925.

512 "Ter-se-á tutela jurisdicional quando o Poder Judiciário entregar, de forma apta e tempestiva, o próprio bem da vida objetivado pelo demandante. Não basta o mero provimento jurisdicional (ainda que favorável). Só se obtém realmente a tutela jurisdicional quando cumprido o comando contido nesse provimento" (MAURÍCIO GIANNICO, *A preclusão no direito processual civil brasileiro*, cit., p. 9). Ainda sobre o tema, eis a lição de LIEBMAN: "com efeito, apesar da importância do ato de desapropriação, das formas espetaculares de que se reveste, da variedade de efeitos que produz nas relações de muitas pessoas, interessadas e estranhas à execução, o ato não é, como frequentemente se diz, ato final da execução: na maioria das vêzes é apenas meio para conseguir o dinheiro líquido necessário para satisfazer o direito do exequente. Só a entrega do dinheiro é realmente a fase final da execução (...)" (ENRICO TULLIO LIEBMAN, *Processo de execução*, 2ª ed., cit., p. 125).

fazer cessar o desenvolvimento do processo, o qual sabidamente demanda custos ao Estado.

Assim, se a petição inicial não se mostra apta (art. 924, inc. I) para romper a inércia e exigir do Estado-juiz a busca da tutela jurisdicional, *e desde que o vício nela constante não seja sanável*, dita a lei que esta deverá ser indeferida, com a consequente extinção do processo executivo.

Para que se instrumentalize a extinção do processo nesse caso, o vício constante da petição inicial há de ser insanável, ou, sendo sanável, é obrigatório que o juiz previamente dê a oportunidade para a parte exequente emendá-la ou retificá-la (CPC, art. 321). Sem isso, ilegítima será a extinção da execução. À luz do parágrafo único do art. 771, aplicam-se supletivamente à petição inicial executiva, naquilo que couber,[513] os requisitos do art. 319 e seguintes do Código de Processo Civil, assim como as disposições relativas às hipóteses de seu indeferimento, constantes dos arts. 330 e 331. Aplicam-se ainda à petição inicial executiva as diretrizes legais previstas nos arts. 797 e 798 do Código de Processo Civil.

Da mesma forma, se o executado obtiver a extinção total da dívida, ainda que por meio alheio ao processo (art. 924, inc. III), ou se o exequente renunciar ao crédito (art. 924, inc. IV), ou ainda vindo a ocorrer a prescrição intercorrente (art. 924, inc. V), igualmente deixa de existir razão para que o processo permaneça ativo, restando ao juiz simplesmente decretar sua extinção. Afinal, como já exposto, não há espaço para atividade jurisdicional em processos que não mais tenham aptidão para produzir um resultado útil, sendo dever do magistrado, sempre que identificada tal situação, dar cabo do processo.

É exatamente isso que ocorre quando há renúncia ao crédito ou sua extinção, situações que fazem com que o exequente não mais esteja autorizado a postular a satisfação da obrigação até então existente. E é ainda o que sucede a partir do advento da prescrição intercorrente, a qual fulmina a pretensão executiva e faz com que o exequente igualmente não mais tenha direito à tutela jurisdicional executiva.

Quanto à hipótese trazida no inc. II do art. 924, o legislador acertadamente deixa de repetir o texto do Código anterior, pelo qual a execução será extinta quando "o devedor satisfaz a obrigação" (cf. CPC-1973, art. 794, inc. I), passando a afirmar que isso ocorrerá quando "a obrigação for satisfeita".

513 Diante das peculiaridades do processo de execução e de seus específicos escopos, é natural que algumas das disposições legais constantes do Livro I da Parte Especial do Código sejam inaplicáveis à disciplina executiva. É o caso, apenas a título exemplificativo, do requisito da indicação da opção pela realização ou não de audiência de conciliação ou de mediação (CPC, art. 319, inc. VII), já que inexiste previsão para tal audiência nos processos de execução.

Esse reparo terminológico se dá em razão da irrestrita possibilidade de terceiros saldarem a dívida no lugar do executado, algo que igualmente gera o efeito de extinguir a dívida e, por consequência, o processo executivo.

Isso pode ocorrer por força das regras de *responsabilização sem dívida* (*Schuld und Haftung*), por meio das quais, apesar de não estarem na condição de devedores, algumas pessoas (terceiros, na acepção processual do termo) podem ter bens próprios afetados na execução. É o que ocorre, por exemplo, nos casos de fraude à execução, de desconsideração da personalidade jurídica etc. E isso pode ocorrer ainda nas situações de sub-rogação previstas nos arts. 346 e seguintes do Código Civil, quando o terceiro, com ou sem interesse, salda a dívida no lugar do devedor originário.

Entre as hipóteses do art. 924, inc. III, encontram-se (a) a *remição*, forma de extinção da dívida a partir do pagamento integral do *quantum* devido pelo executado, acrescido de juros, custas e honorários, diretamente ao credor ou por meio de depósito judicial nos autos da execução (CPC, art. 826) e (b) a *transação*, por meio da qual as partes estabelecem, em consenso e mediante mútuas concessões, um modo para o cumprimento da obrigação (CC, art. 840).

No que tange ao inc. IV do art. 924, em verdade a renúncia ao crédito não deixa de ser uma forma de "extinção total da dívida", a qual, a rigor, estaria absorvida pela fórmula constante de seu inciso anterior (art. 924, inc. III). Nesse ponto, preferiu o legislador simplesmente repetir a fórmula constante do inc. III do art. 794 do Código de 1973. Embora não advenha qualquer prejuízo disso, melhor seria se ao menos houvesse sido incluída, juntamente com a menção à renúncia, a hipótese de *desistência* do processo de execução, cujo efeito igualmente é o de gerar sua extinção.

Por fim, quanto ao inc. V do art. 924, como já mencionado anteriormente, a prescrição intercorrente é caracterizada essencialmente pela inércia do exequente em impulsionar o processo de execução.[514] Sabendo-se que a execução encontra limites empíricos, dependendo da efetiva existência e localização de bens do executado para sua progressão, o Código estabelece que, no caso de suspensão do processo pela falta de bens penhoráveis, o início da contagem da prescrição intercorrente ocorrerá somente após um ano (CPC, art. 921, § 4º). Durante a vigência da suspensão, que não excederá esse prazo de um ano, ficará igualmente suspensa a prescrição (CPC, art. 921, § 1º).

---

514 Como observa LEONARD ZIESEMER SCHMITZ, "trata-se da perda da eficácia da pretensão executiva por inércia do credor/exequente" (*Comentários ao Código de Processo Civil*, coord. Angélica Arruda Alvim, Araken de Assis, Eduardo Arruda Alvim e George Salomão Leite, São Paulo: Saraiva, 2016, p. 1057).

Consoante estabelece a Súmula 150 do Supremo Tribunal Federal, "prescreve a execução no mesmo prazo da ação". Para o reconhecimento da prescrição intercorrente, além do decurso do prazo, a jurisprudência do Superior Tribunal de Justiça firmou o entendimento no sentido de que, para que esta seja reconhecida, é necessária a prévia intimação pessoal do exequente.[515]

Além disso, consoante o comando instituído pelo § 5º do art. 921, antes de decisão acerca da existência ou não da prescrição intercorrente, o juiz ouvirá as partes[516] – até mesmo para se evitar uma decisão-surpresa (CPC, art. 10).

É de se notar ainda que o Código de 2015 trouxe uma regra de transição um tanto quanto *esdrúxula* para o cômputo da prescrição intercorrente. Embora esse instituto tenha originariamente tido aplicações voltadas ao âmbito das execuções fiscais (cf. Lei n. 6.830/80, art. 40, § 4º), já há tempos os Tribunais superiores se posicionaram quanto à incidência da prescrição intercorrente também nas execuções civis.

Interessante, nesse sentido, que o legislador do Código de 2015 tenha se prestado a disciplinar em específico a aplicação desse instituto às execuções disciplinadas por esse diploma normativo. Infelizmente, porém, o art. 1.056 indevidamente trata o instituto em questão *como se este já não estivesse sendo aplicado pelo Poder Judiciário*, determinando que será considerado como "termo inicial do prazo da prescrição prevista no art. 924, V, inclusive para as execuções em curso, a data de vigência deste Código".[517]

Com tal disposição, de forma completamente ilógica e sem sentido, o Código atual "zerou" todos os marcos das prescrições intercorrentes até então em curso antes de seu advento. Assim, os processos executivos que há anos se encontravam dormentes – uma boa parte deles sabidamente próxima do termo final da prescrição intercorrente – ganharam novo fôlego, com o reinício, do zero, dessa contagem.

Até mesmo como política pública de gestão do Poder Judiciário e do sistema processual, essa escolha legislativa nem de longe parece ter sido a melhor.

---

515 "Agravo interno. Agravo em recurso especial. Ação de execução. Prescrição intercorrente. Necessidade de prévia intimação do exequente para dar andamento ao processo. 1. A jurisprudência do STJ firmou o entendimento no sentido de que, para ser reconhecida a prescrição intercorrente, é necessária a intimação pessoal do exequente, o que não ocorreu na hipótese dos autos. 2. Agravo interno a que se nega provimento" (STJ, 4ª T., Ag. Int. no AREsp 1.032.107-SP, j. 10.10.2017, rel. Min. Isabel Gallotti, DJ 19.10.2017, negaram provimento, v.u.).

516 Cf. também o art. 487, parágrafo único, do Código de Processo Civil, de aplicação supletiva ao processo de execução (CPC, art. 771, parágrafo único).

517 Sobre a prescrição intercorrente e sua disciplina de direito intertemporal, ver os excelentes comentários de Fernando Fontoura da Silva Cais, *Comentários ao Código de Processo Civil*, São Paulo: Saraiva, 2017, v. XXI, p. 87-96.

Art. 925. A extinção só produz efeito quando declarada por sentença.

CPC de 1973 – art. 795

164. A sentença que extingue a execução

O art. 925 do atual Código é reprodução *ipsis litteris* do art. 795 do Código de 1973. Como todo e qualquer processo judicial, também a execução está sujeita à extinção mediante a prolação de sentença. O efeito programado das sentenças é colocar fim à relação jurídica processual. Trata-se, porém, de sentença *meramente terminativa*, de conteúdo declaratório, cujo efeito, chavões à parte, é realmente pôr fim ao processo de execução (CPC, art. 203, § 1º).

Nessa sentença, como regra, não se observa qualquer conteúdo ou julgamento de mérito, visto que, em essência, a satisfação do direito do credor – verdadeiro mérito do processo executivo – é obtido em momento anterior à sentença, por meio da expropriação satisfativa, mediante a qual este efetivamente recebe a tutela jurisdicional objetivada.[518-519] A sentença proferida na

518 Eis o escólio de Edson Ribas Malachini e Araken de Assis, para quem a sentença extintiva da execução "(...) se limita a declarar *extinta a execução*; ou diríamos melhor: o *processo* de execução. Nenhuma apreciação nela se faz sobre o *mérito* da *causa*; nem há mérito que possa ser apreciado em processo executivo em sentido estrito. Mesmo que se trate de título executivo *extrajudicial*, não há qualquer julgamento em tal processo (...). O processo executivo não tem por fim, como é cediço, a *cognição*; pode ela ocorrer incidentemente, com relação às questões surgidas no curso desse processo; pode (e deve) até o juiz examinar a admissibilidade da ação executiva, verificando sobre as respectivas condições e os pressupostos processuais (o que sempre lhe cumpre fazer de ofício): mas não se apresenta, em qualquer dessas hipóteses, a questão do *mérito* da ação executiva em si; ou seja, não se discute, nem pode ser objeto de decisão, a efetiva existência ou não do *crédito* que teria dado lugar à formação do título executivo" (*Comentários ao Código de Processo Civil*, São Paulo: RT, 2001, v. 10, p. 738). Conquanto a partir do advento da Lei n. 11.232/2005, sob a égide do Código de 1973, e atualmente também sob a égide do Código de 2015, seja contemplada a possibilidade de o executado opor defesas de mérito dentro do bojo da própria execução – por meio de impugnação ao cumprimento de sentença (*rectius*, execução de títulos extrajudiciais – CPC-1973, arts. 475-J, 475-L e 475-M; CPC-2015, art. 525), essa premissa geral continua válida, sendo apenas contrastada nas hipóteses em que a impugnação de mérito tiver o condão de pôr fim ao processo executivo como um todo, o que poderá culminar na prolação de sentença de mérito, quando esta, *v.g.*, venha a declarar inexistente a dívida ou a desconstituir o título executivo, com a consequente aptidão de formar coisa julgada material após seu trânsito em julgado.

519 Em sentido contrário, porém, a nosso ver de modo incorreto, já reconheceu o Superior Tribunal de Justiça que a sentença extintiva da execução faz coisa julgada material: "1. A sentença que extingue a execução tem conteúdo declaratório (art. 795 do CPC), nela ficando reconhecida a ocorrência do fato jurídico que deu causa ao encerramento da execução. 2. No caso dos autos, a execução foi extinta pelo

execução, nesse sentido, tem apenas o efeito processual de encerrar o procedimento, com a respectiva extinção do processo, sendo desprovida de qualquer apreciação acerca da existência ou não do crédito exequendo.

É bem verdade, porém, que nem toda sentença proferida no processo de execução há de ser terminativa. Quando, por exemplo, o executado veicular defesa por meio de objeção de pré-executividade, vindo a alegar matérias de ordem pública cognoscíveis de ofício e sem a necessidade de dilação probatória, poderá o juiz, ao porventura acolhê-las, pôr fim à execução, caso em que a sentença terá evidente conteúdo de mérito – seja para desconstituir o título executivo, seja ainda para declarar sua nulidade, ou ainda a prescrição, a decadência, o pagamento prévio da dívida etc.

Da mesma forma, na sistemática do denominado cumprimento de sentença (*rectius*, execução de títulos judiciais), pela qual a impugnação é oferecida diretamente nos próprios autos da execução (CPC, art. 525), a depender da matéria alegada pelo executado, seu acolhimento igualmente poderá gerar a extinção da execução, por meio de *autêntica sentença de mérito* – p. ex., desconstituindo o título executivo em razão de sua nulidade, declarando a inexistência do crédito, pronunciando a prescrição da pretensão de recebimento do crédito exequendo etc.

Vindo, no entanto, a ser pronunciada, *v.g.*, a prescrição de apenas parte do crédito exequendo, então *de sentença não se tratará* – e sim de mera decisão interlocutória (CPC, art. 203, § 2º)[520] –, já que, consoante a sistemática do Código de Processo, tal pronunciamento judicial não terá o condão de extinguir o processo de execução, devendo este prosseguir com vistas à excussão do crédito remanescente não fulminado pela prescrição. Nessa hipótese, eventual insurgência recursal há de ser feita por meio de agravo de instrumento (CPC, art. 1.015, parágrafo único), e não de apelação.

A sentença proferida em sede executiva será impugnável mediante recurso de apelação (CPC, art. 1.009). À falta de menção no rol do § 1º do art. 1.012 do Código de Processo Civil, por mais estranho que possa parecer, a apelação contra a sentença que extingue a execução há de ser recebida no efeito suspen-

---

pagamento (art. 794, I, do CPC), sendo que o crédito cuja extinção se declarou por sentença é aquele relativo à reparação por danos morais, no valor de quarenta salários mínimos. Sobre esse fato jurídico recai a qualidade de coisa julgada material, sendo vedado ao credor, como não poderia deixar de ser, ingressar com nova execução para exigir o adimplemento dessa mesma obrigação" (STJ, 4ª T., REsp 691.785-RJ, j. 07.10.2010, rel. Min. Raul Araújo, deram provimento parcial, v.u.).

520 Embora rescindível, já que portadora de um conteúdo típico de uma autêntica sentença de mérito (cf. Cândido Rangel Dinamarco, "Ação rescisória contra decisão interlocutória", in *Nova era do processo civil*, São Paulo: Malheiros, 2003, p. 280-288).

sivo (CPC, art. 1.012, *caput*). É estranhável a opção legislativa porque, nas hipóteses em que a execução, *v.g.*, é extinta por força da renúncia do exequente ao crédito (CPC, art. 924, inc. IV), é natural que a própria sentença contenha um comando para liberação das penhoras porventura pendentes, ordem essa cujo cumprimento, porém, ficará obstado pela atribuição de efeito suspensivo à apelação.[521]

Idêntica situação ocorrerá quando não se tratar de sentença meramente terminativa, mas de sentença que, por exemplo, venha a declarar inexistente o crédito exequendo, a qual estará sujeita à apelação a ser recebida no efeito suspensivo,[522] algo que, na prática, fará com que o executado injustamente acionado tenha de esperar às vezes anos até a efetiva liberação de seu patrimônio – que ocorrerá somente após julgada a apelação, com a confirmação da sentença pelo órgão *ad quem*.

De lege ferenda, mais justo que a apelação não fosse dotada de suspensividade. Afinal, por uma questão de isonomia, se a lei processual permite o acesso imediato ao patrimônio do executado para fins de penhora, nos casos em que for pronunciada a ilegalidade dessa mesma execução, a liberação dessa constrição igualmente deveria ocorrer de modo imediato.

---

521 Sobre o tema, em resenha escrita juntamente com MARICÍ GIANNICO, já pudemos assim observar: "o efeito suspensivo é uma qualidade do recurso, que adia a produção dos efeitos da decisão impugnada assim que é interposto, qualidade essa que perdura até que venha a ser efetivamente julgado. Por força do efeito suspensivo, a execução do comando emergente da decisão impugnada não pode ser efetivada até que seja julgado o recurso. A decisão que ainda não havia produzido efeitos, porque não prolatada, continua a não produzi-los pelo efeito suspensivo do recurso" (MAURÍCIO GIANNICO e MARICÍ GIANNICO, "Efeito suspensivo dos recursos e capítulos das decisões", in *Aspectos polêmicos e atuais dos recursos cíveis*, São Paulo: RT, 2002, v. 5, p. 404).

522 Nesse sentido: "Agravo de instrumento – Ação de execução por título extrajudicial – Sentença que julgou extinto o processo de execução, na forma do art. 269, IV, do CPC de 1973, e, por conseguinte, liberou o dinheiro penhorado em favor do executado – Apelação, interposta na vigência daquele estatuto processual, recebida no efeito suspensivo – Agravo de instrumento que se conhece, conquanto não se encaixe na previsão do art. 1.015 do CPC/15, uma vez que ataca decisão proferida pelo prisma procedimental da lei revogada – Irresignação, contudo, improcedente – Sem o menor significado a discussão em torno da aplicação ou não da teoria do isolamento dos atos processuais, para o efeito de definir qual dos diplomas processuais disciplina os efeitos da referida apelação – Interessa que, quer sob a égide do código revogado, quer sob a do atual, a apelação em questão é dotada de efeito suspensivo (CPC/73, art. 520; CPC/15, art. 1.012) – Inviável, portanto, o pretendido pronto levantamento do valor penhorado. Dispositivo: Negaram provimento ao agravo" (TJSP, 19ª Câm. D. Privado, Ag. Inst. 2105129-67.2017.8.26.0000, rel. RICARDO PESSOA DE MELLO BELLI, j. 07.08.2017, negaram provimento, v.u.).

Excepcionalmente, nos casos das execuções regidas pela Lei n. 6.830/80, quando estas tiverem valor igual ou inferior a cinquenta ORTNs – Obrigações Reajustáveis do Tesouro Nacional na data de sua distribuição, *não* será cabível recurso de apelação, mas sim embargos infringentes (cf. art. 34, *caput* e § 1º, dessa lei), a serem dirigidos e ulteriormente julgados pelo próprio prolator da sentença. Consoante a jurisprudência pacificada do Superior Tribunal de Justiça, caso o interessado interponha apelação nesse caso, incabível será a aplicação do princípio da fungibilidade, à falta de dúvida objetiva, ante a expressa dicção do art. 34 da Lei n. 6.830/80.[523]

Vindo a transitar em julgado a sentença terminativa que extinguir a execução, a nosso ver se mostra incabível seja o manejo de ação rescisória (CPC, art. 966, *caput*).[524] No entanto, a jurisprudência do Superior Tribunal de Justiça é oscilante sobre o tema, havendo julgado em ambos os sentidos.[525]

---

523 "1 – A aplicação alternativa do Princípio da Fungibilidade encontra óbice, na medida em que impede a interposição de determinado recurso quando outro é previsto na legislação vigente, conforme dispõe o art. 34 da LEF que das sentenças de primeira instância proferidas em execuções de valor igual ou inferior a 50 (cinquenta) Obrigações Reajustáveis do Tesouro Nacional – ORTN só se admitirão Embargos Infringentes e de Declaração. 2 – Inexistente dúvida objetiva acerca do recurso a ser interposto, como é o caso dos autos, em face da expressa disposição contida no art. 34 da Lei 6.830/80, não se admite a aplicação do Princípio da Fungibilidade Recursal" (STJ, 2ª T., AgRg no AREsp 727.807-RJ, j. 01.03.2016, rel. Min. Herman Benjamin, negaram provimento, v.u.).

524 "Prevalece nesta Corte o entendimento no sentido de que é incabível ação rescisória contra sentença ou decisão meramente terminativa, dada a expressa exigência do art. 485, *caput*, do CPC" (STJ, 2ª T., REsp 962.350-RS, j. 04.09.2008, rel. Min. Eliana Calmon, deram provimento, v.u.).

525 Entendendo não ser cabível a ação rescisória em caso de sentença terminativa de execução em razão da remessa do crédito ao juízo falimentar: "Processual civil. Violação ao art. 485, V, do CPC. Não ocorrência. Ação rescisória. Sentença que extinguiu a execução fiscal em razão da remessa do crédito ao juízo falimentar. Extinção do feito sem julgamento de mérito. Descabimento da ação rescisória na hipótese. 1. A ação rescisória somente é cabível para rescindir sentença de mérito, ou seja, aquela que efetivamente acolheu ou deixou de acolher, em face do direito material, a pretensão das partes. É cediço que a ação rescisória é 'uma ação que visa a desconstituir a coisa julgada material. Tendo em conta que a coisa julgada concretiza no processo o valor segurança jurídica – substrato indelével do Estado Constitucional – a sua propositura só é admitida em hipóteses excepcionais, devidamente arroladas de maneira taxativa pela legislação (art. 485, CPC)' (MARINONI, Luiz Guilherme; MITIDIERO, Daniel. *Código de Processo Civil Comentado artigo por artigo*. 2ª ed. rev., atual., e ampl., São Paulo: RT, 2010, p. 493-494). 2. A execução fiscal foi extinta sem julgamento de mérito, eis que o crédito fora remetido ao juízo falimentar. *Contrario sensu*, haveria julgamento com mérito caso a execução fosse extinta em razão da ocorrência da prescrição, satisfação do crédito, transação, remissão da dívida, renúncia ao crédito e demais hipóteses legais, tais quais aquelas previstas nos art. 794 do

Sobre a questão, controvertem a doutrina e a jurisprudência acerca da formação de coisa julgada material ou não na sentença terminativa da execução e também sobre os efeitos desta última quanto ao impedimento ou não da repropositura de nova execução. Em nossa visão, como já asseverado em outro estudo e já aqui mencionado, a sentença que extingue a execução é meramente terminativa; ela não é uma sentença de mérito, pois apenas atesta uma situação já preteritamente consolidada, de satisfação do direito exequendo. Tal satisfação não ocorre em razão da prolação da sentença, mas sim em momento anterior, em razão da denominada *expropriação satisfativa*, por meio da qual se efetiva a entrega do dinheiro ao credor.[526] Como tal, não se mostra admissível o manejo de ação rescisória contra tal modalidade de sentença.

Por outro lado, como já há tempos também sustentamos, embora fique realmente impossibilitada a repropositura de uma execução idêntica a uma anterior finda, tal fenômeno é atribuível à aplicação primária do princípio do *ne bis in idem*, e não por força do efeito de uma (a nosso ver, inexistente) formação de coisa julgada material *in casu*.

Embora haja poucos estudos acerca do princípio do *ne bis in idem*, este tem ampla aplicação na seara processual civil. A doutrina indevidamente tende a reconhecer unicamente uma aplicação secundária (indireta) desse princípio, como mero substrato ou inspiração de outros institutos processuais, tais como a litispendência, a coisa julgada, a proibição à aplicação de mais de uma multa de natureza jurídica idêntica etc. A nosso ver, porém, trata-se de um princípio autônomo, com diversas aplicações primárias (diretas) na disciplina de Direito Processual Civil.

Naturalmente, porém, nas hipóteses acima ventiladas de pronúncia de prescrição, decadência ou qualquer outro óbice material ao prosseguimento da execução, tratando-se de *sentença de mérito*, será cabível a via rescisória.

CPC. Assim, não havendo sentença de mérito, não há que se falar em cabimento da ação rescisória, sobretudo fundada no art. 485, V, do CPC, a qual pressupõe que a normas legais tidas por ofendidas tenham sido violadas de tal modo aberrante que afete a literalidade dos dispositivos, o que não é passível de análise se a sentença rescindenda não adentrou o mérito da causa. 3. Recurso especial não provido" (STJ, 2ª T., REsp 1.246.515-RS, j. 10.05.2011, rel. Min. MAURO CAMPBELL MARQUES, negaram provimento, v.u.).

Entendendo cabível o manejo da ação rescisória, veja-se: "A sentença que julgar extinta execução fiscal, em razão de depósito de valor inferior ao efetivamente devido, pode ser desconstituída por ação rescisória por caracterizar erro de fato – artigo 485, inciso IX, do CPC. Precedentes" (STJ, 2ª T., AgRg no REsp 1.173.662-RS, j. 06.05.2010, rel. Min. CASTRO MEIRA, negaram provimento, v.u.). E ainda: "a decisão que extingue execução pelo pagamento, reveste-se de conteúdo material, sendo, portanto atacável pela ação rescisória" (STJ, 6ª T., REsp 238.059-RN, j. 21.03.2000, rel. Min. FERNANDO GONÇALVES, não conheceram, v.u.).

526 MAURÍCIO GIANNICO, *Expropriação executiva*, cit., p. 283.

Embora seja prática relativamente corriqueira na praxe forense, ante a expressa disposição do art. 925 do Código de Processo Civil, mostra-se incorreta a determinação, por parte do juiz, de mero arquivamento dos autos da execução ao seu fim. Pela melhor técnica processual, ainda que se determine o encaminhamento dos autos ao arquivo, é necessária prévia pronúncia da extinção do processo executivo. Sem que haja a extinção do processo de execução, o arquivamento dos autos deve ser ordenado somente nos casos de suspensão temporária da execução por falta de bens penhoráveis (CPC, art. 921, inc. III e §§ 1º e 2º).

Por fim, embora a literalidade do art. 925 ora em comento mencione a extinção por "sentença", naturalmente se há de interpretar esse termo de forma ampla, de modo a englobar também em seu espectro a extinção a ser pronunciada pelos Tribunais, por meio de acórdão.[527]

---

527 Ronaldo Cramer e Carolina Uzeda, *Comentários ao novo Código de Processo Civil*, 2ª ed., coord. Antonio do Passo Cabral e Ronaldo Cramer, Rio de Janeiro: Forense, 2016, p. 1306.

BIBLIOGRAFIA

ABELHA, Marcelo. *Manual de execução civil.* 1ª ed. Rio de Janeiro: Forense, 2006; 5ª ed. 2015.

ALBERTON, Genacéia da Silva. "Impenhorabilidade de bem imóvel residencial do fiador". *A penhora e o bem de família do fiador da locação.* São Paulo: RT, 2003.

ALEM, José Antonio. *Embargos do devedor:* doutrina, prática, jurisprudência. São Paulo: Leud, 1986.

ALMEIDA, Amador Paes de. *Curso de falência e recuperação de empresa.* 25ª ed. São Paulo: Saraiva, 2009.

AMARAL SANTOS, Moacyr. *Primeiras linhas de direito processual civil.* 18ª ed. São Paulo: Saraiva, 1995. v. 3.

AMORIM FILHO, Agnelo. "Critério científico para distinguir a prescrição da decadência e para identificar as ações imprescritíveis". *Revista Forense*, v. 193, 1961.

ANDOLINA, Italo. *Cognizione ed esecuzione forzata nel sistema della tutela giurisdizionale.* Milano: Giuffrè, 1983.

ARAÚJO, Luiz Alberto David; NUNES JÚNIOR, Vidal Serrano. *Curso de direito constitucional.* 5ª ed. São Paulo: Saraiva, 2001.

ARMELIN, Donaldo. *Legitimidade para agir no direito processual civil brasileiro.* São Paulo: RT, 1979.

______. "Tutela jurisdicional diferenciada". *Revista de Processo*, v. 65, 1992.

______. "O processo de execução e a reforma do Código de Processo Civil". In: *Reforma do Código de Processo Civil.* Coord. Sálvio de Figueiredo Teixeira. São Paulo: Saraiva, 1996.

______. "Dos embargos de terceiro". *Revista de Processo*, São Paulo: RT, v. 16, n. 62, 1991.

ARMELIN, Donaldo; ALVIM, José Manuel de Arruda; LACERDA, Galeno; RIZZI, Luiz Sérgio de Souza; FERNANDES, José Scarance. "A preferência pela penhora e o arresto convertido em penhora". *Revista de Processo*, São Paulo: RT, v. 9, 1978.

AROCA, Juan Montero; COLOMER, Juan Luis Gómez; REDONDO, Alberto Montón; VILAR, Silvia Barona. *Derecho jurisdiccional.* 16ª ed. Valencia: Tirant lo Blanch, 2008. v. II.

ARRUDA ALVIM, José Manoel de. "O direito de defesa e a efetividade do processo: 20 anos após a vigência do Código". *Revista de Processo*, São Paulo: RT, v. 79, 1995.

______. *Manual de direito processual civil.* 6ª ed. São Paulo: RT, 1997.

______. "Perspectivas de alterações do sistema coletivo de ações no Brasil". In: *Tendências do moderno processo civil brasileiro:* aspectos individuais e coletivos das tutelas preventivas e ressarcitórias – estudos em homenagem ao jurista Ronaldo Cunha Campos. Coord.

Ana Paula Chiovitti, Fernando Rossi, Luiz Eduardo Ribeiro Mourão e Lúcio Delfino. Belo Horizonte: Fórum, 2008.

ASSIS, Araken de. "A nova disciplina da impenhorabilidade no direito brasileiro". In: *Execução civil:* estudos em homenagem ao Professor Humberto Theodoro Júnior. Coord. Ernane Fidélis dos Santos, Luiz Rodrigues Wambier, Nelson Nery Jr. e Teresa Arruda Alvim Wambier. São Paulo: RT, 2007.

______. *Comentários ao Código de Processo Civil.* Rio de Janeiro: Forense, 2000. v. VI.

______. *Cumprimento da sentença.* Rio de Janeiro: Forense, 2006.

______. "Responsabilidade patrimonial". In: *Execução civil (aspectos polêmicos).* Coord. João Batista Lopes e Leonardo José Carneiro da Cunha. São Paulo: Dialética, 2005.

______. *Manual do processo de execução.* 5ª ed. São Paulo: RT, 1998.

______. *Manual da execução.* 10ª ed. São Paulo: RT, 2006.

______. *Manual da execução.* 12ª ed. São Paulo: RT, 2009.

______. *Manual da execução.* 18ª ed. São Paulo: RT, 2016.

______. "Execução na ação civil pública". *Revista Jurídica*, Porto Alegre, v. 44, n. 222, 1996.

ASSIS, Araken de; MALACHINI, Edson Ribas. *Comentários ao Código de Processo Civil.* São Paulo: RT, 2001. v. 10.

AURELLI, Arlete Inês. "As principais alterações no regime da execução por quantia certa contra devedor solvente referente a título judicial, trazidas pela Lei 11.232, de 22.12.2005". In: *Aspectos polêmicos da nova execução 3.* Coord. Teresa Arruda Alvim Wambier. São Paulo: RT, 2006.

AZEVEDO, Luiz Carlos de. *Introdução à história do direito.* 2ª ed. São Paulo: RT, 2007.

BALERA, Wagner. *Execução fiscal: pesquisas tributárias – nova série n. 14.* Coord. Ives Gandra da Silva Martins. São Paulo: RT, 2008.

BAPTISTA DA SILVA, Ovídio. *Curso de direito civil.* 3ª ed. São Paulo: RT, 1998. v. 2.

______. *Curso de processo civil.* 3ª ed. São Paulo: RT, 1998. v. 2.

BARBOSA MOREIRA, José Carlos. "A nova definição de sentença (Lei n. 11.232)". *Revista Dialética de Direito Processual*, São Paulo: Dialética, v. 39, 2006.

______. "Aspectos da 'execução' em matéria de obrigação de emitir declaração de vontade". In: *Temas de direito processual:* sexta série. São Paulo: Saraiva, 1997.

______. "Breve notícia sobre a reforma do processo civil alemão". In: *Temas de direito processual*: oitava série. São Paulo: Saraiva, 2004.

______. "Aspectos do 'usufruto de imóvel ou de empresa' no processo de execução". *Revista de Processo*, n. 7, v. 26, 1982.

______. "Uma novidade: o Código de Processo Civil inglês". In: *Temas de direito processual*: sétima série. São Paulo: Saraiva, 2001.

______. *Novo processo civil brasileiro.* 18ª ed. Rio de Janeiro: Forense, 1996.

______. *O novo processo civil brasileiro:* exposição sistemática do procedimento. 27ª ed. Rio de Janeiro: Forense, 2009.

BATISTA, Francisco de Paula. *Compêndio de theoria e practica do processo civil comparado com o comercial*: seção VII. Rio de Janeiro, 1901.

BAUER, Fritz. "Transformações do processo civil em nosso tempo". *Revista Brasileira de Direito Processual*, trad. José Carlos Barbosa Moreira, Belo Horizonte: Fórum, v. 59, jul./set. 2007.

BEDAQUE, José Roberto dos Santos. *Direito e processo*. 2ª ed. São Paulo: Malheiros, 1997.

______. *Poderes instrutórios do juiz*. São Paulo: RT, 1991.

BENETI, Sidnei Agostinho. "Retratação e desfazimento da arrematação". *Revista dos Tribunais*, São Paulo: RT, v. 609, 1986.

______. "Do pagamento ao credor no processo de execução por quantia certa". *Revista dos Tribunais*, São Paulo: RT, n. 627, v. 77, 1988.

BERNARDI, Ricardo. *Comentários à Lei de Recuperação de Empresas e Falência:* Lei 11.101/2005 – artigo por artigo. 2ª ed. São Paulo: RT, 2007.

BETTI, Emilio. *Interpretazione della legge e degli atti giuridici*. Milano: Giuffrè, 1971.

BLACK, Henry Campbell. *Black's law dictionary*. 6ª ed. St. Paul: West Publishing, 1991.

BONDIOLI, Luis Guilherme Aidar. *O novo CPC:* a terceira etapa da reforma. São Paulo: Saraiva, 2006.

______. *Comentários ao novo Código de Processo Civil*. 2ª ed. Coord. Antonio do Passo Cabral e Ronaldo Cramer. Rio de Janeiro: Forense, 2016.

BULOS, Uadi Lammêgo. *Constituição Federal anotada*. 7ª ed. São Paulo: Saraiva, 2007.

______. *Constituição do Brasil interpretada e legislação constitucional*. 5ª ed. São Paulo: Atlas, 2005.

BUZAID, Alfredo. *Do concurso de credores no processo de execução*. São Paulo: Saraiva, 1952.

CAIS, Fernando Fontoura da Silva. *Comentários ao Código de Processo Civil*. São Paulo: Saraiva, 2017. v. XXI.

CAIS, Frederico Fontoura da Silva. *Código de Processo Civil anotado*. Coord. José Rogério Cruz e Tucci, Manoel Caetano Ferreira Filho, Ricardo de Carvalho Aprigliano, Rogéria Fagundes Dotti e Sandro Gilbert Martins. São Paulo: AASP/OAB-PR, edição eletrônica, 2015.

CÂMARA, Helder Moroni. *Comentários ao Código de Processo Civil*. Coord. Lenio Luiz Streck, Dierle Nunes e Leonardo Carneiro da Cunha. São Paulo: Saraiva, 2016.

CAMPOS, Carlos Alexandre de Azevedo. *Comentários ao Código de Processo Civil*. Coord. Angélica Arruda Alvim, Araken de Assis, Eduardo Arruda Alvim e George Salomão Leite. São Paulo: Saraiva, 2016.

CARDOSO, Patrícia. "Oponibilidade dos efeitos dos contratos: determinante da responsabilidade civil do terceiro que coopera com o devedor na violação do pacto contratual". *Revista Trimestral de Direito Civil*, São Paulo: Padma, v. 20, out./dez. 2004.

CARNEIRO, Athos Gusmão. "Nova execução. Aonde vamos? Vamos melhorar". *Revista de Processo*, São Paulo: RT, v. 123, maio 2005.

CARNELUTTI, Francesco. *Diritto e processo*. Napoli: Morano, 1958.

______. *Lezioni di diritto processuale civile*. Padova: Cedam, 1929. v. II.

______. *Instituciones del proceso civil*. Trad. Santiago Sentís Melendo. Buenos Aires: El Foro, 1997. v. III.

CARRION, Valentin. *Comentários à Consolidação das Leis do Trabalho*. 32ª ed. São Paulo: Saraiva, 2007.

CARVALHO, Raimundo M. B. "Das preferências e dos privilégios creditários". *Revista dos Tribunais*, São Paulo: RT, n. 627, v. 77, 1988.

CARVALHO, Rodrigo Benevides de. *O concurso particular de credores na execução*. São Paulo: Atlas, 2008.

CASTRO, Amílcar de. *Comentários ao Código de Processo Civil*. 2ª ed. São Paulo: RT, 1976. v. 10.

CHIOVENDA, Giuseppe. *Instituições de direito processual civil*. 3ª ed. Trad. J. Guimarães Menegale. São Paulo: Saraiva, 1969. v. I.

______. "Dell'azione nascente dal contratto preliminare". In: *Saggi di diritto processuale civile*. Milano: Giuffrè, 1993. v. I.

CHIOVITTI, Ana Paula. *A boa-fé no processo civil e os mecanismos de repressão ao dolo processual*. Dissertação de mestrado. São Paulo, 2009.

CHIOVITTI, Ana Paula; NOTARIANO, Antonio de Pádua. "Algumas inquietações acerca dos embargos de segunda fase após a Lei n. 11.232/2005 e n. 11.382/06". In: *Tendências do moderno processo civil brasileiro:* aspectos individuais e coletivos das tutelas preventivas e ressarcitórias – estudos em homenagem ao jurista Ronaldo Cunha Campos. Belo Horizonte: Fórum, 2008.

COELHO, Fábio Ulhoa. *Curso de direito comercial*. São Paulo: Saraiva, 2007. v. 2.

______. *Comentários à nova Lei de Falências e de Recuperação de Empresas*. 6ª ed. São Paulo: Saraiva, 2009.

COÊLHO, Sacha Calmon Navarro. *Execução fiscal:* pesquisas tributárias – nova série n. 14. Coord. Ives Gandra da Silva Martins. São Paulo: RT, 2008.

COMOGLIO, Luigi Paolo. "La ricerca dei bene da pignorare". In: *Processo e Constituição*: estudos em homenagem ao Professor José Carlos Barbosa Moreira. Coord. Luiz Fux, Nelson Nery Jr. e Teresa Arruda Alvim Wambier. São Paulo: RT, 2006.

COMOGLIO, Luigi Paolo; FERRI, Corrado; TARUFFO, Michele. *Lezioni sul processo civile*. 3ª ed. Bologna: Il Mulino, 2005. v. II.

COMPARATO, Fábio Konder; SALOMÃO FILHO, Calixto. *O poder de controle na sociedade anônima*. 4ª ed. Rio de Janeiro: Forense, 2005.

______. *O poder de controle da sociedade anônima*. 3ª ed. Rio de Janeiro: Forense, 1983.

CONSOLO, Claudio. *Spiegazioni di diritto processuale civile*. 6ª ed. Milano: Cedam, 2008. t. I.

CORDOPATRI, Francesco. *La responsabilità processuale*. Roma: La Sapienza Editrice, 1991.

COSTA, Susana Henriques da. "A impenhorabilidade de bens e a Lei n. 11.382/06". In: *Execução extrajudicial:* modificações da Lei 11.382/2006. Coord. Susana Henriques da Costa. São Paulo: Quartier Latin, 2007.

CRAMER, Ronaldo. "O prazo e a multa do cumprimento de sentença". In: *Temas atuais da execução civil:* estudos em homenagem ao Professor Donaldo Armelin. São Paulo: Saraiva, 2007.

CRAMER, Ronaldo; UZEDA, Carolina. *Comentários ao novo Código de Processo Civil*. 2ª ed. Coord. Antonio do Passo Cabral e Ronaldo Cramer. Rio de Janeiro: Forense, 2016.

CRUZ E TUCCI, José Rogério. "Penhora sobre bem do fiador de locação". In: *A penhora e o bem de família do fiador da locação*. São Paulo: RT, 2003.

CUNHA, LEONARDO JOSÉ CARNEIRO DA. "A Lei n. 11.382/2006 e seus reflexos na execução fiscal". *Revista Dialética de Direito Processual*, São Paulo, v. 49, 2007.

______. "Coisa julgada e execução no processo coletivo". *Revista dos Tribunais*, São Paulo: RT, v. 784, 2001.

DALL'AGNOL JUNIOR, ANTONIO JANYR. "Aspectos da arrematação e da adjudicação". *Revista Forense*, Rio de Janeiro: Forense, v. 264.

______. "Concurso particular de preferência". *Revista dos Tribunais*, São Paulo: RT, v. 491, 1976.

DELFINO, LÚCIO. "O fenômeno executivo: o preconceito da diferenciação entre 'execução direta' e 'execução indireta'". *Revista Brasileira de Direito Processual*, Belo Horizonte: Fórum, v. 62, abr./jun. 2008.

DENTI, VITTORIO. *Sistemi e riformi*: studi sulla giustizia civile. Bologna: Il Mulino, 1999.

DIAS, FRANCISCO BARROS. "Coisa julgada e execução no processo coletivo". *Revista do Ministério Público do Rio Grande do Sul*, Porto Alegre, v. 34, 1995.

DIDIER JÚNIOR, FREDIE. *Curso de direito processual civil*. 2ª ed. Salvador: Juspodivm, 2008. v. II.

______. "Direito de adjudicar e direito de remir: confronto do art. 685-A, § 2º, Código de Processo Civil, com o art. 1.482 do Código Civil". *Revista de Processo*, São Paulo: RT, v. 146, abr. 2007.

DIDIER JÚNIOR, FREDIE; ZANETI JÚNIOR, HERMES. *Curso de direito processual civil:* processo coletivo. 3ª ed. Salvador: Juspodivm, 2008. v. 4.

DINAMARCO, CÂNDIDO RANGEL. *Instituições de direito processual civil*. 2ª ed. São Paulo: Malheiros, 2005. v. IV.

______. *Vocabulário do processo civil*. São Paulo: Malheiros, 2009.

______. "Condições da ação na execução forçada". *Ajuris*, Porto Alegre: s. ed., v. 34, 1985.

______. *A instrumentalidade do processo*. 7ª ed. São Paulo: Malheiros, 1999.

______. *A reforma da reforma*. 6ª ed. São Paulo: Malheiros, 2003.

______. *A reforma do Código de Processo Civil*. 4ª ed. São Paulo: Malheiros, 1997.

______. *Direito processual civil*. São Paulo: Bushatsky, 1975.

______. *Execução civil*. 3ª ed. São Paulo: Malheiros, 1993.

______. *Execução civil*. 7ª ed. São Paulo: Malheiros, 2000.

______. *Execução civil*. 8ª ed. São Paulo: Malheiros, 2002.

______. *Hasta pública:* intimação dos executados – publicação pela imprensa – preço vil. Parecer não publicado, 1997.

______. *Instituições de direito processual civil*. 5ª ed. São Paulo: Malheiros, 2005. v. IV.

DINIZ, MARIA HELENA. *Código Civil anotado*. 9ª ed. São Paulo: Saraiva, 2003.

DIREITO, CARLOS ALBERTO MENEZES; CAVALIERI FILHO, SERGIO. *Comentários ao novo Código Civil:* da responsabilidade civil – das preferências e privilégios creditórios. 2ª ed. Coord. Sálvio de Figueiredo Teixeira. Rio de Janeiro: Forense, 2007.

DONATO, MARIA ANTONIETA ZANARDO. "Anotações sobre o usufruto de imóveis no Código de Processo Civil". *Revista de Processo,* São Paulo: RT, n. 19, v. 76, 1994.

FERRAZ, Leslie Shérida. "Da alienação por iniciativa particular". In: *Execução extrajudicial:* modificações da Lei 11.382/2006. Coord. Susana Henriques da Costa. São Paulo: Quartier Latin, 2007.

FIOREZE, Ricardo. "O processo do trabalho e as alterações do processo civil promovidas pela Lei n. 11.382/2006". *Justiça do Trabalho*, Porto Alegre, v. 24, n. 278, 2007.

FREITAS, José Lebre de. "Os paradigmas da Reforma da Acção Executiva". In: *Estudos sobre direito civil e processo civil.* Coimbra: Coimbra Ed., 2002.

FRIEDENTHAL, Jack H.; KANE, Mary Kay; MILLER, Arthur R. *Civil procedure.* 3ª ed. St. Paul: West Group, 1999.

FORNACIARI JÚNIOR, Clito. "O bem de família na execução da fiança". In: *A penhora e o bem de família do fiador da locação.* São Paulo: RT, 2003.

FUCCI, Paulo Eduardo. *Condomínio, Estatuto da Cidade e o Novo Código Civil.* São Paulo: Juarez de Oliveira, 2003.

FURTADO, Paulo. *Execução.* São Paulo: Saraiva, 1985.

FUX, Luiz. *O novo processo de execução.* Rio de Janeiro: Forense, 2008.

GAIO JÚNIOR, Antônio Pereira. *Comentários ao Código de Processo Civil.* Coord. Angélica Arruda Alvim, Araken de Assis, Eduardo Arruda Alvim e George Salomão Leite. São Paulo: Saraiva, 2016.

GAJARDONI, Fernando da Fonseca. "Reflexões sobre o novo regime de expropriação de bens introduzido pela Lei n. 11.382/2006". In: *Execução extrajudicial:* modificações da Lei 11.382/2006. Coord. Susana Henriques da Costa. São Paulo: Quartier Latin, 2007.

______. "Reflexões sobre o regime de expropriação de bens". In: *Execução civil e cumprimento de sentença.* Coord. Gilberto Gomes Bruschi e Sérgio Shimura. São Paulo: Método, 2007. v. 2.

GARBAGNATI, Edoardo. *Il concorso di creditori nel processo di espropriazione.* Milano: Giuffrè, 1959.

GIANNICO, Maurício. "Arrematação: aspectos polêmicos e uma visão crítica do instituto". *Revista de Processo*, São Paulo: RT, v. 104, out./dez. 2001.

______. "Breves comentários sobre a Lei n. 11.382/06". In: *Temas atuais da execução civil:* estudos em homenagem ao Professor Donaldo Armelin. São Paulo: Saraiva, 2007.

______. "Meios de expropriação (Lei n. 11.382/06)". In: *Direito civil e processo:* estudos em homenagem ao Professor Arruda Alvim. Coord. Araken de Assis et al. São Paulo: RT, 2007.

______. "Reflexos da Lei n. 11.232/05 na disciplina jurídica da objeção de pré-executividade". In: *A nova execução civil (Lei 11.232/05).* Coord. Susana Henriques da Costa. São Paulo: Quartier Latin, 2006.

______. "Impenhorabilidade absoluta de bens (Lei n. 11.382/06). *Revista Brasileira de Direito Processual – RBDPro*, Belo Horizonte: Fórum, v. 63, jul./set. 2008.

______. *A preclusão no direito processual civil brasileiro.* 2ª ed. São Paulo: Saraiva, 2007.

______. "Atos atentatórios à dignidade da justiça (Lei n. 11.382/06)". In: *Execução civil e cumprimento da sentença.* Coord. Gilberto Gomes Bruschi e Sérgio Shimura. São Paulo: Método, 2007. v. 2.

GIANNICO, Maurício; GIANNICO, Maricí. "Efeito suspensivo dos recursos e capítulos das decisões". In: *Aspectos polêmicos e atuais dos recursos cíveis*. São Paulo: RT, 2002. v. 5.

GOLDSCHIMIDT, James. *Derecho procesal civil*. Trad. da 2ª ed. alemã por Leonardo Prieto Castro e Niceto Alcalá-Zamora Castillo. Buenos Aires: Labor, 1936.

GONÇALVES, Carlos Roberto. *Comentários ao Código Civil:* parte especial – direitos das obrigações. São Paulo: Saraiva, 2003. v. 11.

GONÇALVEZ FILHO, Luiz. "Alienação forçada dos bens do devedor: embargos à arrematação e à adjudicação – art. 746 do Código de Processo Civil". *Revista Jurídica*, Porto Alegre, v. 26, n. 90-91, 1978.

GOUVEIA, Mariana França. "Poder geral de controlo". *Reforma da Acção Executiva:* da Esperança à Realidade, Coimbra: Sub Judice, v. 29, out./dez. 2004.

GRECO FILHO, Vicente. *Direito processual civil brasileiro*. 13ª ed. São Paulo: Saraiva, 1999. v. 3.

______. *Direito processual civil brasileiro*. 20ª ed. São Paulo: Saraiva, 2009. v. III.

GRECO, Leonardo. "A execução e a efetividade do processo". *Revista de Processo*, v. 94, abr./jun. 1999.

______. *O processo de execução*. Rio de Janeiro: Renovar, 2001. v. 2.

GRINOVER, Ada Pellegrini. "Deformalização do processo e deformalização das controvérsias". *Revista de Processo*, São Paulo: RT, v. 46, 1987.

______. *Código Brasileiro de Defesa do Consumidor comentado pelos autores do Anteprojeto*. 9ª ed. Rio de Janeiro: Forense, 2007.

GUASP, Jaime; ALONSO, Pedro Aragoneses. *Derecho procesal civil*. 7ª ed. Navarra: Thompson Civitas, 2006, t. II.

HADDAD, Roberto Luiz Ribeiro; FUNKE, Carine Cristina. *Execução fiscal:* pesquisas tributárias – nova série n. 14. Coord. Ives Gandra da Silva Martins. São Paulo: RT, 2008.

KOURY, Luiz Ronan Neves. "A Lei n. 11.382, de 6 de dezembro de 2006, e o processo do trabalho". *Revista LTr: Suplemento Trabalhista*, São Paulo, v. 43, n. 110, 2007.

LAMY, Eduardo de Avelar. "Considerações sobre a fase de expropriação". In: *Execução civil e cumprimento de sentença*. Coord. Gilberto Gomes Bruschi e Sérgio Shimura. São Paulo: Método, 2007. v. 2.

LAZZARINI, Alexandre Alves. "Falência: a determinação da lei para a realização do ativo logo após a decretação efetivamente permitiu maior celeridade ao processo". *Revista do Advogado*, São Paulo, n. 105, 2009.

LEIBLE, Stefan. *Proceso civil alemán*. 2ª ed. Trad. Stefan Jost. Medellín: Dike, 1998.

LEITE, Carlos Henrique Bezerra. *Curso de direito processual do trabalho*. 3ª ed. São Paulo: LTr, 2005.

LENT, Friedrich; JAUERNIG, Othmar. *Direito processual civil*. 25ª ed. Trad. F. Silveira Ramos. Coimbra: Almedina, 2002.

LEONEL, Ricardo de Barros. *Reformas recentes do processo civil:* comentário sistemático. São Paulo: Método, 2007.

______. *Manual do processo coletivo*. São Paulo: RT, 2002.

LIEBMAN, Enrico Tullio. "Execução e ação executiva". In: *Estudos sobre o processo civil brasileiro*. São Paulo: Bushatsky, 1976.

______. *Embargos do executado (oposições de mérito no processo de execução)*. 1ª ed. Campinas: Bookseller, 2003.

______. *Manual de direito processual civil*. 3ª ed. Trad. Cândido Rangel Dinamarco. São Paulo: Malheiros, 2005. v. I.

______. *Processo de execução*. 2ª ed. São Paulo: Saraiva, 1963.

______. *Processo de execução*. 4ª ed. São Paulo: Saraiva, 1980 (notas de Joaquim Munhoz de Melo).

LIMA, Alcides de Mendonça. *Comentários ao Código de Processo Civil*. 6ª ed. Rio de Janeiro: Forense, 1990.

______. *Direito processual civil*. São Paulo: Bushatsky, 1977.

FRANÇA, Limongi. *Instituições de direito civil*. São Paulo: Saraiva, 1988.

LOBO, Paulo Luiz Neto. *Comentários ao Estatuto da Advocacia e da OAB*. São Paulo: Saraiva, 2003.

LOPES, João Batista. *Curso de direito processual civil*. São Paulo: Atlas, 2008. v. 3.

______. "A adjudicação perante o Código de Processo Civil". *Revista Forense*, Rio de Janeiro: Forense, v. 252, 1975.

______. *Curso de direito processual civil*. São Paulo: Atlas, 2008. v. III.

______. "Defesa do executado na reforma da execução civil". In: *Processo de execução civil*. Coord. Ernane Fidélis dos Santos, Luiz Rodrigues Wambier, Nelson Nery Jr. e Teresa Arruda Alvim Wambier. São Paulo: RT, 2007.

______. "Princípios do contraditório e da ampla defesa na reforma da execução civil". In: *Execução civil:* estudos em homenagem ao Professor Humberto Theodoro Jr. Coord. Ernane Fidélis dos Santos, Luiz Rodrigues Wambier, Nelson Nery Jr. e Teresa Arruda Alvim Wambier. São Paulo: RT, 2007.

LOPES, Maria Elizabeth de Castro. "Execução civil e harmonia do sistema processual". In: *Temas atuais da execução civil:* estudos em homenagem ao Professor Donaldo Armelin. São Paulo: Saraiva, 2007.

LUCON, Paulo Henrique dos Santos. "Garantia do tratamento paritário das partes". In: *Garantias constitucionais do processo civil*. Coord. José Rogério Cruz e Tucci. São Paulo: RT, 1989.

______. *Embargos à execução*. 2ª ed. São Paulo: Saraiva, 2001.

______. *Código de Processo Civil interpretado*. Coord. Antonio Carlos Marcato. São Paulo: Atlas, 2004.

LUISO, Francesco. *Diritto processuale civile*. 3ª ed. Milano: Giuffrè, 2000. v. III.

MACHADO, Antônio Cláudio da Costa. *Código de Processo Civil interpretado*. 2ª ed. São Paulo: Saraiva, 1996.

______. *Código de Processo Civil interpretado artigo por artigo, parágrafo por parágrafo*. Barueri: Manole, 2007.

MACIEL JÚNIOR, Vicente de Paula. *Teoria das ações coletivas:* as ações coletivas como ações temáticas. São Paulo: LTr, 2006.

MALACHINI, EDSON RIBAS. "Desnecessidade da presença do juiz ao ato de arrematação no sistema do CPC". *Revista de Processo*, São Paulo: RT, v. 31, 1983.

MAMEDE, GLADSTON. *Direito empresarial brasileiro:* falência e recuperação de empresas. São Paulo: Atlas, 2006. v. 4.

MANDEL, JULIO KAHAN. *Nova Lei de Falências e Recuperação de Empresas anotada.* São Paulo: Saraiva, 2005.

MANDRIOLI, CRISANTO. *Corso di diritto processuale civile.* 5ª ed. Torino: Giappichelli, 2006. v. III.

MARINONI, LUIZ GUILHERME; ARENHART, SÉRGIO CRUZ. *Curso de processo civil:* execução. São Paulo: RT, 2007. v. 3.

MARINONI, LUIZ GUILHERME; MITIDIERO, DANIEL. *Código de Processo Civil:* comentado artigo por artigo. São Paulo: RT, 2008.

MARINONI, LUIZ GUILHERME; MITIDIERO, DANIEL; ARENHART, SÉRGIO CRUZ. *Novo Código de Processo Civil comentado.* São Paulo: RT, 2015

MARQUES, JOSÉ FREDERICO. *Instituições de direito processual civil.* 3ª ed. Rio de Janeiro: Forense, 1971. v. V.

______. *Manual de direito processual civil.* 7ª ed. São Paulo: Saraiva, 1987. v. IV.

MARTINS FILHO, IVES GANDRA DA SILVA. "As sociedades empresárias". In: *O novo Código Civil:* homenagem ao Prof. Miguel Reale. Coord. Domingos Franciulli Netto, Gilmar Ferreira Mendes e Ives Gandra da Silva Martins Filho. 2ª ed. São Paulo: LTr, 2006.

______. *Execução fiscal:* pesquisas tributárias – nova série n. 14. Coord. Ives Gandra da Silva Martins. São Paulo: RT, 2008.

MARTINS, SANDRO GILBERT. "Apontamentos sobre a defesa do executado no 'cumprimento da sentença'". *Revista de Processo*, São Paulo: RT, v. 116, jul./ago. 2004.

MARTINS, SERGIO PINTO. *Direito processual do trabalho.* 14ª ed. São Paulo: Atlas, 2000.

MAZZILLI, HUGO NIGRO. *A defesa dos interesses difusos em juízo.* 22ª ed. São Paulo: Saraiva, 2009.

MEDINA, JOSÉ MIGUEL GARCIA. *Execução*. São Paulo: RT, 2008.

MELLO FILHO, JOSÉ CELSO DE. "Apontamentos sobre a penhora no Código de Processo Civil". *Revista Forense*, Rio de Janeiro: Forense, v. 247, 1974.

MELO, JOSÉ EDUARDO SOARES. *Execução fiscal:* pesquisas tributárias – nova série n. 14. Coord. Ives Gandra da Silva Martins. São Paulo: RT, 2008.

MELO, LUIZ PEREIRA. "Da arrematação". *Revista de Processo*, São Paulo: RT, v. 9, 1978.

MILARÉ, ÉDIS. "O Ministério Público e a insolvência civil". *Revista Justitia*, São Paulo, n. 42, 1980.

MIOZZO, ANDREA; TARUFO, VALERIA. *La nuova espropriazione forzata.* Piacenza: Celt, 2006.

MONIZ DE ARAGÃO, EGAS. *Comentários ao Código de Processo Civil.* Rio de Janeiro: Forense, 1998. v. 2.

MONTEIRO, VÍTOR JOSÉ DE MELLO. *As novas reformas do CPC e outras normas processuais.* Coord. Maurício Giannico e Vítor José de Mello Monteiro. São Paulo: Saraiva, 2009.

MORAES, Alexandre de. *Constituição do Brasil interpretada e legislação constitucional.* 5ª ed. São Paulo: Atlas, 2005.

MOREIRA ALVES, José Carlos. *Direito romano.* 6ª ed. Rio de Janeiro: Forense, 1998. v. I.

MORELLO, Augusto M. "Las reformas del proceso civil en Europa". In: *Estudos de direito processual civil:* homenagem ao Professor Egas Dirceu Moniz de Aragão. São Paulo: RT, 2005.

______. *El proceso justo.* La Plata-Buenos Aires: Platense/Abeledo-Perrot, 1994.

MOSCON, Cledi de Fátima Manica. "Concurso de preferências e privilégios na execução: com alterações do novo Código Civil brasileiro". *Revista Forense,* Rio de Janeiro: Forense, n. 366, 2003.

NASCIMENTO, Bruno Dantas; KÖHLER, Marcos Antônio. "Aspectos jurídicos e econômicos da impenhorabilidade de salários no Brasil: contribuição para um debate necessário". In: *Execução civil:* estudos em homenagem ao Professor Humberto Theodoro Júnior. Coord. Ernane Fidélis dos Santos et al. São Paulo: RT, 2007.

NAVARRO, José Bonet; PASTOR, José Martin. *Derecho procesal civil.* 5ª ed. Navarra: Thomson Aranzadi, 2004.

NEGRÃO, Ricardo. *Aspectos objetivos da Lei de Recuperação de Empresas e de Falências.* 3ª ed. São Paulo: Saraiva, 2009.

NEGRÃO, Theotonio; GOUVÊA, José Roberto Ferreira et al. *Código de Processo Civil e legislação processual em vigor.* 38ª ed. São Paulo: Saraiva, 2006.

______. *Código de Processo Civil e legislação processual em vigor.* 41ª ed. São Paulo: Saraiva, 2009.

______. *Código de Processo Civil e legislação processual em vigor.* 40ª ed. São Paulo: Saraiva, 2008.

______. *Código de Processo Civil e legislação processual em vigor.* 31ª ed. São Paulo: Saraiva, 2000.

______. *Código de Processo Civil e legislação processual em vigor.* 39ª ed. São Paulo: Saraiva, 2007.

NEGRÃO, Theotonio; GOUVÊA, José Roberto Ferreira; BONDIOLI, Luis Guilherme Aidar; FONSECA, João Francisco Naves da. *Código Civil e legislação civil em vigor.* 33ª ed. São Paulo: Saraiva, 2016.

______. *Código de Processo Civil e legislação processual em vigor.* 46ª ed. São Paulo: Saraiva, 2014.

NERY JUNIOR, Nelson; NERY, Rosa Maria Andrade. *Código de Processo Civil comentado.* 3ª ed. São Paulo: RT, 1997.

______. *Código de Processo Civil comentado.* 10ª ed. São Paulo: RT, 2007.

______. *Princípios do processo civil na Constituição Federal.* São Paulo: RT, 1992.

NEVES, Celso. *Comentários ao Código de Processo Civil.* 7ª ed. Rio de Janeiro: Forense, 1999. v. VII.

NEVES, Daniel Amorim Assumpção. "Injustificados vetos presidenciais à Lei n. 11.382/06". In: *Execução extrajudicial:* modificações da lei 11.382/2006. Coord. Susana Henriques da Costa. São Paulo: Quartier Latin, 2007.

______. "Ato atentatório à dignidade da justiça (arts. 600 e 601 do CPC)". In: *Linhas mestras do processo civil:* comemoração dos 30 anos de vigência do CPC. Coord. Hélio Rubens Batista Ribeiro Costa, José Horácio Halfeld Rezende e Pedro da Silva Dinamarco. São Paulo: Atlas, 2004.

______. *Novo Código de Processo Civil comentado artigo por artigo.* 2ª ed. São Paulo: Juspodivm, 2017.

NEVES, DANIEL AMORIM ASSUMPÇÃO; RAMOS, GLAUCO GUMERATO; FREIRE, RODRIGO DA CUNHA LIMA; MAZZEI, RODRIGO. *Reforma do CPC 2.* São Paulo: RT, 2007.

NOGUEIRA, ANDRÉ MURILO PARENTE; GODOY, PAULO HENRIQUE SILVA. "Dos embargos à adjudicação, alienação ou arrematação: art. 746, na redação da Lei n. 11.382/2006". *Revista do Advogado,* São Paulo, v. 27, n. 92.

NOLASCO, RITA DIAS. *Processo civil coletivo.* Coord. Rita Dias Nolasco e Rodrigo Mazzei. São Paulo: Quartier Latin, 2005.

NONATO, OROSIMBO. *Curso de obrigações.* Rio de Janeiro: Forense, 1959. v. I

NOTARIANO JR., ANTONIO DE PÁDUA. *Impugnação ao cumprimento de sentença.* São Paulo: Método, 2008.

OLIVEIRA, FRANCISCO ANTONIO DE. "Comentários à Lei n. 11.382/06: fatores positivos e negativos, reflexos positivos na eficácia da sentença condenatória, subsídios para a execução trabalhista". *Revista LTr: Legislação do Trabalho,* São Paulo v. 71, n. 3, 2007.

OLIVEIRA NETO, OLAVO DE. *A defesa do executado e dos terceiros na execução forçada.* São Paulo: RT, 2000.

OLIVEIRA, ROBSON CARLOS DE. *Embargos à arrematação e à adjudicação.* São Paulo: RT, 2006.

______. "Os embargos à arrematação e à adjudicação e as reformas processuais operadas pelas Leis 11.232/2005 e 11.382/2006". In: *Direito civil e processo:* estudos em homenagem ao professor Arruda Alvim. Coord. Araken de Assis et al. São Paulo: RT, 2008.

PALACIO, LINO ENRIQUE. *Manual de derecho procesal civil.* 18ª ed. Buenos Aires: Lexis Nexis, 2004.

PARREIRA, ALBERTO; MELO, DANIELLE; AMARAL, GUSTAVO. "Alterações da Lei n. 11.382 e sua repercussão sobre a Lei de Execuções Fiscais". *Revista Dialética de Direito Tributário,* São Paulo, n. 143, 2007.

PAULSEN, LEANDRO; ÁVILA, RENÉ BERGMANN; SLIWKA, INGRID SCHODER. *Direito processual tributário:* processo administrativo fiscal e execução fiscal à luz da doutrina e da jurisprudência. 4ª ed. Porto Alegre: Livraria do Advogado, 2008.

PELLEGRINI, LUIZ FERNANDO GAMA. "Empresa concessionária de serviços públicos: penhora de bens móveis e imóveis, penhora da empresa e usufruto da empresa pelo credor". *Revista dos Tribunais,* São Paulo, n. 82, v. 688, 1993.

PEREIRA, CAIO MÁRIO DA SILVA. *Condomínio e incorporações.* 3ª ed. Rio de Janeiro: Forense, 1976.

PESSOA, FABIO GUIDI TABOSA. "A Lei 11.382/2006 e o direito intertemporal". In: *Execução civil e cumprimento da sentença.* Coord. Gilberto Gomes Bruschi e Sérgio Shimura. São Paulo: Método, 2007. v. 2.

PINTO, RUI. *A ação executiva depois da Reforma.* Lisboa: JVS, 2004.

PIZZOL, PATRÍCIA MIRANDA. *Liquidação nas ações coletivas.* São Paulo: Lejus, 1998.

PONTES DE MIRANDA, Francisco Cavalcanti. *Comentários ao Código de Processo Civil*. Rio de Janeiro: Forense, 1976. t. X.

______. *Comentários ao Código de Processo Civil*. Rio de Janeiro: Forense, 1976. t. XI.

PORTO, Sérgio Gilberto. "Coisa julgada: sobre o propósito e o alcance do artigo 474 do CPC". *Revista Síntese de Direito Civil e Processo Civil*, Porto Alegre, v. 1, n. 1, 1999.

PROTO PISANI, Andrea. *Lezioni di diritto processuale civile*. 4ª ed. Napoli: Jovene, 2002.

PUGLIATTI, Salvatore. *Esecuzione forzata e diritto sostanziale*. Milano: Giuffrè, 1935.

PUOLI, José Carlos. *Código de Processo Civil interpretado*. Coord. Antonio Carlos Marcato. São Paulo: Atlas, 2004.

QUARTIERI, Rita. *Comentários à execução civil:* título judicial e extrajudicial (artigo por artigo). São Paulo: Saraiva, 2008.

RAMOS, Guillermo Federico. "Cognição nos embargos à arrematação: interpretação teleológica do art. 746 do Código de Processo Civil". *Revista de Processo*, São Paulo, v. 30, n. 123, 2005.

RAMOS, Manuel Ortells. *Derecho procesal civil*. 5ª ed. Elcano: Thomson-Aranzadi, 2004.

REDONDO, Bruno Garcia. *Comentários ao Código de Processo Civil*. Coord. Lenio Luiz Streck, Dierle Nunes e Leonardo Carneiro da Cunha. São Paulo: Saraiva, 2016.

REIS, José Alberto dos. *Processo de execução*. São Paulo, 1943.

REZENDE FILHO, Gabriel José Rodrigues de. *Curso de direito processual civil*. 8ª ed. São Paulo: Saraiva, 1968. v. 3.

______. *Curso de direito processual civil*. 2ª ed. São Paulo: Saraiva, 1952. v. III.

RIGOLIN, Antonio; DELLORE, Luiz; BICALHO, Romeu. *Nova execução de títulos extrajudiciais:* análise prática das novas alterações introduzidas pela Lei 11.382/2006. São Paulo: Método, 2007.

ROCHA, José de Moura. *Sistemática do novo processo de execução*. São Paulo: RT, 1978.

RODRIGUES, Marcelo Abelha. *Manual da execução civil*. Rio de Janeiro: Forense, 2006.

ROQUE, André Vasconcelos. *Código de Processo Civil anotado*. Coord. José Rogério Cruz e Tucci, Manoel Caetano Ferreira Filho, Ricardo de Carvalho Aprigliano, Rogéria Fagundes Dotti e Sandro Gilbert Martins. São Paulo: AASP/OAB-PR, edição eletrônica, 2015.

ROSENBERG, Leo. *Tratado de derecho procesal civil*. Trad. da 5ª ed. da obra *Lehrbuch des deutschen Zivilprozessrechts* por Angela Romera Vera. Buenos Aires: Ejea, 1955. t. III.

RUGGIERO, Roberto de. *Instituições de direito civil*. Trad. da 6ª ed. italiana por Ary do Santos. São Paulo: Saraiva. v. II.

SANTOS, Ernane Fidélis dos. *As reformas de 2005 do Código de Processo Civil:* execução dos títulos judiciais e agravo de instrumento. São Paulo: Saraiva, 2006.

______. *Manual de direito processual civil*. 3ª ed. São Paulo: Saraiva, 1993. v. 2.

______. *Manual de direito processual civil*. 12ª ed. São Paulo: Saraiva, 2009. v. 2.

SATTA, Salvatore; PUNZI, Carmine. *Diritto processuale civile*. 12ª ed. Padova: Cedam, 1996.

______. *Diritto processuale civile*. 13ª ed. Padova: Cedam, 2000.

SCARPINELLA BUENO, Cassio. *A nova etapa da Reforma do Código de Processo Civil*. São Paulo: Saraiva, 2006. v. 1.

______. *A nova etapa da Reforma do Código de Processo Civil*: São Paulo: Saraiva, 2007. v. 3.

______. *Curso sistematizado de direito processual civil*. 2ª ed. São Paulo: Saraiva, 2009. v. 3.

______. "Variações sobre a multa do *caput* do art. 475-J do CPC na redação da Lei 11.232/2005 In: *Aspectos polêmicos da nova execução*. São Paulo: RT, 2006. v. 3.

______. *Código de Processo Civil interpretado*. Coord. Antonio Carlos Marcato. São Paulo: Atlas, 2004.

______. *Novo Código de Processo Civil anotado*. São Paulo: Saraiva, 2015.

SCHMITZ, LEONARD ZIESEMER. *Comentários ao Código de Processo Civil*. Coord. Angélica Arruda Alvim, Araken de Assis, Eduardo Arruda Alvim e George Salomão Leite. São Paulo: Saraiva, 2016.

SCHÖNKE, ADOLF. *Derecho procesal civil*. Trad. espanhola da 5ª ed. alemã por L. Prieto Castro. Barcelona: Bosch, 1948.

SHIMURA, SÉRGIO. "A execução da sentença na reforma de 2005". In: *Aspectos polêmicos da nova execução*. Coord. Teresa Arruda Alvim Wambier. São Paulo: RT, 2006. v. 3.

______. *Título executivo*. São Paulo: Saraiva, 1997.

______. "Execução da multa penal". *Revista de Processo*, São Paulo: RT, v. 101., 2001.

______. "Expropriação na execução por quantia certa". In: *Aspectos polêmicos da nova execução*. Coord. Cassio Scarpinella Bueno e Teresa Arruda Alvim Wambier. São Paulo: RT, 2008. v. 4.

SICA, HEITOR VITOR MENDONÇA. "Questões polêmicas e atuais acerca da fiança locatícia". In: *A penhora e o bem de família do fiador da locação*. São Paulo: RT, 2003.

SILVA, BRUNO FREIRE E. *Prática previdenciária:* a defesa do INSS em juízo. São Paulo: Quartier Latin, 2008.

SILVA, CARLOS MANUEL FERREIRA DA. "Um novo operador judiciário: o solicitador de execução - estatuto e funções". In: *Estudos em homenagem à Professora Ada Pelegrini Grinover*. Coord. Flávio Luiz Yarshell e Maurício Zanoide de Moraes. São Paulo: DPJ, 2005.

SILVA, DE PLÁCIDO E. *Vocabulário jurídico*. 27ª ed. Rio de Janeiro: Forense, 2007.

SILVA, JACQUELINE MIELKE; XAVIER, JOSÉ TADEU NEVES; SALDANHA, JÂNIA MARIA LOPES. *A nova execução de títulos executivos extrajudiciais:* as alterações da Lei 11.382/2006. Porto Alegre: Verbo Jurídico, 2007.

SILVA, JOSÉ AFONSO DA. *Curso de direito constitucional positivo*. 28ª ed. São Paulo: Malheiros, 2007.

SILVA JÚNIOR, ADRIANO OLIVEIRA DA; VILA, LOURDES PIOVEZANI. "A habilitação dos alimentos na insolvência civil". *Revista de Direito Privado*, São Paulo: RT, v. 7, 2001.

SILVA, NELSON FINOTTI. "Usufruto de empresa subsiste no novo processo de execução (Lei 11.382/2006)?". In: *Execução civil e cumprimento da sentença*. Coord. Gilberto Gomes Bruschi e Sérgio Shimura. São Paulo: Método, 2007. v. 2.

SOARES, FERNANDO LUSO. *A responsabilidade processual civil*. Coimbra: Almedina, 1987.

SOUSA, MIGUEL TEIXEIRA DE. *A Reforma da acção executiva*. Lisboa: LEX, 2004.

SOUZA, RICARDO OLIVEIRA PESSÔA DE. *Adjudicação na execução por quantia certa*. 2ª ed. Curitiba: Juruá, 2008.

SZTAJN, Rachel. *Lei de Recuperação de Empresas e Falência*. 3ª ed. Coord. Paulo Henrique F. C. Salles de Toledo e Carlos Henrique Abrão. São Paulo: Saraiva, 2009.

TALAMINI, Eduardo. "Embargos do executado". *Revista de Processo*, São Paulo, v. 24, n. 93, 1999.

______. "Alienação por iniciativa particular". In: *Aspectos polêmicos da nova execução*. São Paulo: RT, 2008. v. IV.

______. "Alienação por iniciativa particular como meio expropriatório executivo (CPC, art. 685-C, acrescido pela Lei 11.382/2006)". In: *Aspectos polêmicos da nova execução*. Coord. Cassio Scarpinella Bueno e Teresa Arruda Alvim Wambier. São Paulo: RT, 2009. v. 4.

TEIXEIRA, Sálvio de Figueiredo. "A satisfação do credor na execução genérica". Disponível em: <http://bdjur.stj.gov.br/xmlui/bitstream/handle/2011/10008/Satisfa%C3%A7%C3% A3o_Credor_Gen%C3%A9rica.pdf?sequence=4>. Acesso em: 8 out. 2009.

TEPEDINO, Ricardo. *Lei de Recuperação de Empresas e Falência*. 3ª ed. Coord. Paulo Henrique F. C. Salles de Toledo e Carlos Henrique Abrão. São Paulo: Saraiva, 2009.

TESHEINER, José Maria. "Execução fundada em título extrajudicial: de acordo com a Lei 11.382/2006". *Revista Jurídica*, Porto Alegre, v. 55, n. 355, 2007.

THEODORO JÚNIOR, Humberto. *A Reforma da execução do título extrajudicial*. Rio de Janeiro: Forense, 2007.

______. *As novas reformas do Código de Processo Civil*. Rio de Janeiro: Forense, 2006.

______. *Processo de execução*. 20ª ed. São Paulo: Leud, 2000.

______. Processo de execução e cumprimento de sentença. 26ª ed, São Paulo: Leud, 2009.

______. "A execução fiscal: procedimento administrativo, penhora, embargos do devedor". *Revista Forense*, Rio de Janeiro: Forense, v. 91, n. 330, 1995.

______. *Lei de Execução Fiscal:* comentários e jurisprudência. 11ª ed. São Paulo: Saraiva, 2009.

______. "O novo Código Civil e as regras heterotópicas de natureza processual". In: *Reflexos do Novo Código Civil no direito processual*. Coord. Fredie Didier Jr. e Rodrigo Mazzei. Salvador: Juspodivm, 2006.

______. *A insolvência civil:* execução por quantia certa contra devedor insolvente. 6ª ed. Rio de Janeiro: Forense, 2009.

______. *Manual da execução civil*. 5ª ed. Rio de Janeiro: Forense, 2015.

TUCCI, Rogério Lauria. "Impenhorabilidade do bem de família". In: *O processo de execução:* estudos em homenagem ao Professor Alcides de Mendonça Lima. Porto Alegre: Sergio Antonio Fabris Editor, 1995.

TZIRULNIK, Luiz. *Direito falimentar*. 7ª ed. São Paulo: RT, 2005.

VARGAS, Jorge de Oliveira. "A impenhorabilidade e a interpretação corretiva da lei". In: *Execução civil:* estudos em homenagem ao Professor Humberto Theodoro Júnior. Coord. Ernane Fidélis dos Santos et al. São Paulo: RT, 2007.

VASCONCELOS, Rita de Cássia Corrêa de. *A impenhorabilidade do bem de família e as novas entidades familiares*. São Paulo: RT, 2002.

VECHIATO JÚNIOR, Walter. *Manual de execução civil:* título executivo extrajudicial, título executivo judicial, roteiros sinóticos. São Paulo: Juarez de Oliveira, 2007.

VELLANI, Mario. "Brevi note sulle recenti modifiche concernenti l'esecuzione forzata". In: *Processo e Constituição:* estudos em homenagem ao Professor José Carlos Barbosa Moreira. Coord. Luiz Fux, Nelson Nery Jr. e Teresa Arruda Alvim Wambier. São Paulo: RT, 2006.

VENOSA, Sílvio de Salvo. *Direito civil:* direitos reais. 7ª ed. São Paulo: Atlas, 2007. v. V.

VICENT, Jean; PRÉVAULT, Jacques. *Voies d'exécution e procédures de distribuition*. 19ª ed. Paris: Dalloz, 1999.

VIDAL, José. "Juiz arrematante". *Revista de Processo*, São Paulo: RT, 1990.

WALD, Arnoldo. *Direito das obrigações*. 15ª ed. São Paulo: Malheiros, 2001.

WAMBIER, Luiz Rodrigues. *Curso avançado de processo civil*. 3ª ed. São Paulo: RT, 2000. v. 2.

WAMBIER, Luiz Rodrigues; ALMEIDA, Flávio Renato Correia de; TALAMINI, Eduardo. *Curso avançado de processo civil*. 3ª ed. São Paulo: RT, 2000. v. 2; 9. ed. 2007.

WAMBIER, Luiz Rodrigues; WAMBIER, Teresa Arruda Alvim; MEDINA, José Miguel Garcia. *Breves comentários à nova sistemática processual civil*. São Paulo: RT, 2006. v. 2.

______. *Breves comentários à nova sistemática processual civil*. São Paulo: RT, 2007. v. 3.

WATANABE, Kazuo. *Da cognição no processo civil*. São Paulo: RT, 1987.

______. *Da cognição no processo civil*. Campinas: Bookseller, 2000.

______. *Código Brasileiro de Defesa do Consumidor comentado pelos autores do anteprojeto*. 9ª ed. Rio de Janeiro: Forense, 2007.

YARSHELL, Flávio Luiz. *Tutela jurisdicional específica nas obrigações de declaração de vontade*. São Paulo: Malheiros, 1993.

ZAMORA, Niceto Alcalá. "Premisas para determinar la índole de la llamada jurisdicción voluntaria". In: *Studi in onore di Enrico Redenti*. 1949. v. I.

ZANZUCCHI, Marco Tulio. *Diritto processuale civile*. Milano, 1946. t. II.

ZAVASCKI, Teori Albino. *Processo de execução:* parte geral. 3ª ed. São Paulo: RT, 2004.

______. *Comentários ao Código de Processo Civil*. 2ª ed. São Paulo: RT, 2003. v. 8.